KATHARINA JAHNTZ

Privilegierte Handelscompag
in Brandenburg und Preußen

Schriften zur Rechtsgeschichte

Heft 127

Privilegierte Handelscompagnien in Brandenburg und Preußen

Ein Beitrag zur Geschichte des Gesellschaftsrechts

Von

Katharina Jahntz

Duncker & Humblot · Berlin

Der Fachbereich Rechtswissenschaft
der Universität Hamburg hat diese Arbeit
im Sommersemester 2005 als Dissertation angenommen.

Bibliografische Information Der Deutschen Bibliothek

Die Deutsche Bibliothek verzeichnet diese Publikation in
der Deutschen Nationalbibliografie; detaillierte bibliografische
Daten sind im Internet über <http://dnb.ddb.de> abrufbar.

ISSN 0720-7379
ISBN 3-428-12101-5

Gedruckt auf alterungsbeständigem (säurefreiem) Papier
entsprechend ISO 9706 ♾

Internet: http://www.duncker-humblot.de

Vorwort

Ohne die Unterstützung vieler Menschen und Institutionen wäre diese Arbeit nicht entstanden. Ich danke meinem Doktorvater Professor Dr. Tilman Repgen für Anregungen und Förderung, Antworten und Freiräume. Dank auch Professor Dr. Maximiliane Kriechbaum für die Erstellung des Zweitgutachtens. Hervorragende äußere Rahmenbedingungen bot das Seminar für Deutsche und Nordische Rechtsgeschichte der Universität Hamburg.

Quellen für die Arbeit fanden sich im Stadtarchiv Emden und im Geheimen Staatsarchiv Preußischer Kulturbesitz in Berlin. Den Mitarbeitern beider Archive sei für ihre Hilfe gedankt. Gleiches gilt für die freundliche Unterstützung durch die Mitarbeiter der Staatsbibliothek zu Berlin, der Staats- und Universitätsbibliothek Hamburg, der Niedersächsischen Staats- und Universitätsbibliothek Göttingen und der Niedersächsischen Landesbibliothek Hannover.

Mit Christina Meß, Dr. Urte Nesemann, Faye Schmitz und Moritz Hüsch verbrachte ich eine wunderbare Zeit am Lehrstuhl. Regina Zellmer und meine Mutter halfen beim Korrekturlesen. Die Lehrveranstaltungen der Rechtshistoriker der Humboldt-Universität zu Berlin und von Prof. Dr. Wesel, Freie Universität Berlin, haben mich neugierig gemacht. Ihnen allen und allen anderen, die hier nicht erwähnt sind, sei gedankt für Ideen, Hilfe und Geuld.

Ohne meine Familie in Berlin und Göttingen wäre diese Arbeit nicht entstanden. Ich danke meinen Eltern Ingrid Rass und Bernhard Jahntz dafür, dass sie mich neugierig auf die Welt der Bücher gemacht haben und mich immer in allem förderten. Dank auch meiner allerliebsten Schwester Dr. Christine Jahntz und meinem Stiefvater Professor Dr. Rudolf Rass für ihre Unterstützung und Liebe. Ich widme diese Arbeit in Liebe und Dankbarkeit meinen Eltern.

Berlin, Februar 2006   *Katharina Jahntz*

Inhaltsverzeichnis

Zweites Kapitel

Untersuchung der rechtswissenschaftlichen Literatur
zu den Handelscompagnien

Abkürzungsverzeichnis

ADHGB	Allgemeines Deutsches Handelsgesetzbuch von 1861
AGO	Allgemeine Gerichtsordnung für die Preußischen Staaten von 1793 / 95
ALR	Allgemeines Landrecht für die Preußischen Staaten
CCM	Corpus Constitutionum Marchicarum, Oder Königl. Preußis. und Churfürstl. Brandenburgische in der Chur- und Marck Brandenburg, auch incorporirten Landen publicirte und ergangene Ordnungen, Edicta, Mandata, Rescripta
GStA PK	Geheimes Staatsarchiv Preußischer Kulturbesitz
HRG	Handwörterbuch zur deutschen Rechtsgeschichte
NCCM	Novum Corpus Constitutionum Prussico-Brandenburgensium Praecipue Marchicarum, Oder Neue Sammlung Königl. Preußl. und Churfürstl. Brandenburgischer, sonderlich in der Chur- und Marck-Brandenburg, Wie auch andern Provintzien, publicirten und ergangenen Ordnungen, Edicten, Mandaten, Rescripten
Reg.	Registratur
Rep.	Repositur
V.O.C.	Verenigde Oostindische Compagnie (Vereinigte Ostindische Compagnie)
VSWG	Vierteljahresschrift für Sozial- und Wirtschaftsgeschichte
W.I.C.	Westindische Compagnie
ZHR	Zeitschrift für Handelsrecht
ZRG GA	Zeitschrift der Savigny-Stiftung für Rechtsgeschichte Germanistische Abteilung

Einleitung

A. Ziele der Arbeit, Terminologie, Quellen

I. Ziele

Die Aktiengesellschaft, deren Rechtsform heute durch das Aktiengesetz von 1965 geregelt ist, hat ihr unmittelbares Vorbild in der *Société Anonyme* des französischen Code de Commerce von 1807. Der Code de Commerce galt auch in den seit 1794 französisch besetzten westrheinischen Gebieten. Als diese nach dem Ende der Besatzung Preußen zufielen, behielten die französischen Codices, darunter der Code Civil und der Code de Commerce, ihre Gültigkeit. Später wurde der Code de Commerce in Preußen teilweise durch das Preußische Eisenbahngesetz von 1838 und endgültig durch das Preußische Aktiengesetz von 1843 abgelöst[1]. In den anderen Landesteilen Deutschlands wurde die Aktiengesellschaft nach dem gescheiterten Versuch zur Schaffung eines Aktiengesetzes in Sachsen[2] erstmals durch das Allgemeine Deutsche Handelsgesetzbuch von 1861 gesetzlich geregelt. Die Rechtsform der Aktiengesellschaft ist jedoch – anders als die durch Reichsgesetz von 1892 neu geschaffene Gesellschaft mit beschränkter Haftung[3] – nicht plötzlich aufgetreten und nicht allein ein Produkt der Gesetzgebung des 19. und 20. Jahrhunderts, sondern hat Vorläufer in der Geschichte, aus denen sich allmählich die heutige Aktiengesellschaft herausbildete. Wie weit zurück man diese Ursprünge sucht, hängt davon ab, wie man das Wesen der Aktiengesellschaft definiert und welche Merkmale – wie zum Beispiel die freie Handelbarkeit der Anteile oder das Vorhandensein einer eigenständigen, von den Anteilsinhabern juristisch unabhängigen Haftungsmasse – man als unentbehrlich ansieht, um eine historische Gesellschaftsform als Vorläuferin der Aktiengesellschaft zu bezeichnen.

Bevor man sich der Untersuchung der Rechtsverhältnisse von privilegierten Handelscompagnien widmet, die stets zu den Vorläufern der Aktiengesellschaft gezählt werden[4], muss geklärt werden, wie Rechts- und Wirtschaftswissenschaft

---

[1] *Hadding / Kießling*, Anfänge deutschen Aktienrechts: Das Preußische Aktiengesetz vom 9. November 1843, in: FS Hattenhauer, S. 159 ff.; *Martin*, Die Entstehung des Preußischen Aktiengesetzes von 1843, VSWG 56 (1969), 499 ff.

[2] Vgl. *Baums-Stammberger*, Der Versuch einer Aktiengesetzgebung in Sachsen 1836/37.

[3] Gesetz betreffend die Gesellschaften mit beschränkter Haftung vom 20. April 1892 (RGBl. S. 477).

[4] *Cordes*, Art. Aktiengesellschaft in: HRG, 2. Aufl., S. 132; *Hartung*, Compagnie, S. 3 ff.; *Lehmann*, Geschichtliche Entwicklung des Aktienrechts, S. 29 ff.; *Rauch*, ZRG GA 69

heute die Aktiengesellschaft definieren. Ein wesentliches Merkmal der modernen Aktiengesellschaft ist die auf das Gesellschaftsvermögen beschränkte Haftung der Anteilsinhaber. Hiermit in engem Zusammenhang steht die Eigenschaft der Aktiengesellschaft als juristische Person, also als vom Bestand der Mitglieder unabhängige Rechtsperson. Die Aktiengesellschaft ist Kapitalgesellschaft mit einem durch die Satzung bestimmten Garantie- oder Grundkapital. Die Übertragbarkeit der in der Aktie verbrieften Mitgliedschaftsrechte ist gleichfalls wesensbestimmend[5]. Die Organisationsverfassung der Aktiengesellschaft basiert auf der Geschäftsführung und Vertretung durch einen Vorstand und der Ausübung der Mitgliedschaftsrechte durch die Aktionäre in der Hauptversammlung. Daneben besteht der Aufsichtsrat als weiteres Kontrollorgan. Die Ausgabe von Aktien ist von diesen verschiedenen Eigenschaften das prägendste Merkmal. Das durch die Aktie verkörperte Kapital ist fest der Gesellschaft zugeordnet. Es kann nicht zurückgefordert werden[6]. Bei anderen Rechtsformen sind einige der Eigenschaften von Aktiengesellschaften auch zu finden: so zum Beispiel die beschränkte Haftung bei der GmbH und die Aufgabenverteilung beim Versicherungsverein auf Gegenseitigkeit. Der Grund für die Erfolgsgeschichte[7] der Aktiengesellschaft und ihre massenhafte Ausbreitung insbesondere im Eisenbahnbau des frühen 19. Jahrhunderts, aber auch in der Gründerzeit, war jedoch das Merkmal der freien und anonymen Kapitalbeschaffung mittels der Aktie[8].

Die Entwicklung des Aktienrechts wird allgemein[9] nach der Art der staatlichen Zulassung der Gesellschaften in drei Perioden eingeteilt. Die Erfolgsgeschichte der Aktiengesellschaft als Rechtsform beginnt danach mit dem Octroisystem. Es schließt sich im 19. Jahrhundert das Konzessionssystem an, welches durch das bis heute vorherrschende Normativsystem abgelöst wird[10]. Die seit dem 17. Jahrhun-

---

(1952), S. 238 ff.; *Hoffmann-Becking,* Münchener Handbuch des Gesellschaftsrechts, Band 4, I. 1, Rn. 1; *Söhnchen,* Gründungsvoraussetzungen, S. 109 ff.; *Meyer-Landrut* in: Barz u. a., Großkommentar zum Aktiengesetz (3. Aufl.), Einleitung I. 1; *Assmann* in: Barz u. a., Großkommentar zum Aktiengesetz, (4. Aufl.), Einl. B. II. 2.

[5] Vgl. statt vieler zur Rechtsnatur der Aktiengesellschaft *K. Schmidt,* Gesellschaftsrecht, § 26.

[6] § 57 I 1 AktG.

[7] Die Aktiengesellschaft stellte in der Zeit des aufkommenden Kapitalismus ein Vehikel für die Sammlung von erheblichen Kapitalmengen zur Bewältigung großer Unternehmungen während der industriellen Revolution dar. Die Errichtung von Eisenbahnen etc. benötigte Risikokapital. Für die Sammlung dieses Kapitals stellte die Kapitalgesellschaft, zunächst nur die Aktiengesellschaft, das rechtliche Instrument dar. In Deutschland hat sie durch die Einführung der Gesellschaft mit beschränkter Haftung nicht die Bedeutung erlangt wie in anderen Ländern.

[8] Vgl. *Landwehr,* ZRG GA 99 (1982), 1 ff. Zur Erfolgsgeschichte vgl. *Micklethwait / Woolridge,* The Company.

[9] Vgl. nur *K. Schmidt,* Gesellschaftsrecht, S. 199 f. sowie die Nachweise in Fn. 10.

[10] *K. Schmidt,* Gesellschaftsrecht, S. 199; *Großfeld,* Die rechtspolitische Beurteilung der Aktiengesellschaft im 19. Jahrhundert, S. 237 ff.; *Kalss,* Die Entwicklung des österreichischen Aktienrechts, S. 41, 47 ff.; *Coing,* Europäisches Privatrecht I, S. 529; *Hartung,*

dert entstehenden oktroyierten Handelscompagnien, allen voran die niederländische Ostindische Compagnie (V.O.C.) und die englische East India Company, werden allgemein als unmittelbare Ursprünge der Rechtsform Aktiengesellschaft
bezeichnet[11]. Vergleichbare Gesellschaften entstanden 1615 in Schweden[12], 1616
in Dänemark[13], 1719 in den österreichischen Niederlanden[14] und in Frankreich
während des 17. Jahrhunderts[15]. Im Reich konzentrierte sich die Gründung ausschließlich auf Brandenburg und Preußen, sieht man von der österreichischen
Compagnie ab.

Man kann sich fragen, ob die Suche nach den Ursprüngen der modernen Aktiengesellschaften nicht in die Irre führt. Bei historischen Untersuchungen sollte man
sich stets vergegenwärtigen, dass eine zu stark von heutigen Kategorien aus-
gehende Betrachtung vergangener Zustände leicht in die Irre führt. Charakterzüge
des Forschungsobjekts, die heutzutage als prägend angesehen werden, mögen in
früheren Zeiten einen deutlich geringeren Stellenwert gehabt haben. Eigenschaften, denen früher große Bedeutung beigemessen wurde, können heute nebensäch-
lich sein und so leicht außer Blick geraten, wenn man sich einem historischen For-
schungsgegenstand zu stark mit einem abstrakt-systematischem Ansatz nähert[16].
Rechtliche Phänomene, die heute große wirtschaftliche Bedeutung besitzen, können sich aus früher wirtschaftlich völlig unbedeutenden Phänomenen entwickelt
haben. Leicht passiert es dann, dass einem der Blick auf die historischen Verhältnisse verstellt wird durch die zu starke Fixierung auf heutige Maßstäbe. Mit der
Untersuchung und Darstellung der Strukturen der privilegierten Handelscompagnien des 17. und 18. Jahrhunderts aus heutiger Sicht können zudem nur begrenzt
Aussagen gemacht werden über das vorherrschende Verständnis zeitgenössischer
Kaufleute und Juristen von privilegierten Handelscompagnien.

Diese Arbeit stellt den Versuch dar, anhand der verfügbaren Quellen das Recht
der privilegierten Handelscompagnien des 17. und 18. Jahrhunderts nachzuvoll-
ziehen. Nur in diesem Zeitraum existierten die untersuchten Gesellschaften. Die

---

Compagnie, S. 18; *Hadding / Kießling*, Anfänge deutschen Aktienrechts: Das Preußische Aktiengesetz vom 9. November 1843, in: FS Hattenhauer, S. 179.

[11] *Wiethölter*, Interessen und Organisation der Aktiengesellschaft, S. 53 ff., 56 ff.; *Hartung*, Compagnie, S. 7 ff.; *Kalss*, Die Entwicklung des österreichischen Aktienrechts, S. 43 f.;
kritisch *Coing*, Europäisches Privatrecht I, S. 524 ff.

[12] *Semler*, Allgemeine Geschichte der Ost- und Westindischen Handlungsgesellschaften in
Europa, Band 2, S. 42 ff.; Octroi vom 14. Juni 1626 bei *Marquard*, Tractatus politico-juridicus, S. 380 ff.

[13] Octroi vom 16. März 1616 bei *Lehmann*, Geschichtliche Entwicklung des Aktienrechts,
S. 89 ff.

[14] Abdruck des Octrois bei *Blankenheijm*, Geschiedenis van de Compagnie van Ostende,
Bijlage 1.

[15] Vgl. *Lévy-Bruhl*, Sociétés de Commerce.

[16] Vgl. zu diesem Problem bereits *Sombart*, Der moderne Kapitalismus, S. 142 ff.; *Cordes*,
Spätmittelalterlicher Gesellschaftshandel im Hanseraum, S. 4 ff.

Untersuchung der privilegierten Handelscompagnien erscheint bereits deshalb erforderlich, weil mit diesen das Wort „Aktie" erstmals im deutschen Sprachraum verwendet wird. Was damals unter einer Aktie verstanden wurde und wie die privilegierten Handelscompagnien rechtlich aufgebaut waren, ist Gegenstand der vorliegenden Untersuchung. Die Geschichte der Aktiengesellschaft beginnt mit der Geschichte des Wortes Aktie.

Einsichten über die damalige Sichtweise auf die Aktie lassen sich zum einen aus den Quellen der Gesellschaften selbst ziehen, deren Statuten, Verträgen und Privilegien. Zum anderen kann ein Abbild der Rechtsverhältnisse aus der Diskussion damaliger Juristen über die Stellung der Compagnien gewonnen werden. Eine weitere Ebene bieten die ersten Ansätze von (auch) handelsrechtlichen Kodifikationen. Phänomene des Wirtschaftslebens sollten aus ihrer jeweiligen Epoche heraus begriffen und als eigenständige historische Erscheinungen betrachtet werden. Erst im Anschluss an eine solche Untersuchung kann man unter Umständen behaupten, das heutige historische Phänomen der Aktiengesellschaft basiere – neben anderen Entwicklungen – auch hierauf. So kann festgestellt werden, welche einzelnen Merkmale eines Vorläufers die heutige Rechtsform übernommen hat. Wirtschaftliche Phänomene entstehen selten aus dem leeren Raum; meist sind die Differenzen zu den Vorgängern geringer als die Gemeinsamkeiten, das heißt, es ist mehr eine Evolution als Revolution zu beobachten. Diese Arbeit will daher nicht die Geburtsstunde der Aktiengesellschaft bestimmen[17]. Sie soll jedoch einen Beitrag dazu leisten, das Phänomen der privilegierten Handelscompagnie besser zu verstehen. Aus den Ergebnissen können dann unter Umständen Parallelen zwischen beiden Gesellschaftstypen gezogen werden.

Vor diesem Hintergrund untersucht die vorliegende Arbeit die Rechtsverhältnisse der in Brandenburg und Preußen entstehenden Handelscompagnien. Die privilegierten Handelscompagnien entwickelten sich in Brandenburg nach dem Ende des Dreißigjährigen Krieges. Kurfürst Friedrich Wilhelm, genannt der Große Kurfürst, nutzte die günstige Lage seines Staates, um als einziges Land des Reiches in Mitteleuropa überseeische Unternehmungen zu initiieren[18]. Unter seinen beiden Nachfolgern schliefen die Projekte bald wieder ein und wurden aufgelöst. Erst Friedrich II. ließ die Fernhandelsunternehmen und damit die privilegierten Handelscompagnien wieder aufleben und begann zudem, auch auf anderen Gebieten der Wirtschaft Handelscompagnien zu privilegieren. Die rechtliche Verfassung der privilegierten Handelscompagnien wurde bislang wenig untersucht und beachtet[19]. Die Handelscompagnien wurden vielfach vor allem als wirtschaftshistorische, we-

---

[17] Vgl. zu diesem Ansatz *Sombart*, Der moderne Kapitalismus, S. 143, *Coing*, Europäisches Privatrecht I, S. 525.

[18] *Schmitt*, Die brandenburgischen Überseehandelscompagnien im XVII Jahrhundert, S. 8. Erst später wurde durch Kaiser Karl VI. in Ostende die Österreichische Ostender Compagnie gegründet, die aber 1729 wieder aufgelöst wurde.

[19] Ein Desiderat sieht *Coing*, Europäisches Privatrecht I, S. 525.

niger als rechtshistorische Phänomene betrachtet[20]. Ihre wirtschaftliche und historische Bedeutung wird heute wie bereits bei Jacques Savary im 17. Jahrhundert vor ihre Rolle als Regelungsvorbild gestellt[21]. Ein solches Urteil setzt jedoch eine genaue Untersuchung der rechtlichen Strukturen voraus. Eine solche, auf breiter Quellenbasis beruhende Untersuchung fehlt bislang mit Ausnahme der Arbeit Hartungs. Diese untersucht aus dem deutschen Raum jedoch nur die – atypische[22] – Preußische Seehandlung von 1772 und vergleicht sie mit den bekanntesten europäischen Handelscompagnien, der V.O.C. und der East India Company. Die Arbeit von Söhnchen[23] beschäftigt sich unter dem Aspekt des Gründungsrechts nur teilweise mit den privilegierten Handelscompagnien. Sie erfasst zudem nur zwei ausgewählte brandenburgische und preußische Handelscompagnien. Sie vermittelt daher kein umfassendes Bild von den Rechtsverhältnissen der Gesellschaften. Auch wenn die große Zeit der Aktiengesellschaften sicherlich erst mit der Industrialisierung im 19. Jahrhundert begann, so benötigte auch die prosperierende Wirtschaft des 19. Jahrhunderts ein Modell für die breitgestreute Sammlung von Kapital und fand dies in der Aktie, die ihre erste Ausformung durch eben jene Handelscompagnien erhalten hatte. Die Aktie als Mittel der Aufteilung des Kapitals stellt somit eine Verwandtschaft zwischen privilegierten Handelscompagnien und Aktiengesellschaft her.

Auch wenn sich mittlerweile die Ansicht durchgesetzt zu haben scheint, dass erst die Kolonialhandelscompagnien des 17. Jahrhunderts direkte Vorgänger der modernen Aktiengesellschaft sind[24], so fehlt es dennoch an eingehenden Untersuchungen dieser Gesellschaften. Insbesondere für den deutschen Raum finden sich kaum Untersuchungen; meist beschränken sich die Aussagen zum Thema auf die großen Gesellschaften wie die V.O.C. und die East India Company. Lücken in der Untersuchung konstatieren Zöllner[25] und Coing[26]. Diese Arbeit stellt den Versuch dar, eine Lücke für das Gebiet Brandenburgs und Preußens zu füllen und untersucht daher die privilegierten Handelscompagnien Brandenburgs und Preußens im 17. und 18. Jahrhundert.

---

20 *Bondi*, Juristische Blätter 1933, 12 f.

21 *Savary*, Der vollkommene Kauf- und Handelsmann, 2. Theil, S. 120 ff.; *Kalss*, Die Entwicklung des österreichischen Aktienrechts, S. 44.

22 Dies wird im Folgenden festzustellen sein, vgl. dazu das Erste Kapitel.

23 *Söhnchen*, Gründungsvoraussetzungen.

24 *Wiethölter*, Interessen und Organisation der Aktiengesellschaft, S. 53 ff., 56 ff.; *Hartung*, Compagnie, S. 7 ff.; *Kalss*, Die Entwicklung des österreichischen Aktienrechts, S. 43 f.; kritisch *Coing*, Europäisches Privatrecht I, S. 524 ff.; *Söhnchen*, Gründungsvoraussetzungen, S. 109 ff.

25 *Zöllner*, Einleitung, in: Kölner Kommentar zum Aktiengesetz, 1985.

26 *Coing*, Europäisches Privatrecht I, S. 525.

II. Terminologie

Der Begriff der Handelscompagnie wird heute im Deutschen von dem der Handelsgesellschaft unterschieden. Während die großen mittelalterlichen oberitalienischen *Compagnie* (Pl.) allgemein als Handelsgesellschaften bezeichnet werden[27], hat sich der Terminus Handelscompagnie heute sprachlich auf spätere, neuzeitliche Konzepte verengt; er umfasst Zusammenschlüsse zum Handel mit fernen Ländern wie Afrika und Asien und wird teils synonym mit dem Begriff Kolonialhandelsgesellschaften gebraucht. Die heutige Verwendung von „Handelscompagnie" postuliert damit bereits einen qualitativen Unterschied zwischen beiden Konzepten. Dieser Unterschied im Sprachgebrauch ist jedoch nicht historisch. Noch im späten 18. Jahrhundert wird in der Wissenschaft das Wort Compagniehandlung, Handelscompagnie oder Handlungscompagnie allgemein für den Handel in Gesellschaft mehrer, also den Gesellschaftshandel[28], benutzt[29]. Ein ausschließlicher Gebrauch des Wortes Handelscompagnie für die in dieser Arbeit untersuchten privilegierten Handelscompagnien ist nicht nachweisbar. Vielmehr wurde zwischen privilegierten Handelscompagnien und sogenannten particulairen Handelscompagnien unterschieden[30]. Das Wort Compagnie hat sich im Deutschen jedoch nicht als Oberbegriff für die verschiedenen vorhandenen unternehmerischen Zusammenschlüsse von Personen und / oder Kapital durchgesetzt. Damit unterscheidet sich der deutsche Sprachgebrauch stark vom Englischen. Dort steht auch heute *company* für Wirtschaftsunternehmen[31]. Ähnlich wie das Deutsche hat sich auch der romanische Sprachkreis entwickelt. Dort wird ebenfalls nicht *Compania* oder ähnlich, sondern das Wort Gesellschaft, das heißt *société / società* allgemein als Oberbegriff neben dem Terminus juristischer Person gebraucht[32].

Das Wort Compagnie stammt vermutlich vom italienischen Ausdruck *Compania, con pane,* also „mit Brot" oder „Brotgemeinschaft" ab[33]. Grimms Wörterbuch[34] sieht den Ursprung dagegen eher in *compagania* (= Landsmannschaft) von *pagus,* das heißt Land, Landgemeinde, Dorfgemeinde. Zum Teil wird ein sprach-

---

[27] Vgl. zum Beispiel *Kellenbenz,* Art. Handelsgesellschaft in: HRG, S. 1936.

[28] Vgl. zum Gebrauch dieses Wortes *Cordes,* Spätmittelalterlicher Gesellschaftshandel im Hanseraum, S. 4 f.

[29] Vgl. zum Beispiel das Werk von *Büsch,* Sämtliche Schriften Dritter Band, Zusätze 46, 51, 52, 55; *Ludovici,* Kaufmannslexicon, Art. „Compagnie"; Zedlers Universal-Lexicon, Art. „Societät"; *Riccius,* Juristisches Wörter-Buch, Art. „Compagnie".

[30] *Ludovici,* Kaufmannslexicon, Art. „Compagnie". Siehe hierzu auch das Zweite Kapitel (S. 141 ff.).

[31] The Oxford English Dictionary, Vol. II, Art. Company.

[32] *Zingarelli* (Hrsg.), Il nuovo Zingarelli, Vocabolario della Lingua Italiana, vgl. auch Art. 13 Codice Civile Italiano.

[33] *Diez,* Etymologisches Wörterbuch der romanischen Sprachen, S. 108; ebenso *Braudel,* Sozialgeschichte des 15. bis 18. Jahrhundert, Band 2, Der Handel, S. 476.

[34] *Grimm,* Deutsches Wörterbuch, Band 2, Art. Companie.

wissenschaftlicher Ursprung in lat. *compaginare* – „sich vereinigen, sich zusammenschließen" gesehen[35]. Da der Begriff aber im Zusammenhang mit den sozial-familiären Strukturen Italiens des Mittelalters und in Verbindung mit der Hausgemeinschaft, in der man *„ad panem et vinum"* zusammenlebte, entstand[36], scheint erstgenannte Herkunft plausibler[37]. Jedenfalls wurde der Begriff seit dem Mittelalter im Zusammenhang mit Handelsunternehmungen verwendet, vor allem im italienischen Sprachraum. Er bezeichnete Familiengesellschaften aus Vätern, Söhnen, Brüdern und anderen Verwandten sowie Gesinde, die gemeinsam ein Unternehmen betrieben und sowohl Kapital als auch Brot teilten. Diese *„compagnie"* *(pl.)* waren soziale Phänomene, bei denen die sozial-familiäre Struktur weitaus mehr im Vordergrund stand als eine von solchen Bindungen unabhängige gesellschaftsrechtliche Struktur. Die Handelsgesellschaften des 13. bis 15. Jahrhunderts waren nicht nur Kapital- und Arbeits-, sondern auch Lebensgemeinschaften[38]. Frühe Beispiele sind die Handelsgesellschaften, wie die Bardi und Medici in Italien oder die Fugger, Welser und die Große Ravensburger Gesellschaft in Süddeutschland des Hochmittelalters. Diese bestimmten bis in die frühe Neuzeit das Wirtschaftsleben Europas mit[39]. Aber auch in Norddeutschland finden sich Handelsgesellschaften, die auf Deutsch als *kumpanie*, auf lateinisch weiter als *societas* bezeichnet wurden[40].

III. Quellen und Gliederung der Arbeit

In drei Kapiteln untersucht diese Arbeit zwei der drei Quellenbereiche, die bis in das 19. Jahrhundert als *auctoritates* rechtliche Geltung beanspruchten[41]. Dies sind Gesetzgebung und Rechtswissenschaft. Die Rechtsprechung bleibt im Folgenden weitestgehend unberücksichtigt, da zu den Handelscompagnien fast keine Urteile ergangen sind[42]. Das einzige überlieferte Urteil in einem Rechtsstreit gegen die Bengalische Compagnie wird im Rahmen der Untersuchung der Octroi und

---

[35] *Kluge / Seebold*, Etymologisches Wörterbuch, S. 393.

[36] So z. B. die Statuti del paratico e foro della Università de' mercanti von Bergamo, 1479, c. 92; zitiert nach *Weber*, Zur Geschichte der Handelsgesellschaften im Mittelalter, S. 63 und diverse andere Rechtsquellen, vgl. dort.

[37] Anderer Ansicht *Cordes*, Spätmittelalterlicher Gesellschaftshandel im Hanseraum, S. 21, unter Berufung auf *Kluge / Sebold*, Etymologisches Wörterbuch.

[38] *Arlinghaus*, „Io", „noi" und „noi insieme" – Transpersonale Konzepte in den Verträgen einer italienischen Handelsgesellschaft des 14. Jahrhunderts, in: Bene vivere in communitate (Hrsg. *Scharff / Behrmann*), S. 34.

[39] Vgl. dazu *Braudel*, Sozialgeschichte des 15. bis 18. Jahrhunderts, Band 2, Der Handel, S. 478.

[40] *Cordes*, Spätmittelalterlicher Gesellschaftshandel im Hanseraum, S. 277 ff., S. 321 Fn. 30.

[41] *Mohnhaupt*, Privatrecht in Privilegien, S. 58.

[42] Ebenso *Hartung*, Compagnie, S. 16.

Statuten behandelt. Die Untersuchung der Gesetzgebung erfolgt in zwei Kapiteln. Es wird nach Spezialgesetzen bzw. Privilegien / Octrois auf der einen Seite und allgemeiner Gesetzgebung auf der anderen Seite getrennt.

In Ermangelung spezieller gesetzlicher Regelungen für das Verhältnis der privilegierten Handelscompagnien gegenüber dem Staat, aber auch für deren privatrechtliche Verfassung wurden den Compagnien hoheitliche Privilegien[43] erteilt. Diese, allgemein als „Octroi"[44] bezeichnet, wurden vom jeweiligen Landesherrn im Einzelfall verabschiedet und galten nicht allgemein. Sie waren eine Spezialregelung für den Einzelfall[45]. Eine Erklärung des Begriffs „Octroi" findet sich in Zedlers Universal-Lexikon von 1740[46]:

> „Octroi oder Octroy, ist ein Niederländisches Wort, und bedeutet so viel, als eine Vergünstigung, Privilegium oder Freyheit, welche durch die hohe Landes-Obrigkeit ertheilet wird. Also heisset eine Octroyrte Dänische Handlungs-Compagnie nach Ostindien so viel, als eine vom König in Dänemarck privilegirte und in Schutz genommene Handels-Gesellschaft."

Dabei bezeichnet Octroi sowohl die Urkunde, die das Privileg enthielt, als auch die in der Urkunde enthaltene herrschaftliche Ermächtigung. In ihrem Inhalt gingen die Octrois aber weit über die Erteilung eines Handelsmonopols hinaus. Sie enthielten regelmäßig auch zahlreiche Bestimmungen über die privatrechtliche Verfassung und Organisation der Compagnien, die heute in der Satzung einer juristischen Person geregelt wären, oder sich aus den allgemeinen Gesetzen ergeben. Daneben wurden in den Octrois Befreiungen von Zöllen und Steuern erteilt, zum Teil wurde den Gesellschaften die Ausübung der niederen Straf- und Zivilgerichtsbarkeit über ihre Angestellten zugestanden. Die Octrois beinhalteten also gesellschaftsrechtliche Regelungen und solche, die in der Übertragung öffentlicher Aufgaben sowie der Erteilung von besonderen Freiheiten und Privilegien bestanden. Diese Vermischung von heute als öffentlich-rechtlich und privatrechtlich kategorisierten Fragen findet sich öfters in Privilegien der Zeit[47]; im vorkonstitutionellen Staat war dieses sogar die Regel[48]. Die Privilegien wurden damals jedoch primär

---

[43] Zu den Privilegien in der Neuzeit vgl. *Mohnhaupt,* Ius Commune V (1975), 77, 81 ff.; *ders.* Privatrecht in Privilegien; *ders.* „Jura mercatorum" durch Privilegien.

[44] Das aus dem Französischen stammende Wort „Octroi" wird im Folgenden im Neutrum benutzt. Die Verwendung eines Artikels in den Quellen ist nicht einheitlich. Sofern diese nicht ohnehin auf Französisch verfasst sind (im Französischen ist das Wort „Octroi" männlich), findet man sowohl „die Octroi" als auch „das Octroi", teilweise auch orthographisch abweichend „Octroy". Zum Teil werden beide Schreibweisen auch innerhalb einer Quelle verwandt. Da der weibliche Artikel mit der Herkunft des Wortes nicht in Einklang zu bringen ist, wird im Text dieser Arbeit das Neutrum verwandt.

[45] *Großfeld,* Die rechtspolitische Beurteilung der Aktiengesellschaft im 19. Jahrhundert, S. 237.

[46] *Zedler,* Universal-Lexicon, Band 25, Art. Octroi.

[47] *Mohnhaupt,* Privatrecht in Privilegien, S. 62.

[48] *Mohnhaupt,* Privatrecht in Privilegien, S. 62.

als Recht der Privaten, *ius privatorum,* angesehen[49]. Es war üblich, dass die Octrois neben der inneren Verfassung der Handelscompagnien auch Regelungen über
Bewaffnung und die Rekrutierung von eigenen Soldaten sowie über eine eigene,
interne Gerichtsbarkeit der Handelscompagnien enthielten. Dass in den Octrois
Fragestellungen geregelt wurden, die auch nach damaligem Verständnis eigentlich
nicht Inhalt eines Privilegs sein mussten, zeigt die Anmerkung des Großen Kurfürsten im neuen Octroi für die Brandenburgisch-Afrikanisch-Amerikanische
Compagnie von 1692:

> „Weil aber die Interessenten verlanget, daß gewissen Puncta des Reglements, welche zwar
> eigentlich zum Octroi nicht gehören, dennoch mehreren Nachdrucks, Observanz und Au-
> torität wegen dieser Unserer Concession inseriret werden mögten, so haben Wir dieselbe
> hierunter von dem 13ten Articul bis zum 29ten inclusive influiren lassen wollen."[50]

Durch die Erteilung eines hoheitlichen Octroi erhielten die Compagnien eine
rechtliche Sonderstellung gegenüber dem sonst subsidiär anwendbaren gemeinen
Recht. Das Privileg galt als Gesetz, wie unter Berufung auf Bartolus noch im
18. Jahrhundert allgemein anerkannt war[51]. Ohne Octroi konnten die privilegierten
Handelscompagnien nicht errichtet werden[52]. Durch die Octrois entstand ein vor-
dergründig individuelles Recht der Handelscompagnien. Dieses lässt aber aufgrund
der Vielzahl der Privilegien allgemeine Aussagen über das Recht der privilegierten
Handelscompagnien im 17. und 18. Jahrhundert zu.

Die Octrois waren – wie andere Privilegien auch – entsprechend der aus der
Spätantike stammenden Diplomatik aufgebaut[53]. Sie begannen mit der Intitulatio[54]
und schlossen mit der Rekognitionszeile[55] ab. Der Erteilung eines Octroi ging in
einigen Fällen der Erlass eines hoheitlichen Edikts voran[56]. Diese Edikte unterschieden sich nicht wesentlich von den Octrois. Regelmäßig enthielt auch das
Edikt Angaben zur rechtlichen Gestaltung der Gesellschaft. So verlautbarte Kurfürst Friedrich Wilhelm 1682 in der Einleitung des Edikts der Brandenburgisch-
Afrikanischen Compagnie *„daß wir dannenhero besagte Compagnie folgenderma-*

---

49 *Mohnhaupt,* Privatrecht in Privilegien, S. 63.

50 Art. 12 Neues Octroi der Brandenburgisch-Afrikanisch-Amerikanischen Compagnie
von 1692.

51 „Est privilegium lex scripta contra ius commune", Zitat nach *Mohnhaupt,* Privatrecht in
Privilegien, S. 59.

52 *Großfeld,* Aktiengesellschaft, S. 115.

53 *Mohnhaupt,* Privatrecht in Privilegien, S. 60.

54 Unter Auslassung der Invocatio, in der noch im Mittelalter Christus als Herrscher der
Welt angerufen wurde.

55 Zum Aufbau solcher Urkunden vgl. *Bresslau,* Handbuch der Urkundenlehre für
Deutschland und Italien, S. 45 ff.; *Erben,* Die Kaiser- und Königsurkunden des Mittelalters in
Deutschland, Frankreich und Italien, S. 301 ff., *Leist,* Urkundenlehre, S. 129 ff., zur Arenga
im speziellen vgl. *Erben,* S. 339 ff.; *Fichtenau,* Arenga.

56 Vergleiche das Edikt der Brandenburgisch-Afrikanischen Compagnie von 1682 und das
Edikt der Ostindischen Compagnie Taverniers vom 1684.

ßen privilegiiren und octroijren wollen"[57] und wiederholte sodann ein halbes Jahr
später im Octroi für die Gesellschaft „*Wir wollten ihnen dazu [...] Unsern mäch-
tigen Schutz, Protection und Octroi verleihen*"[58]. Dagegen enthielt das Edikt für
Tavernier[59] lediglich das Versprechen, ein Octroi zu erteilen[60]. Es wurde offenbar
keine klare Trennung zwischen den Octrois und den Edikten gezogen; beides waren hoheitliche Erlasse zur Regelung eines Einzelfalls, durch die bestimmte Sonderrechte gewährt wurden.

Leider ist nicht von jeder privilegierten Handelscompagnie, die ein Octroi erhielt, eine interne Satzung überliefert. Manche der mit einem Octroi versehenen
Handelscompagnien blieben im Stadium der Planung stecken[61]. Sie entfalteten
mangels Interessenten keine geschäftlichen Aktivitäten und kamen über die Existenz auf dem Papier nicht hinaus. Manche Anfragen von Unternehmern, denen ein
detaillierter Entwurf eines Privilegs beigefügt war, wurden nicht mit einem kurfürstlichen oder königlichen Octroi beschieden[62]. In diesen Fällen kam es nicht zu
einer konstituierenden Sitzung der Anteilsinhaber, so dass auch keine Satzung verabschiedet werden konnte. Insofern ist die Feststellung Söhnchens, dass das Bestehen eine Gesellschaftsvertrags Gründungsvoraussetzung vor der Erteilung eines
Octroi war, unzutreffend. Es wurden zum Teil Gesellschaften privilegiert, die keine
Satzung hatten bzw. sich diese erst nach der Privilegierung gaben[63]. Teilweise finden sich in den Akten der Archive auch die Entwürfe für die gewünschten Octrois
oder für die Satzungen der geplanten Gesellschaften. Diese wurden in der Regel
durch den Unternehmer selbst verfasst, der mit seinem Anliegen an den Herrscher
herantrat und ihn durch den Entwurf und die Schilderungen seiner Geschäfts-
absichten von der Nützlichkeit des Projekts überzeugen wollte. Diese Dokumente
erlangten aufgrund der Ablehnung des Kurfürsten bzw. Königs nie Geltung.
Gleichwohl zeigen sie ein Bild der Rechtswirklichkeit der Handlungscompagnien
der damaligen Zeit, indem sie die Rechtsauffassungen ihrer Verfasser wiedergeben.
Diese gingen davon aus, ihr Entwurf könne Grundlage für eine Privilegierung werden. Sie werden daher neben den Octrois und Satzungen der zustande gekommenen Gesellschaften in die Untersuchung einbezogen, da die Entwürfe die

---

[57] Arenga des Edikts der Brandenburgisch-Afrikanische Compagnie von 1682.

[58] Arenga des Octroi für die Brandenburgisch-Afrikanische Compagnie von 1682.

[59] Vgl. dazu unten S. 30.

[60] „*Nous permettons de donner à cette compagnie notre octroy, pavillon, et toute sorte de
protection...*" (dt.: Wir versprechen, dieser Compagnie unser Octroi, Flagge und jeglichen
Schutz zu gewähren), Art. 1 Edikt der Ostindischen Compagnie Taverniers vom 1684.

[61] So die Brandenburgisch-Ostindische Compagnie, die Ostindischen Compagnien Taverniers, Orths und Roubauds, die Orientalische Handlungscompagnie van Kampens, die Asiatische Compagnie de la Touches und Teegels. Vgl. zu diesen Gesellschaften die Angaben im
Anhang.

[62] Ostindische Compagnie van Asperens, Sloyers und Jogues'. Vgl. zu diesen Gesellschaften die Angaben im Anhang.

[63] *Söhnchen*, Gründungsvoraussetzungen, S. 126 ff., zum Gründungsrecht siehe unten
S. 31 ff.

Rechtsauffassungen der Unternehmer von den Verhältnissen der privilegierten Handelscompagnien widerspiegeln und somit ein breiterer Eindruck von den rechtlichen Verhältnissen der Handelscompagnien der damaligen Zeit gewonnen werden kann.

Allgemeine gesetzliche Regelungen für die privilegierten Handelscompagnien bestanden nicht. Das mangels spezieller Regeln in den Partikularrechten subsidiär anwendbare gemeine Recht[64] kannte, da es auf dem römisch-kanonischen Recht basierte, keine spezielle Rechtsform der Handelscompagnie[65]. Im gemeinen Recht stellte das Institut der *societas* die Basis für die rechtliche Behandlung der Personengesellschaften, das heißt vor allem der Commenda und der Compagnie dar. Die besondere Rechtsform der privilegierten Handelscompagnie hatte das Recht bis ins 18. Jahrhundert nicht entwickelt[66]. Weder in Preußen noch in anderen Staaten des Reiches gab es zu Beginn des 17. Jahrhunderts Partikularrechte, welche die neue Rechtsform ausdrücklich regelten[67]. Entsprechende Regelungen fehlten auch in England, den Niederlanden und Frankreich. Weder das Recht des Ancien Régime noch die Ordonnance du Commerce Colberts von 1673 enthielten eine gesetzliche Regelung für die neuen Gesellschaften[68]. Dies ist in der Geschichte der Entwicklung der verschiedenen Gesellschaftsformen jedoch nicht ungewöhnlich. Auch das Recht der Vorformen von offener Handelsgesellschaft und Kommanditgesellschaft entwickelte sich aus Gesellschaftsverträgen, die die Unternehmer, wie die Fugger oder die Gesellschafter der Großen Ravensburger Gesellschaft, schufen. Ausgehend von diesen Verträgen fanden Regelungen Einlass in Privilegien und Stadtrechtsreformationen des Spätmittelalters, vor allem aber der frühen Neuzeit[69].

Weder die Octrois und internen Satzungen noch die übrigen Quellen wie die zeitgenössische juristische Literatur enthalten ausdrückliche Angaben hinsichtlich des Verhältnisses der Octrois zu den internen Reglements bzw. Satzungen. Teilweise bedurften die Satzungen zu ihrer Gültigkeit der Bestätigung durch den Kurfürsten bzw. König[70]. Aber in diesen wie in allen übrigen Fällen handelte es sich

---

[64] *Daniel*, Gemeines Recht, S. 118 ff.; 185 f.; *Dernburg*, Pandekten, Band 1, Einleitung S. 1; *Wesel*, Geschichte des Rechts, Rn. 245. Zum gemeinen Recht in Preußen im 18. Jahrhundert vgl. *Daniel*, Gemeines Recht, S. 56. Die Rechtswissenschaft verstand damals unter gemeinen Recht den modernen, zeitgemäßen Gebrauch des im Corpus Iuris Civilis enthaltenen römischen Rechts, der zum Teil durch das ius civile des kanonischen Rechts und das langobardische Lehnsrecht flankiert wurde, vgl. *Daniel*, Gemeines Recht, S. 98.

[65] *Ring*, Asiatische Handlungscompagnien, S. 230; *Söhnchen*, Gründungsvoraussetzungen, S. 112.

[66] *Coing*, Europäisches Privatrecht I, S. 465.

[67] *Söhnchen*, Gründungsvoraussetzungen, S. 113; *Lutz*, S. 523.

[68] *Lévy-Bruhl*, Sociétés de Commerce, S. 43 ff.

[69] Vgl. hierzu *Rehme*, ZRG GA 47 (1927), 487 ff.; *Kammerer*, Unternehmensrecht süddeutscher Handelsgesellschaften, S. 125 ff.; *Thomas*, Persönliche Haftung von Gesellschaftern von Personengesellschaften; *Söhnchen*, Gründungsvoraussetzungen; *Lutz*, Rechtliche Struktur süddeutscher Handelsgesellschaften, S. 62 ff.; 156 ff.

bei den als Reglements, Satzung, Conditiones oder ähnlich bezeichneten Geschäftsordnungen um interne Regelungen der Handelscompagnien, die in Bezug
auf das Gründungsprivileg nachrangig waren, da sie anders als die Octrois keine
hoheitliche Geltung beanspruchen konnten. Dass aber auch internen Satzungen
ohne hoheitliche Approbation Geltung zukommen sollte, zeigt die Regelung im
Octroi der Asiatischen Compagnie Teegels, wonach die internen Geschäftsordnungen *„so angesehen werden sollen, als wenn sie von Sr. Kgl. Majestaet confirmiret
werden."*[71]

Nach der Untersuchung der Octrois und Satzungen wird in einem weiteren
Schritt untersucht, wie sich die Rechtswissenschaft in Deutschland mit dem Phänomen der Handelscompagnie und deren rechtlicher Stellung auseinandergesetzt hat.
Dabei war herauszufinden, ob, und wenn ja, welche Lösungsansätze für die rechtliche Behandlung der Handelscompagnien gefunden wurden. Insbesondere war
festzustellen, ob die Handelscompagnien als dem gemeinen Recht der *societas* unterstellte Personengesellschaften oder als Sonderentwicklung angesehen wurden,
die aufgrund der staatlichen Privilegierung als eigenständiges, von der *societas*
losgelöstes Rechtsinstitut zu behandeln war.

Im Dritten Kapitel werden die ersten Kodifikationen auf dem Gebiet des Handelsrechts und Zivilrechts auf ihre Behandlung der Handelscompagnien analysiert.

B. Forschungsgeschichte,
Vorgänger der Handelscompagnien

I. Forschungsgeschichte

Die unmittelbaren Ursprünge der heutigen Aktiengesellschaft werden meist in
den privilegierten Handelscompagnien gesehen, die sich, ausgehend von der
Entdeckung der neuen Welt, ab dem Beginn des 17. Jahrhunderts vorwiegend dem
Überseehandel widmeten. Diese Gesellschaften entstanden seit dem frühen
17. Jahrhundert in England und den Niederlanden. Sie werden allgemein als Handelscompagnien bezeichnet und als die den modernen Aktiengesellschaften am
nächsten stehende Rechtsform betrachtet[72]. Die Rechtsform der Handelscompa-

---

[70] So zum Beispiel Art. 22 Octroi Asiatische Handlungscompagnie de la Touche von
1750; Art. 23 Deklaration der Asiatischen Compagnie Stuarts 1751; Art. 21 Octroi der Bengalischen Compagnie von 1753.

[71] Art. 8 Octroi der Asiatischen Compagnie Teegels 1764.

[72] *Wiethölter,* Interessen und Organisation der Aktiengesellschaft, S. 53 ff., 56 ff.; *Hartung,* Compagnie, S. 7 ff.; *Kalss,* Die Entwicklung des österreichischen Aktienrechts, S. 43 f.;
kritisch *Coing,* Europäisches Privatrecht I, S. 524 ff.; *Lehmann,* Entwicklung des Aktienrechts, S. 29 ff.; *Zöllner* in Kölner Kommentar zum Aktiengesetz, Einl B; *Assmann* in Groß-

gnien, deren erste Vertreter die englische East India Company und die niederländische V.O.C. sind, fanden in ganz Europa unmittelbare Nachahmer. Das Handwörterbuch zur deutschen Rechtsgeschichte setzt in seiner Neuauflage unter dem Lemma „Aktiengesellschaft" mit den Überseegesellschaften Englands und Deutschlands ein, ohne eventuell ältere Vorläufer von Gesellschaften mit aktienrechtlichen Zügen zu erwähnen[73]. In der Vorauflage des Handwörterbuchs fehlt dagegen das Lemma Aktiengesellschaft noch gänzlich. Die Aktiengesellschaft und ihre Geschichte wurde dort zusammen mit anderen Gesellschafsformen unter dem Lemma Handelsgesellschaften[74] erwähnt. Dabei wurde wegen der historischen Ursprünge der Aktiengesellschaft auf eine Entwicklungslinie von den oberitalienischen Maonae und Staatsgläubigerkassen verwiesen, die über die *regulated companies* Englands bis zu den Überseegesellschaften des frühen 17. Jahrhunderts reichte und mit letzteren in eine neue Phase eingetreten sei. Der in jüngerer Zeit stärker werdenden Festlegung auf eine ausschließliche Herleitung der Aktiengesellschaft von den Handelscompagnien der Neuzeit[75] steht noch Ende des 19. Jahrhunderts eine große Meinungsverschiedenheit gegenüber. Die deutsche Rechtswissenschaft hatte sich erst seit der Entstehung der ersten Aktiengesetze wie dem Preußischen Aktiengesetz von 1843 mit der Frage nach den Ursprüngen der Aktiengesellschaft befasst[76]. Historisch fundierte und intensiv mit den vorhandenen Quellen arbeitende Werke zur Vorgeschichte der Aktiengesellschaft entstanden jedoch erst zu einer Zeit, in der die Kolonialfrage in der Politik des deutschen Reichs (wieder) relevant wurde. Vorgänger wurden in den italienischen *montes* und *maonae* des späten Mittelalters und den Aktienbanken gesehen. So wurde als Vorläufer der Aktiengesellschaft häufig die genuesische Casa di San Giorgio von 1407 genannt[77]. Diese Schule sah die Ursprünge des Aktienwesens im mittelalterlichen

---

kommentar zum Aktiengesetz, 4. Aufl., Einl B. II. 2; *Hoffmann-Becking,* Münchener Handbuch des Gesellschaftsrechts, Band 4, I. 1, Rn. 1.

[73] *Cordes,* Art. Aktiengesellschaft, in: HRG I, 2. Aufl., S. 132.

[74] *Kellenbenz,* Art. Handelsgesellschaft in: HRG, S. 1971, S. 1936, 1940. Zu diesem Artikel und zur fehlenden rechtshistorischen Beschäftigung mit der Geschichte der Handelsgesellschaften vgl. weiterführend *Cordes,* Spätmittelalterlicher Gesellschaftshandel im Hanseraum, S. 50.

[75] Neben *Cordes* vgl. noch *Wiethölter,* Interessen und Organisation der Aktiengesellschaft, S. 53 ff., 56 ff.; *Hartung,* Compagnie, S. 7 ff.; *Kalss,* Die Entwicklung des österreichischen Aktienrechts, S. 43 f; *Söhnchen,* Gründungsvoraussetzungen, S. 109 ff.; kritisch *Coing,* Europäisches Privatrecht I, S. 524 ff.

[76] *Fick* ZHR 5 (1862), 1 ff.; *Primker,* Aktiengesellschaft § 107 ff.; *Lehmann,* Entwicklung des Aktienrechts; *Rehme,* Geschichte des Handelsrechts. S. 219 ff.

[77] *Goldschmidt,* Universalgeschichte, S. 290 ff., 296; *Gierke,* Genossenschaftsrecht I, S. 991 ff.; *Primker,* Aktiengesellschaft, § 107 ff.; *Behrend,* Lehrbuch des Handelsrechts, § 97 S. 703 ff.; *Renaud,* Recht der Aktiengesellschaften, S. 12 f.; ebenso noch heute *Schneeloch,* Aktionäre der Westindischen Compagnie, S. 13. Eine Linie von diesen Gesellschaften zur Aktiengesellschaft sieht ebenfalls *Kellenbenz,* Art. Handelsgesellschaft in: HRG, S. 1936. Zur Casa die San Giorgio siehe *Sieveking,* Genueser Finanzwesen mit besonderer Berücksichtigung der Casa di S. Giorgio, Band II.

Italien liegen. Vertreter dieser Ansicht, insbesondere Fick, sahen in der *commenda*, das heißt einem Gesellschaftsvertrag zwischen Unternehmer, *tractator* und Kapitalgeber, *socius stans*[78], den Vorgänger der Aktiengesellschaft[79]. Zum Teil wurde ein Vorgänger daneben in dem Institut der *montes* gesehen, welche sich im Hochmittelalter aus der *commenda* entwickelt hatten[80]. *Montes* waren die in langfristige Anleihen umgewandelten Staatsschulden der oberitalienischen Stadtrepubliken[81]. Sie waren Zusammenschlüsse von Gläubigern, die zur Finanzierung des Staates gegen Darlehen Staatsschuldbriefe erhielten, die sog. *luoghi*[82]. Auf die *luoghi* wurden Dividenden gezahlt, sie wurden auch frei gehandelt. Bekanntestes Beispiel eines oberitalienischen *monte* ist besagte Genueser Casa di San Giorgio, die 1407 gegründet wurde und bis 1805 die öffentlichen Schulden der Stadt verwaltete. Diese wurde teils als erste Aktiengesellschaft bezeichnet.

Andere, insbesondere Otto von Gierke, sahen Vorstufen des Aktienvereins in den mittelalterlichen bergrechtlichen Gewerkschaften[83], Alp- und Mühlgenossenschaften. Auch auf dem Gebiet des Eisenerz-, Tuch- und Zinnblechhandels wurden Gesellschaftsformen untersucht, die als Aktiengesellschaften bezeichnet wurden[84].

Die Studien Richard Schücks von 1889[85] und Viktor Rings von 1890[86] behandeln gründlich und ausführlich die Geschichte der großen Fernhandelscompagnien Brandenburg-Preußens bis Ende des 18. Jahrhunderts vor allem aus wirtschaftsgeschichtlicher Sicht. Ganz im Geiste der Bismarckschen Kolonialpolitik liegt der Schwerpunkt der Arbeiten dabei vor allem auf den überseeischen Erfolgen (und Misserfolgen) dieser Gesellschaften sowie auf dem im 17. Jahrhundert parallel verlaufenden Aufbau einer brandenburgischen Marine unter dem Großen Kurfürsten. Die Frage nach der Rechtsnatur der Gesellschaften wird dabei nicht völlig außer

---

[78] Zur Commenda vgl. *Perdikas,* Entstehung der Versicherung im Mittelalter, S. 55 ff.; *Silberschmidt,* Commenda; *Rehme,* ZRG GA 47 (1927), 487, 513; zur norddeutschen Variante der Commenda, der *Sendeve* und *Wedderleginge* vgl. *Cordes,* Spätmittelalterlicher Gesellschaftshandel im Hanseraum.

[79] *Fick,* Über Begriff und Geschichte der Aktiengesellschaften, ZHR 5 (1862), 1 ff.

[80] *Goldschmidt,* Universalgeschichte Band 1, S. 292 ff.; *Primker,* Die Aktiengesellschaft, in: Endemann (Hrsg.), Handbuch des Deutschen Handels-, See- und Wechselrechts, S. 484 ff.

[81] *Felloni,* Art. Monte in: North (Hrsg.), Von Aktie bis Zoll. Ein historisches Lexikon des Geldes.

[82] *Luogo* (it., sing. *luogo,* pl. *luoghi*) leitet sich von lateinisch *locum* ab und bezeichnet einen Kapitalanteil. Der Begriff wurde seit dem 13. Jahrhundert im Genueser Reedereiwesen gebraucht, wo die Anteile der Reeder an einem Schiff *loca* hießen, vgl. *Rezasco,* Dizionario del linguaggio italiano storico ed amministrativo; *Gierke,* Genossenschaftsrecht I, S. 991 ff. Auch *Machiavelli* verwandte diesen Begriff, „*i crediti loro divisero in parti, le quali chiamarono luoghi*", Opere, S. 130.

[83] Die Anteile an diesen Gewerkschaften waren die sog. „*Kuxe*".

[84] *Strieder,* Studien zur Geschichte kapitalistischer Organisationsformen, S. 95 ff.; siehe hierzu auch *Sombart,* Der moderne Kapitalismus, S. 150 ff.

[85] *Schück,* Kolonialpolitik.

[86] *Ring,* Asiatische Handlungscompagnien.

Betracht gelassen, interessiert jedoch nur nachrangig und wird nur für ausgewählte Compagnien in jeweils einem Kapitel untersucht.

Dass die moderne Aktiengesellschaft vielfältige, durchaus auch verschiedene Wurzeln haben könnte, wurde in der Rechtswissenschaft kaum vertreten. Der Volkswirt und Soziologe Werner Sombart dagegen stellte dies 1921 fest, als er schreibt:

> „... man [muß] sich hüten, die Entwicklung solcher Rechtsinstitution an einen Punkt an-
> zuknüpfen. Vielmehr kann es sehr wohl sein [...], daß eine Institution sehr verschiedene
> Ausgangspunkte haben kann, und daß sie sich durch Vereinigung verschiedener Entwick-
> lungsreihen bildet."[87]

Die Ansicht, dass sich die moderne Aktiengesellschaft aus den Fernhandelsgesellschaften des 17. und 18. Jahrhunderts ableitet, setzte sich Ende des 19. Jahrhundert mit der Schrift des Rostocker Rechtswissenschaftlers Karl Lehmann „Die
geschichtliche Entwicklung des Aktienrechts bis zum Code de Commerce"
durch[88]. Lehmann stellte die enge Verwandtschaft der Aktiengesellschaft mit der
Reederei in den Vordergrund. Er war der Ansicht, dass Handelscompagnien wie
V.O.C und East India Company sich aus dieser entwickelt hätten. Dies war jedoch
heftig umstritten. So schrieb der Niederländer Van Brakel:

> „die Hypothese von der Entwicklung der Aktiengesellschaft aus der Reederei muss wohl
> ganz verlassen werden. Dagegen hat die Ableitung aus der offenen Handelsgesellschaft an
> Wahrscheinlichkeit gewonnen. Diese Entwicklung wurde beträchtlich gefördert, wenn
> hinter den Teilhabern der offenen Gesellschaften eine große einflussreiche Schar stiller
> Gesellschafter stand und diese allmählich in mehr direkte Beziehung zu der Gesellschaft
> als solche trat."[89]

II. Abriss der Geschichte von Handelscompagnien bis ins 17. Jahrhundert

Die privilegierten Handelscompagnien entstanden nicht aus einem rechtlichen
Vakuum, sondern entwickelten sich langsam aus ihren Vorläufern. Seehandel
wurde im Ostseeraum seit dem Mittelalter vor allem durch die Hanse betrieben.
Die Hanse verlor nach dem 16. Jahrhundert (mit einer kurzen letzten Blüte Ende
des 16. Jahrhunderts) an Bedeutung[90], und bereits um 1560 hatten niederländische

---

[87] *Sombart,* Der moderne Kapitalismus, S. 143.

[88] *Lehmann,* Geschichtliche Entwicklung des Aktienrechts. Zustimmend auch *Gmür,*
Emder Handelscompagnien, S. 169.

[89] *Van Brakel,* Neuere Literatur über den Ursprung der Aktiengesellschaften, VSWG 10
(1912), 491, 505.

[90] *Fischer,* Geschichte des deutschen Handels, Band 2, S. 567 ff.; *Lammel* in: *Coing,*
Handbuch Bd. II/2, S. 622 ff.; Der große Ploetz, S. 654; *Henning,* Das vorindustrielle
Deutschland 800 bis 1800, S. 190 ff.

Kaufleute 70 Prozent des Transports zur See im Ostseeraum übernommen[91]. Gehandelt wurde insbesondere Getreide aus dem Baltikum[92] und Schiffsbaumaterialien wie Holz und Teer. Im Gegenzug wurden von der iberischen Halbinsel bezogene Edelmetalle und Münzbestände geliefert. Dieser Nord-Süd-Handel, in dessen Zentrum zunehmend Amsterdam stand[93], geriet durch den Unabhängigkeitskampf der Niederlande gegen Spanien am Ende des 16. Jahrhunderts, aber auch durch die wiederholten spanischen und portugiesischen Staatsbankrotte ins Stocken. Spanische und portugiesische Häfen wurden für niederländische Schiffe geschlossen[94]. Den Kaufleuten blieb der Zugriff auf die spanischen Edelmetalle verwehrt. Die Stagnation des Handels mit Spanien führte in den Niederlanden zum einen zu einer erheblichen Akkumulation von Kapital und bedrohte zum anderen den ertragreichen Handel mit dem Baltikum[95]. Als Ausweg wandten sich niederländische Kaufleute zunehmend dem Handel auf den Weltmeeren zu. Dieser war zuvor fast ausschließlich in den Händen der Spanier und Portugiesen gewesen. Seit 1585 gab es direkte Handelskontakte mit Brasilien, seit 1591 lief man auch den Golf von Guinea an[96]. Betrieben wurde dieser Handel von befristeten Gesellschaften, die ebenfalls den Namen Compagnie trugen, zum Beispiel die 1595 gegründete Compagnie van Verre[97]. Mit der Intensivierung des Handels machten sich diese Compagnien jedoch zunehmend Konkurrenz, so dass es auf Betreiben der Generalstaaten und der Compagnien zu einem Zusammenschluss in der V.O.C. kam[98]. Die Entstehung

---

[91] *Emmer/Beck* (Hrsg.), Wirtschaft und Handel der Kolonialreiche, S. 77; *Fischer,* Geschichte des deutschen Handels, Band 3, S. 481 ff.

[92] Die dicht bevölkerten Vereinigten Niederlande konnten mit ihrer eigenen Landwirtschaft auf begrenztem Gebiet die schnell wachsende Bevölkerung nicht ernähren und waren somit auf den Import von Getreide angewiesen.

[93] Amsterdam übernahm im Grunde ab 1585 die Rolle Antwerpens als führendes internationales Finanzzentrum. Antwerpen konnte seine Stellung durch den niederländischen Unabhängigkeitskrieg und auch durch die Schließung der Schelde nicht mehr halten. Vgl. *Houtman-De Smedt/van der Wee,* Die Entstehung des modernen Geld- und Finanzwesens Europas in der Neuzeit, in: Pohl (Hrsg.), Europäische Bankengeschichte, S. 126 ff.

[94] So schloss Philipp II. zum Beispiel 1594 den Hafen von Lissabon für niederländische Schiffe.

[95] *Emmer/Beck* (Hrsg.), Wirtschaft und Handel der Kolonialreiche, S. 77.

[96] *Emmer/Beck* (Hrsg.), Wirtschaft und Handel der Kolonialreiche, S. 77.

[97] Vgl. *van Brakel,* De Hollandsche Handelscompagnieen der zeventiende eeuw, S. 1, 93 f. Diese werden rechtlich von *Schmoller,* Die geschichtliche Entwicklung der Unternehmung XIII, S. 969 ff., und *Lehmann,* Die geschichtliche Entwicklung des Aktienrechts bis zum Code de Commerce, S. 30 als Reedereien angesehen. *Van Brakel* ist der Ansicht, es handele sich bei diesen um Fortläufer der mittelalterlichen Handelsgenossenschaften (handelsvennootschappen), S. 110. Gegen Lehmann spricht auch bereits der Name der Gesellschaften, der eben gerade nicht Reederei, sondern Compagnie lautet. Auch waren die Beteiligungen daran keine Schiffsparten.

[98] Zur Geschichte der VOC vgl. *Gaastra,* Die vereinigte Ostindische Compagnie der Niederlande – Ein Abriss ihrer Geschichte, in: Schmitt/Schleich/Beck (Hrsg.), Kaufleute als Kolonialherren, S. 1 ff.; *van Dillen,* Het oudste aandeelhoudersregister van de Kamer

aus diversen, den einzelnen Provinzen der Vereinigten Niederlande zuzuordnenden Gesellschaften wird in der Aufteilung der V.O.C. in mehrere Kammern deutlich, die diesen sieben Provinzen entsprachen. Diese Struktur der V.O.C. war weniger durch rechtliche Gegebenheiten als vielmehr durch die politischen und ökonomischen Bedingungen der gerade unabhängig gewordenen nördlichen Niederlande bedingt. Die Anteile der V.O.C. wurden nach 1611 an der Amsterdamer Börse gehandelt, die sich nach der Antwerpener Börse zur führenden Börse Europas zu Beginn des 17. Jahrhunderts entwickelte[99]. Der Erfolg der V.O.C. basierte neben anderem darauf, dass sie nicht allein eine Gesellschaft für die Bürger der Niederlande darstellte, sondern auch für das gesamte nicht-niederländische Hinterland. Der Zugang zu Anteilen war nicht durch die Nationalität oder Religion des Kapitalgebers oder sonstige Kriterien beschränkt.[100] So waren neben den zahlreichen ehemaligen Antwerpener Bürgern auch Hamburger und Augsburger Kaufleute an ihr beteiligt[101]. Die V.O.C., die in den Niederlanden ein Monopol für den pazifisch-indischen Raum innehatte, entwickelte sich in Übersee zu einer mit genuin staatlichen Hoheitsrechten ausgestatteten Organisation, aus der später die niederländische Kolonialverwaltung hervorging. Die in der V.O.C. offenbar werdende symbiotische Verknüpfung von Fernhandel, militärischer Macht und Politik war prägend für die frühe Neuzeit. In einem heutigen Sinne private, vom Staat vollständig unabhängige Gesellschaften gab es daneben auf diesem Gebiet kaum.

Amsterdam der Oost-Indische Compagnie, S. 5 ff. Vgl. auch *Savary*, Der vollkommene Kauf- und Handelsmann, S. 145 ff.

[99] *Houtman-DeSmedt/van der Wee*, Die Entstehung des modernen Geld- und Finanzwesens Europas in der Neuzeit in: Pohl (Hrsg.), Europäische Bankengeschichte, S. 126 ff.; *Walter*, Geld- und Wechselborsen, S. 17 ff.

[100] *Furber*, Rival Empires of Trade, S. 189.

[101] *Furber*, Rival Empires of Trade, S. 186 f. So waren beispielsweise an der Amsterdamer Kammer der V.O.C. der Hamburger Kaufmann Heinrich Beeckmann und der Kaufmannsgeselle Harman Broderman sowie die Deutschen Hans Hunger, Jan Poppen und Jörgen Tymmermann beteiligt, vgl. *van Dillen*, Het oudste andeelhoudersregister van de Kamer Amsterdam der Oost-Indische Compagnie, S. 187, 259.

Erstes Kapitel

Untersuchung der Octrois und Satzungen der Handelscompagnien

Die nachfolgende Analyse der Rechtsverhältnisse der Handelscompagnien anhand der Octroi und Satzungen umfasst vorrangig privatrechtliche Fragestellungen. Untersucht wird die Gründung der Gesellschaften, ihre innere Verfassung sowie die Rechte und Pflichten der einzelnen Organe. Dabei werden vor allem das Kapital der Gesellschaften und die Frage der Aktien sowie der Rechtsstellung der Aktionäre behandelt. Daneben wird auch der Einfluss des Staates auf die Gesellschaften bewertet. Die Untersuchung basiert auf der Auswertung der Octrois und Satzungen von einundzwanzig Handelscompagnien, die in Brandenburg und Preußen zwischen 1651 und 1772 privilegiert wurden. Ein kursorischer Überblick über die historischen Eckdaten der einzelnen Gesellschaften ist im Anhang zu finden.

Im Ersten Kapitel werden folgende brandenburgische und preußische Gesellschaften untersucht:

- Brandenburgisch-Ostindische Compagnie (1651)
- Brandenburgisch-Afrikanische Compagnie (1682)
- Brandenburgisch-Amerikanische Compagnie (1688)
- Brandenburgisch-Afrikanisch-Amerikanische Compagnie (1692)
- Ostindische Compagnie, Entwurf Taverniers (1684)
- Ostindische Compagnie, Entwurf Orths (1687)
- Ostindische Compagnie, Entwurf Asperens (1729)
- Orientalische Handlungscompagnie, Entwurf van Kampens (1734)
- Ostindische Compagnie, Entwurf Sloyers (1744)
- Ostindische Compagnie, Entwurf Jogues (1746–1749)
- Königlich-Preußisch Asiatische Handlungs-Compagnie de la Touches (1750)
- Asiatische Handlungs-Compagnie zu Emden Stuarts (1750)
- Bengalische Handlungs-Compagnie zu Emden (1753)
- Asiatische Compagnie Teegels (1764)
- Levante-Compagnie (1765)

- Ostindische Compagnie Roubauds (1765)
- Assekuranz-Compagnie zu Berlin (1765)
- Emder Heringsfischerei-Gesellschaft (1769)
- Getreidehandelscompagnie zu Stettin
- Getreidehandelscompagnie zu Magdeburg (1770)
- Seehandlungscompagnie oder Preußische Seehandlung (1772)

Die Preußisch – Königliche Giro- und Leihbank[1] von 1765 wurde nicht in die Untersuchung einbezogen. Anders als die eben aufgeführten Handels-, Fischfang- und Assekuranzcompagnien wurde diese allein vom Staat organisiert und verfügte auch nicht über eine Vermögensstruktur, die auf frei handelbaren Aktien aufbaute.

A. Gründung und Auflösung der privilegierten Handelscompagnien

I. Gründungsvoraussetzungen

Voraussetzung für die Errichtung einer privilegierten Handelscompagnie auf der Basis von Aktien war, wie der Name bereits andeutet, die Erteilung eines hoheitlichen Privilegs oder Octroi. Eine freie Gründung der Gesellschaften war nicht möglich[2]. Anders als heute in §§ 23 – 53 Aktiengesetz gab es im 17. und 18. Jahrhundert keine allgemeinen kodifizierten Voraussetzungen für die Errichtung einer privilegierten Handelscompagnie, die bei ihrem Vorliegen einen Anspruch auf die Gewährung eines Octroi gegeben hätten[3]. Sofern nicht die Errichtung der Handelscompagnie ohnehin vom Staat im Rahmen seiner merkantilistischen Wirtschaftspolitik[4] initiiert wurde[5], war der Ablauf vielmehr umgekehrt: Ein Unternehmer oder eine Gruppe von Kaufleuten bewarb sich um die hoheitliche Genehmigung zur Errichtung einer Handelscompagnie. Dabei wurden teilweise bereits im Vorfeld Kapitalgeber gesammelt, die versprachen, sich an der zu gründenden Gesellschaft zu beteiligen. Solche Absichtserklärungen hatten aber noch keine Rechtswirkungen, sondern bezweckten, den Monarchen von der Wirtschaftlichkeit und Durchführbarkeit des Projekts zu überzeugen.

---

[1] Octroi in NCCM Band 3 (1765), S. 915 (Nr. 63).

[2] Ebenso *Hartung*, Compagnie, S. 232; *Söhnchen*, Gründungsvoraussetzungen, S. 111.

[3] Ebenso *Söhnchen*, Gründungsvoraussetzungen, S. 112.

[4] Vgl. zum Merkantilismus in Preußen *Hosfeld-Guber*, Der Merkantilismusbegriff und die Rolle des absolutistischen Staates im vorindustriellen Preußen, S. 139 ff.

[5] Hierzu zählen die brandenburgischen Handelscompagnien und die Preußische Seehandlung. Dies kam zwar häufig vor, war indessen nicht die Regel, wie auf Initiative de la Touches, Stuarts erteilte Octrois sowie die Emder Heringsfischerei beweisen. Anderer Ansicht *Gierke*, Genossenschaftsrecht I, S. 1002, der die Initiative *"fast durchweg"* beim Staat sah.

Missverständlich ist die Aussage Söhnchens, der Abschluss eines Gesellschaftsvertrages sei Voraussetzung für die Gründung einer privilegierten Handelscompagnie gewesen[6]. Gegründet wurden die Gesellschaften durch die Octrois. Für deren Erteilung war das Vorliegen eines Gesellschaftsvertrages aber keine Bedingung. Im Regelfall gaben sich die Anteilsinhaber eine Satzung. Dies erfolgte jedoch stets nach der Oktroyierung der Gesellschaft, wie auch Söhnchen feststellt[7]. Demnach war aber der Abschluss eines Gesellschaftsvertrages keine Gründungsvoraussetzung, sondern eine Obliegenheit der Anteilsinhaber nach Errichtung der Gesellschaft.

Die eigentlich rechtsverbindlichen Zeichnungen erfolgten erst, nachdem ein Octroi gewährt worden war und somit das Monopol der Gesellschaft, welches vielfach als Voraussetzung für das Geschäft angesehen wurde, feststand. Mangels allgemein gültiger Vorschriften hinsichtlich der Anforderungen an eine Handelscompagnie[8] ergaben sich erst aus den Octrois die Anforderungen an die Ausgestaltung der Gesellschaft. Kam das dort festgelegte Startkapital nicht zusammen, so verhinderte dies grundsätzlich nicht das Zustandekommen der Gesellschaft[9]. Teilweise wurden auch Gesellschaften errichtet und betrieben, bei denen nicht alle vorgesehenen Aktien sofort gezeichnet wurden, sondern nur ein (größerer) Anteil verkauft worden war. So begann die Levante-Compagnie ihr Geschäft nach der Zeichnung von nur 822 von 4000 geplanten Aktien[10]. In anderen Fällen wurden die Zeichnungen dagegen als nicht ausreichend angesehen und die Gründung der Gesellschaft trotz vorhandenen Octroi nicht weiter betrieben[11]. In diesen Fällen wurden die bereits geleisteten Einlagen zurückgezahlt. Eine allgemeine Regel oder gar Übung, dass die Gesellschaft ihr Geschäft erst nach vollständiger Zeichnung der Anteile betreiben durfte, gab es nicht[12]. Vereinzelt tauchte dieser Gedanke jedoch auf. So

---

[6] *Söhnchen*, Gründungsvoraussetzungen, S. 132.

[7] *Söhnchen*, Gründungsvoraussetzungen, S. 126.

[8] Vgl. dazu im Einzelnen unten S. 162 ff.

[9] Missverständlich insoweit *Söhnchen*, Gründungsvoraussetzungen, S. 126 f., der schreibt, das Vorhandensein einer „Kasse" nach gemeinen Recht, also eines Anfangskapitals, sei Voraussetzung der Gründung gewesen. Ein Startkapital war zweifellos für den Beginn der Geschäfte erforderlich. Es war aber keine Bedingung für den Erhalt eines Octrois, wie die zahlreichen erfolglosen, aber oktroyierten Projekte zeigen.

[10] *Rachel*, Berliner Wirtschaftsleben im Zeitalter des Frühkapitalismus, S. 103 f.

[11] So die Brandenburgisch-Ostindische Compagnie, die Ostindische Compagnien Taverniers und Orths.

[12] Die Äußerung *Rings*, für die Bengalische Compagnie sei die Vollzeichnung Voraussetzung für die Einberufung der konstituierenden Generalversammlung gewesen, lässt sich aus den von ihm zitierten Quellen nicht belegen. Der entsprechende Artikel der Règlements provisionels der Bengalischen Compagnie von 1753, Art. 12, besagt vielmehr das Gegenteil, nämlich dass noch **vor** Abschluss der Zeichnung der Tag der ersten Generalversammlung bekannt gegeben werden sollte. „*D'abord que la souscription sera rempli, on avertira les intéréssés du jour da la première assemblée...*". Hieraus kann aber gerade nicht geschlossen werden, dass diese nicht stattfinden sollte, wenn nicht alle Anteile gezeichnet worden wären.

forderten die designierten Direktoren der Asiatischen Handlungscompagnie de la Touches,

„que l'on n'eut formé aucune entreprise ni accepté aucun payement avant-que nous n'eussions reconnu par le nombre des souscriptions que le fond d'un million nécessaire aux succès de la dite compagnie ne fut rempli."[13]

Hintergrund war nach dieser Aussage aber weniger eine drohende persönliche Haftung[14] als vielmehr die Sorge, das Geschäft der Gesellschaft ohne das Startkapital von einer Millionen Talern nicht erfolgreich betreiben zu können. Einzig im Octroi Roubauds findet sich die Regelung, dass die Generalsammlung gehalten werden solle, „so bald die Einzeichnung voll seyn wird"[15].

In den Fällen, in denen die Handelscompagnien nach der Erteilung eines Octroi bereits Anleger gefunden hatten, dann aber infolge mangelnder Nachfrage doch nicht durchgeführt wurden, entschädigte man die bereits geworbenen Einleger wegen ihres enttäuschten Vertrauens[16].

Inhaltliche Vorgaben für die Ausgestaltung der Organisations- und Finanzverfassung der Handelscompagnien gab es nicht. Sofern inhaltlich durch die Regierung Einfluss genommen wurde, betraf dies nicht die gesellschaftsrechtliche Ausgestaltung der Octrois, sondern Fragen wie den Umfang des staatlichen Schutzes für die Gesellschaften oder die Höhe der Abgaben[17]. Viel entscheidender für die Ablehnung waren jedoch meist außenpolitische Gründe[18]. Der von Josias van Asperen 1729 vorgelegte Entwurf[19] wurde unter Hinweis auf das politisch bedingte

---

13 Dt.: „... dass man weder ein Unternehmen beginnt noch irgendeine Zahlung akzeptiert, bevor wir nicht aufgrund der Anzahl der Subskriptionen erkennen konnten, dass der Fond von 1 Million, der zum Erfolg der Compagnie erforderlich ist, erreicht wurde." Die Direktoren Kamece, Swéerts, Vernezobre, Bielfeld an den König, Berlin den 9. Januar 1751, GStA PK I. HA Rep. 96 Geheimes Zivilkabinett, Nr. 423 A.

14 Vgl. heute § 41 I 2 AktG.

15 Art. 8 Octroi der Ostindischen Compagnie Roubauds von 1765 (Druckschrift).

16 *Schück*, Kolonialpolitik I, S. 27 zur Brandenburgisch-Ostindischen Compagnie von 1647. Dabei erfolgte die Entschädigung nicht unmittelbar durch die brandenburgische Regierung, sondern durch den ehemaligen niederländischen Admiral Aernoult Gijsels van Lier, der im Dienste des Kurfürsten stand und der Organisator und treibende Kraft hinter der Gründung der Compagnie war, vgl. *Kirchhoff*, Wirtschaftsgeschichte, S. 139.

17 *Berney*, Die Anfänge der Friderizianischen Seehandelspolitik, S. 35 f.

18 Friedrich Wilhelm I. scheute im Falle des Entwurfs van Kampens die Konfrontation mit den Seemächten England und Niederlande, die eifersüchtig über ihre Handelscompagnien wachten. Vgl. *Ring*, Asiatische Handelscompagnien, S. 23 f.

19 Memoire vom 1. Juni 1729. Nach Angaben von *Ring*, Asiatische Handlungscompagnien, S. 13 befand sich das Memoire im Geheimen Staatsarchiv Preußischer Kulturbesitz unter der Nummer I. HA Allgemeine Verwaltung, Rep. 9 J. J. 13. Die Quelle ist dort nicht mehr auffindbar. Es ist unklar, ob diese kriegsbedingt verloren gegangen ist. Alle meine Angaben stützen sich im Folgenden daher auf die Nachweise bei *Ring*, Asiatische Handlungscompagnien, S. 13 ff.

Scheitern der österreichischen Ostender Compagnie abgelehnt[20], der Entwurf Sloyers 1744 wegen des andauernden zweiten Schlesischen Krieges[21].

In einem Fall im 18. Jahrhundert spielte die Zuverlässigkeit[22] des hinter einem Compagnieprojekt stehenden Unternehmers eine ausschlaggebende Rolle. Der Amsterdamer Kaufmann Jerome Jogues, der 1746 um die Erteilung eines Octroi ersucht hatte, wurde vom preußischen Residenten in Amsterdam, Elberfeld, als wenig vorteilhaft beurteilt, da dieser als verschuldet galt[23]. Die Erteilung eines Octroi wurde trotz des dem Ersuchen beigefügten ausführlichen Entwurfs abgelehnt. Im Falle de la Touches kamen Friedrich II. erst nach Erteilung des Octroi Zweifel an dessen Person.

> „Cette entreprise étoit toute bonne en soy même, mais J'ay des raisons convainquantes d'être persuadé qu'elle ne pouvait pas réussir dans les mains du Sr. Chevallier de la Touche, tant par son manque de crédit, que par faux arrangemens qu'il avait pris…"[24]

Dies führte zusammen mit der starken Kritik an der Ausgestaltung der Gesellschaft[25] dazu, dass de la Touche schließlich auf Druck des Königs das Octroi zurückgab, obwohl schon Direktoren für die geplante Gesellschaft bereit standen[26]. Aus den Akten ist jedoch nicht ersichtlich, ob grundsätzlich jeder Unternehmer vor der Oktroyierung einer Handelscompagnie auf seine Zuverlässigkeit überprüft wurde. Die Erteilung eines Octroi basierte regelmäßig auf einer Vielzahl von inhaltlichen Fragen, die wirtschafts- und außenpolitischer Natur waren. Dies zeigt sich auch daran, dass die Gründung von Handelscompagnien in Brandenburg und Preußen stark vom jeweils regierenden Monarchen und dessen Politik abhing. Während der Große Kurfürst starkes Interesse an den Compagnien zeigte, waren seine Nachfolger Friedrich I., insbesondere aber Friedrich Wilhelm I., an der Errichtung von Handelscompagnien wenig bis gar nicht interessiert. Infolgedessen

---

[20] König an den preußischen Residenten in Hamburg, Destinon, am 12. März und 23. April 1729, GStA PK, I. HA Geheimer Rat, Rep. 9 Allgemeine Verwaltung, J. J. 13. Abdruck bei *Ring*, Asiatische Handlungscompagnien, S. 13.

[21] Podewils und Borcke an das Generaldirektorium am 19. September 1744, GStA PK, I. HA Geheimer Rat, Rep. 68 Ostfriesland, Nr. 16.J. 1 Vol. I Band 1, Blatt 9.

[22] Vgl. das Zuverlässigkeitserfordernis in §§ 30 ff. GewO.

[23] Dieser habe sich in Schulden gestürzt und sich schlecht und gottlos geführt, Elberfeld an Friedrich II. am 28. Januar 1749, GStA PK, I. HA Geheimer Rat, Rep. 68 Ostfriesland, Nr. 16 J. 1 Vol. I. Blatt 49.

[24] Dt.: „Diese Unternehmung war an sich gut, aber ich hatte überzeugende Gründe zu glauben, dass sie keinen Erfolg in den Händen des Chevallier de la Touche nehmen wird, da es ihm an Kredit mangelt und falsche Vorkehrungen getroffen hat." König an de la Touche, 11. Januar 1751, GStA PK I. HA Rep. 96 Geheimes Zivilkabinett, 423 A., Abdruck bei *Ring*, Asiatische Handlungscompagnien, S. 70 f.

[25] Zu der Kritik an der Gesellschaft vgl. *Ring*, Asiatische Handlungscompagnien, S. 59 ff. sowie das Schreiben eines englischen Negotianten an einen Kaufmann in Berlin, die Königl. Preussische Handlungscompagnie betreffend.

[26] *Ring*, Asiatische Handlungscompagnien, S. 70 f.; *Koser*, Geschichte Friedrichs des Großen, Fünftes Buch, S. 192.

unterblieb zwischen 1692 und 1751 die Oktroyierung solcher Gesellschaften[27]. Einzig die Russische Compagnie[28] erhielt 1725 von Friedrich Wilhelm I. ein Octroi für die Belieferung der russischen Armee mit Stoffen und Uniformen. Diese Gesellschaft basierte jedoch nicht auf der Einteilung des Grundkapitals in Aktien, sondern war eine stille Gesellschaft unter der Federführung von Berliner Bankiers und Kaufleuten[29].

Angesichts des den Handelscompagnien regelmäßig erteilten Monopols[30] konnten jedoch offenbar Zweifel an der Zuverlässigkeit des oder der Kaufleute, welche die Gesellschaft betreiben wollten, zur Ablehnung eines Entwurfs führen. Als tatsächliche Gründungsvoraussetzung kann die Zuverlässigkeit des Unternehmers jedoch nicht bezeichnet werden. Denn die Zuverlässigkeit eines Unternehmers reichte für sich genommen nicht aus, um Gewähr für die Erlangung eines Octroi zu bieten. Je nach den sonstigen, insbesondere außenpolitischen Interessen der Regierung stellte die Zuverlässigkeit einen Aspekt unter vielen dar. Eine enumerative Prüfung von Gründungsvoraussetzungen fand in Ermangelung solcher Kriterien nicht statt.

II. Firma

Die Quellen enthalten keine Angaben zu firmenrechtlichen Fragen. Die Compagnien erhielten einen Namen, der jedoch nicht einheitlich gebraucht wurde. Ob-

---

[27] Friedrich Wilhelm I. ließ mit seinem Regierungsantritt die kolonialpolitischen Ziele seines Vaters fallen, er sah „das afrikanische Kommerzienwesen als eine Chimäre an". Er schuf durch strenge Sparsamkeit einen gut verwalteten Militär- und Beamtenstaat, außenpolitisch war er kaum engagiert. Strikt dem Ziel der Vermeidung von Schulden und der Sanierung der Staatsfinanzen verpflichtet, entschloss er sich bereits kurz nach seinem Regierungsantritt, 1713 die überseeischen Besitzungen zu veräußern. Diese hatten unter seinem Vater und Großvater für den brandenburgischen bzw. preußischen Staat fast ausschließlich Kosten verursacht und kaum Gewinne eingebracht, vgl. *Schück*, Kolonialpolitik I, S. 287. Das überseeische und einheimische Vermögen der Brandenburgisch-Afrikanischen Compagnie wurde verkauft, zum Teil an die Niederländer, und die Compagnie aufgelöst. Vgl. *Schück*, Kolonialpolitik I, S. 286 ff. Der Verkauf der afrikanischen Besitzungen an der ghanaischen Goldküste erfolgte für die Gegenleistung von 7200 Dukaten und „12 Mohren", vgl. *Fraunberger*, Die Nacht, als Jan Cunny verschwand, Obwohl Preußen 1720 durch den Frieden von Stockholm Stettin und damit einen geeigneten Seehafen erhalten hatte, beteiligte sich Friedrich Wilhelm I. weder an bestehenden Schifffahrtsunternehmungen, noch ließ er solche wie seine Vorgänger errichten.

[28] Zur Geschichte der Russischen Compagnie vgl. *Schmoller*, Die Russische Kompagnie in Berlin.

[29] Es handelte sich um die Kaufleute und Bankiers Splitgerber und Daum, Viedeband, Gregory, Johan Christian Buder, Christian Heydler, Adrian Sproegel, Georg Friedrich Günther, Johann Georg Hainlichen, Christian Thielebein, Johan Samuel Reich und Johan Christoph Kirsten. Zu Splitgerber und der Bank Splitgerber & Daum siehe *Rachel*, Das Berliner Wirtschaftsleben im Frühkapitalismus, S. 88 ff.

[30] Siehe hierzu unten A. IV., S. 39 ff.

wohl seit dem Mittelalter im Handel auch von Gesellschaften Firmen geführt wurden[31], bestand im 17. und 18. Jahrhundert keine Notwendigkeit für eine Regelung
der Firma der oktroyierten Handelscompagnien in den Octrois. Hintergrund der
heutigen firmenrechtlichen Regelungen ist der Gedanke der Unterscheidbarkeit
der zahlreichen Marktteilnehmer und das Irreführungsverbot[32]. Für all diese Erwägungen bestand damals kein Bedarf. Die Compagnien hatten in der Regel ein Monopol inne. Es gab somit keine anderen Marktteilnehmer, von denen sie sich durch
eine klare Firma hätten abgrenzen müssen. Der Titel „Privilegierte Königlich-
Preußische ... Compagnie" besaß ausreichend Unterscheidungskraft. Auch wenn
es zu Zeiten Friedrichs II. anders als unter dem Großen Kurfürsten zeitweise parallel bestehende Gesellschaften gab, so war doch ihre Zahl zu gering, als dass eine
eindeutige Regelung der Firmenführung erforderlich gewesen wäre. Allgemein
war jedoch üblich, dass die Gesellschaften den Namen der Region trugen, mit der
sie ihren Handel trieben[33]. Erst das Allgemeine Preußische Landrecht enthielt erste
Regelungen über den Gebrauch einer Firma, insbesondere für die auf Dauer ange-
legten Handelsgesellschaften[34], die dann auch für privilegierte Handelscompagnien galten[35].

III. Sitz der Gesellschaften

Sitz der meisten asiatischen und ostindischen Fernhandelscompagnien war Emden[36]. Emden gehörte im 17. Jahrhundert noch nicht zu Brandenburg, sondern war
Teil der Grafschaft Ostfriesland. Brandenburg selbst hatte zwar Häfen an der Ostsee, aber keinen eigenen Zugang zur Nordsee. Bei einer Niederlassung der Handelscompagnien in den an der Ostsee gelegenen Häfen wäre eine Abstimmung mit
Dänemark erforderlich geworden, da auf dem Weg nach Fernost die dänischen
Hoheitsgewässer der Ostsee hätten durchquert werden müssen. Dänemark betrieb

---

[31] Siehe hierzu *Haab*, Handelsfirma, S. 6 ff.

[32] *Baumbach/Hopt*, HGB, § 17 Rn. 7; *Hildebrandt* in Schlegelberger, HGB, § 17 Rn. 1.

[33] Hiervon berichtet auch *Ludovici*, Grundriß, § 555.

[34] II 8 § 617 ALR. Regelungen zur Bekanntmachung und Unterscheidungsfähigkeit der
Firma finden sich in II 8 §§ 620–622 ALR.

[35] Vgl. hierzu unten das Dritte Kapitel, S. 165 ff.

[36] Art. 17 Reglement der Brandenburgisch-Afrikanischen Compagnie von 1683; Art. 3
Octroi der Ostindischen Compagnie Orths von 1687; Art. 16 Octroi für die Brandenburgisch-
Amerikanische Compagnie von 1688; Art. 6 Revidiertes Octroi für die Brandenburgisch-
Amerikanische Compagnie von 1690; Art. 17 Neues Octroi der Brandenburgisch-Afri-
kanisch-Amerikanischen Compagnie von 1692; Art. 5 Plan einer Ostindischen Compagnie
Sloyers von 1744; Art. 22 Entwurf des Octroi von Jogues 1744; Art. 1 Octroi Asiatische
Handlungscompagnie de la Touche von 1750; Einleitung Deklaration der Asiatischen Com-
pagnie Stuarts 1751; Art. 1 Octroi der Bengalischen Compagnie von 1753; Art. 1 Octroi der
Asiatischen Compagnie Teegels 1764; Art. 17 Octroi der Ostindischen Compagnie Roubauds
von 1765; Art. 1 Octroi der Heringsfischereigesellschaft von 1769.

seit 1616 eine eigene Ostindische Compagnie[37]. Eine Niederlassung an der Nordsee eröffnete direkten Zugang zum Atlantik und vermied somit Konkurrenzprobleme[38]. Brandenburg schloss daher mit den ostfriesischen Ständen am 2. Mai 1683 einen Handels- und Schiffahrtsvertrag[39]. Vorausgegangen war eine Kooperation mit dem Rat der Stadt Emden in handelspolitischen Fragen[40]. Später beteiligten sich auch Emder Kaufleute und ostfriesische Adelige an den Compagnien des Großen Kurfürsten[41]. 1744 fiel Emden mit der Grafschaft Ostfriesland durch das Aussterben der herrschenden Grafen Cirksena[42] an Preußen und wurde 1751 zum Freihafen erklärt. Friedrich II hatte zunächst Stettin dem Hafen in Emden vorgezogen, dort aber später keine der unter seiner Regierung oktroyierten Gesellschaften angesiedelt[43]. Die Ostindische Compagnie Asperens sollte ihren Sitz in Stettin errichten, erhielt jedoch kein Octroi von Friedrich Wilhelm I.[44]. An Friedrich II. wurden in seinen ersten Regierungsjahren zahlreiche Gesuche zur Errichtung einer Compagnie mit Sitz in Emden herangetragen. Diese Projekte gingen meist von niederländischen Kaufleuten aus[45]; daher rührte der Wunsch nach einem nahe gelegenen Sitz der geplanten Gesellschaften. Friedrich II. lehnte diese Ansinnen alle ab.[46]

---

[37] Vgl. zu dieser *Lehmann*, Entwicklung des Aktienrechts, samt einem Abdruck des Octrois.

[38] Vgl. hierzu auch Einleitung des Octroi für die Brandenburgisch-Afrikanische Compagnie von 1682.

[39] Abdruck bei *Schück*, Kolonialpolitik II, Nr. 73.

[40] Vgl. hierzu *Melchers*, Ostfriesland: Preußens atypische Provinz?, S. 138 ff.

[41] Allen voran der Freiherr von Knyphausen, der Präsident der afrikanischen Compagnie wurde sowie der Emder Bürgermeister Otto Schinkel, der dort Direktor wurde. Vgl. *Melchers*, Ostfriesland: Preußens atypische Provinz?, S. 144 ff.

[42] Die Cirksena waren ein ostfriesisches Adelsgeschlecht, das 1464 mit der Reichsgrafschaft Ostfriesland belehnt wurde und 1654 in den Fürstenstand erhoben wurde. Der letzte Fürst, Carl Edzard, starb 1744. Vgl. hierzu z. B. *Sonntag*, Preußische Wirtschaftspolitik in Ostfriesland, S. 20 ff.; *Melchers*, Ostfriesland: Preußens atypische Provinz?, S. 182 ff.

[43] Noch 1745 versuchte Friedrich II. zur Finanzierung seiner Kriegspolitik, Emden zunächst an die Holländer, später an England zu verkaufen. Erst später machte er sich die günstige Lage der Stadt zunutzen, vgl. *Koser*, Geschichte Friedrichs des Großen, Fünftes Buch S. 157.

[44] *Ring*, Asiatische Handlungscompagnien, S. 13.

[45] Vgl. *Ring*, Asiatische Handlungscompagnien, S. 35 f.; Mémoire touchant l'établissement d'une Compagnie de Commerce 1744. Von diesem Projekt des portugiesischen Bankiers Lopez sind keine Quellen mit Bestimmungen über die rechtliche Ausgestaltung überliefert. Die 1746 an den preußischen Gesandten in Den Haag gerichtete Anfrage des in Amsterdam ansässigen Portugiesen wurde wegen der allgemeinen politischen Lage abschlägig beschieden, obwohl sie als solider Vorschlag angesehen wurde, vgl. die Schreiben von Ammon, Carmer, Podewils und Borcke an den König zwischen 20. Mai und 20. Oktober 1746, GStA PK, I. HA Geheimer Rat, Rep. 68 Ostfriesland, Nr. 16 J 1.1.1, Blatt 13 ff. (1744–1757). Vgl. die Anfragen aus den Jahren 1746 bis 1751 in GStA PK, I. HA Geheimer Rat, Rep. 68 Ostfriesland, Nr. 16 J (1744–1757). Ein weiterer Vorschlag kam von ehemaligen Anteilsinhabern der österreichischen Ostender Compagnie, die Anregung hierzu stammte von Jean Guillaume Claude van Laar, vgl. *Ring*, Asiatische Handlungscompagnien, S. 36.

Das Octroi der Levante-Compagnie legte keinen einheitlichen Sitz der Gesellschaft fest. Die Gesellschaft verfügte über mehrere Niederlassungen, darunter Emden, aber auch Stettin und Berlin.

Auch die übrigen Octrois und Entwürfe enthielten Angaben über den geplanten Sitz der Gesellschaften. Dieser lag beispielsweise bei der Assekuranzkammer ebenso wie bei der Brennholzcompagnie entsprechend ihrem Geschäftsgegenstand in Berlin[47].

IV. Satzungskompetenz und salvatorische Klauseln

Die meisten der untersuchten Handelscompagnien verfügten neben den Octrois über eine interne Satzung, welche die Regelungen des Octroi ergänzte[48]. Diese wurden häufig als Reglement bezeichnet[49].

Weitreichend war eine Klausel der Satzung der Brandenburgisch-Afrikanischen Compagnie, welche die Partizipanten ermächtigte, bei Fehlen einer Regelung diese mit einfacher Mehrheit nachträglich *„per unanimia oder majora"* zu ergänzen[50]. Als Satzung enthielt das Reglement der Gesellschaft daneben eine Bestimmung über die Änderung der Satzung. Als *lex fundamentalis* durfte hiervon nur durch *„einmüthigen Consens"* abgewichen werden[51]. Auch die übrigen Octrois gewährten den Compagnien teilweise die Befugnis, sich selbst weitere Regelungen zu geben[52]. Zuständig hierfür waren meist die Generalversammlungen[53], teilweise wur-

---

[46] Der politische Schwerpunkt der Anfangsjahre der Regierung Friedrichs II. lag nicht auf der Gewinnung von Stützpunkten oder gar Kolonien in Übersee, sondern auf der Etablierung Preußens als gleichberechtigte Macht in Europa und der Sicherung und Erweiterung seines verstreuten Territoriums. Ein Einstieg in die Kolonial- und Fernhandelspolitik hätte dagegen die ohnehin ständig wechselnden europäischen Bündnisse zur Zeit der Schlesischen Kriege wohlmöglich vollends aus dem Gleichgewicht gebracht. Man befürchtete für den Fall der Errichtung von konkurrierenden Handelskompagnien Konflikte mit den Seemächten, und zog es so vor, bis zur *„conclusion de la paix generale"* zu warten. Vgl. *Schulze*, Kleine deutsche Geschichte, S. 66 ff.; zur Handelspolitik Friedrichs II. vgl. auch *Koser*, Geschichte Friedrichs des Großen, Fünftes Buch, S. 154 ff. Zitat aus Podewils und Borcke an den König vom 20. Oktober 1746, GStA PK, I. HA Geheimer Rat, Rep. 68 Ostfriesland, Nr. 16 J 1.1 Blatt 22.

[47] Einleitung Octroi der Assekuranzkammer von 1765.

[48] Die Auffassung *Söhnchens*, Gründungsvoraussetzungen, S. 126 ff., alle Handelscompagnien hätten sich Satzungen gegeben, konnte nicht verifiziert werden.

[49] So z. B. das Reglement der Brandenburgisch-Afrikanischen Compagnie von 1683.

[50] „... Dasjenige aber, was hierunter obbeschriebenermaßen exprimiret, soll pro lege fundamentali gehalten und ohn einmüthigen Consens davon nicht abgetreten noch recediret werden. (...)" Art. 24 Reglement Brandenburgisch-Afrikanischen Compagnie von 1683.

[51] Art. 24 Reglement der Brandenburgisch-Afrikanischen Compagnie von 1683.

[52] Art. 24 Octroi für eine Brandenburgisch-Ostindische Compagnie von 1651; Art. 22 Octroi Asiatische Handlungscompagnie de la Touche von 1750; Art. 5, 23 Deklaration der Asia-

den auch die Direktoren beteiligt[54]. Dabei hing die Wirksamkeit der Satzung bei manchen Compagnien von der Genehmigung durch den König ab[55]. Nicht alle privilegierten Handelscompagnien verfügten über eine – schriftliche – Satzung. Insofern ist die Aussage Söhnchens, ein Gesellschaftsvertrag, also eine Satzung, sei Gründungsvoraussetzung für die privilegierten Handelscompagnien gewesen, nicht zutreffend[56]. Das Innenverhältnis der Handelscompagnien war durch die Octrois meist bereits in Ansätzen geregelt. Die Anteilsinhaber der Gesellschaften konnten die Regelungen der Octrois durch die Satzungen zwar ergänzen, keineswegs aber völlig frei und unabhängig vom Staat ausgestalten[57]. Zahlreiche der in diesem Kapitel geschilderten internen Regelungen basierten auf den Octrois und nicht allein auf den Satzungen. Die auf der Auswertung von nur zwei Compagnien beruhende Aussage Söhnchens, die Gesellschaften seien bei der Gestaltung ihres Innenverhältnisses frei gewesen, kann daher nach der Auswertung aller Quellen nicht bestätigt werden.

Sowohl die Octrois der Brandenburgisch-Afrikanischen und der Brandenburgisch-Amerikanischen[58] Compagnie als auch das Reglement letzterer enthielten als abschließende Regelung eine salvatorische Klausel. Der Kurfürst versprach darin, eventuell vergessene Artikel nachträglich zu bewilligen und dem Octroi beizufügen, sofern sie ihm nicht zu merklichem Nachteil gereichen würden[59].

V. Dauer und Monopol der Handelscompagnien

Die in Brandenburg und Preußen oktroyierten Handelscompagnien wurden durchweg zeitlich befristet[60]. Die Gesellschaften sollten nur für begrenzte Zeit be-

---

tischen Compagnie Stuarts 1751; Art. 21 Octroi der Bengalischen Compagnie von 1753, Art. 5 Octroi der Asiatischen Compagnie Teegels 1764; Art. 8 Octroi der Heringsfischereigesellschaft von 1769; Art. 28 Entwurf des Octroi von Jogues 1744; Art. 42 Octroi der Preußischen Seehandlung von 1772; Art. 10, 13 Octroi der Levante-Compagnie von 1765.

[53] Art. 8 Octroi der Heringsfischereigesellschaft von 1769; Art. 16 Satzung der Heringsfischereigesellschaft.

[54] Art. 24 Octroi für eine Brandenburgisch-Ostindische Compagnie von 1651.

[55] Art. 24 Octroi für eine Brandenburgisch-Ostindische Compagnie von 1651; Art. 22 Octroi Asiatische Handlungscompagnie de la Touche von 1750; Art 5, 23 Deklaration der Asiatischen Compagnie Stuarts 1751; Art. 21 Octroi der Bengalischen Compagnie von 1753.

[56] *Söhnchen,* Gründungsvoraussetzungen, S. 126 ff. Die Arbeit untersucht aber auch nur zwei der vorliegend 21 behandelten Gesellschaften.

[57] So aber *Söhnchen,* Gründungsvoraussetzungen, S. 121, 123, 125.

[58] Art. 49 Octroi der Brandenburgisch-Amerikanischen Compagnie von 1688; Art. 22 Revidiertes Octroi für die Brandenburgisch-Amerikanische Compagnie von 1690.

[59] Art. 27 Octroi für die Brandenburgisch-Afrikanische Compagnie von 1682.

[60] Lediglich für den Entwurf Asperens kann dies nicht festgestellt werden, da das Memoire nicht überliefert ist und *Ring,* Asiatische Handlungscompagnien, S. 13 ff., nichts hierüber berichtet.

stehen, Verlängerungsmöglichkeiten wurden in den Gründungsoctrois nur zum Teil in Aussicht gestellt[61]. Die Dauer der Privilegierung bzw. der angestrebten Privilegierung variierte zwischen fünf und fünfzig Jahren[62]. Die Befristung von Handelsgesellschaften war nicht ungewöhnlich. Auch die Gesellschaftsverträge der Fugger, Welser oder der Großen Ravensburger Gesellschaft, um nur die Bekanntesten zu nennen, wurden nur auf einige Jahre geschlossen und erst nach und nach verlängert[63]. Der Gedanke einer Befristung der Gesellschaften findet sich später in den ersten gesetzlichen Vorschriften über die Aktiengesellschaft im 19. Jahrhundert in Preußen: Nachdem das Preußische Aktiengesetz von 1843 ursprünglich unbefristete Aktiengesellschaften gestattete, wurde dies 1856 wieder zugunsten einer maximalen Dauer von 50 Jahren aufgegeben[64].

Die Octrois galten in der Regel auch über den Tod der erteilenden Landesfürsten hinaus und wurden teilweise in der Urkunde selbst als unwiderruflich bezeichnet[65]. Ein ausdrücklicher Widerruf eines Octroi erfolgte teilweise in den Fällen, in denen von den vorangegangenen Octrois kein Gebrauch gemacht wurde, sobald ein neues Octroi gewährt wurde. Hierdurch sollte die Monopolstellung des nunmehr privilegierten Unternehmens gesichert werden. So hob Friedrich II. nach Ende des Siebenjährigen Krieges im Octroi für die Errichtung einer Ostindischen Compagnie, welches François Lazare Roubaud 1765 erteilt wurde, in der Einleitung ausdrücklich die vorangegangenen Octrois *„zur Etablirung einer Asiatischen Compagnie in*

---

[61] Die Verlängerung im Fall der Brandenburgisch-Afrikanischen Compagnie *„gegen eine leidliche Erkenntniß nicht soll geweigert werden"*, Art. 16 Octroi für die Brandenburgisch-Afrikanische Compagnie von 1682. Ebenfalls eine Verlängerungsmöglichkeit sah Art. 26 Octroi der Levante-Compagnie von 1765 vor. Sloyer hatte in seinem Entwurf die Möglichkeit einer Verlängerung *„nach Gutdünken des Königs"* vorgesehen, Art. 15 Plan einer Ostindischen Compagnie Sloyers von 1744.

[62] 5 Jahre: Getreidehandlungscompagnien; 15 Jahre: Emder Heringsfischereigesellschaft, Asiatische Handlungscompagnie de la Touche, Entwurf Sloyer; 20 Jahre: Brandenburgisch-Ostindische Compagnie 1651, Ostindische Compagnie Tavernier, Ostindische Compagnie Orths, Levante-Compagnie, Preußische Seehandlung, Asiatische Handlungscompagnie Teegels, Ostindische Compagnie Roubauds, Bengalische Compagnie, Asiatische Compagnie Stuarts, 30 Jahre: Brandenburgisch-Afrikanische Compagnie, Brandenburgisch-Amerikanische Compagnie (durch das Revidierte Octroi für die Brandenburgisch-Amerikanische Compagnie von 1690 verlängert auf 50 Jahre), Assekuranzkammer, Entwurf Jogues.

[63] Vgl. *Rehme,* ZRG GA 47 (1927), 487, 522 f.

[64] Vgl. die Verfügung des preußischen Handelsministers vom 29. März 1856, bei *Weinhagen,* Aktiengesellschaften, S. 83. Zur den ersten gesetzlichen Regelungen von Aktiengesellschaften siehe Drittes Kapitel, S. 169 ff.

[65] Vgl. zum Beispiel Art. 40 Octroi der Brandenburgisch-Ostindischen Compagnie von 1651; Intitulatio des Octroi für die Brandenburgisch-Afrikanische Compagnie von 1682 und des Octroi für die Brandenburgisch-Amerikanische Compagnie von 1688 und des Neuen Octroi der Brandenburgisch-Afrikanisch-Amerikanischen Compagnie von 1692; Art. 1 Octroi der Heringsfischerei von 1769; Art. 1 Octroi der Ostindischen Compagnie Roubauds von 1765; Art. 1 Octroi der Levante-Compagnie von 1765: „für uns und unsere Nachfolger"; „unwiderruflich": Octroi der Assekuranz-Kammer von 1765. Zur Frage der revocatio privilegiorum vgl. *Mohnhaupt,* Privatrecht in Privilegien, S. 63 ff.

Unserm Hafen zu Embden", also insbesondere das dem Kommerzienrat Teegel erteilte Privileg, auf[66].

Den Handelscompagnien wurde in der Regel ein Monopol für ihren Geschäftsgegenstand erteilt. Grundsätzlich war den Kaufleuten die Bildung von Monopolen verboten, sofern diese durch *„eigenmächtige Anmaßung"* erfolgte[67]. Dem Landesherrn blieb es aber unbenommen, *„aus gegründeten Ursachen einem oder dem andern solche [Monopole] zu gestatten."*[68] In der Wirtschaftstheorie der damaligen Zeit wurde jedoch allgemein die Erlangung eines Monopols als unabdingbar für die erfolgreiche Durchführung von Fernhandelsgesellschaften angesehen. *Beckmann* nannte die Preisgabe des Monopols durch die Westindische Compagnie der Niederlande als Grund für deren Niedergang[69].

Vorbild für das Monopol der Gesellschaften unter dem Großen Kurfürsten waren die Niederlande, in denen die V.O.C. und W.I.C. dem Land zu einem „Goldenen Zeitalter" verholfen hatten. Im 17. Jahrhundert prosperierten dort die Handelscompagnien und beeinflussten durch ihren Reichtum und die importierten Handelsgüter das Alltagsleben[70]. Die persönliche Erfahrung, zu welchem Wohlstand es Land und Volk durch Fernhandel und Schiffahrt bringen können, prägte den Großen Kurfürsten[71], insbesondere vor dem Hintergrund seiner danlederliegenden Heimat[72]. Und so ist es denn auch wenig verwunderlich, wenn er später in dem Bemühen, den Handel und Wohlstand auch seines Landes zu fördern, versuchte, am transatlantischen Dreieckshandel zwischen Afrika, Amerika und Europa teilzunehmen. Kupfer und andere Güter wurden nach Afrika transportiert, Sklaven von dort nach Amerika und schließlich Elfenbein, Straußenfedern[73], Gummi und

---

66 Arenga des Octroi der Ostindischen Compagnie Roubauds von 1765. Ob sich dieser Widerruf von Octrois auch auf das 1751 Stuart erteilte Octroi bezieht, ist unklar. Da im Octroi Roubauds als Grund für den Widerruf der bis dahin fehlende Vollzug der betreffenden Octrois angegeben wird, war die Stuartsche Compagnie vermutlich nicht gemeint. Diese wurde zwar zu dieser Zeit aufgelöst, war aber ursprünglich zustandegekommen und hatte somit das Octroi auch „vollzogen". Vgl. zur Stuartschen Compagnie den Anhang.

67 *Musäus*, Grundsätze des Handlungsrechts, § 74.

68 *Musäus*, Grundsätze des Handlungsrechts, § 74; Wetzlarische Nebenstunden, 2. Teil S. 171 ff.; 38. Teil S. 148.

69 *Beckmann*, Anleitung zur Handlungswissenschaft, § 192.

70 So finden sich auf den Gemälden der Niederländischen Meister des 17. Jahrhunderts oft Zitronen und andere exotische Früchte wieder, vgl. zum Beispiel das Gemälde von Pieter Aertsen, Marktfrau am Gemüsestand, von 1567 (Gemäldegalerie Berlin). Ebenso finden sich Orientteppiche (Thomas de Keyser, Bildnis einer Dame 1632, Gemäldegalerie Berlin) und chinesisches Porzellan (Willem Kalf, Stilleben mit chinesischer Porzellandose 1662, Gemäldegalerie Berlin).

71 Kurfürst Friedrich Wilhelm hatte von 1634 bis 1638 in den Niederlanden gelebt und dort die Universitäten Leyden und Den Haag besucht. Er heiratete die niederländische Prinzessin Louise Henriette von Oranien-Nassau, eine Enkelin Wilhelms I. von Oranien und Tochter des Erbstatthalters Friedrich Heinrich von Oranien.

72 *Schultze*, Die Mark Brandenburg, S. 282.

Gold aus Afrika und Amerika nach Europa geschafft[73]. Mit seiner Kolonial- und Fernhandelspolitik stellte der Große Kurfürst eine Ausnahme gegenüber den übrigen deutschen Staaten dar, die sich dem atlantischen Handel auf lange Zeit nicht anschlossen[75]. Friedrich Wilhelm befand sich mit seiner Politik einer staatlichen Wirtschaftsförderung im Einklang mit der merkantilistischen Wirtschaftstheorie seiner Zeit. So erklärte er seine Wirtschaftspolitik:

> „Nachdem Wir Uns jederzeit eine besondere Sorge seyn lassen, die Uns von Gott anvertraute Lande und Provintzien durch allerhand dienliche Mittel und Wege in einen florissanten Stand zu setzen, und unter anderm auch die Seefahrt und Handlung, als die fürnehmsten Seulen eines Estats, wodurch die Unterthanen beydes zu Wasser, als auch durch die Manufacturen zu Lande, ihre Nahrung und Unterhalt erlangen, an einigen bequemen Orten Unserer Hertzogthümer und Lande einzuführen."[76]

Auch Friedrich der Große wurde von seinem Lehrer für Nationalökonomie erklärt, *„die gemeine Sage, Commercia müssen frei sein, ist universellement nicht wahr"*[77]. Friedrich der Große hatte sich im Sommer 1749 der Lektüre der Schriften

---

[73] Straußenfedern wurden in der Mode verwandt, aber auch als luxuriöse Staubwedel, da sie mit den zahllosen Federfasern den Staub gut einfingen und hielten. Staubwedel aus Straußenfedern werden heute noch bei Manufactum vertrieben. Siehe auch das Bild *Rembrandts*, Portrait einer Dame mit Straußenfeder, National Gallery of Art, Washington D.C., USA.

[74] Benjamin Raule hatte am 26. Oktober 1685 an den Kurfürsten geschrieben, jedermann wisse, dass der Sklavenhandel die Ursache des Wohlstands sei, den die Spanier aus Westindien ziehen, und dass derjenige, der um den Handel mit den Sklaven weiß, an diesem Wohlstand teilhaben könne. *Jones*, Brandenburg-Prussia and the Atlantic Slave Trade 1680–1700, S. 285; vgl. auch *Fraunberger*, Die Nacht, als Jan Cunny verschwand, Die Zeit, 12. Februar 2004. Benjamin Raule, geb. 1643 in Vlissingen, gest. 1707 in Hamburg; Großreeder und Ratsherr in Middelburg, Aktionär der niederländischen Westindischen Compagnie, vgl. *Schneeloch*, Aktionäre der Westindischen Kompagnie von 1674, S. 178; zur Person Benjamin Raules siehe *Richter*, Benjamin Raule; *van Hamel*, Een Nederlander als de geniale organisator van Pruisische zee- en koloniale macht. Benjamin Raule, in: Historia. Maandschrift voor Geschiedenis, S. 217 ff. Die Person Raules ist in die Berliner Stadtgeschichte eingegangen. Sein Stadthaus, Raules Hof, gelegen am Werder in Berlin-Mitte, wurde erst in den 1930iger Jahren wegen des Baus der Reichsbank, heute Sitz des Auswärtigen Amtes, abgerissen. Sein Landsitz in Rosenfelde, dem heutigen Schloss Friedrichsfelde, hat Eingang in das lokale Liedgut gefunden. *Richter*, Benjamin Raule, S. 140, überliefert ein Lied „Der Kurfürst, und was fürstlich heißt / Haben heut zu Mittag gespeist / Bei Raule im Rosenfelde". Vgl. auch *Voigt*, Brandenburgia 20, S. 111 und auch die Erinnerungen Benjamin Raules in seiner Denkschrift: Vorstellungen einer neu aufzurichtenden Guineischen Kompagnie in seiner Churfürstlichen Durchlaucht zu Brandenburg Landen, GStA PK, I. HA Geheimer Rat, Rep. 65 Marine und Afrikan. Kompagniesachen, Nr. 177 Memoire von 1695.

[75] Gründe hierfür liegen in der Kleinflächigkeit der meisten deutschen Staaten, durch die zu wenig Kapital für die großen Unternehmungen zur Verfügung stand. Den wenigen anderen größeren deutschen Staaten wie dem Herzogtum Bayern fehlte es dagegen am Zugang zum Meer.

[76] Edict wegen angeordneter Marinen-Casse vom 1. Januar 1686, CCM Band 4, Abt. 5, 2. Cap. Nr. 1, S. 136. Die dort geäußerte Ansicht spiegelt jedoch gut seine bereits früher vorhandene Geisteshaltung wieder.

[77] Zitat nach *Koser*, Geschichte Friedrichs des Großen, Fünftes Buch, S. 158.

Jean- François Melons über den Handel gewidmet, der diese Ansicht ebenfalls vertrat[78].

Eine Ausnahme in der Frage der Monopole bildeten die nicht zustande gekommenen Projekte van Kampens und Sloyers. Da von diesen Gesellschaften aber lediglich die Satzungsentwürfe der Unternehmer vorliegen, nicht hingegen die Octrois, kann nicht ausgeschlossen werden, dass auch diesen Gesellschaften ein Monopol zuteil werden sollte. Ebenfalls kein Monopol erhielten die Heringsfischereigesellschaft und die Getreidehandelscompagnien. Der Grund hierfür lag vermutlich im jeweiligen Unternehmensgegenstand. Die Monopole wurden regelmäßig mit den kostenintensiven Reisen der Fernhandelsgesellschaften begründet[79], ein Argument, das für regionale Fischerei- bzw. Getreidehandlungsgesellschaften gerade nicht angeführt werden konnte. Zudem hätte man schlecht sämtlichen bereits ansässigen einheimischen Fischern den Fischfang verbieten können.

Die Verletzung des den Gesellschaften erteilten Monopols wurde in der Regel unter Strafe gestellt. Die das Monopol gewährenden Octrois untersagten es jedem anderen, aus brandenburgischen oder preußischen Landen während der Dauer des Octroi Handel mit den im Octroi beschriebenen Regionen zu treiben[80]. Der Verstoß hiergegen wurde häufig mit dem Verlust der Schiffe und Güter sanktioniert, teilweise sollten die eingezogenen Güter der Monopolgesellschaft zufallen[81]. Die brandenburgisch-preußischen Handelscompagnien mussten sich ähnlich wie die benachbarten Monopolgesellschaften stets gegen freie Schiffer (sogenannte Lorrendrayer oder Interloper[82]) verteidigen. Diese versuchten ebenfalls im Afrika- bzw. Asienhandel Geschäfte zu betreiben und waren anders als die Monopolgesellschaften mit wesentlich geringeren Kosten belastet, da sie keine (befestigten) Stützpunkte an den Handelsplätzen unterhielten. Ihr Geschäft verstieß jedoch ge-

---

78 *Melon*, Essai politique sur le commerce, Kapitel VI.

79 *Ludovici*, Grundriß, § 557; *Becher*, Politische Discurs, S. 117 f.

80 Art. 15 Octroi für die Brandenburgisch-Afrikanische Compagnie von 1682; Art. 1 Octroi der Ostindischen Compagnie Orths von 1687; Art. 3 Octroi für die Brandenburgisch-Amerikanische Compagnie von 1688; Art. 20 Revidiertes Octroi für die Brandenburgisch-Amerikanische Compagnie von 1690; Art. 1 Neues Octroi der Brandenburgisch-Afrikanisch-Amerikanischen Compagnie von 1692; Art. 2 Entwurf des Octroi von Jogues 1744; Art. 3 Deklaration der Asiatischen Compagnie Stuarts 1751; Art. 3 Octroi der Bengalischen Compagnie von 1753; Art. 3 Octroi der Asiatischen Compagnie Teegels 1764; Art. 2 Octroi der Ostindischen Compagnie Roubauds von 1765; Art. 1 Octroi der Assekuranzkammer von 1765 (allerdings blieb es auf dem Gebiet der Assekuranzen den „Particuliers", also den Einzelnen, erlaubt, zu „assecuriren und verassecuriren zu lassen", Art. 2); Art. 2 Octroi der Levante-Compagnie von 1765; Arenga Octroi der Preußischen Seehandlung von 1772.

81 So Art. 15 Octroi für die Brandenburgisch-Afrikanische Compagnie von 1682; Art. 2 Octroi der Levante-Compagnie von 1765.

82 Als Interloper bezeichnete man allgemein Kaufleute, die das heimische Monopol einer Handelsgesellschaft brachen. Vgl. zur Verwendung dieses Begriffs Art. 3 Neues Octroi der Brandenburgisch-Afrikanisch-Amerikanischen Compagnie von 1692. Dort wird es „*particulier Commissionsfahrern*" untersagt, im Monopolbereich der Compagnie an der Sklavenküste Sklavenhandel zu betreiben.

gen die staatlichen Monopole, da sich der Kurfürst bzw. König verpflichtet hatte, keinem anderen als der privilegierten Gesellschaft ein entsprechendes Monopol zu gewähren[83]. Eine Ausnahme von dieser Regel findet sich nur bei der Brandenburgisch-Amerikanischen Compagnie, der trotz des Monopols der Brandenburgisch-Afrikanischen Compagnie auf dem Gebiet des Sklavenhandels an der afrikanischen Küste[84] gestattet wurde, ebenfalls Sklaven *„zu handeln und selbe zu transportieren"*, allerdings nur, sofern die Compagnie die Sklaven benötigte. Aus dem Text des Octroi wird nicht klar, ob damit nur der eigene Bedarf der Compagnie für den Handels mit anderen Gütern gemeint war oder diese grundsätzlich frei mit Sklaven handeln durfte[85]. In der Praxis kam es trotz des doppelt vergebenen Rechts zum Sklavenhandel nicht zu Konflikten, da die Brandenburgisch-Amerikanische Compagnie das Geschäft nicht aufnahm und erst nach der Zusammenlegung mit der Afrikanischen Compagnie den Sklavenhandel begann. Ab 1692 bestand somit auch faktisch wieder ein Monopol der Brandenburgisch-Afrikanisch-Amerikanischen Compagnie.

Neben den Regelungen zur Monopolstellung in den einzelnen Octrois wurde versucht, das jeweilige Monopol der Compagnien durch weitere gesetzliche Regelungen zu schützen. So erließ die Königlich-Preußische Ostfriesische Kriegs- und Domainenkammer auf einen Befehl Friedrichs II. im August 1755 eine Verordnung, nach der es der Bevölkerung in Preußen untersagt wurde, keinen anderen Tee und keine anderen ostindischen Porzellanwaren zu nutzen und zu handeln, als solche, die durch die Asiatische Emder Handlungs-Compagnie importiert wurden[86].

VI. Auflösung der Gesellschaften

Angaben über die Auflösung der privilegierten Handelscompagnien finden sich in der Regel nicht. Aus der Befristung der zugrunde liegenden Octrois folgten bereits die zeitlichen Schranken der Compagnien, die im Schnitt auf fünfzehn bis zwanzig Jahre angesetzt wurden[87]. Diese waren zwar grundsätzlich verlängerbar, wie sich an der Heringsfischereigesellschaft zeigte, es fehlten aber größtenteils Re-

---

[83] Art. 1 Octroi für eine Brandenburgisch-Ostindische Compagnie von 1651.

[84] Art. 1 Octroi für die Brandenburgisch-Afrikanische Compagnie von 1682.

[85] Zur Rolle Brandenburgs im Sklavenhandel vgl. *Weindl,* Die Kurbrandenburger im ‚atlantischen System' 1650–1720.

[86] Verordnung, daß keine andere Théen und Ostindische Porcellain-Waaren in sämtliche Königl. Provintzien und Landen zur Consumtion eingelassen werden sollen, als nur diejenig, so die octroyrte Asiatische Handlungs-Compagnie zu Emden einbringet, August 1755, Druckschrift im Emder Stadtarchiv Reg. II Nr. 57 Blatt 111.

[87] Vgl. hierzu oben Fn. 62.

gelungen, wie eine Auslösung und Auseinandersetzung der Gesellschaft im Falle der Nichtverlängerung auszusehen hatte.

Einzig das Octroi der Brandenburgisch-Amerikanischen Compagnie enthielt eine Regelung für den Fall des Ablaufs der Privilegierung, sofern nicht aus dem Kreise der Partizipanten die Verlängerung der Gesellschaft gewünscht würde:

> „Nach Expiration dieses Octroys soll es einem jeden Haupt-Participanten freistehen sein eingelegtes Capital und Quote aus der Compagnie zurückzunehmen, zu welchem Ende alsdan die Bewindhabere[88] eine finale Rechnung und Aestimation aller der Compagnie zukommenden sauberen Effecten aufmachen und einem jedem seine Quotam zufügen sollen: Es bleibet aber solchen Falles an Uns und Unsern hohen Successoren an der Chur das Ius Dominii et Superioritas, auch Possession aller von der Compagnie in Besitz genommenen Landen und Insulen, erbauten Städte und Forten, zusambt darauf gehörigem Canon und anderer Krieges-Ammunition, Perl- und anderen Fischereien, Jagt- und aller und jeder von der Compagnie sonst exercirter Jurium, Regalium und Gerechtsamen." [89]

Mit Ausnahme der (zahlreichen) dem Kurfürsten zugewiesenen Vermögenswerte der Gesellschaft sollte also das Vermögen der Gesellschaft liquidiert werden und der vorhandene Zuwachs entsprechend der Beteiligungsquote den Anteilsinhabern zugute kommen. Nach der Verschmelzung der Brandenburgisch-Amerikanischen Compagnie mit der Afrikanischen Compagnie untersagte das neue Octroi den Anteilsinhabern 1692 jedoch ausdrücklich, dieselbe vor Ablauf des Octroi zu liquidieren[90]. Die andere Gesellschaft, die ihren Anteilsinhaber das Recht gab, nach ihrem Ermessen die Gesellschaft durch einen Beschluss „zu dissolvieren", war die Emder Heringsfischereigesellschaft. Gerade diese Gesellschaft machte hiervon aufgrund ihres wirtschaftlichen Erfolges aber lange Zeit keinen Gebrauch[91]. Die wegen der Freigabe des Handels erfolgende Aufhebung des Octroi der Dänisch-Westindischen Compagnie durch Friedrich V., König von Dänemark, und die sich anschließende Liquidation der Gesellschaft erfolgte so, dass den ausländischen Aktionären ihre Aktien in bar ausgezahlt wurden, und die Aktien der dänischen Interessenten in Staatsobligationen mit einer Verzinsung von 5 % umgewandelt wurden. Das Vermögen der Gesellschaft wurde im Gegenzug der Krone zugeschlagen[92]. Bei der – im Octroi nicht geregelten – Auflösung der Asiatischen Compagnie Stuarts wurde dagegen das verbleibende Vermögen den Anteilsinhabern ausgezahlt, die nach dem vierzehnjährigen Bestehen der Gesellschaft mit einer durchschnittlichen Dividende von zwei Prozent und einer Rückzahlung des

---

[88] Die Direktoren der Handelscompagnien wurden in Anlehnung an die niederländische Terminologie Bewindhaber genannt. *Bewind* heißt Regierung, *Bewindhaber* bzw. *Bewindhebber* (nl.) dementsprechend Direktor, Vorsitzender.

[89] Art. 43 Octroi für die Brandenburgisch-Amerikanische Compagnie von 1688.

[90] Art. 14 Neues Octroi der Brandenburgisch-Afrikanisch-Amerikanischen Compagnie von 1692.

[91] Art. 19 Octroi der Heringsfischereigesellschaft von 1769; Art. 19 Erneuertes Octroi der Heringsfischereigesellschaft von 1787.

[92] *Justi*, Neue Wahrheiten, S. 614.

eingelegten Kapitals wenigstens keinen Verlust erlitten hatten[93]. Das Octroi der Seehandlung von 1772 sah vor, dass nach Ablauf des Privilegs das Eigentum der Gesellschaft den Aktionären zustehen und unter ihnen verteilt werden sollte[94]. Hierzu kam es jedoch nie, da das Privileg zunächst verlängert wurde und 1810 die wenigen privaten Anteilsinhaber der Gesellschaft ausgezahlt wurden, so dass die Gesellschaft ein reines Staatsinstitut wurde[95].

Die Getreidehandlungscompagnie auf der Elbe fasste – ohne dass sich hierzu Vorgaben in dem Octroi finden – 1786 in der Generalversammlung einen Auflösungsbeschluss. Die Liquidation wurde durchgeführt und nach Angaben von Rödenbeck wurden dabei „sämtliche Aktien in Baar" ausgezahlt[96]. Offen bleibt dabei, ob den Anteilsinhabern lediglich der Nennbetrag der Aktien erstattet wurde oder der anteilige Gewinn nach vollständiger Liquidation aller Vermögenswerte.

Der Ablauf des Octroi scheint jedoch nicht stets zur Auflösung der Gesellschaft geführt zu haben. Das bereits einmal verlängerte Octroi der Emder Heringsfischereigesellschaft lief 1799 ab[97]. Dennoch bestand die Gesellschaft bis nach 1801 fort und wurde in ihren Geschäften weiter von der Regierung unterstützt[98]. Nach ihrer Auflösung auf Wunsch der Anteilsinhaber wurde der Fischfang unter dem gleichen Namen von Emden aus fortgesetzt[99]. In welchem Verhältnis diese Aktivitäten zur aufgelösten Gesellschaft standen, ließ sich den Akten nicht entnehmen.

B. Kapital und Beteiligungsformen

I. Zugang zu den Compagnien

Die Teilnahme an den Brandenburgischen und Preußischen Handelscompagnien war nicht auf die Untertanen des Kurfürsten bzw. Königs beschränkt[100]. Jeder Per-

---

[93] *Ring,* Asiatische Handlungscompagnien, S. 144.

[94] Art. 16 Octroi der Preußischen Seehandlung von 1772.

[95] Endgültig liquidiert wurde die Preußische Staatsbank (Seehandlung) erst 1983. Aus dem Überschuss wurde die Stiftung Preußische Seehandlung errichtet.

[96] *Rödenbeck,* Lebensbeschreibungen Friedrich Wilhelms I. und Friedrichs des Großen, S. 286.

[97] Erneuertes Octroi der Heringsfischereigesellschaft von 1787.

[98] *Rödenbeck,* Lebensbeschreibungen Friedrich Wilhelms I. und Friedrichs des Großen, S. 234.

[99] Vgl. die Akten des GStA PK, I. HA Geheimer Rat, Rep. 68 Ostfriesland, Nr. 16 J (1799–1807) sowie Stadtarchiv Emden, Reg. II 806b (bis 1819).

[100] Anders zum Teil in Frankreich und den Niederlanden. So untersagte beispielsweise eine französische Ordonnance vom 20. Juni 1720 französischen Untertanen die Beteiligung an fremden ostindischen Compagnien, vgl. *Ring,* Asiatische Handlungscompagnien, S. 164; von einem entsprechenden Verbot in den Niederlanden berichtet *Weindl,* Die Kurbrandenburger im ‚atlantischen System' 1650–1720, S. 15. *Lehmann* berichtet dagegen, eine Beschränkung

son ohne Ansehung ihres Standes oder ihrer Würden, Abkunft, Nation oder Religion wurde die Zeichnung von Anteilen ermöglicht[101]. Insbesondere Brandenburg konnte es sich nach dem Ende des Dreißigjährigen Krieges nicht erlauben, auf die Finanzkraft ausländischer Investoren zu verzichten. Im Krieg war Brandenburg als ein Hauptkriegsschauplatz Opfer direkter und indirekter Kriegseinwirkungen gewesen[102]. Die Pest hatte während des Krieges ganze Landstriche verwüstet; Brandenburg hatte durch Krieg und Pest etwa zwei Drittel seiner Bevölkerung verloren[103] und lag wirtschaftlich danieder[104]. Wie die übrigen Territorien des Reichs war es vom atlantischen Welthandel abgeschnitten[105]. Weder das Gewerbe noch das städtische Bürgertum waren in einem mit den Niederlanden oder England vergleichbaren Maße entwickelt. Gleichzeitig kostete der wachsende Staatsapparat, der wegen der Vergrößerung des Landes nach dem Westfälischen Frieden nötig wurde, Geld, ebenso das vergrößerte Militär[106]. Eine Beschränkung der Beteiligung auf Brandenburger Untertanen hätte der Struktur der geplanten Gesellschaft als Anlagemöglichkeit entsprechend den niederländischen Vorbildern widersprochen. Auch die V.O.C. und die W.I.C. stellten nicht allein Gesellschaften für die Bürger der Niederlande dar. Ihr Erfolg basierte wesentlich auch darauf, dass sie Kapital aus dem gesamten nicht-niederländischen Hinterland anziehen konnten. Sie sammelten ihr großes Kapital von zeitweise mehr als 10 Millionen niederländischen Reichstalern auf dem europäischen Kapitalmarkt. An der V.O.C. waren neben den zahlreichen ehemaligen Antwerpener Bürgern[107] auch Hamburger, Frankfurter und Augsburger Kaufleute beteiligt[108], ebenso wie Reichsfürsten[109].

---

auf Inländer habe die Ausnahme dargestellt, vgl. Geschichtliche Entwicklung des Aktienrechts, S. 75. Zur V.O.C. vgl. *Furber,* Rival Empires of Trade, S. 189.

[101] Arenga Octroi für eine Brandenburgisch-Ostindische Compagnie von 1651; Art. 1 Edikt der Brandenburgisch-Afrikanische Compagnie von 1682; Art. 2 Edict der Ostindischen Compagnie Taverniers vom 1684; Art. 31 Octroi für die Brandenburgisch-Amerikanische Compagnie von 1688.

[102] *Neugebauer,* Brandenburg im absolutistischen Staat, in: Materna / Ribbe (Hrsg.), Brandenburgische Geschichte, S. 299 f.

[103] *Kirchhoff,* Wirtschaftsgeschichte, S. 135 ff. Berlin hatte nach Ende des Krieges noch 7500 Einwohner, vgl. *Rachel,* Das Berliner Wirtschaftsleben im Zeitalter des Frühkapitalismus, Berlin 1931, S. 3. In einigen Regionen wie der Prignitz, der Uckermark und im Barnim lagen die Verluste zum Teil bei bis zu 90%.

[104] *Brandt,* Preussen-Zur Sozialgeschichte eines Staates, S. 61; *Schultze,* Die Mark Brandenburg, S. 281: „völlig verödete Mark".

[105] *Schulze,* Kleine Deutsche Geschichte, S. 62.

[106] Brandenburg verfügte 1640 über ein Söldnerheer von ca. 4650 Mann, 1656 bereits über ca. 22.000 Mann, vgl. *van der Heyden,* Rote Adler an Afrikas Küste, S. 9.

[107] Viele Antwerpener Kaufleute hatten aufgrund der kriegerischen Auseinandersetzungen mit Philipp II. Antwerpen verlassen und waren nach Amsterdam und in die nördlichen niederländischen Provinzen gegangen.

[108] *Furber,* Rival Empires of Trade, S. 186 f.

[109] Wie zum Beispiel der Herzog Johann Friedrich von Württemberg an der Westindischen Compagnie zwischen 1623–1626 mit 20.000 Reichstalern beteiligt war, vgl. *Hildebrandt*

Die Einzahlungen wurden regelmäßig über Finanzmakler abgewickelt[110]. Die spanischen Aktien- und Kolonialgesellschaften standen dagegen bis Ende des 18. Jahrhunderts in der Regel nur spanischen Bürgern offen[111].

Anders als in England oder den Niederlanden wurden die Handelscompagnien Brandenburgs und Preußens vielfach erst auf Anregung bzw. Bitten ausländischer, insbesondere niederländischer und englischer Kaufleute oktroyiert. Diese versuchten, durch den Schutz einer fremden Flagge die niederländischen und englischen Monopole der V.O.C, W.I.C. und East India Company zu umgehen. Ein Beispiel hierfür ist die Gründung der Brandenburgisch-Amerikanischen Compagnie. Unmittelbar nach dem Regierungsantritt Kurfürst Friedrich III.[112] im Mai 1688 wandten sich vier englische Kaufleute an den Regenten mit dem Begehren, unter brandenburgischer Flagge bislang noch nicht von anderen europäischen Staaten in Besitz genommene Teile Süd- und Mittelamerikas zu okkupieren und einen Handel zwischen Europa und Amerika zu errichten. Da *„auch diese Compagnie vieler Sklaven… benöthigt"*, sollte die Gesellschaft diese trotz des bestehenden Privilegs der Brandenburgisch-Afrikanischen Compagnie in Afrika einkaufen dürfen[113]. Das daraufhin vom Kurfürsten am 15./25. Oktober 1688 erlassene Octroi regelte umfassend die den Engländern gewährten Rechte und enthielt daneben eine Vielzahl von Satzungsbestimmungen für die Compagnie. Furber[114] bezeichnet die kleineren unter den von Ausländern gegründeten Gesellschaften als *„true facades"*, die nur einen Deckmantel für die privaten Unternehmungen der ausländischen Kaufleute darstellen sollten. Auch wenn diese Aussage nicht für alle Compagnien gelten kann, insbesondere nicht für die Brandenburgisch-Afrikanische und die Brandenburgisch-Amerikanische Compagnie[115], so bestätigen die nicht zustande gekommenen Projekte Orths, Taverniers und später auch die des 18. Jahrhundert, wie sehr der Start, aber auch der erfolgreiche Betrieb einer Compagnie von einem engagierten – in Brandenburg in der Regel ausländischen – Unternehmer abhing. Mit dem wachsenden Zugang auch von Einzelkaufleuten zu den Handelsposten in Indien

---

(Hrsg.), Quellen und Regesten zu den Augsburger Handelshäusern Paler und Rehlinger 1539–1642, S. 22.

[110] *Hildebrandt* (Hrsg.), Quellen und Regesten zu den Augsburger Handelshäusern Paler und Rehlinger 1539–1642, S. 21 ff.

[111] *Frey,* Spanische Aktiengesellschaft, S. 58, 86.

[112] Des späteren Friedrich I., König in Preußen.

[113] Arenga des Octroi für die Brandenburgisch-Afrikanische Compagnie von 1688.

[114] *Furber,* Rival Empires of Trade, S. 229; vgl. auch *Braudel,* Sozialgeschichte des 15. bis 18. Jahrhundert, Band 2, Der Handel, S. 498.

[115] Die später unter diesem Namen operierende Gesellschaft wurde nicht von besagten Engländern betrieben, vgl. hierzu die Angaben im Anhang. Diese hatten sich nach kurzem von dem Projekt zurückgezogen, da sich erneut keine Interessenten fanden, was vermutlich diesmal eher außenpolitische Gründe hatte. Spanien protestierte gegen die Errichtung der Gesellschaft wegen einer Verletzung des Vertrags von Tordesillas, und der Pfälzische Erbfolgekrieg begann. Vgl. *Schück,* Kolonialpolitik I, S. 223; *Weindl,* Die Kurbrandenburger im ‚atlantischen System' 1650–1750, S. 15.

nach 1789, der durch einen Politikwechsel der East India Company bedingt war, sank die Zahl der staatlich oktroyierten Ostindiengesellschaften rapide. Ein staatlich geschütztes Vehikel zur Umgehung des Monopols der Engländer war nicht mehr erforderlich[116]. Potentiellen englischen Anlegern standen nunmehr auch innerhalb ihres Landes Möglichkeiten zur Verfügung, ihr Geld anzulegen. Ein Ausweichen in andere Staaten war nicht mehr nötig[117]. Zu dem Bestreben ausländischer Unternehmer kam hinzu, dass sich gerade im 17. Jahrhundert weder die brandenburgischen Kaufleute und die vom Kurfürsten stark umworbenen Adelligen, noch die Kaufleute der deutschen Hansestädte an der Beteiligung oder Gründung von Handelscompagnien interessiert zeigten. Die Brandenburgisch-Ostindischen Compagnien von 1647[118] und 1651 kamen über die Papierform nicht hinaus, da sich weder in Deutschland noch in den Niederlanden Teilnehmer fanden, die eine Einlage leisten wollten[119]. Bei der Gesellschaft von 1651 schien auch von den Zeichnungen durch den Kurfürsten selbst und einige seiner Verwandten keine Überzeugungskraft für das wirtschaftliche Gelingen der Unternehmen auszugehen[120].

Obwohl der Zugang zu Anteilen in Brandenburg unbeschränkt war, beteiligten sich an der ersten realisierten Gesellschaft, der Brandenburgisch-Afrikanischen Compagnie, neben dem Kurfürsten, dem Kurprinzen und dem dahinter stehenden Unternehmer Benjamin Raule[121] nur kurfürstliche Beamte und künftige Compagnieangestellte[122]. Auch noch nach zwei Jahren Tätigkeit der Gesellschaft blieb es schwierig, die Bürger des Landes für das Projekt zu begeistern[123]. In einem Brief an den Kurfürsten schrieb Raule im Jahre 1684:

> „Es ist nur zu beklagen, daß, da Ew. Chf. Dl. und Dero Landen von dem Allerhöchsten mit so herrlichen Seeporten gesegnet, daß Sie so viele anständige, reiche und mächtigste Leute haben, daß Dero Lando so fruchtbar und zur Handlung so wohl gelegen, dennoch ganz keine Inclination zu Handel und Wandel und zu Seefahrt verspüret wird. Was sollte man doch, wann man nur 100 000 Dukaten beisammenbringen könnte und in Berlin, Colberg,

---

[116] *Furber,* Rival Empires of Trade, S. 226 ff.

[117] Vgl. zur Situation im frühen 18. Jahrhundert das Schreiben eines englischen Negotianten an einen Kaufmann in Berlin, die Königl. Preussische Handlungscompagnie betreffend, S. 4, in dem der englische Verfasser die Möglichkeit der Geldanlage in ausländischen Gesellschaften anpreist.

[118] Das Octroi dieser Compagnie, die von Pillau (heute Baltijsk) aus nach Ostindien fahren sollte, ist nicht überliefert, vgl. *Schück,* Kolonialpolitik I, S. 17 ff.

[119] *Schück,* Kolonialpolitik I, S. 26 f.

[120] *Schück,* Kolonialpolitik I, S. 39 ff.; Conditiones der Brandenburgisch-Ostindischen Compagnie von 1652.

[121] Das angestrebte Grundkapital konnte nur erreicht werden, weil Benjamin Raule als spiritus rector der Gesellschaft anders als ursprünglich geplant anstelle von 6000 Reichstalern 24 000 Reichstaler persönlich beisteuerte.

[122] Siehe die Auflistung bei *Schück,* Kolonialpolitik I, S. 161.

[123] Bereits für die zweite Expedition musste die Kompagnie einen Kredit aufnehmen, vgl. *van der Heyden,* Rote Adler an Afrikas Küste, S. 35.

Königsberg und Memel, in jeder Stadt nur 8 à 10 brave und verständige Kaufleute wären, nicht solche, die mit ihren Privilegien denen Litthauern und Polen den Beutel zu schneuzen wissen, sondern die bei der See was aventüren können, die solches zur Hand nehmen wollten, in der Seefahrt, Schiffbau und Fabrique allerlei Manufacturen nicht ausrichten können? Ja, man sollte Berge versetzen! Ich aber für meine Person sehe nicht, daß da jemals was von werden wird..."[124]

Ausdrücklich wurde wiederholt, dass sich auch der Adel an den Gesellschaften beteiligen konnte[125]. Dies war keineswegs selbstverständlich, vielmehr war dem Adel das Handeltreiben lange Zeit standesrechtlich verboten: „*Nobilis exercens mercaturam quomodo perdat nobilitatem*"[126]. Dies änderte sich in Preußen erst 1807 mit den Stein-Hardenbergschen Reformen[127]. In der Ergänzung des Octrois der Brandenburgisch-Ostindischen Compagnie durch die Satzung wurde ausdrücklich festgestellt, dass sich auch Juden an der Compagnie beteiligen konnten[128]. Diese Regelung stand im Einklang mit der Politik des Kurfürsten, die Juden in die wirtschaftliche Entwicklung des Landes einzubeziehen[129].

Im 18. Jahrhundert änderte sich hinsichtlich der Möglichkeit für Ausländer, Aktien an den preußischen Handelscompagnien zu erwerben, größtenteils nichts. Die Gesellschaften standen „*tous étrangers, de quelque nation qu'ils puissent être*" offen[130]. Dies wurde in der Regel ausdrücklich festgehalten. Lediglich für die Bengalische Compagnie ergab sich der Zugang für Ausländer nur indirekt aus der Fest-

---

[124] Zitiert nach *Schück,* Kolonialpolitik I, S. 140.

[125] Art. 25 Octroi für eine brandenburgisch-ostindische Compagnie von 1651.

[126] Dt.: Der Handel treibende Adelige verliert seinen Adel. Für Brandenburg vgl. *Scheplitz,* Consuetudines Electoratus et Marchiae Brandenburgensis, Lipsiae 1617, liber I pars 4, tit.4; für Preußen war dies später in ALR 2. Teil, Tit. 9 §§ 76 ff. festgelegt. Vgl. auch *Engau,* Elementa iuris Germanici civilis, Liber 1 Tit. VIII § CC.

[127] Vgl. zu den Reformen und der Gewerbefreiheit *Vogel,* Allgemeine Gewerbefreiheit, S. 135 ff.; *Kosellek,* Adel und exiliertes Bürgertum, in: Preußische Reformen 1807–1820, (Hrgs. Vogel), S. 168 ff.

[128] Art. 5 Conditiones der Brandenburgisch-Ostindischen Compagnie von 1652. In Art. 9 wird zudem festgelegt, dass der Verkauf der importierten Waren unabhängig davon erfolgen sollte, ob der Käufer Christ oder Jude sei.

[129] Friedrich Wilhelm gestattete im Rahmen seiner Bevölkerungspolitik nach dem Ende des Krieges auch Juden die Ansiedlung in Brandenburg, so zum Beispiel durch das Edikt vom 21. Mai 1671, als er 50 aus Wien vertriebene jüdische Familien als Schutzjuden aufnahm und diesen den freien Handel im Lande gestattete, vgl. Klemig/Dunker (Hrsg.), Die Juden in Preußen; *Ribbe/Schmädeke,* Kleine Berlin-Geschichte, S. 63, *Geiger,* Geschichte der Juden in Berlin, S. 4.

[130] Dt.: „Allen Fremden, welcher Nation sie auch sein mögen." Art. 2 Satzung van Kampen von 1734; Art. 2 Entwurf des Octroi von Jogues 1744; Art. 13 Octroi Asiatische Handlungscompagnie de la Touche von 1750; Art. 22 Deklaration der Asiatischen Compagnie Stuarts 1751; Art. 2 Plan einer Ostindischen Compagnie Sloyers von 1744; Art. 19 Octroi der Bengalischen Compagnie von 1753; Art. 4, 5 Octroi der Ostindischen Compagnie Roubauds von 1765; Art. 25 Octroi der Asiatischen Compagnie Teegels 1764; Art. 4, 5 Octroi der Levante-Compagnie von 1765; Art. 6 Octroi der Heringsfischereigesellschaft von 1769.

stellung, dass ausländisches Kapital der Gesellschaft auch im Falle kriegerischer Auseinandersetzungen mit dem Herkunftsstaat des Anteilsinhabers nicht beschlagnahmt werden durfte[131]. Der Entwurf Jogues' enthielt eine indirekte Benachteiligung der ausländischen Anteilsinhaber, da diesen anders als den inländischen kein Stimmrecht in der Generalversammlung zukommen sollte[132]. In der Praxis wurden die Aktien beispielsweise der Asiatischen Compagnie Stuarts sowohl in Deutschland als auch im Ausland gehalten. Ungefähr ein Drittel der Anteilsinhaber kam aus Preußen, die Hälfte aus Frankfurt und Hamburg, der Rest war in Rotterdam und Antwerpen ansässig[133]. Das Octroi der Compagnie Stuarts legte fest, dass es *„einem jeden in Unseren Landen, von was Stande, Würde und Rang derselbe seyn mag, frey und erlaubet seyn soll, an dieser Compagnie und deren Commercio ... Theil zu nehmen"*[134].

Die Preußische Seehandlungsgesellschaft stand dagegen anfänglich ausdrücklich nur preußischen Untertanen offen[135]. Diese Beschränkung hatte aber keine großen Auswirkungen auf die Kapitalausstattung der Gesellschaft, da Friedrich II. höchstpersönlich 2100 der ausgegebenen 2400 Aktien übernahm, und somit nur 300 Aktien frei dem Markt zur Verfügung standen[136]. Erst für eine spätere Kapitalerhöhung wurde der Zugang auch für Fremde in Aussicht gestellt[137]. Die Verlängerung des Octrois durch Friedrich Wilhelm II. am 4. März 1794 sah die Ausgabe von 3000 weiteren Aktien vor; zu diesem Zeitpunkt wurde auch die Gleichbehandlung von In- und Ausländern hinsichtlich des Zugangs zur Gesellschaft vorgeschrieben[138].

Etwas unklar ist die Rechtslage beim Projekt de la Touches von 1751. Während das Octroi ein von der Nationalität unabhängiges Zugangsrecht zur Gesellschaft enthielt, sah dessen Ergänzung durch einige Interessenten[139] im *Projet d'associa-*

---

131 Art. 19 Octroi der Bengalischen Handlungscompagnie von 1753.

132 Art. 20 Entwurf des Octroi von Jogues 1744.

133 *Ring,* Asiatische Handlungsgesellschaften, S. 77, 80 ff. Ein namentliches Verzeichnis der Anteilsinhaber des Jahres 1752 findet sich in den Akten des Emder Stadtarchivs: Protocollum... der Bücher und Papiere der ehemaligen asiatischen Compagnie betr., Actum Emden in Curia d. 8 Juni 1797, Stadtarchiv Emden Reg. II Nr. 57 Blatt 189–210. Unter den Anteilsinhabern finden sich Mitglieder alteingesessener Emder Familien, aber auch Brandenburger wie der Bankier David Splittgerber, und niederländische, französische (vermutlich Hugenotten), englische und spanische Namen. Auch preußischer Adel hatte sich an der Gesellschaft beteiligt, so Mitglieder der Familie von Zastrow, von Dankelmann, von Kronenfels, von Arnim, von Wartensleben, von Schlaberndorff, von Bredow und von Schwerin, von Solms und andere. Großaktionär war Theobald Dillon mit einer Vielzahl von Aktien, von denen er aber einige bereits in den ersten Jahren der Gesellschaft veräußerte.

134 Art. 22 Deklaration der Asiatischen Compagnie Stuarts 1751.

135 Art. 1 Octroi der Preußischen Seehandlung von 1772.

136 Art. 5 Octroi der Preußischen Seehandlung von 1772.

137 Art. 7 Octroi der Preußischen Seehandlung von 1772.

138 Art. 5 Verlängerung des Privilegs der Preußischen Seehandlung von 1794.

139 Diese sind leider in den Quellen nicht individualisierbar.

tion eine Bevorzugung der Untertanen des Königs bei der Zuteilung von Aktien vor[140]. Ob diese letzteren Vorschläge umgesetzt wurden, lässt sich aus den Unterlagen des Archivs nicht erkennen. Jedenfalls erfolgte keine offizielle Veröffentlichung einer solchen Änderung, so dass es vermutlich bei der Rechtslage des Octroi geblieben wäre. Ausländer hätten, wäre die Gesellschaft tatsächlich zustande gekommen, auch hier gleichberechtigte Anteilsinhaber werden können.

Die Octrois der Getreidehandlungscompagnien machten keinen Unterschied hinsichtlich der Nationalität. Dagegen sollte der Adel bei der Zuteilung von Aktien bevorzugt werden, andere Berufsgruppen wie Beamte und Kaufleute waren aber auch zugelassen[141].

Insgesamt kann festgestellt werden, dass die brandenburgischen und preußischen Handelscompagnien allen interessierten Kapitalgebern offen standen. Jeder, der wollte und konnte, durfte die Aktien der Gesellschaften erwerben. Angesichts der zögerlichen Beteiligung vieler preußischer Bürger wäre auch anders in den meisten Fällen das erforderliche Kapital nie zusammengetragen worden. Der freie Zugang wurde aber nicht nur positiv bewertet. Zum Teil wurde die Leitung aus dem Kreise beteiligter Kaufleute kritisiert, dass Anteile ohne Rücksicht auf die Person ausgegeben wurden, sogar an *„Schindersgesellen oder Balbierer"*[142]. Es sei einem guten Frankfurter oder Berliner Kaufmann nicht zuzumuten, mit *„unter dergleichen Gesellen zu sitzen."*[143] Derlei Animositäten scheinen aber keine unmittelbaren Auswirkungen gehabt zu haben.

II. Kapital der Compagnien

Die zum Teil französisch, zum Teil deutsch abgefassten Quellen verwandten für die Bezeichnung des Grundkapitals der jeweiligen Gesellschaften nur teilweise das Wort *Capital* bzw. *Capitalien*[144], einmal wurde von dem *fond capital*[145] gesprochen. Dreimal wurde nur das Wort *fond*[146] gebraucht, davon einmal im Wechsel und scheinbar mit identischer Bedeutung wie *Capital*[147]. Wenn im Folgenden von

---

[140] Absatz 3 Projet d'association de la Touche: *„Les sujets du Roy qui voudront sý interesser seront préférés, ..."* Dt.: „Die interessierten Untertanen des Königs werden bevorzugt . . .".

[141] Art. 8 Erlass Getreidehandlung Elbe 1770; Art. 9 Erlass Getreidehandlung Oder 1770.

[142] Balbierer: anderer Ausdruck für Barbierer.

[143] Zitat nach *Koser,* Geschichte Friedrichs des Großen, Fünftes Buch, S. 193.

[144] Art. 26 Octroi der Asiatischen Compagnie Teegels von 1764; Absatz 2 Projet d'association de la Touche.

[145] Art. 3 Octroi der Ostindischen Compagnie Roubauds von 1765.

[146] Art. 1 Règlements provisionels der Bengalischen Compagnie von 1753; Art. 6 Octroi der Heringsfischereigesellschaft von 1769.

[147] Absatz 8 Articles de Convention de la Touche.

Kapital die Rede ist, muss berücksichtigt werden, dass – damals wie heute – dem Wort mehrere Bedeutungen zukommen. Der Begriff *Capital* wurde nicht ausschließlich dem Haftungs- und Einlagevermögen der Gesellschaften zugeordnet, welches heute dem Grundkapital einer Aktiengesellschaft iSv. §§ 6, 7 AktG entspräche[148]. Es bezeichnete daneben auch das eingelegte Kapital der einzelnen Anteilsinhaber. Vorwiegend in dieser letzten Bedeutung findet sich der Begriff Kapital in den Quellen des 17. Jahrhunderts[149]. Dabei ist zu berücksichtigen, dass in den Octrois insbesondere der frühen Compagnien wie der Brandenburgisch-Ostindischen Compagnie von 1651 gar kein festes Grundkapital im heutigen Sinne vorgesehen war[150]. Eine Benennung desselben war deshalb unnötig. Die Doppelbedeutung von Capital/Kapital[151] findet sich auch noch im 18. Jahrhundert. So wurden im Octroi der Bengalischen Compagnie die Einlagen der Anteilsinhaber als *les capitaux* bezeichnet[152], ebenso im Octroi für Teegel (*Capitalien*)[153] und im erneuerten Octroi der Heringsfischereigesellschaft (*eingelegte Actien-Capitalien*)[154]. Interessanterweise wurde aber das Haftungskapital gerade der Bengalische Compagnie als *fond* tituliert, so dass wenigstens innerhalb der einzelnen Compagnien dem Wort *capital* keine doppelte Bedeutung zukam.

1. Höhe des Grundkapitals

Das Grundkapital der privilegierten Handelscompagnien war regelmäßig in Aktien unterteilt. Hierin unterscheidet sich die Russische Compagnie von den in dieser Arbeit untersuchten Gesellschaften. Diese wird in der frühen Literatur zur Vorgeschichte der Aktiengesellschaft immer zusammen mit den übrigen vorliegend untersuchten Compagnien als Vorstufe der Aktiengesellschaft genannt[155]. Die Compagnie unter Federführung des Berliner Bankiers und Kaufmanns Splitgerber[156] wurde am 21. September 1725 in Berlin mit einem Octroi ausgestat-

---

148 So in Art. 8 Octroi für die Brandenburgisch-Afrikanischen Compagnie von 1682; Art. 1 Reglement der Brandenburgisch-Afrikanischen Compagnie von 1683.

149 Art. 1, 2, 4, 10, 18, 25 Octroi für eine Brandenburgisch-Ostindische Compagnie von 1651, Art. 6 Entwurf Conditiones für eine Brandenburgisch-Ostindische Compagnie von 1650; Art. 3 Conditiones der Brandenburgisch-Ostindischen Compagnie von 1652; Art. 1 Edikt der Brandenburgisch-Afrikanische Compagnie von 1682; Art. 11, 12 Reglement der Brandenburgisch-Afrikanischen Compagnie von 1683.

150 Vgl. hierzu gleich unten.

151 Die Schreibweise variierte stark, teilweise sogar innerhalb eines Dokuments, vgl. zum Beispiel Art. 4 und 18 Octroi der Brandenburgisch-Ostindischen Kompagnie von 1651.

152 Art. 19 Octroi der Bengalischen Handlungscompagnie von 1753.

153 Art. 25 Octroi für die Asiatische Handlungscompagnie Teegels von 1764.

154 Art. 24 Erneuertes Octroi der Heringsfischereigesellschaft von 1787.

155 *Schmoller,* Die russische Kompagnie in Berlin, S. 15 f.

156 Zu Splitgerber und der Bank Splitgerber & Daum siehe *Rachel,* Das Berliner Wirtschaftsleben im Frühkapitalismus, S. 88 ff.

tet[157] und sollte die russische Armee mit Uniformen und Stoffen beliefern. Sie war jedoch nach ihrer Satzung und dem Octroi keine auf Aktien basierende Compagnie, sondern vielmehr eine geschlossene Gesellschaft von zwölf Berliner Kaufleuten[158], an dem sich Außenstehende mittels Darlehen beteiligen konnten. Diese genossen in der Gesellschaft nur den Status eines „Creditors", und erhielten keine Aktien. Das Grundkapital war gerade nicht in Aktien zerlegt, die Übertragbarkeit der durch die Einlage erlangten Forderung wurde eingeschränkt und an die Genehmigung der Compagnie geknüpft[159]. Entsprechend dieser Art der Finanzierung wich auch die Organisationsstruktur der Gesellschaft von den anderen erheblich ab. Die Compagnie verfügte nicht über die Organe Direktoren, Präsident und Generalversammlung, sondern war eine Personengesellschaft, an der sich Einleger als stille Gesellschafter ohne Mitwirkungsrechte beteiligen konnten.

Wie erwähnt, besaßen nicht alle untersuchten Handelscompagnien ein festes Grundkapital, das im Voraus staatlich durch das Octroi festgelegt wurde. Der Gedanke einer festen Haftungssumme, die zum Start der Gesellschaft vorhanden sein musste, kam aber gegen Ende des 17. Jahrhunderts auf und setzte sich im 18. Jahrhundert durch. Die Octrois bestimmten für die Brandenburgisch-Ostindische, Brandenburgisch-Afrikanische und die Brandenburgisch-Amerikanische Compagnie kein Mindestkapital. Das Octroi der letzteren legte lediglich fest, dass es den Dirktoren überlassen bleibe zu beurteilen, ob ein *„sufficient Capital oder Fonds eingezeichnet sei"*[160]. Für die Brandenburgisch-Afrikanische Compagnie kam ein Startkapital von 50.000 Reichstalern zusammen[161]. Dieses wurde auf Beschluss der Partizipanten bereits Anfang 1683[162] um weitere 50.000 Reichstaler erhöht, da die Summe zur Ausrüstung der ersten Reise mit zwei Schiffen verwandt worden war und nicht ausreichte, um zweimal jährlich weitere Schiffe zu entsenden. Eine Kapitalerhöhung war bereits im ersten Octroi vorgesehen, sollte jedoch ursprünglich aus den Gewinnen der vorangegangenen Reisen erfolgen. Man rechnete also mit Einkünften, die neben der Kapitalausschüttung an die Anteilsinhaber noch eine

---

[157] Abdruck bei *Schmoller*, Die russische Kompagnie in Berlin, Beilage XV.

[158] Splitgerber und Daum, Viedeband, Gregory, Johan Christian Buder, Christian Heydler, Adrian Sproegel, Georg Friedrich Günther, Johann Georg Hainlichen, Christian Thielebein, Johan Samuel Reich und Johan Christoph Kirsten.

[159] Art. 8 Privileg der Russischen Compagnie.

[160] Art. 24 Octroi für die Brandenburgisch-Amerikanische Compagnie von 1688.

[161] Art. 1 Reglement der Brandenburgisch-Afrikanischen Compagnie von 1683. Der Reichstaler war im 17. und 18. Jahrhundert die Hauptmünze im Heiligen Römischen Reich. Sie wurde durch die Augsburger Münzordnung Maximilians II. von 1566 als Währungsmünze des Reiches eingeführt und Vorbild zum Beispiel des niederländischen Rijksdaalers. Ebenfalls Reichstaler oder preußischer Taler genannt wird die 1750 durch Friedrich II. mit dem Graumannschen Münzfuß geschaffene Münze. Die preußischen Quellen des 18. Jahrhundert beziehen sich in der Regel auf diese Münze, wenn dort die Summe der Einlage oder des Kapitals mit Reichstalern angegeben ist.

[162] Im Reglement der Brandenburgisch-Afrikanischen Compagnie von 1683 wird auf diesen Beschluss bereits hingewiesen.

Kapitalerhöhung aus eigenen Gewinnen zuließ. Nach den Bestimmungen des Octroi hatte jedoch die Ausschüttung des Gewinns an die Anteilsinhaber Vorrang. Die ersten Gewinne reichten für eine Kapitalerhöhung aus Gesellschaftsmitteln nicht aus[163], und eine Kapitalerhöhung wurde notwendig. Das Reglement der Brandenburgisch-Afrikanischen Compagnie traf auch für diese Kapitalerhöhung 1683 eine Lösung wegen der Behandlung alter im Vergleich zu neu beitretenden Partizipanten. Der Gewinn der ersten Reise, die zur Zeit des Erlasses des Reglements bereits begonnen hatte, sollte allein den alten Partizipanten zugute kommen; diese sollten eine Ausschüttung von 6 Prozent per anno auf ihr Kapital erhalten[164]. Im Anschluss daran sollten alte und neue Partizipanten völlig gleich behandelt werden und keine Unterscheidung in Ausschüttung oder anderen Fragen mehr erfolgen[165]. Im Rahmen der Verschmelzung von Afrikanischer und Amerikanischer Compagnie legte das neue Octroi von 1692 fest, dass das Vermögen der bestehenden Afrikanischen Compagnie inventarisiert werden sollte und in die Bücher der neu entstehenden Gesellschaft als „altes Haupt-Capital" übernommen werden sollte[166]. Dabei erfolgte eine Abwertung des Nennbetrags der Altaktien um 50%. Ein festes Haftungskapital wurde aber auch für die neue Gesellschaft nicht bestimmt.

Die Entwürfe der Projekte Orths und Taverniers erwähnten die Frage eines Startkapitals oder auch nur der Höhe der einzelnen Einlagen gar nicht. Dagegen sollte nach dem Entwurf Asperens dessen Compagnie über ein Startkapital von einer Millionen Talern verfügen[167].

Die Quellen zu den friderizianischen Compagnien sahen nur zum Teil ein festes, in den Octroi oder internen Satzungen bestimmtes Grundkapital vor. Im Entwurf für den Gesellschaftsvertrag der Compagnie de la Touches wurde das Grundkapital auf eine Million *Ecus courans* festgelegt[168], das Kapital des Roubaudschen Plans sollte ebenfalls eine Million *livre de banque* betragen[169], das der Assekuranzcompagnie und der Levante-Compagnie eine Millionen Taler (Friedrichsd'or bzw.

---

163 Art. 8 Edikt der Brandenburgisch-Afrikanische Compagnie von 1682.

164 Art. 2 Reglement der Brandenburgisch-Afrikanischen Compagnie von 1683. Die erste Dividende fiel jedoch aufgrund fehlender Gewinne aus, vgl. *Schück*, Kolonialpolitik I, S. 181.

165 Art. 3 Reglement der Brandenburgisch-Afrikanischen Compagnie von 1683.

166 Art. 13 Neues Octroi der Brandenburgisch-Afrikanisch-Amerikanischen Compagnie von 1692.

167 *Ring*, Asiatische Handlungscompagnien, S. 13.

168 Arenga Projet d'association de la Touche. Der Ecu war eine französische Goldmünze, aber auch in Preußen – wie zum Teil auch niederländisches Geld – gängig. Das preußischen Münzwesen wurde durch Einführung einer neuen Münzordnung ungefähr zeitgleich reformiert, vgl. *Friedensburg*, Münzkunde und Geldgeschichte der Einzelstaaten, S. 118 ff.

169 Art. 3 Octroi der Ostindischen Compagnie Roubauds von 1765. Der Livre war bis zu seiner Ablösung durch den Franc 1795 die in Frankreich vorherrschende Rechnungsmünze, die aber bis auf zwei Ausnahmen 1656 und 1720 nie geprägt wurde.

Reichstaler)[170]. Das Octroi der Emder Heringsfischerei-Gesellschaft erwähnte nur das Vorhandensein eines festen Fonds und die Möglichkeit der Direktoren, denselben durch Aufnahme neuer Anteilsinhaber zu vermehren[171], nicht aber dessen Höhe. Diese ergab sich erst aus der Satzung der Gesellschaft[172]. Der Fonds war danach mit 60.000 holländischen Gulden entsprechend dem Geschäftsgegenstand deutlich kleiner. Der Entwurf von Jogues sah ein festes Kapital von 1, 2 Millionen *Florins argent courant d' Hollande* vor[173], die Getreidehandlungscompagnien verfügten über ein Kapital von 200.000 Talern[174]. Sloyer hatte für seinen Entwurf ein Grundkapital von 400.000 Dukaten, van Kampen 500.000 und Asperen 1 Millionen Reichstaler vorgesehen[175]. Die Seehandlung wurde mit einem Grundkapital von 1,2 Mio. Reichstalern ausgestattet. Gleichzeitig wurde auch hier eine spätere Kapitalerhöhung in Aussicht gestellt, wohl in der Hoffnung, dass mehr Privatanleger der Aufforderung in der Einleitung des Octrois nachkommen und sich an der Gesellschaft beteiligen würden[176].

Demgegenüber sahen die Octrois und Satzungen für die Asiatischen Compagnien Stuarts und Teegels kein festes Grundkapital vor. Sie enthielten weder eine Regelung über die Höhe desselben, noch wurde überhaupt die Existenz eines festen Kapitals erwähnt. Auch der Nennbetrag der Aktien blieb in den Quellen offen. Rödenbeck erwähnt ohne Angabe der Fundstelle, dieser habe bei der Stuartschen Gesellschaft 500 Taler betragen[177]. Es blieb diesen Gesellschaften frei, mit welcher Kapitalausstattung die Geschäfte begonnen wurden bzw. werden sollten (lediglich die Compagnie Stuarts kam tatsächlich zustande, siehe oben S. 30.) Die Gesellschaften bauten dennoch auf einem in Aktien geteilten Grundkapital auf, wie aus den weiteren Bestimmungen in den Quellen deutlich wird[178]. Für die Ben-

---

[170] Art. 3 Octroi der Assekuranzkammer von 1765; Art. 3 Octroi der Levante-Compagnie von 1765.

[171] Art. 6 Octroi der Heringsfischereigesellschaft von 1769.

[172] Art. 1 Satzung der Heringsfischereigesellschaft.

[173] Art. 13 Entwurf des Octroi von Jogues 1744. Die Angabe der Währung in Florin ist ungewöhnlich. Jogues wird sich damit vermutlich nicht auf den früher in Frankreich verbreiteten Florin bezogen haben, da dieser zuletzt im beginnenden 17.Jh. von dem Grafen Charles II. Gonzague (1601 – 1637) von Rethel an der Aisne (Champagne) und von den Bischöfen von Verdun geprägt wurde, vgl. „http://www.muenzen-lexikon.de" , Art. Florin. Geltende Währung in Holland waren Rijksdaalder und Gulden.

[174] Art. 7 Erlass Getreidehandlung Elbe 1770; Art. 8 Erlass Getreidehandlung Oder 1770.

[175] Art. 1 Plan einer Ostindischen Compagnie Sloyers von 1744; Art. 2 Satzung van Kampen von 1734; zu Asperen *Ring*, Asiatische Handlungscompagnien, S. 14.

[176] Art. 3, 6 Octroi der Preußischen Seehandlung von 1772.

[177] *Rödenbeck*, Beiträge zur Bereicherung und Erläuterung der Lebensbeschreibungen Friedrich Wilhelms I. und Friedrichs des Großen, S. 215, 318. Die Einlagen waren in Friedrichsd'or zu zahlen, wobei 1 Friedrichsd'or 5 Reichstalern entsprach und eine Goldmünze war, vgl. *Friedensburg*, Münzkunde und Geldgeschichte der Einzelstaaten, Fn. 168, S. 117. Der Friedrichsd'or war eine Goldmünze und wurde von 1740 bis 1850 geprägt, vgl. *Schrötter*, Wörterbuch der Münzkunde.

galische Compagnie war zunächst in der ersten Satzung ein festes Grundkapital von einer Million Reichstalern vorgesehen[179]. Hingegen unterschied sich die, für die dann tatsächlich durchgeführten Reisen maßgebliche, Satzung der Direktoren in diesem Punkt ganz erheblich[180]: die Einlagen der Anteilsinhaber erfolgten nur für eine Reise, nach der sowohl Ladung als auch Schiff, also das gesamte (bewegliche) Vermögen der Compagnie veräußert werden sollte und der gesamte Erlös an die Anteilsinhaber auszuschütten war. Diesen stand es anschließend offen, sich an einer weiteren *Entreprise* zu beteiligen, wobei ihnen hierbei gegenüber neu Hin zutretenden der Vorzug gegeben werden sollte. Hierdurch erklärt sich auch die 1760 beschlossene Nachschusspflicht, die zur Ausrüstung eines weiteren Schiffes dienen sollte und mit der die in Indien verbliebenen Güter der gescheiterten vorangegangenen Reise gerettet werden sollten. Die Interessenten hatten nach einem Beschluss, dessen Urheber unklar bleibt, einen Nachschuss von 200 Gulden zu leisten. Wurde diese Summe nicht gezahlt, nahm der entsprechende Anteilsinhaber nicht an der Fortsetzung der Gesellschaft teil[181]. Diese zweite Satzung gleicht stärker dem Konzept der englischen *regulated companies* als den übrigen friderizianischen Gesellschaften bzw. Gesellschaftsentwürfen.

Die Handelscompagnien Englands lassen sich in drei unterschiedliche Typen teilen. Es gab die den mittelalterlichen Gilden und Zünften entlehnten *regulated companies*[182] die nur den äußeren Rahmen für die individuellen Unternehmungen ihrer Mitglieder schufen und ihnen gemeinsame Regeln für ihre Handelstätigkeit auferlegten. Das wirtschaftliche Risiko und die Gewinne trugen in diesem Fall die einzelnen Mitglieder, die unter dem Dach der Gesellschaft alleine oder in kurzfristig wechselnden Zusammenschlüssen Handel trieben. Die Gesellschaft selbst übte kein Gewerbe aus[183]. Daneben existierten die sog. *joint stock companies,* die selbst Fernhandel betrieben und von ihren Mitgliedern das hierzu benötigte Kapital erhielten[184]. Dieses wurde dauerhaft für das Geschäft verwandt und nicht nach einer Schiffsreise wieder aufgelöst. Spätestens ab 1661 entsprach die East India Company diesem, den heutigen Aktiengesellschaften nahe stehendem

---

[178] Art. 22 Deklaration der Asiatischen Compagnie Stuarts 1751; Art. 1, 11 Deklaration Direktoren der der Asiatischen Compagnie Stuarts 1751; Art. 6, 25, 26 Octroi der Asiatischen Compagnie Teegels 1764.

[179] Art. 1 Règlements provisionels der Bengalischen Compagnie von 1753.

[180] Art. 5 Règlements provisionels der Bengalischen Compagnie von 1753.

[181] Homfeld an den Bürgermeister von Emden, Aurich den 7. Januar 1760, Emder Stadtarchiv Reg. II Nr. 58.

[182] *Smith*, Wohlstand der Nationen, S. 621 ff. *Holdsworth*, A History of English Law, Volume VIII, 205.

[183] *Holdsworth*, A History of English Law, Volume VIII, 206 ff.; *Scott*, Constitution and Finance of English, Scottish and Irish Joint Stock Companies to 1720, S. 152 ff.; *Carr*, Select Charters of Trading Companies, Introduction S. XX ff. Beispiel für diese *regulated companies* sind die 1407 gegründeten *Merchant Adventurers*, die das englische Gegenstück zur Hanse darstellen, oder die englische *Levant Company* nach 1605.

[184] *Smith*, Wohlstand der Nationen, S. 621 ff.

Modell[185]. Ferner gab es noch eine Zwischenform beider Modelle. Die von Gmür[186] als *terminable stock companies* bezeichneten Gesellschaften betrieben anders als die *regulated companies* zwar ein eigenes Geschäft, jedoch wurde das hierzu erforderliche Kapital nicht aus dem Vermögen der Gesamtgesellschaft bezogen, sondern von wechselnden Partnerschaften der Mitglieder, Gelegenheitsgesellschaften, die sich für einzelne Projekte zusammenfanden. Die East India Company entsprach in ihren ersten Jahren diesem Typus[187]. Dagegen entfernte sie sich ab der Mitte des 18. Jahrhunderts vom Status eines Wirtschaftsunternehmens und wurde mehr und mehr eine regierungsähnliche politische Einheit, die nicht mehr im engeren Sinne als Handelscompagnie oder auch Vorläufer der Aktiengesellschaft bezeichnet werden kann[188]. Eine ähnliche Struktur wie die frühe East India Company wies neben der frühen V.O.C.[189] auch die 1621 gegründete niederländische Westindische Kompagnie (W.I.C.)[190] auf, deren Hauptgeschäft der Dreieckshandel war, die also Sklaven aus Afrika in die Karibik und nach Südamerika brachte und von dort vor allem Salz für die heimatliche Fischproduktion nach Europa importierte.

Die seit 1782 in Emden aktive Vereinigung unter Leitung des Emder Bürgers Carl Philipp Cassel entsprach in ihrer Struktur ebenfalls mehr den englischen *regulated companies* und der späteren Bengalischen Compagnie[191]. Unter Leitung Cassels gingen zwischen 1782 bis 1788 mehrere Schiffe von Emden nach Asien und kehrten teilweise mit Gewinn zurück[192]. Die Gesellschaft gründete sich zwar auf

---

[185] *Holdsworth*, A History of English Law, Volume VIII, 206; *Lehmann*, Geschichtliche Entwicklung des Aktienrechts, S. 23.

[186] *Gmür*, Emder Handelscompagnien, S. 170.

[187] *Holdsworth*, A History of English Law, Volume VIII, S. 206, Volume XI, S. 139; *Mukherjee*, The Rise and Fall of the East-India Compagny, S. 67 ff.; *Gierke* Genossenschaftsrecht I, S. 994 f.; *Cordes*, Art. Aktiengesellschaft in: HRG, 2. Aufl., S. 132; *Ehrenberg*, Zeitalter der Fugger, Band 2, S. 328; *Carr*, Select Charters of Trading Companies, Introduction S. XLIX.

[188] *Furber*, Rival Empires of Trade, S. 186.

[189] *Van Brakel*, De Hollandsche Handelscompagnieen der zeventiende eeuw, S. 12 ff., 150 ff.; *Klerk de Reus*, Geschichtlicher Überblick der administrativen, rechtlichen und finanziellen Entwicklung der Niederländisch-Ostindischen Compagnie, S. 25 ff.

[190] Den Grund für die Bezeichnung des karibischen Raums als Westindien erklärt *Fischer*, Geschichte des Handels, Band 4, S. 421 ff. Er liegt im Irrtum Columbus, dort in Indien angekommen zu sein. Der Name wurde zur Abgrenzung von Ostindien, das heißt den am Indischen Ozean gelegenen Ländern bereits im Vertrag von Tordessillas 1494 zwischen Spanien und Portugal verwandt. Vgl. zu diesem auch *Surland*, Erläutertes Recht der Deutschen nach Indien zu handeln, S. 44 ff.

[191] Im Stadtarchiv Emden findet sich hierzu die Akte mit der Bezeichnung „Acta von der Ostindischen Handlungs-Gesellschaft" unter der Reg. II Nr. 64 (1781–1789).

[192] Von der Reise mit dem Schiff Asia, von der in der Druckschrift der Direktion die Rede ist, wird dagegen berichtet, diese habe für die „Actionisten" mit einem „Verlust von 13 bis 14 prc: an ihren eingeschossenen Capital" gebracht. Dies wird aber von den Autoren der Schrift als für Emden nicht so schlimm angesehen, da *„die Hälfte der Actien ohngefehr nur in Preussischer Unterthanen händen war".* Vgl. Die Direction des Asiatischen Handels in Emden an

Aktien[193], jedoch erschöpfte sich ihr Fond stets mit einer Reise, der Profit wurde verteilt und die Gesellschaft endete wieder[194]. Die nächste Reise wurde mit einem vom vorherigen unabhängigen Kapital ausgestattet. Der Aufruf Emder Kaufleute, den Einzelunternehmen einen dauerhaften Rahmen zu geben, um jährlich ein Schiff nach Asien entsenden zu können und eine Kontinuität des Handels und Verkaufs herzustellen[195], blieb folgenlos. Es handelte sich somit bei dieser Emder Gesellschaft um eine Gelegenheitsgesellschaft, die sich lediglich vom Namen her an die früheren Versuche der Gründung von Handlungscompagnien anlehnte. Ring berichtet, die Gesellschaften hätten sich stets als Handlungs-Societät, Asiatische Handlung oder Ostindische Handlungsgesellschaft bezeichnet[196]. Sie hatte mit diesen aber keine einheitliche oder nur ähnliche Rechtsform gemein. Die Begriffe waren zwar die gleichen; so gab es eine Generalversammlung und Interessenten[197]. Aber ein Octroi wurde der Gesellschaft nicht erteilt. Sie scheint auch nicht darum ersucht zu haben[198]. Eine Satzung der Gesellschaft ist ebenfalls nicht übermittelt. Allerdings handelte sie mit Wissen und Wohlwollen des Königs, der durch seine Regierung in Aurich mitteilen ließ, man sei *„Euch mit Gnaden gewogen"*[199]. Friedrich II. ließ sich vom Fortgang der Reisen Bericht erstatten[200]. Mangels staatlichen Privilegs kann diese Gesellschaft aber nicht als privilegierte Handelscompagnie bezeichnet werden. Ihre weitere Struktur wird daher im Folgenden nicht behandelt.

Die Gestaltung des Grundkapitals der Assekuranzkammer weicht von den übrigen privilegierten Handelscompagnien ab. Für die Assekuranzkammer war zwar ein festes Grundkapital vorgesehen, dieses musste jedoch nicht vor dem Start der Gesellschaft vollständig eingezahlt werden. Vielmehr waren die Anteilsinhaber nur verpflichtet, ein Viertel der gezeichneten Einlage bis zum Ende der Zeichnungsfrist in bar einzuzahlen. Der Rest des Kapitals wurde zunächst nicht erhoben,

---

das Vaterländische Publicum den Handel nach Ostindien betreffend, Druckschrift vom 4. April 1787, Stadtarchiv Emden Reg. II Nr. 64 Blatt 152 ff.

[193] Vgl. das Schreiben der Auricher Regierung an den Magistrat Emden am 29. April 1782, Stadtarchiv Emden Reg. II 64, Blatt 59, in dem von der Ausrüstung eines Schiffes nach Ostindien die Rede ist, und „das Capital durch Actien zusammen zu bringen" sei.

[194] Vgl. zum Beispiel die Auflistung der „Interessenten des Ostfriesischen Schiffes Printz Friedrich Wilhelm", Stadtarchiv Emden Reg. II Nr. 64 Blatt 150. Es ist gerade nicht von den Interessenten der Gesellschaft, sondern denen des Schiffs die Rede.

[195] Die Direction des Asiatischen Handels in Emden an das Vaterländische Publicum den Handel nach Ostindien betreffend, Druckschrift vom 4. April 1787, a. a. O. Fn. 58.

[196] *Ring*, Asiatische Handlungsgesellschaften, S. 226.

[197] Vgl. die Akten im Stadtarchiv Emden, Reg. II Nr. 64, zum Beispiel Blatt 68 (Protocoll van de Resolution in de Generalverzameling der Interessenten, Emden 22. Juni 1782).

[198] *Ring*, Asiatische Handlungsgesellschaften, S. 224 ff.

[199] Regierung in Aurich an den Magistrat zu Emden am 29. April 1782, Stadtarchiv Emden Reg. II Nr. 64, Blatt 59.

[200] Schreiben der Regierung in Aurich an den Magistrat in Emden vom 30. Januar 1785, 12. Juli 1785, Stadtarchiv Emden Reg. II Nr. 64, Blatt 118, 128.

sondern durch Hypotheken, Obligationen oder ähnlich besichert[201]. Nur im Fall, dass durch ein versichertes Geschäft ein Schaden entstehen sollte, die Gesellschaft also auf ihre Rücklagen zugreifen musste, waren die Anteilsinhaber verpflichtet, die restlichen Dreiviertel des Nennbetrags ihrer Aktien einzuzahlen[202]. Das Versicherungsgeschäft wurde offenbar als weniger kapitalintensiv als der Fernhandel eingeschätzt, so dass die Gesellschaft nicht von vornherein über das volle Grundkapital verfügen musste. Zusätzlich wurde die Summe, die die Gesellschaft versichern durfte, auf das zwei- bis dreifache des Fonds beschränkt[203].

Eine allgemeine Vorstellung über das zur Ausstattung einer Handelscompagnie erforderliche Grundkapital ist im 17. und 18. Jahrhundert nicht zu erkennen. Vielmehr wurde dieses – vermutlich auf Vorgaben des Unternehmers basierend – individuell festgelegt und dem Unternehmensgegenstand angepasst. Kapitalintensivere Unternehmungen wie der Überseehandel verfügten meist über ein Grundkapital von rund einer Million Talern, ein regionales Projekt wie die Emder Heringsfischereigesellschaft kam mit deutlich weniger aus. Der Gedanke eines allgemein vorgeschriebenen Mindestgrundkapitals hat sich erst sehr spät im 19. Jahrhundert herausgebildet. Weder der Entwurf für ein Handelsgesetzbuch von 1848/49 noch das ADHGB von 1861 sahen ein Mindestkapital vor. Das AktG von 1937 führte erstmals ein Mindestkapital von 500.000 Reichsmark ein[204]. Zuvor hatte bereits die zweite Aktienrechtsnovelle von 1884 mittelbar ein Mindestkapital von 5000 Reichsmark vorgeschrieben, indem der Mindestnennbetrag einer Aktie auf 1000 Reichsmark festgesetzt wurde und mindestens fünf Personen eine Aktie übernehmen mussten[205].

2. Erbringung der Einlagen

Das Kapital war regelmäßig in bar zu erbringen. Sacheinlagen waren die Ausnahme und finden sich nur im Falle des Großen Kurfürsten, der bei der Brandenburgisch-Ostindischen Compagnie von 1651 für die Einbringung der Festung Dansburg Aktien erhalten sollte. Im Fall der Compagnie Taverniers sollten ihm Aktien für die Einbringung eines seiner Schiffe zugeteilt werden[206]. Die in Tranquebar an der indischen Ostküste, der sogenannten Koromandelküste, gelegene Festung Dansburg hatte Kurfürst Friedrich Wilhelm durch Kaufvertrag im Jahre 1651 vom dänischen König Frederik III. erworben. Der Kaufvertrag über die Fes-

---

[201] Art. 5 Octroi der Assekuranzkammer von 1765.

[202] Art. 23 Octroi der Assekuranzkammer von 1765.

[203] Art. 10 Octroi der Assekuranzkammer von 1765.

[204] § 7 Abs. 1 AktG 1937.

[205] Art. 207a Abs. 1, Art. 209 ADHGB.

[206] Siehe zur Festung Dansburg oben S. 30 f. Die Einbringung des Schiffes wurde versprochen in Art. 6 Edikt der Ostindischen Compagnie Taverniers von 1684; Art. 10 Octroi für die Brandenburgisch-Amerikanische Compagnie von 1688.

tung Dansburg wurde wegen Zahlungsschwierigkeiten Friedrich Wilhelms nie vollzogen und 1653 nach vergeblichen Mahnungen des dänischen Königs einvernehmlich aufgehoben, damit Dänemark anderweitig verfügen konnte[207].

Abstrakte Regelungen über Sacheinlagen fehlen in den Quellen. Zur Bewertung der Sacheinlagen des Kurfürsten wurde dagegen festgelegt, deren Nennbetrag sollte durch *„beiderseitig benennende neutrale Arbitros [...] taxieret werden, was nämlich alsolehes worth sei"*[208]

3. Kapitalerhaltung

Die Quellen enthielten bereits im 17. als auch im 18. Jahrhundert teilweise Vorschriften über den Schutz des Grundkapitals. Ähnlich dem heutigen § 57 AktG fand sich dort ein Verbot der Einlagenrückgewähr. Es war sowohl für die Projekte de la Touches und Jogues als auch in den Octrois der Brandenburgisch-Amerikanische Compagnie, der Bengalischen Compagnie und der Assekuranzcompagnie festgelegt, dass die Anteilsinhaber ihre Beteiligung an der Gesellschaft nicht zurückziehen und eine Auszahlung verlangen konnten[209]. Ein Ausscheiden war nur durch den Verkauf oder die Zession der Aktien möglich[210]. Auch wenn sich eine entsprechende Bestimmung für die übrigen Gesellschaften nicht findet, scheint aber angesichts der durchweg bestehenden Möglichkeit zum Verkauf der Aktien[211] auch dort ein Ausscheiden unter Rückzahlung der Einlagen nicht möglich gewesen zu sein, zumal diesbezüglich positive Regelungen gänzlich fehlten. Die Rechtslage bei der V.O.C. war entsprechend. Obwohl das Octroi der V.O.C. den Anteilsinhabern ein Rückforderungsrecht gewährte, war die Praxis der Gesellschaft eine andere. Die V.O.C. verwies die Anteilsinhaber auf die einfachere und gleichwertige Möglichkeit des Verkaufs der Aktien und zahlte die Beträge nicht aus[212]. De facto bestand damit ebenfalls ein Verbot der Einlagenrückgewähr. Eine Sonderstellung in dieser Frage bildete die Preußische Seehandlung. Für diese sah das Octroi die Möglichkeit vor, die Aktien der Anteilsinhaber zurückzukaufen.

---

207 Vgl. das Schreiben des Kurfürsten vom 18. Juni 1653, abgedruckt bei *Schück,* Kolonialpolitik I, S. 47; *Diller,* Tranquebar, S. 46.

208 Art. 10 für die Brandenburgisch-Amerikanische Compagnie von 1688.

209 Art. 29 Octroi für die Brandenburgisch-Amerikanische Compagnie von 1688 und Art. 12 Revidiertes Octroi für die Brandenburgisch-Amerikanische Compagnie von 1690; Art. 13 Neues Octroi der Brandenburgisch-Afrikanisch-Amerikanischen Compagnie von 1692; Abs. 8 Articles de Convention de la Touche; Art. 32 Entwurf des Octroi von Jogues 1744; Art. 8 Octroi der Assekuranzkammer von 1765; Art. 5 Règlements provisionels der Bengalischen Compagnie von 1753.

210 Absatz 8 Articles de Convention de la Touche; Art. 5 Règlements provisionels der Bengalischen Compagnie von 1753; Art. 32 Entwurf des Octroi von Jogues 1744; Art. 8 Octroi der Assekuranzkammer von 1765.

211 Siehe hierzu unten S. 92 ff.

212 *Hartung,* Compagnie, S. 140.

Die Gesellschaft konnte somit ihre eigenen Aktien erwerben. Die Gesellschaft sollte eine

„Esconto-Casse habe[n], die zum Wiederkauf besagter Actien hinlänglich versehen sey, im Fall jemand von besagten Actionairs sie vor Ablauf benannter 20 Jahre[213], *und zwar nach dem Werth ihrer ursprünglichen Errichtung losschlagen wollte,...*"[214].

Dies wurde mit der Notwendigkeit begründet, den Anteilsinhabern *„alle erwünschte Leichtigkeit"* zu verschaffen und den Umlauf und Kredit der Aktien zu erhöhen[215]. Diese Begründung ist jedoch angesichts der ebenfalls bestehenden Möglichkeit des Verkaufs der Aktien[216] verwunderlich. Die Regelung stellte quasi eine Wertgarantie für den Kapitaleinleger dar, der im Falle eines über dem Ausgabebetrag liegenden Kurses die Aktien frei verkaufen konnte, im Falle eines unter dem Ausgabebetrag liegenden Kurses aber den vollen Ausgabebetrag von der Gesellschaft zurückerhielt. Die einzige damit verbundene Einschränkung war der Verlust der über die feste Gewinnbeteiligung hinausgehenden Ausschüttung[217] im Jahr der Rückgabe der Aktien[218].

Eine weitere atypische Regelung findet sich in der Verlängerung des Octrois der Preußischen Seehandlung. Dort wird den Aktionären eine Garantie für die Rückzahlung der eingelegten Gelder gegeben[219]. Durch diese Regelung entfernt sich die Preußische Seehandlung einen weiteren Schritt von den übrigen privilegierten Handelscompagnien des 18. Jahrhunderts, denen sie anfangs noch stärker ähnelte. Ihre künftige Verwendung als staatliche Bank deutet sich hier an, da die Regelung dazu dienen sollte, den Kredit der Gesellschaft bei der Allgemeinheit zu erhöhen[220].

Die Octrois enthielten keine weiteren Bestimmungen über die Kapitalerhaltung. Weder wurde festgelegt, dass das Kapital als Haftungssumme erhalten bleiben musste, noch wurde es als feste, unvariable Größe betrachtet. Allein für die Brandenburgisch-Afrikanisch-Amerikanische Compagnie wurde eine Reduzierung des eingelegten Kapitals untersagt[221], aber auch hier blieb offen, ob dieses lediglich die nominale Summe des Kapitals betraf oder materiell eine Kapitalerhaltung vorgeschrieben werden sollte. Die Bildung von Rücklagen war in keiner der Gesellschaften vorgeschrieben[222].

---

[213] Dies war die Dauer des gewährten Octroi.

[214] Art. 11 Octroi der Preußischen Seehandlung von 1772.

[215] Art. 11 Octroi der Preußischen Seehandlung von 1772.

[216] Art. 10 Octroi der Preußischen Seehandlung von 1772

[217] Vgl. hierzu unten S. 81 f.

[218] Art. 11 Octroi der Preußischen Seehandlung von 1772.

[219] Art. 4 Verlängerung des Privilegs der Preußischen Seehandlung von 1794.

[220] Art. 4 Verlängerung des Privilegs der Preußischen Seehandlung von 1794.

[221] Art. 14 Neues Octroi der Brandenburgisch-Afrikanisch-Amerikanischen Compagnie von 1692.

Lediglich am Rande wurde im Octroi der Compagnie Teegels erwähnt, dass es den Direktoren frei stehe, eine *„hinlängliche Summe Geldes, als zum Besten und zur Nothdurft der Compagnie erfordert werden mögte*[223]" im Bestand der Kasse zu behalten, mithin also nicht auszuschütten und so zumindest die Liquidität der Compagnie sicherzustellen. Den Direktoren der Heringsfischereigesellschaft wurde durch das erneuerte Octroi von 1787 die Pflicht auferlegt,

„so viel möglich aus dem Gewinn des Haarings Dobits noch jährlich etwas dabey zu Hülfe nehmen lassen, damit das Vermögen und die Kräfte der Compagnie immer mehr zunehmen und dieselbe dadurch auf festen Fuß komme, daß mit der Zeit, die erst erbauten Buysen[224] veralten, und neue an deren Stelle kommen müssen."[225]

In dieser Pflicht findet sich der Gedanke der Bildung von Rücklagen für später erforderlich werdende Anschaffungen der Compagnie. Er war jedoch noch wenig ausgeprägt. Hinzu kam, dass die Heringsfischereigesellschaft nicht allein auf eigene Einkünfte angewiesen war. Vielmehr standen ihr Einnahmen aus Steuern auf den Import von ausländischem, insbesondere holländischem Hering zu, die der König der Gesellschaft versprochen hatte[226]. Diese sollten insbesondere die Auszahlung der Dividende an die Anteilsinhaber gewährleisten, die auf 5% jährlich vorab festgelegt war (vgl. hierzu ausführlich unten S. 76 ff.). Daran zeigt sich, dass insgesamt die Gewinnausschüttung an die Anteilsinhaber Vorrang vor der Erhaltung des Gesellschaftskapitals hatte.

4. Kapitalerhöhung und -herabsetzung

Bestimmungen zur Herabsetzung oder Erhöhung des bestehenden Grundkapitals fanden sich nur im später nicht umgesetzten Statut der Bengalischen Compagnie, im Octroi des Roubaudschen Projekts sowie im erneuerten Octroi der Heringscompagnie. Das Statut der Bengalischen Compagnie knüpfte sowohl die Erhöhung als auch die Herabsetzung des Kapitals an die Zustimmung der Generalversammlung[227], ebenso wie das Octroi der Heringscompagnie, das aber zusätzlich eine staatliche Einwilligung verlangte[228]. Auch sollten die neuen Aktien der Heringscompagnie *„so viel möglich nur an Einheimische"* ausgeteilt werden[229]. Das Oc-

---

222 Auch die V.O.C. sah nicht vor, einen Reservefonds zu bilden, vgl. *Lehmann*, Geschichtliche Entwicklung des Aktienrechts, S. 67.

223 Art. 7 Octroi für die Asiatische Handlungscompagnie Teegels 1764.

224 Buysen oder auch Büsen / Buisen waren nach holländischem Muster gebaute Segelschiffe zum Fischfang, vgl. *Hahn*, Ostfrieslands Heringsfischereien, S. 28.

225 Art. 24 Erneuertes Octroi der Heringsfischereigesellschaft von 1787.

226 *Hahn*, Ostfrieslands Heringsfischereien, S. 31.

227 Art. 1 Règlements provisionels der Bengalischen Compagnie von 1753.

228 Art. 5 Erneuertes Octroi der Heringsfischereigesellschaft von 1787.

229 Art. 5 Erneuertes Octroi der Heringsfischereigesellschaft von 1787.

troi für Roubaud gestattete lediglich die Anhebung des Kapitals durch Vermehrung der Aktien, sofern das Geschäft der Gesellschaft wachsen sollte[230]. Wie und durch wen diese Kapitalerhöhung durchzuführen war, wurde nicht festgelegt.

III. Ausgestaltung der Beteiligung

1. Bezeichnung der Anteile an den Compagnien

Das Kapital der privilegierten Handelscompagnien war durchweg in Aktien aufgeteilt. Das Wort Aktie, dessen Ursprung in dem lateinischen *actio* liegt[231], hat sich im deutschen Sprachraum von den Niederlanden herkommend verbreitet. Im Niederländischen findet sich das Wort *actie/actije* seit dem 15. Jahrhundert in der römisch-rechtlichen Bedeutung noch als Bezeichnung eines klagbaren Anspruchs bzw. einer Klage, häufig noch gepaart mit älteren, gebräuchlicheren Begleitwörtern wie *Part* oder *Recht*. Erstmalig ist ein niederländischer Gebrauch des Wortes *action* 1441 in Brügge[232], des Wortes *actije* 1474 in Amsterdam nachgewiesen[233]. Das Wort wurde zunächst in dem an die Niederlande angrenzenden Nordwesten Deutschlands übernommen, blieb aber in dieser Bedeutung räumlich und zeitlich begrenzt[234]. Zunehmend wurde *Actije* in der Kombination mit *Part* verwendet und die später erfolgende Begriffsverengung auf einen Anteil bzw. eine Obligation vorbereitet. Neben dieser Verwendung findet sich in den Niederlanden gegen Ende des 16. Jahrhunderts[235] der Gebrauch des Wortes für eine rechtsverbriefende Urkunde bereits vor der inhaltlichen Verknüpfung mit Beteiligungsrechten in Gesellschaften[236]. Der älteste Beleg für den Gebrauch des Wortes Aktie im Sinne eines Gesellschaftsanteils(scheins) findet sich erneut in den Niederlanden in einem Beschluss der Zeventien Heren (des Direktoriums der Vereinigten Ostindischen Kompagnie) vom 28. August 1606, und danach immer öfter im Zusammenhang mit dieser Handelscompagnie[237]. Im deutschsprachigen Raum findet sich ein erster

---

[230] Art. 3 Octroi der Ostindischen Compagnie Roubauds von 1765.

[231] Lat. *actio* kommt die Bedeutung von Klage, klagbarer Anspruch, Anteilsrecht zu.

[232] *Gilliodts-van Severen*, Cartulaire de l'ancienne estaple de Bruges, Band I, S. 42.

[233] Amsterdam an König Christian von Dänemark, September 1474, in: Verein für Hansische Geschichte (Hrsg.), Hansisches Urkundenbuch, Band 10, S. 217; das Wort wird dort noch gleichbedeutend mit Anspruch verwandt.

[234] *Pfeifer/Braun* (Hrsg.), Etymologisches Wörterbuch des Deutschen, Art. „Aktie"; erstmals nachgewiesen 1580 in Emden, *Hiersche*, Deutsches etymologisches Wörterbuch, Art. „Actie".

[235] *Fruin*, De middeleeuwsche Rechtsbronnen der kleine steden van het Nedersticht van Utrecht, Band II, S. 269 (1598 Wijk bij Duurstede).

[236] DRW, Art. Aktie.

[237] *Colenbrander* ZHR 50 (1901), 383, 384 f. Unrichtig ist danach die zum Teil getätigte Aussage, erstmal 1610 sei das Wort Aktie im heutigen Sinne verwandt worden, so jedoch

Beleg in einer 1647 auf Deutsch verfassten Denkschrift eines niederländischen Bürgers, der dem brandenburgischen Kurfürsten die Gründung einer Ostindischen Kompagnie vorschlug[238] und darin von den „Actien" der Compagnie sprach[239]. Der für einen Niederländer gebräuchliche Ausdruck wurde aber in Brandenburg in der sich anschließenden Korrespondenz nicht wieder verwandt und findet sich danach erstmals wieder in Zusammenhang mit der Brandenburgisch-Afrikanischen Compagnie in einem Schreiben des Kurfürsten vom 22. Mai 1686 in der latinisierten Fassung („Actiones" der Compagnie)[240]. Während sich im Deutschen die Bedeutung des Wortes heute auf das Gebiet des Aktienrechts verengt hat, hat sich im Niederländischen die ursprüngliche Bedeutung erhalten; actie wird dort weiter auch im Sinne eines Rechtsstreits verwendet[241]. Die Herkunft des Wortes Aktie weist zurück auf die Rechte, die den Anteilsinhabern der V.O.C. und W.I.C. ursprünglich zustanden. Die Beteiligung war kein mitgliedschaftlicher, sondern ein rein vermögensrechtlicher Anspruch, der aus der Hingabe von Kapital resultierte[242]. Die niederländischen Anteilsinhaber hatten zunächst nur einen Anspruch, also eine actio, auf die Auszahlung der Dividende[243]. Von diesem Anspruch kommend hat sich das Wort später verselbständigt, so dass die Beteiligung in den Vordergrund, der Dividendenanspruch in den Hintergrund trat.

In der Variante actiones / Aktion / Aktionen tritt das Wort dann des Öfteren in Zusammenhang mit den Octrois der Brandenburgisch-Amerikanischen Kompagnie 1688 und 1692 in Erscheinung[244]. Vereinzelt findet sich auch die eingedeutschte Fassung „Actien", so 1690 im revidierten Octroi für die Brandenburgisch-Afrikanische Compagnie[245].

Für den Anteil an einer Compagnie verwenden die Quellen des 17. Jahrhunderts noch verschiedene Bezeichnungen. Bereits 1651 wurde in dem Octroi für die Brandenburgisch-Ostindische Compagnie öfter von Actionen gesprochen[246]. Das Wort

---

Frey, Spanische Aktiengesellschaft, S. 3; Kellenbenz, Art. Handelsgesellschaft in: HRG, S. 1936; Lehmann, Geschichtliche Entwicklung des Aktienrechts, S. 9.

[238] Vgl. dazu mehr oben S. 30.

[239] Gijsels van Lier an den brandenburgischen Kurfürsten, Januar 1647; GStA PK, I. HA Geheimer Rat, Rep. 11 Auswärtige Beziehungen, Nr. 130.(3).

[240] Kurfürstliche Order, betreffend Abfindung der Emder Participanten, 22. Mai 1686, GStA PK, I. HA Geheimer Rat, Rep. 65 Marine- und Afrikan. Kompagniesachen, 12, Abdruck Schück, Kolonialpolitik II, Nr. 110.

[241] Van Dale, Groot Woordenboek der Nederlandse Taal, Art. „Actie".

[242] Vgl. hierzu auch das Dritte Kapitel.

[243] Siehe auch Lehmann, Geschichtliche Entwicklung des Aktienrechts, S. 58.

[244] Art. 7, 31 Octroi für die Brandenburgisch-Amerikanische Compagnie von 1688; Art. 31 Neues Octroi der Brandenburgisch-Afrikanisch-Amerikanischen Compagnie von 1692, Art. 5 Separatartikel der Brandenburgisch-Afrikanisch-Amerikanischen Compagnie von 1692.

[245] Art. 17 Revidiertes Octroi für die Brandenburgisch-Amerikanische Compagnie von 1690.

[246] Art. 11 Octroi der Brandenburgisch-Ostindischen Compagnie von 1651.

findet sich dann in den Quellen zur Brandenburgisch-Afrikanischen bzw. Amerikanischen Compagnie[247] und scheint in der Variante *actiones/Aktion/Aktionen* seit den 1690iger Jahren die gängige Bezeichnung für die Einlagen geworden zu sein[248]. Dieses deckt sich mit dem niederländischen Sprachgebrauch. Ungewöhnlich ist dagegen eher, dass sich weiterhin andere Bezeichnungen finden, da sich die *Actie* bei den niederländischen Handelscompagnien spätestens seit 1610 gegen das ursprünglich verwandte *partije* oder *paert* durchgesetzt hatte[249]. Vielmehr wurden die Papiere auch alternativ als *Obligationes* oder *Quittungen* bezeichnet[250]. Kennzeichnend ist diese Wortwahl insbesondere in einem übermittelten Formular eines Anteilsscheines der afrikanischen Compagnie, das von Schück zwar als *Formular einer Aktie* betitelt wird, dieses Wort aber gar nicht verwendet. Das im Dezember 1683 auf der ersten Versammlung in Emden entworfene Formular stellte fest, dass die Compagnie dem Anteilsinhaber die eingelegte Summe *„schuldig und verpflichtet sei"* und nannte das Papier eine *Obligation*[251]. Dementsprechend benannte es auch neben der eingelegten Summe den Berechtigten namentlich. Ausdrücklich festgestellt wurde im Formular weiterhin, dass die Obligation samt der Dividende vererblich war. Interessant ist hinsichtlich des Formulars, dass dieses vom Kurfürsten genehmigt wurde.[252] Eine solche Genehmigungspflicht ergab sich nicht aus dem Octroi oder anderen internen Reglements der Gesellschaft. Da für die übrigen Compagnien keine entsprechenden Angaben vorhanden sind, kann nicht mit Sicherheit bestimmt werden, ob es eine allgemeine Genehmigungspflicht für die von den Handelscompagnien ausgestellten Anteilspapiere gab oder die Brandenburgisch-Afrikanische Compagnie insoweit einen Einzelfall darstellte.

Häufiger wird der Begriff Aktie dann erst im Zusammenhang mit den Handelscompagnien Friedrichs II. genannt[253]. Das Wort *Actie* kommt erst spät in den Ge-

---

[247] Art. 7, 10, 31 Octroi für die Brandenburgisch-Amerikanische Compagnie von 1688; Separatartikel der Brandenburgisch-Afrikanisch-Amerikanischen Compagnie von 1692; Art. 17 Revidiertes Octroi für die Brandenburgisch-Amerikanische Compagnie von 1690; Kurfürstliche Order, betreffend Abfindung der Emder Participanten, 22. Mai 1686, GStA PK, I. HA Geheimer Rat, Rep. 65 Marine- und Afrikan. Kompagniesachen, 12, Abdruck bei *Schück*, Kolonialpolitik II, Nr. 110.

[248] Art. 7 Octroi für die Brandenburgisch-Amerikanische Compagnie von 1688; Art. 31 Neues Octroi der Brandenburgisch-Afrikanisch-Amerikanischen Compagnie von 1692, Art. 5 Separatartikel der Brandenburgisch-Afrikanisch-Amerikanischen Compagnie von 1692.

[249] *Colenbrander* ZHR 50 (1901), 383 ff.; vgl. im Übrigen zur Etymologie der Wörter Aktie und Aktiengesellschaft oben S. 64 f.

[250] Art. 7 Octroi für die Brandenburgisch-Amerikanische Compagnie von 1688. Ebenso *Zedler*, Universal-Lexicon, Band 1 Halle 1732, Art. Actie.

[251] GStA PK, I. HA Geheimer Rat, Rep. 65 Marine- und Afrikan. Kompagniesachen, 60, Abdruck bei *Schück*, Kolonialpolitik II, Nr. 83.

[252] So jedenfalls die Angaben von *Schück*, Kolonialpolitik II, Anmerkungen zu Nr. 83.

[253] So zum Beispiel in Art. 22 Deklaration der Asiatischen Compagnie Stuarts 1751. Siehe zu diesen im Übrigen oben S. 30 ff.

brauch, es findet sich erst ab 1711 in den Quellen[254]. Für die Bezeichnung der Beteiligung der Anteilsinhaber setzt sich im 18. Jahrhundert in den deutsch abgefassten Quellen das Wort *Actie*[255] durch, in den französischen Quellen wird von *action*[256] gesprochen. Von *Obligation* ist dagegen mit Ausnahme des Entwurfs van Asperens und van Kampens nicht mehr die Rede. Diese bezeichneten die Anteilsscheine als *Portiones,* und van Asperen vermerkt, *„für die bezahlte Summen sollen gnugsame und gültige Obligationes gegeben werden"*[257]. Das Wort Portiones findet sich nicht in den anderen Quellen.

Von den Anteilsinhabern wurde im 17. Jahrhundert im Regelfall nicht als von Aktionären gesprochen, sondern von Interessenten[258] oder Partizipanten; ein Begriff, in dem sich die alte Bezeichnung Part noch aufrechterhielt[259]. Nur gelegentlich sprachen die Quellen von *Actionisten*[260] oder *Einlegern*[261]. *Actionär* oder *Actionaire* wurde dagegen noch nicht verwandt, auch nicht in den Quellen, die bereits das Wort Actie gebrauchten[262]. Dabei wurden auch innerhalb eines Dokuments zum Teil verschiedene Bezeichnungen für dieselbe Sache verwandt.

Auch im 18. Jahrhundert hielt sich die Bezeichnung *Interessent* bzw. *intéressé* für einen Anteilsinhaber[263]. *Participant* wurde dagegen nur noch in Zusammen-

---

254 Auflösungsmanifest 1711.

255 Art. 2, 6, 7 Plan einer Ostindischen Compagnie Sloyers von 1744; Art. 22 Deklaration der Asiatischen Compagnie Stuarts 1751; Art. 1 Deklaration Direktoren der der Asiatischen Compagnie Stuarts 1751; Art. 6, 22 Octroi der Asiatischen Compagnie Teegels 1764; Art. 4, 7 Octroi der Heringsfischereigesellschaft von 1769; Art. 5 Erneuertes Octroi der Heringsfischereigesellschaft von 1787; Art. 7 Erlass Getreidehandlung Elbe 1770; Art. 7 Erlass Getreidehandlung Oder 1770; Art. 4 Octroi der Assekuranzkammer von 1765; Art. 3 Octroi der Levante-Compagnie von 1765; Art. 1, 3, 4, 5 Octroi der Preußischen Seehandlung von 1772; Art. 5 Entwurf des Octroi von Jogues 1744.

256 Art. 3 Octroi der Ostindischen Compagnie Roubauds von 1765; Art. 1 Règlements provisionels der Bengalischen Compagnie von 1753; Art. 13 Octroi Asiatische Handlungscompagnie de la Touche von 1750; Art. 13, 14 Entwurf des Octroi von Jogues 1744.

257 Vgl. *Ring,* Asiatische Handlungscompagnien, S. 13; Art. 2, 4, 12 Satzung van Kampen von 1734.

258 *Zedler,* Universal-Lexicon, Art. Interessenten: „heißen diejenigen, so Antheil an einer Sache haben."

259 Art. 2, 15, 23, 31 Octroi für eine Brandenburgisch-Ostindische Compagnie von 1651; Art. 11, 19, 23, 24, 26 Octroi für die Brandenburgisch-Afrikanische Compagnie von 1682 (Interessenten und Participanten); Art. 6, 7, 11, 20 Reglement der Brandenburgisch-Afrikanischen Compagnie von 1683.

260 Art. 2, 3, 6 Separatartikel der Brandenburgisch-Afrikanisch-Amerikanischen Compagnie von 1692; Auflösungsmanifest 1711.

261 Arenga Separatartikel der Brandenburgisch-Afrikanisch-Amerikanischen Compagnie von 1692.

262 So wird zum Beispiel im Auflösungsmanifest 1711 das Wort Actie zusammen mit „Interessenten", „Actionisten" gebraucht.

263 So in den Quellen der Compagnien de la Touches, Stuarts, der Bengalischen Compagnie, Teegels, Roubauds und der Heringsfischerei-Gesellschaft.

hang mit der Stellung eines Hauptpartizipanten gebraucht, nicht mehr aber als allgemeiner Ausdruck für einen Anteilsinhaber[264]. Anders als unter dem Großen Kurfürsten findet sich dagegen der Ausdruck *Aktionär*[265], wenn auch im Wechsel mit *intéressé*. In der deutschen Fassung des Roubaudschen Octroi wurde erstmals das Wort *Aktionist* gebraucht[266].

Das zusammengesetzte Wort *Aktiengesellschaft* scheint eine Übertragung aus dem Französischen zu sein. Dort findet sich in der ersten Hälfte des 19. Jahrhunderts die Kombination *compagnie d'actionnaires*[267]. Im deutschsprachigen Raum wurde zuvor, seit Anfang des 18. Jahrhunderts, das Wort *Aktiencompagnie* und *Aktienhandlung* verwandt[268]. Im Zusammenhang mit den vorliegend untersuchten Quellen findet sich das Wort Aktiengesellschaft noch nicht. Die Gesellschaften werden ausschließlich als Handelscompagnien bezeichnet. Ebenfalls vor dem Wort Aktiengesellschaft treten in der Mitte des 18. Jahrhunderts das Wort *Aktienkapital* und *Aktionär* auf, letzteres abgeleitet aus dem französischen *actionnaire*. Zuvor findet sich auch für den Inhaber von Aktien das Wort *Aktionist* bzw. *Actionist*[269].

2. Leistungspflichten der Anteilsinhaber

Die Beteiligung an den Compagnien erfolgte in der Regel durch eine Geldeinlage. Bei der Brandenburgisch-Afrikanischen Compagnie wurde in einem Einzelfall ein Darlehen des Kurfürsten an die Gesellschaft nachträglich in Aktien umgewandelt. Dies geschah allerdings nicht durch Beschluss der Gesellschaft, sondern auf Anweisung des Kurfürsten, der der Compagnie die Umwandlung seiner Forderung zugunsten von drei kurfürstlichen Beamten vorschrieb[270]. Sacheinlagen waren grundsätzlich nicht vorgesehen, es gab jedoch im 17. Jahrhundert Ausnahmen für den Kurfürsten[271]. Der Nennbetrag der Sacheinlage sollte durch „*beiderseitig be-*

---

[264] Art. 1 Deklaration Direktoren der der Asiatischen Compagnie Stuarts 1751; Art. 23 Octroi der Bengalischen Compagnie von 1753 (dort wird ohne Unterscheidung von „principaux intéressés" und „principaux participans" gesprochen); Art. 6, 7 Octroi der Asiatischen Compagnie Teegels 1764. Vgl. zu den Hauptpartizipanten unten S. 76.

[265] Absatz 4 Articles de Convention de la Touche; Art. 20, 24, 3, 6 Erneuertes Octroi der Heringsfischereigesellschaft von 1787; Art. 22 Octroi der Ostindischen Compagnie Roubauds von 1765: „actionnaires"; Art. 12 Octroi der Preußischen Seehandlung von 1772.

[266] Art. 22 Octroi der Ostindischen Compagnie Roubauds von 1765.

[267] *Köbler*, Etymologisches Rechtswörterbuch, Tübingen 1995, Art. „Aktiengesellschaft".

[268] *Köbler*, Etymologisches Rechtswörterbuch, Tübingen 1995, Art. „Aktiengesellschaft"; *Pfeifer/Braun*, Etymologisches Wörterbuch des Deutschen, Berlin 1993, Art. „Aktie".

[269] Etymologisches Wörterbuch des Deutschen, Berlin 1993, Art. „Aktie".

[270] Vgl. das Schreiben des Kurfürst Friedrichs III. an die afrikanische Compagnie vom 9. Juli 1694, Abdruck bei *Ring*, Asiatische Handlungscompagnien, Nr. 142, S. 434.

[271] Siehe hierzu oben S. 60 ff.

nennende neutrale Arbitros [...] taxieret werden, was nämlich alsolches werth sei"[272]. In den Quellen finden sich keine weiteren Ausnahmen. Im 18. Jahrhundert war ausschließlich eine Beteiligung durch Bareinlage vorgesehen. In diesem Punkt unterschieden sich die brandenburgisch-preußischen Handelscompagnien von den französischen Gesellschaften, bei denen Sacheinlagen nicht unüblich waren[273].

Unter Friedrich II. enthielten die Quellen für die Hälfte der Compagnien auch detaillierte Regelungen hinsichtlich der Einzahlung der Bareinlagen, ebenso in den Entwürfen aus der Zeit Friedrich Wilhelms I[274]. Das gezeichnete Kapital war danach in vier Raten zu zahlen, von denen die erste in der Regel sofort, das heißt nach Ende der Zeichnungsfrist bzw. Zeichnung aller Aktien fällig war. Die restlichen Raten waren gestaffelt nach Monaten bzw. auf Aufforderung der Direktoren binnen sechs bis zehn Monaten zu leisten[275]. Bei vier Compagnien war die Ausschüttung von Gewinnen und die Übergabe des Aktienpapiers ausdrücklich an die vollständige Einzahlung geknüpft[276]. Die Aktien der Assekuranzkammer mussten dagegen zunächst nicht vollständig, sondern nur zu einem Viertel eingezahlt werden. Der Rest der Summe wurde erst fällig, sobald die Gesellschaft durch einen Versicherungsfall Ausfälle haben sollte, die ihr vorhandenes (Bar-)Vermögen überstiegen[277].

Eine der Compagnien sah den öffentlichen Verkauf der Aktie bei Nichtzahlung der versprochenen Raten vor[278]. Häufiger sollte dagegen der bereits eingezahlte Betrag bei einem Zahlungsverzug von meist einem Monat nach Zahlungsaufforderung ohne Entschädigung zugunsten der Gesellschaft verfallen[279]. Es findet sich auch eine Vorschrift, derzufolge die Zeichnung von Aktien nach einem bestimmten

---

272 Art. 10 für die Brandenburgisch-Amerikanische Compagnie von 1688.

273 *Lévy-Bruhl,* Sociétés de Commerce, S. 234 f.

274 Der Entwurf van Asperens sah vor, dass zehn Prozent der Summe sofort, zehn nach vier Monaten und der Rest später eingezahlt werden sollte, vgl. *Ring,* Asiatische Handlungscompagnien, S. 13.

275 Art. 6 Octroi der Ostindischen Compagnie Roubauds von 1765: erste Rate nach Zeichnung aller Aktien, zweite Rate zwei Monate später, dritte und vierte Rate vier Monate nach der zweiten Rate. Art. 3 Règlements provisionels der Bengalischen Compagnie von 1753: erste Rate bei Zeichnung gegen Quittung, weitere Raten nach Aufforderung durch die Direktoren. Absatz 3 Projet d'association de la Touche: erste Rate bar vermutlich bei Zeichnung, weitere Raten an festgelegten Terminen alle drei Monate nach Ende der Zeichnungsfrist, zahlbar unbar *„en billets payables au porteur"*; Art. 17 Entwurf des Octroi von Jogues 1744; Art. 2 Plan einer Ostindischen Compagnie Sloyers von 1744.

276 Art. 6, 7 Octroi der Ostindischen Compagnie Roubauds von 1765; Art. 8 Octroi der Levante-Compagnie von 1765; Art. 3 Satzung der Heringsfischereigesellschaft; Art. 2 Plan einer Ostindischen Compagnie Sloyers von 1744.

277 Siehe hierzu oben S. 52 ff. Vgl. Art. 5, 23 Octroi der Assekuranzkammer von 1765.

278 Art. 4 Satzung der Heringsfischereigesellschaft.

279 Art. 3 Règlements provisionels der Bengalischen Compagnie von 1753; Art. 8, 9 Octroi der Levante-Compagnie von 1765; Art. 7 Octroi der Ostindischen Compagnie Roubauds von 1765; Entwurf van Asperens, vgl. *Ring,* Asiatische Handlungscompagnien, S. 13.

Stichtag zu einem Zuschlag auf den zu zahlenden Betrag führte[280]. Die übrigen Quellen enthielten hinsichtlich der Zahlung der Einlagen keine Angaben. Anders als in Frankreich gab es keine Vorschriften, nach denen die Anteilsinhaber ausstehende Beträge vorschossen und diese anschließend samt Zinsen beim säumigen Zahler einforderten[281].

Bestimmungen über weitere Einlagepflichten fehlen in den Quellen. Selten wurde ausdrücklich festgelegt, dass die Anteilsinhaber nicht verpflichtet waren, einen über ihre Einlage hinausgehenden Beitrag zu der Compagnie zu leisten, sei es durch einen Nachschuss in Geld oder durch andere Leistungen zugunsten der Compagnie[282]. Nur in dem Entwurf des nicht zustande gekommenen Projekts von Kampens[283] wurde bestimmt:

> „dass denen sämtlichen Interessenten künftighin niemahlen einige Zubusse über die einmahl ausgelegte Summa, mehr abgefordert werden, noch dieselbe ein mehrers herzuschiessen verbunden seyn sollen.“[284]

Eine Nachschusspflicht der Anteilsinhaber war in diesem Fall ausdrücklich ausgeschlossen. Für die anderen Compagnien kann eine Aussage hierüber nur aus dem Zusammenhang mit den übrigen Organisationsvorschriften gewonnen werden. Danach scheint auch dort keine Verpflichtung der Anteilsinhaber bestanden zu haben, nach Aushändigung der Aktie weitere Zahlungen an die Gesellschaft zu leisten. So war zum Teil vorgesehen, dass beim Ausbleiben von Gewinnen keine Ausschüttung erfolgen sollte. Eine Ausnahme bildete nur die Bengalische Compagnie, die sich in diesem Punkt erheblich von den übrigen Gesellschaften unterschied. Da sie nach der Änderung der Satzung für jede neue Reise Kapital sammelte und mit Abschluss derselben die daran Beteiligten komplett auszahlte, bestand im weiteren Sinne eine Nachschusspflicht. Denn jeder Anteilsinhaber, der weiterhin an der Gesellschaft beteiligt sein wollte, musste vor jeder neuen Reise eine Einzahlung leisten und sich in die jeweilige Reise einkaufen[285]. Diese Regelung kann aber nicht als Nachschusspflicht im eigentlichen Sinne bezeichnet werden, da es jedem Anteilsinhaber freistand, nicht zu zahlen und damit aus der Gesellschaft auszuscheiden[286]. (Zur Frage der Haftung der Anteilsinhaber siehe im Übrigen unten S. 87 ff.)

---

[280] Art. 2 Satzung der Heringsfischereigesellschaft.

[281] Zu entsprechenden Regelungen bei französischen Handelscompagnien vgl. *Lévy-Bruhl*, Sociétés de Commerce, S. 237.

[282] Siehe hierzu im Einzelnen unten S. 87 ff.

[283] Siehe dazu oben S. 30.

[284] Art. 3 Satzung van Kampen von 1734.

[285] Siehe dazu auch oben S. 52 ff.

[286] Vgl. das Schreiben Homfeld an den Bürgermeister von Emden, Aurich 7. Januar 1760, Emder Stadtarchiv Reg. II. Nr. 58.

3. Art der Beteiligung

a) Namens- oder Inhaberpapiere

Die Beteiligung an privaten Handelscompagnien war im 17. Jahrhundert außerhalb Deutschlands im Regelfall an die namentliche Nennung des Anteilsinhabers geknüpft[287]. Für die Brandenburgisch-Ostindische Compagnie legte das Octroi fest, dass die Beteiligung grundsätzlich namentlich erfolgte. Die Direktoren durften aber ausnahmsweise einem Anteilsinhaber, der *„Bedenken hette, seinen Namen bekant zu machen"*, auf Antrag und nach einstimmigem Beschluss einen Schein mit *Nombres*, das heißt Zahlen erteilen[288]. Lediglich an dieser Stelle wurde so die reguläre Behandlung der Kapitaleinlagen erwähnt. Der Regelfall war demnach für diese Gesellschaft die Erteilung einer auf den Namen lautenden Aktie. Ob auch die namentlich genannten Partizipanten bereits im 17. Jahrhundert einen Anteilsschein im Sinne einer verkörperten Aktie erhielten bzw. erhalten sollten, bleibt nach den Statuten und Octrois offen. Die Statuten der V.O.C. von 1602 und der W.I.C. von 1621 sahen lediglich ein Aktionärsbuch (*Participatieboek*) vor, in dem die Inhaber der Anteile namentlich verzeichnet waren; Aktienpapiere gaben die niederländischen Gesellschaften dagegen nicht von selbst aus[289]. Auf Verlangen erhielten die Anteilsinhaber von den Buchhaltern der Gesellschaften aber eine Bescheinigung über die geleistete Zahlung, die einen Hinweis auf den Eintrag im Aktionärsbuch enthielt. Diese Auszüge aus den Büchern wurden in den Niederlanden als *extractae* oder Quittung bezeichnet[290]. Sie werden noch heute – als Sammlerstücke – gehandelt. Aus dieser Quittung entwickelte sich die Aktie im Sinne eines Wertpapieres[291]. Es liegt nahe, dass auch die Anteilsinhaber der Brandenburgisch-Ostindischen Compagnie, wäre sie zustande gekommen, eine solche Quittung erhalten hätten. Für jede Einlage in die Brandenburgisch-Afrikanische Compagnie stellten der Präsident und die Direktoren dem Anteilsinhaber eine schriftliche *Obligation* aus, diese wurde vom Kassierer der Compagnie quittiert. Es wurde also eine Urkunde ausgegeben. Die Einlage konnte von ihren Inhabern während der Dauer der Gesellschaft von dieser nicht zurückgefordert werden[292]. Den Anteilsinhabern stand aber offen, ihre Beteiligung zu verkaufen[293]. Eine Verbriefung der Forderung aber konnte den Verkauf erleichtern. Dagegen sah die Brandenburgisch-Amerikanische Compagnie bereits die Ausgabe von Inhaberpapieren vor, die *„den Na-*

---

[287] Ebenso *Lehmann*, Geschichtliche Entwicklung des Aktienrechts, S. 78.

[288] Art. 17 Octroi für eine Brandenburgisch-Ostindische Compagnie von 1651.

[289] *Schneeloch*, Aktionäre der Westindischen Compagnie, S. 24; *Gaastra*, De Geschiedenis van de VOC, S. 28.

[290] *Schneeloch*, Aktionäre der Westindischen Compagnie, S. 24.

[291] Siehe *Lehmann*, Geschichtliche Entwicklung des Aktienrechts, S. 77.

[292] Art. 29 Octroi für die Brandenburgisch-Amerikanische Compagnie von 1688, Art. 12 Revidiertes Octroi für die Brandenburgisch-Amerikanische Compagnie von 1690.

[293] Vgl. dazu unten S. 92 ff.

men der Einzeichner in blanco gelassen, und bloß auf ‚Vorzeigern dieses' halten".
Neben diesem Regelfall der Inhaberaktie stellte die Kompagnie aber auf Wunsch
auch Namenspapiere aus, wenn der Anteilsinhaber *„vor Verunglück- oder Verlie-
rung seiner Obligation oder Action besorget sein möchte".* Jede Aktie wurde ähnlich wie in den Niederlanden in einem *Action-Buch* unter ihrer Nummer registriert[294]. Allerdings war das Octroi der Brandenburgisch-Amerikanischen Compagnie hinsichtlich der Ausgabe der Aktien widersprüchlich. Der eben hinsichtlich
der Frage der Inhaber- bzw. Namensaktie zitierte Artikel 31 des Octroi umfasste
nach seinem Wortlaut alle Arten von Partizipanten, also Hauptpartizipanten ebenso
wie einfache Partizipanten[295]. Wenige Artikel darunter wurde in Art. 35 jedoch
festgelegt:

> „Der eine originale Hauptaction oder Obligation in Blanco vorzeiget, soll damit für ein
> Haupt-Participant erkennet werden und, so lange er Einhaber sothaner Action oder Obliga-
> tion ist, das Recht eines Haupt-Participanten genießen."[296]

Dies widerspricht Art. 31 insofern, als dort keine Unterscheidung nach der Art
der ausgegebenen Aktien getroffen wird. Der Widerspruch lässt sich aber auflösen,
wenn man davon ausgeht, dass – ohne dass dies Art. 31 ausdrücklich erwähnt – die
dort benannten Aktien die Zweiteilung der Anteilsinhabergruppen spiegeln sollte,
und Art. 35 sodann die aus der Inhaberaktie folgende Berechtigung ausdrücklich
festschreibt. Die Berechtigung der einfachen Partizipanten, die eine Inhaberaktie
hielten, kann nach Art. 31 keine andere gewesen sein.

Die Aufzeichnung der Art und Höhe der Beteiligung einzelner Anteilsinhaber in
einem Aktienbuch bei der Brandenburgisch-Amerikanischen Compagnie entsprach
dem europäischen Standard[297] und findet für Namensaktien seine Fortsetzung im
heutigen Aktienregister des § 67 AktG[298]. Auch die spanischen Aktiengesellschaften des 18. Jahrhunderts führten entsprechende Bücher[299]. Sofern die übrigen
Quellen des 17. Jahrhunderts, die alle lediglich Entwürfe darstellen, ein Aktienbuch nicht erwähnen, muss dies nicht das Fehlen eines solchen bedeutet haben. So
deutet die vorgesehene Nummerierung der ausgegebenen Scheine im Falle der Ostindischen Compagnie auf eine Auflistung der Anteilsinhaber durch die Gesellschaft hin, die dann vermutlich in einem Buch erfolgt wäre. Hierfür spricht auch,
dass die niederländischen, als Vorbild dienenden Gesellschaften ein Aktienbuch
führten.

[294] Art. 31, 35 Octroi für die Brandenburgisch-Amerikanische Compagnie von 1688.
[295] Siehe zu dieser Unterscheidung unten B.III.3.c), S. 76 ff.
[296] Art. 35 Octroi für die Brandenburgisch-Amerikanische Compagnie von 1688.
[297] *Lehmann,* Geschichtliche Entwicklung des Aktienrechts, S. 78.
[298] Das Aktienregister hieß bis 2001 auch noch Aktienbuch, dies wurde erst durch das
NaStraG geändert, um den Aktiengesellschaften auch die Führung des Verzeichnisses in elek-
tronischer Form zu ermöglichen, vgl. *Hüffer,* AktG, § 67 Rn. 1, 4.
[299] *Frey,* Spanische Aktiengesellschaft, S. 57.

Die Quellen des 18. Jahrhunderts enthielten vielfach zur Frage der Ausgestaltung der Aktien keine ausdrücklichen Angaben. Lediglich drei Entwürfe enthalten diesbezüglich Angaben, keine dieser Gesellschaften wurde jedoch realisiert. Im Octroi des Projekts Roubauds und in den Octrois der Getreidehandlungscompagnien wurde erwähnt, dass die Aktien *„au porteur"*, also auf den Inhaber lauten[300]. Auch der Entwurf von Asperens sah vor, man solle die *„Portiones stellen lassen können auf den Namen und auf Vorzeiger dieser, sowie es verlanget werden möchte"*[301]. Für diesen Entwurf einer Gesellschaft kann mit Sicherheit gesagt werden, dass verkörperte Aktienpapiere, *„gnugsame und gültige Obligationes"*, ausgegeben werden sollten, da auf das Zurückbehaltungsrecht der Gesellschaft an dem Papier vor vollständiger Zahlung hingewiesen wurde. Der Entwurf van Kampens sah ein Wahlrecht der Anteilsinhaber vor:

> „Einen jeden Interessenten stehet frey, auf No., Divisen, Innhaber derselben, oder auf ihre Nahmen die Obligationsbriefe, von der Compagnie Directeurs stellen und anfertigen zu lassen, ..."[302]

Die Berechtigung der Aktieninhaber wurde im Entwurf van Kampens ausdrücklich bestätigt, denn *„der die Obligation in Händen hat, und produciret, für Eigener gehalten und erkennet werde [...]"*[303]. Auch die Preußische Seehandlung gab als Aktien *gedruckte Billets* aus[304]. Diese sollten nicht nur vom Kassierer der Gesellschaft und ihrem „Chef", sondern, *„um ihnen destomehr Glaubwürdigkeit und Gültigkeit zu geben"*, auch vom Staatsminister Graf von Reuß und Freiherrn von der Horst unterzeichnet werden[305].

Aber auch die übrigen Compagnien gaben vermutlich Aktienpapiere aus. Dabei bleibt aber offen, ob dieses Inhaber- oder Namensaktien waren. So sah die Levante-Compagnie die Aushändigung von Aktien Zug um Zug gegen Zahlung der letzten Rate vor[306]. Der Entwurf Sloyers verpflichtete den Ersterwerber einer Aktie zur Namensnennung, traf aber keine Aussage über die Übertragung der Aktien und damit auch nicht über die Pflicht eines Erwerbers zur Namensnennung[307]. Jedenfalls gingen eine Vielzahl von Octrois vom Verkauf der Aktien aus[308]. Obwohl sich in den Octrois und anderen Statuten diesbezüglich keine Regelungen fanden, wurden auch im Fall der Asiatischen Compagnie Stuarts und der Bengalischen Compagnie scheinbar Aktienbücher geführt. In den Akten des Stadtarchivs Emden fin-

---

300 Art. 3 Octroi der Ostindischen Compagnie Roubauds von 1765; Art. 7 Erlass Getreidehandlung Elbe 1770; Art. 7 Erlass Getreidehandlung Oder 1770.

301 Vgl. *Ring*, Asiatische Handlungscompagnien, S. 13.

302 Art. 2 Satzung van Kampen von 1734.

303 Art. 4 Satzung van Kampen von 1734.

304 Art. 4 Octroi der Preußischen Seehandlung von 1772.

305 Art. 43 Octroi der Preußischen Seehandlung von 1772.

306 Art. 8 Octroi der Levante-Compagnie von 1765.

307 Art. 16 Plan einer Ostindischen Compagnie Sloyers von 1744.

308 Siehe dazu unten S. 92 ff.

det sich ein Protokoll der Stadt aus dem Jahre 1797, in dem die Bücher und Papiere der ehemaligen Asiatischen Compagnie Stuarts aufgelistet werden, die offenbar zu diesem Zeitpunkt in die Hände der Stadt Emden übergeben wurden[309]. Darunter findet sich unter der Ordnungsnummer 119 ein „Legger der Actien der Compagnie vom Jahre 1752 von No. 1 bis 1000, hierin sind folgende Actionairs enthalten"[310]. Das Protokoll enthält sodann eine Abschrift der Auflistung der Namen sämtlicher Anteilsinhaber der Gesellschaft unter Angabe der Anzahl und des Nennbetrags der gehaltenen Aktien.

Ingesamt lässt sich feststellen, dass im 17. und 18. Jahrhundert sowohl Inhaber- als auch Namenspapiere bekannt waren und verwendet wurden[311]. Die Aktie als Mitgliedschaftsschein war ursprünglich ein Auszug, eine „Copia" aus dem von der Compagnie geführten Aktienbuch[312]. Ob der Aktie oder auch dem Aktienbuch mehr als eine nur beweisende Funktion zukam, ein Eintrag im Aktienbuch also wohlmöglich konstitutive Wirkung hatte, kann anhand der Quellen nicht festgestellt werden. Zum Teil wurde der Eintragung im Aktienbuch ausdrücklich die konstitutive Wirkung abgesprochen[313]. Der Entwurf der Ostindischen Compagnie von 1651 bemerkte, dass die Ausgabe von Inhaberaktien „zum Beweis der eingelegten Gelder" erfolgte, also nur deklaratorischer Natur war[314]. Ob dies im Übrigen die Regel war oder eine Ausnahme, lässt sich nicht feststellen. Es spricht nach diesen Regelungen aber einiges für die Aussage Lehmanns, die Bucheintragung sei im Laufe der Zeit rechtserzeugend und die Aktie zur dispositiven Urkunde geworden[315].

b) Nennbeträge

Die Größe der Anteile war nicht immer vorab festgelegt und variierte von Gesellschaft zu Gesellschaft. Der Nennbetrag wurde teilweise ins Belieben der Anteilsinhaber gestellt. Nach dem Octroi der Brandenburgisch-Ostindischen Com-

---

[309] Protocollum der Bücher und Papiere der ehemaligen asiatischen Compagnie betr., Actum Emden in Curia d. 8. Juni 1797, Stadtarchiv Emden Reg. II Nr. 57 Blatt 189–210.

[310] Legger (nl.) bedeutet Verzeichnis; das Legger der Actien entspricht somit dem Participatieboek der V.O.C. und W.I.C.

[311] Die sich lediglich auf die Octrois der Brandenburgisch-Afrikanischen Compagnie und der Asiatischen Compagnie Stuarts stützende Aussage Söhnchens, Gründungsvoraussetzungen, S. 128, es habe im 18. Jahrhundert keine Inhaberaktien gegeben, hat sich nicht bestätigt.

[312] Ebenso Lehmann, Geschichtliche Entwicklung des Aktienrechts, S. 77.

[313] Art. 4 Satzung van Kampen von 1734. Nach § 67 II AktG ist heute die Eintragung ins Aktienregister nicht Voraussetzung für den Erwerb der Aktie, wohl aber für Ausübung der aus der Aktie folgenden mitgliedschaftlichen Rechte. Vgl. hierzu und zur umstrittenen Erfassung der Eintragungswirkung (widerlegbare oder unwiderlegbare Vermutung?) Hüffer, AktG, § 67 Rn. 11 ff. m. w. N.

[314] Art. 17 Octroi für eine Brandenburgisch-Ostindische Compagnie von 1651.

[315] Lehmann, Geschichtliche Entwicklung des Aktienrechts, S. 78.

pagnie durfte der Nennbetrag der einzelnen Anteile zwanzig Reichstaler[316], nach den *Conditiones* vierzig Reichstaler[317] nicht unterschreiten. Interessenten konnten sich zur Erreichung dieser Summe zusammenschließen. In diesem Fall wurde jedoch nur ein Interessent Anteilsinhaber der Compagnie; die Unterbeteiligung hatte lediglich Auswirkungen im Innenverhältnis der zusammengeschlossenen Interessenten[318]. Aus dieser Regelung wird deutlich, dass eine Einlage in die privilegierten Handelscompagnien mehr war als eine einfache Forderung. Eine Forderung hätte nämlich ohne weiteres mehreren zustehen können. Die Mindesteinlage in der Brandenburgisch-Afrikanischen Compagnie betrug 200 Reichstaler[319]. Diese war binnen des Jahres 1682 zu erbringen. Die Mindesteinlage für die Brandenburgisch-Amerikanische Compagnie sollte 400 Reichstaler betragen[320]. Diese Summen stellten jedoch nur die Mindesteinlage dar, nicht aber den fixen Nennbetrag einer Aktie. An keiner Stelle legen die kurfürstlichen Octrois fest, dass nur ein Vielfaches der genannten Summe eingelegt werden konnte. So hätte sich nach dem Octroi der Brandenburgisch-Amerikanischen Compagnie ein Einleger auch mit 600 oder 700 Reichstalern an der Gesellschaft beteiligen können und hierfür eine (und nicht mehrere) Aktie bzw. einen Obligationsbrief erhalten. Die Höhe der Einlagen war somit variabel. Die Octrois der Projekte Orths und Taverniers enthielten dagegen weder Angaben über den Nennbetrag noch über die Mindesteinlage.

Im 18. Jahrhundert bildete sich ein Standard-Nennbetrag heraus. Die Aktien hatten mit einer Ausnahme[321] einen festgelegten Nennbetrag von 250, häufiger jedoch

---

316 Art. 16 Octroi für eine Brandenburgisch-Ostindische Compagnie von 1651. Der Reichstaler hatte seit den Münzordnungen von 1559 und 1566 den Gulden als maßgebliche Großwährung bis ca. 1700 im Heiligen Römischen Reich ersetzt. Die Zeit von 1695 bis 1753 stellte in Deutschland eine Zeit der münzgeschichtlichen Wirrnis dar; mangels einer starken deutschen Münze wurde der französische Louisd'or führend und floss in großen Mengen nach Deutschland. Er hatte 1736 einen Gegenwert von ca. 5 Reichstalern. In Preußen führte Friedrich II. durch seine Münzreformen 1753 einen neuen Reichstaler, den Friedrichsd'or ein. Bereits der Name zeigt die Ambitionen, die diese Münze begleiteten, galt sie doch vorerst nur im Gebiet Preußens. Vgl. zur Münzgeschichte *Rittmann*, Deutsche Münz- und Geldgeschichte S. 53 ff. Zur Beurteilung des Werts einer Aktie einige Vergleichsangaben: in der zweiten Hälfte des 17. Jahrhunderts verdiente eine Köchin im Jahr ca. 10 Reichstaler, das Jahreseinkommen eines Ratsherrn betrug ca. 1200 Reichstaler. In Elberfeld kostete ein Pfund Butter um 1748 5 Stüber, um 1773 bereits 8 Stüber (60 Stüber ergaben 1 Reichstaler). Ende des 18. Jahrhunderts verdiente ein Handwerksmeister am Tag einen halben Reichstaler. Angaben nach *Rittmann*, a. a. O. S. 79 ff., 112 ff., 133 ff.

317 Art. 2 Conditiones der Brandenburgisch-Ostindischen Compagnie von 1652.

318 Art. 16 Octroi für eine Brandenburgisch-Ostindische Compagnie von 1651. Anders war die Regelung im 17. Jahrhundert bei spanischen Compagnien. Dort konnten mehrere Interessenten sich eine Aktie teilen und mussten lediglich gegenüber der Compagnie einen Bevollmächtigten nennen, der gegenüber der Gesellschaft für alle Handlungen zuständig war, vgl. *Frey*, Spanische Aktiengesellschaft, S. 57.

319 Art. 1 Edikt der Brandenburgisch-Afrikanische Compagnie von 1682; Art. 12 Reglement der Brandenburgisch-Afrikanischen Compagnie von 1683.

320 Art. 31 Octroi für die Brandenburgisch-Amerikanische Compagnie von 1688.

von 500 Reichstalern[322], teilweise auch 1000 Talern[323]. Der Entwurf van Kampens überließ es den Zeichner, eine volle Aktion zu 500 Reichstalern oder eine halbe Aktie zu 250 Reichstalern zu zeichnen[324]. Lediglich bei der Emder Heringsfischerei-Gesellschaft lag der Nennbetrag der Aktien entsprechend der vorwiegend regionalen Bedeutung anfangs bei lediglich 200 Gulden[325], der Entwurf Sloyers sah sogar nur Aktien in Höhe von 100 Dukaten vor[326]. 1777 wurden für die Heringsfischereigesellschaft weitere 130 Aktien mit einem abweichenden Nennbetrag von 220 Gulden ausgegeben[327]. Der Nennbetrag der Aktien der Getreidehandlungscompagnien betrug ebenfalls 200 Taler[328].

c) Partizipanten und Hauptpartizipanten

Ebenso wie die niederländischen Vorbilder[329] und die dänische und schwedische Handelscompagnie[330], anders jedoch als die englische East India Company[331],

---

[321] Lediglich im Octroi der Asiatischen Handlungs-Compagnie Teegels finden sich keine Angaben zum Nennbetrag einer Aktie.

[322] 250 Livres de banque: Art. 3 Octroi der Ostindischen Compagnie Roubauds von 1765; 250 Taler Friedrichsd'or: Art. 3 Octroi der Assekuranzkammer von 1765; 250 Reichstaler: Art. 3 Octroi der Levante-Compagnie von 1765. 500 Taler: Art. 1 Règlements provisionels der Bengalischen Compagnie von 1753; Art. 13 Octroi Asiatische Handlungscompagnie de la Touche von 1750; Art. 3 Octroi der Preußischen Seehandlung von 1772; für die Asiatische Handlungscompagnie Stuarts ergibt sich der Nennbetrag nicht aus den Statuten und dem Octroi. Aus der Liste der Aktionäre im Stadtarchiv Emden, a. a. O. Fn. 309 wird jedoch deutlich, dass der Nennbetrag auch hier 500 Reichstaler betrug und insgesamt 2000 Aktien ausgegeben wurden. Auch *Rödenbeck*, Beiträge zur Bereicherung und Erläuterung der Lebensbeschreibungen Friedrich Wilhelms I. und Friedrichs des Großen, S. 215 berichtet hiervon.

[323] Art. 13 Entwurf des Octroi von Jogues 1744. Auch hier konnten die Interessenten volle Aktien oder halbe zu 500 Reichstalern zeichnen. Die gleiche Regelung enthielt der Entwurf Asperens, vgl. *Ring*, Asiatische Handlungscompagnien, S. 13.

[324] Art. 2 Satzung van Kampen von 1734. Das Octroi spricht für die halbe Aktie von „drittehalbhundert rthlr."; drittehalb bedeutete nach dem damaligen Sprachgebrauch aber zwei und ein halb, also 250, vgl. *Adelung,* Wörterbuch, Art. „Dritthalb" (http: //mdz.bib-bvb.de:80 / digbib).

[325] Art. 1 Satzung der Heringsfischereigesellschaft. Die maßgebliche Währung in Ostfriesland war auch nach der Eingliederung in Preußen der Gulden. Dieser entsprach 2/3 des Reichstalers.

[326] Art. 2 Plan einer Ostindischen Compagnie Sloyers von 1744.

[327] *Rödenbeck,* Beiträge zur Bereicherung und Erläuterung der Lebensbeschreibungen Friedrich Wilhelms I. und Friedrichs des Großen, S. 233. Auch diese Angabe erfolgt ohne Verweis auf die Quelle. Das erneuerte Octroi von 1787 enthält aber in Art. 3 einen Verweis auf Aktien mit einem Nennbetrag von 220 Gulden holländisch.

[328] Art. 7 Erlass Getreidehandlung Elbe 1770; Art. 8 Erlass Getreidehandlung Oder 1770.

[329] Patent für die Niederländisch-Ostindische Compagnie vom 20. März 1602, Groot Placaet-Boeck, S. 529 – 538; vgl. auch Art. 13, 14 Octroi der W.I.C.

[330] Art. 6 Octroi der Dänisch-Ostindischen Compagnie 1616, Schwedische Södercompagnie, vgl. *Lehmann,* Geschichtliche Entwicklung des Aktienrechts, S. 59; zur Dänisch-Ost-

kannten die brandenburgischen Compagnien des 17. Jahrhunderts zwei Arten der Mitgliedschaft, die sich durch die Höhe der geleisteten Einlage unterschieden. Ein Anteilsinhaber war entweder einfacher Partizipant oder Hauptpartizipant. Es wurde nur zum Teil festgelegt, welche Einlage zum Status eines Hauptpartizipanten führte und damit dem Anteilsinhaber deutlich gewichtigere Mitwirkungs- und Kontrollrechte vermittelte. In der Brandenburgisch-Afrikanischen Compagnie war eine Einlage von 1000 Reichstalern[332], in der Brandenburgisch-Amerikanischen Compagnie von 2000 Reichstalern[333] für den Status des Hauptpartizipanten erforderlich. Für die Ostindische Compagnie legte das Octroi nur fest, dass Hauptpartizipanten gleich den Direktoren verpflichtet waren, eine Sicherheitseinlage in Höhe von 3000 Reichstalern zu leisten, die keiner Verpfändung oder Veräußerung unterlag. Somit steht fest, dass wenigstens eine Beteiligung in dieser Höhe einen Hauptpartizipanten ausmachte; der Schwellenwert kann aber auch noch darunter gelegen haben.

Die beiden Gruppen unterschieden sich maßgeblich in ihren Kontroll- und Beteiligungsrechten. Während bei der Brandenburgisch-Ostindischen Compagnie die Hauptpartizipanten nach Ablegung eines Eides jederzeit das Recht hatten, in die Bücher der Compagnie Einsicht zu nehmen[334], wurde den einfachen Partizipanten lediglich zugestanden, die jährliche Rechungslegung anzuhören. Einwendungen hiergegen konnten einfache Partizipanten nicht selber vortragen, sondern mussten sich zu diesem Zweck eines Hauptpartizipanten als Mittler bedienen[335]. Eventuell sollte hierdurch bereits damals der Einfluss von Minderheitsaktionären auf die Geschäfte der Gesellschaft beschränkt werden. Die Hauptpartizipanten der Brandenburgisch-Ostindischen Compagnie wurden zur Teilnahme am *Rath* zugelassen. Auf welches Gremium der Compagnie sich dieser Titel bezog, wurde nicht genauer erörtert. Obwohl die Gesamtheit der Direktoren ansonsten als *Collegium* bezeichnet wurde[336], scheinen mit *Rath* die Sitzungen eben dieses Kollegiums gemeint zu sein, denn ein weiteres Gremium wird im Octroi nicht erwähnt. Den Hauptpartizipanten oblag zusätzlich die Entlastung der Direktoren alle drei Jahre[337]. Aus dieser Bestimmung folgte auch, dass sich die Hauptpartizipanten von den Direktoren unterschieden, mithin nicht die gleichen Rechte wie diese besaßen. Durch ihre Teilnahme an den Geschäftsleitungssitzungen konnten sie aber vermutlich maßgeblich Einfluss auf die Geschäfte nehmen.

---

indischen Compagnie siehe *Andenaes*, Quaderni fiorentini 11 / 12 (1982 / 83), S. 973 ff.; *Glamann*, The Danisch East-India Company, in: Mollat (Hrsg.), Sociétés et Compagnies de Commerce en Orient et dans l'Ocean Indien, S. 471 ff.; *Diller*, Tranquebar, S. 43 ff.

331 *Furber*, Rival Empires of Trade, S. 194.

332 Art. 3 Octroi für die Brandenburgisch-Afrikanische Compagnie von 1682.

333 Art. 23 Octroi für die Brandenburgisch-Amerikanische Compagnie von 1688.

334 Art. 16 Octroi für eine Brandenburgisch-Ostindische Compagnie von 1651.

335 Art. 23 Octroi für eine Brandenburgisch-Ostindische Compagnie von 1651.

336 Vgl. Art. 3, 10, 31 Octroi für eine Brandenburgisch-Ostindische Compagnie von 1651.

337 Art. 22 Octroi für eine Brandenburgisch-Ostindische Compagnie von 1651.

Die Regelungen für die Afrikanische und Amerikanische Compagnie waren ähnlich exklusiv. Nur die Hauptpartizipanten hatten ein Teilnahmerecht an den Versammlungen und damit die Möglichkeit, über die Geschicke der Compagnie zu bestimmen[338]. Der Versammlung der Hauptpartizipanten oblag neben der Wahl der Direktoren[339] die Wahl von Kommissaren zur Abnahme der Rechungen[340]. Nach einer ersten Versammlung zur Wahl des Direktorenkollegiums sollte eine Versammlung stets nach der Rückkehr eines Schiffes aus Afrika stattfinden, um über den Verkauf der eingetroffenen Waren zu befinden. Die Hauptpartizipanten mussten wichtigen Geschäften vorab zustimmen[341]. Ihre Versammlung entschied über die Höhe der Vergütung der Direktoren. Nur den Hauptpartizipanten gegenüber waren die Direktoren verpflichtet, alle drei Jahre eine Gewinn- und Verlustrechnung zu erstellen[342]. Die Rechte der einfachen Partizipanten beschränkten sich in der Regel darauf, an der Gewinnausschüttung teilzunehmen oder über die Vermittlung eines Hauptpartizipanten Einfluss zu nehmen. Daneben kam ihnen – zur Überprüfung ihrer Dividende – meist das Recht zu, die Jahresbilanz zu kontrollieren[343].

Die einfachen Partizipanten der Brandenburgisch-Afrikanischen Compagnie hatten das Recht, gegen die Compagnie oder die Bewindhaber[344] Beschwerde zu führen. Dabei trafen das Edikt von 1682 und die jüngere Satzung der Gesellschaft leicht abweichende Bestimmungen. Während es nach dem kurfürstlichen Edikt den Partizipanten, das heißt also allen und nicht nur den Hauptpartizipanten freistand, beim Präsidenten der Compagnie oder beim Kurfürsten persönlich eine Beschwerde vorzubringen und Abhilfe zu verlangen[345], hatten nach der Satzung dieses Recht nur die Hauptpartizipanten. Auch sollte die in der Generalversammlung abzugebende Beschwerde danach nicht an den Kurfürsten gerichtet sein, sondern zu einer Abstimmung in der Versammlung selbst führen. Unterstützte die Generalversammlung die Beschwerde mit einfacher Mehrheit, so wurde sie dem Kollegium der Bewindhaber[346] kundgetan. Diese und der Präsident hatten sich künftig an den Beschluss zu halten[347].

Im 18. Jahrhundert findet sich die Unterscheidung zwischen Hauptpartizipanten und einfachen Aktionären nicht mehr bei allen untersuchten Gesellschaften[348]. Die

---

[338] Art. 2 Edikt der Brandenburgisch-Afrikanischen Compagnie von 1682.

[339] Art. 24 Octroi für die Brandenburgisch-Amerikanische Compagnie von 1688.

[340] Art. 3 Edikt der Brandenburgisch-Afrikanischen Compagnie von 1682.

[341] Siehe unten S. 108 ff.

[342] Art. 11 Reglement der Brandenburgisch-Afrikanischen Compagnie von 1683.

[343] Vgl. hierzu unten C.I.6., S. 112 ff.

[344] Zum Begriff Bewindhaber siehe Fn. 88.

[345] Art. 9 Edikt der Brandenburgisch-Afrikanische Compagnie von 1682.

[346] Zum Begriff Bewindhaber siehe Fn. 88.

[347] Art. 7 Reglement der Brandenburgisch-Afrikanischen Compagnie von 1683.

Quellen enthalten zur Rechtsstellung der Aktionäre nur kursorische Angaben. Diese schien sich jedoch im Vergleich zum 17. Jahrhundert gewandelt zu haben. Zwar war die Stellung eines Hauptpartizipanten regelmäßig[349] an den Besitz einer bestimmten Zahl von Aktien geknüpft (vorliegend regelmäßig zehn Aktien, in einem Fall zwanzig Aktien), hinzukommen musste aber noch eine Wahl durch die Aktionäre, ähnlich wie bei den Direktoren[350]. Diese Wahl war im Fall der Bengalischen Compagnie zunätzlich durch den König zu bestätigen[351]. Die Hauptpartizipanten konnten auch ähnlich den Direktoren wieder abgesetzt werden, sollten sie gegen den zu leistenden Eid verstoßen und die Belange der Compagnie beeinträchtigen[352]. Ohne ausdrücklich die Position eines Hauptpartizipanten zu erwähnen, findet sich die Grenze von zehn Aktien mit Ausnahme des Entwurfs Sloyers (dort sollten Anteilsinhaber mit weniger als sechs Aktien „nicht zu sagen haben"[353]) auch in den übrigen Quellen. Regelmäßig wurde das Stimmrecht in der Generalversammlung an diese Mindestbeteiligung geknüpft[354]. Die Octrois der Getreidehandlungscompagnien gaben hierfür auch eine Begründung:

> „Damit aber auch nicht ein Besitzer einer einzigen oder weniger Actien die Entschließung der Compagnie durch seine Contradictiones aufhalten möge: so ist Niemand zu den Zusammenkünften zu admittiren noch weniger ihm ein Votum zu gestatten, wenn derselbe nicht wenigstens mit 10 Aktien und darüber, dabey interessiret ist."[355]

---

348 Die Unterscheidung wurde getroffen bei: Entwurf van Asperen, vgl. *Ring*, Asiatische Handlungscompagnien, S. 14; Asiatischen Compagnie Stuarts 1751; Bengalischen Compagnie; Asiatische Compagnie Teegels, und fehlt bei: Satzung van Kampen; Entwurf Sloyers; Assekuranzcompagnie; Heringsfischereigesellschaft; Preußische Seehandlung; unklar: Entwurf Jogues, der zwar nicht ausdrücklich auf Hauptpartizipanten eingeht, allerdings erst ab einer bestimmten Aktienzahl Stimmrechte gewährt, ebenso die Ostindische Compagnie Roubauds, Levantecompagnie und Getreidehandlungscompagnien.

349 Eine solche Bestimmung fehlt im Octroi der Bengalischen Compagnie.

350 10 Aktien: Art. 23 Octroi der Bengalischen Compagnie von 1753; Art. 1 Deklaration Direktoren der Asiatischen Compagnie Stuarts 1751. Für den Entwurf Teegels ist die Rechtslage nicht eindeutig, aus dem Zusammenhang in Art. 6 des Octroi kann jedoch gefolgert werden, dass auch hier eine Bestellung erfolgte, die eine entsprechend hohe Beteiligung voraussetzte. Unklar bleibt, durch wen diese zu erfolgen hatte, das heißt ob die Wahl den Anteilsinhabern in der Versammlung oblag oder dem Direktor der Compagnie. 20 Aktien: Art. 10 Octroi der Levante-Compagnie von 1765. Das Octroi der Levante-Compagnie beschränkt die Teilnahme ausdrücklich nur für die erste Generalversammlung zur Wahl der Direktoren. Offen blieb, ob auch an künftigen Generalversammlungen nur Aktionäre mit mindestens 20 Aktien teilnehmen konnten.

351 Art. 23 Octroi der Bengalischen Compagnie von 1753.

352 Art. 7 Octroi der Asiatischen Compagnie Teegels 1764.

353 Art. 6 Plan einer Ostindischen Compagnie Sloyers von 1744.

354 Art. 8 Octroi der Ostindischen Compagnie Roubauds von 1765; Absatz 6 Articles de Convention de la Touche ; Art. 18 Entwurf des Octroi von Jogues 1744; Art. 12 Erlass Getreidehandlung Elbe 1770; Art. 13 Erlass Getreidehandlung Oder 1770. Der Entwurf Jogues sah bereits ab 8 Aktien eine Stimme vor, Inhaber von 25 bis 50 Aktien sollten zwei Stimmen haben, und allen mit mehr als 50 Aktien kamen drei Stimmen zu.

355 Art. 12 Erlass Getreidehandlung Elbe 1770, Art. 13 Erlass Getreidehandlung Oder 1770.

Nur seltener gab auch eine einzige Aktie eine Stimme[356] und in zwei Fällen wurde das Stimmrecht sogar nach oben beschränkt. Der Entwurf Asperens sah vor, dass der Besitz von mehr als zwanzig Aktien nur zwanzig Stimmen vermitteln würde, in der Compagnie van Kampens sollte niemand mehr als zehn Stimmen besitzen[357]. Die Entwürfe Asperens und van Kampens sowie die Emder Herings-fischereigesellschaft, die Assekuranzkammer und die Preußische Seehandlung kannten keine verschiedenen Kategorien von Anteilsinhabern.

Im Falle der Seehandlung ist dabei zu berücksichtigen, dass ohnehin nur 300 der insgesamt 2400 Aktien von Privatpersonen gehalten wurden, Großaktionär aber Friedrich II. selbst war. Auch geht aus dem Octroi der Preußischen Seehandlung nicht hervor, dass eine Aktie überhaupt ein Stimmrecht vermittelte[358]. Das Octroi erwähnt noch nicht einmal eine Generalversammlung als Organ der Aktionäre, in dem diese ihre Stimmrechte hätten ausüben können.

Zur Bewertung der Stellung der Hauptpartizipanten finden sich im Übrigen nur noch wenige Angaben. So wurde an einer Stelle hervorgehoben, dass diese bei der Verteilung und Auszahlung der Dividende mit den einfachen Aktionären gleich zu behandeln seien[359]. Daneben wurde ausdrücklich festgestellt, dass die Hauptpar-tizipanten gleich den Direktoren nicht mit ihrem Privatvermögen für die Schulden der Compagnie haften würden[360]. Dies lässt – neben der Bezeichnung „adminis-trierende Hauptpartizipanten", die sich zum Teil findet[361] – vermuten, dass die Hauptpartizipanten ähnlich den Direktoren gewisse Verwaltungsaufgaben der Compagnien wahrnahmen. Eine entsprechende ausdrückliche Haftungsbeschrän-kung findet sich gerade nicht für die einfachen Anteilsinhaber. Dies wäre nur dann einleuchtend, wenn die Hauptpartizipanten gleich den Direktoren nach außen für die Compagnie auftreten sollten und die Bestimmung somit klarstellte, dass bei solchen Geschäften grundsätzlich nicht das Organ, sondern die Gesellschaft hafte-te. Andererseits scheinen die Aufgaben der Hauptpartizipanten nicht so weit reichend wie die der Direktoren gewesen zu sein. Denn nur für letztere wurde ausdrücklich die Vertretungsmacht nach außen für bestimmte Geschäfte be-schränkt[362]. Die Hauptpartizipanten wurden in diesem Zusammenhang nicht er-

---

[356] Entwurf van Asperen, vgl. *Ring,* Asiatische Handlungscompagnien, S. 14.

[357] Entwurf van Asperen, vgl. *Ring,* Asiatische Handlungscompagnien, S. 14; Art. 12 Sat-zung van Kampen von 1734.

[358] Auch das Handwörterbuch der Preußischen Verwaltung stellt Anfang des 20. Jahrhun-derts fest, dass die Aktien der Seehandlung kein Stimmrecht vermittelt hätten, vgl. das Art. „Preußische Staatsbank (Seehandlung)" in: Bitter (Hrsg.), Handwörterbuch der Preußischen Verwaltung, S. 339; vgl. auch *Radtke,* Die Preussische Seehandlung zwischen Staat und Wirt-schaft in der Frühphase der Industrialisierung, S. 9.

[359] Art. 11 Deklaration Direktoren der der Asiatischen Compagnie Stuarts 1751.

[360] Art. 24 Octroi der Bengalischen Compagnie von 1753; Art. 24 Deklaration der Asiati-schen Compagnie Stuarts 1751.

[361] Art. 6, 7 Octroi der Asiatischen Compagnie Teegels 1764.

[362] Siehe dazu unten S. 108 ff.

wähnt, was angesichts ihrer offensichtlich den Direktoren untergeordneten Stellung nicht daran gelegen haben kann, dass ihre Vertretungsmacht im Gegensatz zu diesen unbeschränkt war. Dagegen hatten wenigstens bei zwei Compagnien die Hauptpartizipanten gemeinsam mit den Direktoren das Recht, interne Streitigkeiten der Compagnie durch einen „kurzen Prozess" (court procédé) zu entscheiden[363]. Auch sollten die Hauptpartizipanten gleich den Direktoren wenigstens teilweise Ihnen Wohnsitz an der Niederlassung der Compagnie nehmen[364], damit

> „auch das Wohlsein und Beste der Compagnie insonderheit in Sachen die keinen Verzug leiden, in gehöriger Connexion respiciret und jedes mahl ohn aufgehalten befördert werden."[365]

Die den Compagnien zum Teil zugestandene Gerichtsbarkeit über ihre Soldaten und Matrosen[366] sollte durch Direktoren und Hauptpartizipanten gleichermaßen ausgeübt werden[367].

Die Position der Hauptpartizipanten lag zwischen der der einfachen Anteilsinhaber und dem obersten Leitungsorgan der Direktoren. Ihnen kam eine gewisse Mitwirkungsfunktion bei der Verwaltung der Geschäfte der Compagnie zu[368]. Diese muss jedoch untergeordneter Natur gewesen sein, denn alle Bestimmungen über Rechenschaftspflichten der Geschäftsleitung gegenüber den Anteilsinhabern[369] bezogen sich stets nur auf die Direktoren, so dass die Kontrolle der Hauptpartizipanten anders, vermutlich durch die Direktoren, erfolgt sein muss.

4. Gewinnausschüttung

Das wichtigste, sich aus der Beteiligung an den Compagnien ableitende Recht war das auf Ausschüttung einer Dividende bzw. Repartition[370]. Diese wurde in der Regel jährlich ausgezahlt[371] und in der Höhe entweder durch die Anteilsinhaber in

---

363 Art. 22 Octroi der Bengalischen Compagnie von 1753, Art. 7 Deklaration der Asiatischen Compagnie Stuarts 1751.

364 Alternativ wurde ihnen noch zugestanden, wenigstens bei Ausrüstung der Schiffe und deren Retour sich vor Ort aufzuhalten oder ihre Bevollmächtigten dort aufzustellen.

365 Art. 7 Octroi der Asiatischen Compagnie Teegels 1764.

366 Siehe dazu im einzelnen unten D.I., S. 123 f.

367 Art. 9 Deklaration der Asiatischen Compagnie Stuarts 1751.

368 Vgl. auch Art. 26 Octroi der Asiatischen Compagnie Teegels 1764, wonach die Hauptpartizipanten mit den Direktoren zur Gewinnung von Anteilsinhabern verpflichtet und berechtigt sind.

369 Siehe dazu oben S. 112 ff.

370 Dieser Ausdruck wurde zum Teil synonym verwandt.

371 Art. 41 Entwurf des Octroi von Jogues 1744; Art. 26 Octroi der Asiatischen Compagnie Teegels 1764; Art. 11 Deklaration der Asiatischen Compagnie Stuarts 1751; Art. 22 Octroi der Ostindischen Compagnie Roubauds von 1765; Art. 24 Erneuertes Octroi der

der Generalversammlung oder durch die Direktoren bestimmt. Die Höhe richtete sich regelmäßig nach den Gewinnen der Gesellschaft aus den vorangegangenen Reisen. In einigen Fällen versprachen die Octroi nicht eine gewinnabhängige, sondern eine fixe Dividende. So sagte die Bengalische Compagnie ihren Anteilsinhabern im nicht umgesetzten provisorischen Statut halbjährlich eine Ausschüttung von 2% des Aktiennennbetrags zu[372], die Brandenburgisch-Afrikanische Compagnie strebte eine fixe Ausschüttung von 6% jährlich an, sofern nicht mit Zweidrittelmehrheit ein entgegenstehender Beschluss der Hauptpartizipanten gefasst wurde[373]. Auch die Levante-Compagnie sah eine feste Ausschüttung von 5%[374] und die Seehandlung von 10% jährlich, zahlbar in zwei Raten alle sechs Monate, vor[375]. Hierin ähneln die letztgenannten Gesellschaften der V.O.C., bei der der Dividendenanspruch nicht an den Gewinn gekoppelt war[376].

Weitere Regelungen hinsichtlich der Dividende sind unter dem Großen Kurfürsten rar. Für die Ostindische Compagnie wurde lediglich vermerkt, dass eine Gewinnausteilung nach einer Retour, das heißt wohl nach Rückkehr von einer Reise unter Zuziehung und Rat der Hauptpartizipanten an alle Partizipanten zu erfolgen habe[377]. Auch wenn nicht ausdrücklich erwähnt, so oblag diese Pflicht vermutlich dem Direktorium, da die Hauptpartizipanten nur hinzugezogen werden sollten[378], ihnen somit gerade nicht die Austeilung zugewiesen wurde. Genauer war die Satzung der Ostindischen Compagnien, nach der die Austeilung des Gewinnes aus dem Verkauf der Waren einer Reise durch die Direktoren alsbald nach dem Verkauf zu erfolgen hatte[379]. Das Edikt der nicht verwirklichten Tavernierschen Compagnie sah eine Ausschüttung nur auf Verlangen der Interessenten vor, wobei sich der Kurfürst ein Recht auf 5% der Gewinne vorbehielt[380]. Das Octroi der Brandenburgisch-Amerikanischen Compagnie wies die Entscheidung über eine Dividendenausschüttung den Direktoren zu, die zu diesem Zweck ebenfalls

---

Heringsfischereigesellschaft von 1787. Lediglich die Compagnie de la Touches legte keine festen Zahlungstermine fest, sondern wollte eine Ausschüttung nach der Rückkehr „mehrerer Boote" stattfinden lassen, vgl. Absatz 14 Articles de Convention de la Touche.

[372] Art. 1 Règlements provisionels der Bengalischen Compagnie von 1753. Dies wird in der Literatur der Zeit als „Action rentière" bezeichnet, vgl. *Peuchet*, Vocabulaire des termes de commerce, s.v. action.

[373] Art. 11 Reglement der Brandenburgisch-Afrikanischen Compagnie von 1683.

[374] Der Betrag konnte nach dem 2. Jahr auf Beschluss der Generalversammlung erhöht werden, vgl. Art. 24 Octroi der Levante-Compagnie von 1765.

[375] Art. 24 Octroi der Levante-Compagnie von 1765; Art. 13 Octroi der Preußischen Seehandlung von 1772.

[376] *Hartung*, Compagnie, S. 141.

[377] Art. 19 Octroi für eine Brandenburgisch-Ostindische Compagnie von 1651.

[378] Die Austeilung sollte mit „Advis" der Hauptpartizipanten erfolgen, Art. 19 Octroi für eine Brandenburgisch-Ostindische Compagnie von 1651.

[379] Art. 13 Conditiones der Brandenburgisch-Ostindischen Compagnie von 1652.

[380] Art. 5, 12 Edikt der Ostindischen Compagnie Taverniers von 1684.

„*einige Committirte von den Haupt-Participanten*" um Genehmigung ersuchen sollten[381].

Im 18. Jahrhundert findet sich eine Zuständigkeit der Direktoren und / oder Hauptpartizipanten für die Dividendenzahlung nur noch in ungefähr der Hälfte der Fälle[382]. Bei den anderen Compagnien war hierfür nun die Generalversammlung verantwortlich oder es findet sich keine ausdrückliche Zuweisung einer Zuständigkeit[383]. Neben der Bestimmung einer Zuständigkeit für die Entscheidung über die Dividende enthielt der Entwurf eines Octroi von Jogues weitere Angaben. So hatte eine Auszahlung zu unterbleiben, wenn nicht zuvor die Schulden der Gesellschaft beglichen waren. Von den Gewinnen nach Abzug aller Außenstände war zudem die Hälfte zur Erhöhung des Grundkapitals zu verwenden, und nur der danach verbleibende Teil konnte an die Anteilsinhaber ausgeschüttet werden. Nur wenn eine Kapitalerhöhung durch die Neuemission von Aktien sichergestellt war, konnte der gesamte Gewinn ausgekehrt werden[384]. Alle fünf Jahre sollte eine Generalabrechnung gemacht werden. Aufgrund der sich hieraus eventuell ergebenden Gewinne konnten die Direktoren und Hauptpartizipanten eine außerordentliche Dividende ausschütten[385]. Das Octroi der Preußischen Seehandlung sah ebenfalls eine anteilige Ausschüttung der Überschüsse vor, sollte sich aus der Bilanz nach Auszahlung der festen Zinsen noch ein Gewinn ergeben[386]. Eine ähnliche Regelung enthält der Entwurf Sloyers, demzufolge stets drei Monate nach Rückkehr eines Schiffes eine Ausschüttung erfolgen sollte, und zusätzlich dazu eventuell entstandene Überschüsse nach einer Grundabrechnung alle drei Jahre auszukehren waren[387].

Die Satzung der Bengalischen Compagnie bedurfte keiner ausdrücklichen Regelung über die Gewinnbeteiligung, da der gesamte Fonds der Compagnie jeweils nach einer Reise aufgelöst und die Anteilsinhaber insgesamt ausgezahlt wurden. Die Quellenlage bei der Heringsfischereigesellschaft ist uneinheitlich. Während die frühen Quellen, das heißt die Satzung und das erste Octroi, von einer – varia-

---

381 Art. 28 Octroi für die Brandenburgisch-Amerikanische Compagnie von 1688.

382 Art. 40 Entwurf des Octroi von Jogues 1744 (Direktoren und Hauptpartizipanten); Art. 22 Octroi der Ostindischen Compagnie Roubauds von 1765 (nur die Direktoren); Art. 13 Octroi der Preußischen Seehandlung von 1772 (nur Direktoren).

383 Zuständigkeit der Generalversammlung: Art. 18 Satzung van Kampen von 1734; Art. 11 Plan einer Ostindischen Compagnie Sloyers von 1744; Art. 14 Articles de Convention de la Touche; Art. 11 Erlass Getreidehandlung Elbe 1770; Art. 12 Erlass Getreidehandlung Oder 1770; Art. 24 Octroi der Levante-Compagnie von 1765. Keine Angaben über die Zuständigkeit enthalten: Art. 11 Deklaration der Asiatischen Compagnie Stuarts 1751; Art. 26 Octroi der Asiatischen Compagnie Teegels 1764; Art. 23 Octroi der Assekuranzkammer von 1765; Entwurf van Asperen, vgl. *Ring*, Asiatische Handlungscompagnien, S. 15.

384 Art. 41 Entwurf des Octroi von Jogues 1744.

385 Art. 42 Entwurf des Octroi von Jogues 1744.

386 Art. 15 Octroi der Preußischen Seehandlung von 1772.

387 Art. 11 Plan einer Ostindischen Compagnie Sloyers von 1744.

blen – Festsetzung der Dividende ausgehen, sieht die Verlängerung des Octroi eine feste Ausschüttung in Höhe von 5 % der Einlage vor, die garantiert und gegebenenfalls durch staatliche Zuschüsse an die Compagnie gewährleistet wurde[388].

Die Gewinnausschüttung war im 17. als auch im 18. Jahrhundert der einzige Punkt, in dem eine Gleichbehandlung der Anteilsinhaber bestand. Alle Anteilsinhaber waren daran pro rata des eingelegten Kapitals beteiligt[389], die Hauptpartizipanten erhielten auf den Gewinn weder einen Vorschuss noch eine höhere prozentuale Beteiligung. Vorzugsrechte für Direktoren oder Hauptpartizipanten waren damit ausgeschlossen.

Die Dividende wurde durchweg in Geld, und nicht, wie zum Teil bei den frühen ausländischen Handelscompagnien üblich, in natura ausgekehrt. So erhielten die Anteilsinhaber der V.O.C. teilweise Gewürznelken und andere Gewürze als Gewinnbeteiligung ausgekehrt[390], ähnliches wird von der East India Company berichtet[391].

Es wurde auch festgelegt, dass die Auszahlung der Dividende nur erfolgen durfte, wenn die Aktie an der Kasse der Gesellschaft vorgezeigt wurde[392]. Daneben wurde aber auch die Auszahlung an den Vorzeiger einer auf den Inhaber lautenden Zahlungsanweisung erwähnt[393].

Rücklagen wurden im 17. Jahrhundert nicht aufgebaut. Die Auskehrungen erfolgten ohne Rücksicht auf die Höhe des Grundkapitals. Verteilt wurde nicht nur der Überschuss des Aktivvermögens über das Grundkapital hinaus[394]. Erst mit

---

[388] Art. 24 Erneuertes Octroi der Heringsfischereigesellschaft von 1787; Art. 12 Satzung der Heringsfischereigesellschaft, S. 26. Im ersten Octroi fehlen diesbezüglich jegliche Angaben.

[389] Art. 2 Edikt der Brandenburgisch-Afrikanische Compagnie von 1682; Art. 3 Reglement der Brandenburgisch-Afrikanischen Compagnie von 1683; Art. 5 Edikt der Ostindischen Compagnie Taverniers von 1684; Art. 13 Octroi der Ostindischen Compagnie Orths von 1687; Art. 29 Neues Octroi der Brandenburgisch-Afrikanisch-Amerikanischen Compagnie von 1692. Wortgleiche Bestimmungen finden sich bei Art. 11 Deklaration der Asiatischen Compagnie Stuarts 1751 und in Art. 26 Octroi der Asiatischen Compagnie Teegels 1764. Das Avertissement für die Stuartsche Kompagnie sah hingegen noch eine Auszahlung nach jedem Warenverkauf vor, vgl. *Ring* S. 78.

[390] *Lehmann*, Geschichtliche Entwicklung des Aktienrechts, S. 73.

[391] *Schmoller*, Geschichtliche Entwicklung der Unternehmung XIII, S. 973, 990. Die Verfassung der französischen Compagnie des isle de l'Amerique enthielt sogar ein ausdrückliches Verbot von Sachausschüttungen, Art. 12 der Verfassung von 1635; Abdruck bei *Moreau de St. Méry* I, S. 33 ff.

[392] Art. 22 Octroi der Ostindischen Compagnie Roubauds von 1765; Absatz 14 Articles de Convention de la Touche.

[393] Absatz 14 Articles de Convention de la Touche.

[394] Art. 12 Conditiones der Brandenburgisch-Ostindischen Compagnie von 1652; Art. 22 Octroi der Ostindischen Compagnie Roubauds von 1765; Art. 26 Octroi der Asiatischen Compagnie Teegels 1764; Art. 11 Deklaration der Asiatischen Compagnie Stuarts 1751; Absatz 14 Articles de Convention de la Touche.

den 1680iger Jahren wurde die allgemeine wirtschaftliche Situation der Gesellschaft vor einer Ausschüttung stärker berücksichtigt. Bereits für die Brandenburgisch-Amerikanische Compagnie war eine Ausschüttung auf Grundlage der jährlichen Bilanz nur auf Beschluss der Direktoren vorzunehmen, das heißt also, sofern die entsprechenden Mittel vorhanden waren[395]. Die Anteilinhaber sollten dem Entwurf van Kampens zufolge nach Rückkehr der Schiffe und Bezahlung der Angestellten über die Verwendung des Gewinnes entscheiden. Auf Grundlage einer „*richtigen Balance von Gewinst und Verlust*" sollte darüber „*deliberiret werden, wie viel davon einem jeden Interessenten für eine Portion ausgezahlt und was davon zum Nutzen der Handlung ... reserivret und beybehalten werden soll*"[396].

Im 18. Jahrhundert wurde es üblich, eine jährliche Abrechnung und Rechnungslegung über das Vermögen der Gesellschaft zu erstellen und auf der Grundlage dieser Bilanz die Ausschüttung vorzunehmen. Diese Vorgehensweise unterschied sich erheblich von der Verteilung von Gewinnen nach Retour eines Schiffes und schaffte die Grundlage für eine längerfristige Vermögensplanung der Compagnien. In diesem Punkt finden sich Vorläufer unter den Gesellschaftsformen des 16. Jahrhunderts. Die Große Ravensburger Gesellschaft sah eine Rechnungslegung alle drei Jahre vor, andere eine jährliche Bilanz[397].

Anders als in Frankreich kannten die brandenburgischen und preußischen Handelscompagnien mit Ausnahme der oben erwähnten Brandenburgisch-Afrikanischen und Bengalischen Compagnie keine verschiedenen Typen von Aktien. Savary ging für Frankreich im Dictionaire universel du commerce von drei verschiedenen Typen aus. *Actions simples* gaben ein Recht auf Gewinnbeteiligung, *Actions rentières* lediglich einen Anspruch auf eine feste, vom Gewinn unabhängige Verzinsung, und *Actions intéréses* sowohl einen festverzinslichen Anspruch sowie gegebenenfalls darüber hinausgehende Gewinnausschüttungen[398] Die deutschen Handelscompagnien kannten lediglich den ersten Typus.

5. Haftungsbeschränkung

Zentrale Eigenschaft der modernen Aktiengesellschaft ist die in § 1 Abs. 2 AktG niedergelegte Trennung der Vermögens- und Haftungsmassen von Gesellschaft und Anteilsinhabern. Für Verbindlichkeiten der Gesellschaft haftete den Gläubigern nur das Gesellschaftsvermögen[399]. Der Trennung dieser Vermögensmassen

---

[395] Art. 28 Octroi für die Brandenburgisch-Amerikanische Compagnie von 1688; Art. 24 Neues Octroi der Brandenburgisch-Afrikanisch-Amerikanischen Compagnie von 1692.

[396] Art. 18 Satzung van Kampen von 1734.

[397] Siehe mit weiteren Nachweisen *Rehme*, ZRG GA 47 (1927), 487, 555. Auch die Stadtrechtsreformen Nürnbergs und Frankfurts enthalten entsprechende Bestimmungen.

[398] *Savary*, Dictionnaire du Commerce, Art. Action.

verdankt die Kapitalgesellschaft ihre Erfolgsgeschichte[400]. Die Frage der Haftung der Anteilsinhaber ist daher zentral für die Einordnung der Rechtsverfassung der frühen Handelscompagnien. Wegen der Trennung der Vermögensmassen wäre es ungenau, in diesem Zusammenhang von einer begrenzten Haftung der Anteilsinhaber zu sprechen. Denn die Aktionäre haften heute eben gerade nicht mit ihrem Vermögen, auch nicht beschränkt auf die Summe ihrer Einlage, wie beispielsweise Kommanditisten einer KG. Vielmehr haftet grundsätzlich allein die Aktiengesellschaft mit ihrem eigenen Vermögen.

Das gemeine Recht bot keine Rechtsform für Gesellschaften mit beschränkter Haftung[401]. Den frühen Compagnien Italiens, aber auch den deutschen Handelsgesellschaften des Mittelalters und der frühen Neuzeit wie den Fuggern und Welsern[402] war die persönliche Haftung der einzelnen Gesellschafter für Schulden aus der gemeinschaftlichen Handelsunternehmung gemein[403]. Sie entsprachen in ihrer Haftungsstruktur den heutigen offenen Handelsgesellschaften oder den italienischen *società in nome collettivo*[404]. Diese Handelsunternehmungen wurden auch im Hoch- und Spätmittelalter selten als unabhängiges juristisch-ökonomisches Subjekt verstanden. Sie waren nicht mehr als die Summe der einzelnen Gesellschafter[405]. Eine eigene Haftung der Gesellschaft, unabhängig von der Haftung der Gesellschafter, war daher nicht denkbar. Im Gegensatz zur reinen Innengesellschaft der *societas* des römischen Rechts entwickelte sich jedoch in der frühen Neuzeit eine solidarische Haftung aller Gesellschafter, unabhängig davon, wer im Einzelnen für die Gesellschaft gehandelt hatte[406]. Erst langsam entstand ein „transpersonales Konzept" sowohl bei den beteiligten Kaufleuten als auch bei den Juristen[407]. Erste zaghafte Ansätze, das Kapital einer Gesellschaft als eigenständiges

---

[399] Vgl. hierzu die Kommentierungen der aktienrechtlichen Kommentare, zum Beispiel *Heider* in: Münchener Kommentar zum Aktiengesetz, § 1 Rn. 44 ff.; *Hüffer*, AktG, § 1 Rn. 4, 15 ff.

[400] Vgl. *Micklethwait/Woolridge*, The Company, S. 3 ff.

[401] *Söhnchen*, Gründungsvoraussetzungen, S. 113.

[402] Letztere ähnelten in ihrer Struktur einer Kommanditgesellschaft, vgl. *Rehme*, ZRG GA 47 (1927), 487, 530 ff.

[403] Vgl. *Rehme*, ZRG GA 47 (1927), 487 ff.; *Thomas*, Persönliche Haftung von Gesellschaftern, S. 29 ff.; zum Hanseraum *Cordes*, Spätmittelalterlicher Gesellschaftshandel im Hanseraum, S. 324; *Söhnchen*, Gründungsvoraussetzungen, S. 53 ff.

[404] Art. 2291 ff. Codice Civile.

[405] Sie werden allgemein als reine Personengesellschaften angesehen, vgl. zum Beispiel *Bauer*, Unternehmung und Unternehmensform, S. 81 ff.; *Rehme*, ZRG GA 47 (1927), 487, 518 ff.; *Schmoller*, Die geschichtliche Entwicklung der Unternehmung XII, S. 359 ff.; *Lutz*, Süddeutsche Handelsgesellschaften, S. 364 f.

[406] So im Norddeutschen Raum zum Beispiel im Segeberger Codex, der eine unbeschränkte Mithaftung der Gesellschafter nach außen anerkennt. Vgl. dazu *Silberschmidt*, Archiv für bürgerliches Recht 23 (1904), 1, 45 f.; *Lutz*, Süddeutsche Handelsgesellschaften, S. 460 ff.; *Rehme*, ZRG GA 47 (1927), 491, 518; *Thomas*, Persönliche Haftung von Gesellschaftern, S. 25 ff., 62 ff.

Sondervermögen zu betrachten, finden sich bei den Saigergesellschaften[408]. Dies ist im Hinblick auf die Herausbildung der Aktiengesellschaft von Interesse, da diese Bergwerksgesellschaften mit den „Kuxen" ihre Anteile ebenso wie die Handelscompagnien verbrieften[409].

Die vorliegend untersuchten Handelscompagnien unterscheiden sich hinsichtlich des Haftungskonzepts von den mittelalterlichen und frühneuzeitlichen Handelsgesellschaften in mehreren Punkten erheblich.

Eine dem heutigen Recht entsprechende klare und weit reichende Trennung der Haftungsobjekte, die vor allen anderen den Erfolg der Aktiengesellschaft als Rechtsform mitbestimmt hat[410], findet sich bei den Handelscompagnien nur teilweise. Regelmäßig wird in den Octrois zwischen der Haftung der Gesellschaft und der persönlichen Haftung der für sie nach außen auftretenden Direktoren unterschieden. Insofern fand eine Trennung der Vermögensmassen der Gesellschaft und der für sie handelnden Gesellschafter[411] statt. Dagegen erfolgte in der überwiegenden Zahl der Quellen keine ausdrückliche Beschränkung der Haftung der einfachen, nicht geschäftsführenden Partizipanten.

a) Haftung der Anteilsinhaber

Die niederländischen Octrois enthielten keinen Hinweis auf eine beschränkte Haftung der Anteilsinhaber, anders als die französischen Quellen, die zum Teil ausdrücklich eine Nachschusspflicht ausschlossen[412]. Die Quellen für die ganz frühen brandenburgischen Compagnien, die Brandenburgisch-Ostindische und Brandenburgisch-Afrikanische, lassen diese Frage völlig außer Acht. Im Octroi der Brandenburgisch-Amerikanischen Compagnie von 1688 wurde erstmalig überhaupt die Haftung verschiedener Vermögensmassen thematisiert. Die Haftung wurde dort aber nur für die Direktoren beschränkt; zudem sollte die Gesellschaft

---

[407] Vgl. dazu z. B. *Arlinghaus*, „Io", „noi" und „noi insieme" – Transpersonale Konzepte in den Verträgen einer italienischen Handelsgesellschaft des 14. Jahrhunderts, in: Bene vivere in communitate. Hrsg. von *Scharff / Behrmann*, S. 131 ff. Zur Herausbildung des Gedankens einer Kapitalassoziation bei den Saigergesellschaften vgl. *Thomas*, Persönliche Haftung von Gesellschaftern, S. 95 ff.

[408] Saigergesellschaften waren Bergwerksgesellschaften zur Produktion von Kupfer, deren Anteile, die sog. Kuxe, verbrieft wurden. Siehe auch *Strieder*, Studien zur Geschichte kapitalistischer Organisationsformen, S. 48 ff., 95 ff.; *Zedler*, Universal-Lexikon, Band 33, Art. Saiger-Hütte.

[409] Siehe *Boldt*, Art. Kux in: HRG, S. 1325; *Diederichs*, Kuxschein, S. 3 ff.

[410] Vgl. *Micklethwait / Woolridge*, The Company, S. 3 ff.

[411] Die Direktoren waren stets an den privilegierten Compagnien mit höheren Einlagen beteiligt, siehe unten C.I.2., S. 102 ff.

[412] *Lehmann*, Geschichtliche Entwicklung des Aktienrechts, S. 23 f.; *Lévy-Bruhl*, Sociétés de Commerce, S. 242.

nicht für die Privatschulden der Anteilsinhaber haften[413]. Keine Aussage findet sich dort hinsichtlich der Haftung der einfachen, nicht an der Geschäftsführung beteiligten Partizipanten für Schulden der Compagnie. Allein aus der Freistellung der Direktoren (die ebenfalls Anteilsinhaber der Gesellschaft waren) kann aber nicht auf eine Freistellung der übrigen Anteilsinhaber geschlossen werden.

Auch im 18. Jahrhundert waren die Angaben zur Haftung der Anteilsinhaber rar. Lediglich zwei Quellen behandelten die Frage des Rückgriffs der Gesellschaftsgläubiger auf das Privatvermögen an der Gesellschaft beteiligter Personen[414]. Eine dieser Quellen ist zudem kein mit königlicher Autorität ausgestattetes Octroi, sondern lediglich ein Vorschlag an den König zur Ergänzung des Octroi durch interessierte Kapitalgeber, der nie Geltung erlangte. Dort heißt es:

> „Les intérésses ne pourront être tenus de rien fournir au delà de leur premier engagement."[415]

Das Octroi der Orientalischen Compagnie van Kampens wurde zwar vom König ausgestellt, das Projekt aber nie in die Tat umgesetzt[416]. Die Klausel im Plan van Kampens bestimmt folgendes:

> „Hingegen wird declariret und Versicherung gegeben, dass denen sämtlichen Interessenten künftighin niemahlen einige Zubusse über die einmahl ausgelegte Summa, mehr abgefordert werden, noch dieselbe ein mehrers herzuschiessen verbunden seyn sollen."[417]

Die Quellen geben keinen weiteren Hinweis, ob die Anleger, die dies formulierten, mit dieser Klausel einen allgemein anerkannten Gedanken, der sich in anderen, womöglich ausländischen Handelscompagnien der Zeit niederschlug, aufnehmen und festschreiben wollten, oder ob diese Bestimmung lediglich ihren Interessen als *intérésses* entsprach, aber sich in den vorangegangenen Statuten der Compagnien nicht fand. Gegen letzte Annahme spricht, dass sich alle übrigen Punkte des Vorschlags ansatzweise entweder im Octroi selbst oder in einer der anderen rechtsverbindlichen Quellen wiederfinden, der Vorschlag also nur übliche Bestimmungen wiedergab, aber keine neuen, zusätzlichen Gedanken formulierte. Einen unmittelbaren Durchgriff der Gesellschaftsgläubiger auf die Person der Anteilsinhaber wird es demnach nicht gegeben haben. Gegen die Durchgriffshaftung spricht bereits die Sprachregelung der Quellen, die durchweg beide Vermögensmassen trennen und wiederholt von Klagen gegen die *Compagnie en corps* sprechen, in diesem Zusammenhang aber eine Haftung der Anteilsinhaber nicht erwäh-

---

[413] Hierzu sogleich unter B.III.5.b), S. 89 ff.

[414] *Ring*, Asiatische Handlungscompagnien, S. 14 unterstellt eine Haftungsbeschränkung bzw. Trennung der Vermögensmassen für das Projekt van Asperens. Mangels Nachweis kann diese Ansicht aber vorliegend nicht berücksichtigt werden.

[415] Dt.: „Die Interessenten sind nicht verpflichtet, über ihr erstes Versprechen hinaus etwas beizusteuern." Vorletzter Absatz Projet d'association de la Touche.

[416] Vgl. oben zur Compagnie van Kampens S. 30 ff.

[417] Art. 3 Satzung van Kampen von 1734.

nen. Mangels Vorschriften über die Kapitalerhaltung und Kapitalerhöhung kann aber nicht ausgeschlossen werden, dass im Einzelfall ein direkter oder indirekter Zwang bestand, bei einer Überschuldung der Gesellschaft Nachschüsse zu leisten und die eigenen Einlagen in die Gesellschaft zu erhöhen.

Die rechtswissenschaftliche Literatur des 18. Jahrhunderts bezeichnet die Aktien der privilegierten Handelscompagnien stets nur als Obligation, nicht als Mitgliedschaftsrecht[418]. Hieraus könnte sich eine Haftungsbeschränkung der Anteilsinhaber ergeben, denn ein schuldrechtliches Verhältnis zwischen Compagnie und Aktionär allein kann zweifellos nicht zu einer Haftung der Aktionäre für die Gesellschaftsschulden führen. Jedoch lässt die Ausgestaltung der Octrois keinen Hinweis darauf erkennen, dass auch nach ihnen das Verhältnis der einfachen Partizipanten zur Gesellschaft lediglich schuldrechtlicher Natur war. Vielmehr werden die einfachen Partizipanten ebenso wie die Hauptpartizipanten stets wie Mitglieder der Gesellschaft behandelt. Aus dieser Regelung wird deutlich, dass eine Einlage in die privilegierten Handelscompagnien mehr war als eine einfache Forderung. Eine Forderung hätte nämlich ohne weiteres mehreren zustehen können. Die aus der Aktie folgenden Rechte konnten hingegen im Verhältnis zur Gesellschaft nur einem zustehen. Die Innehabung der Aktie durch eine Mehrzahl von Personen war daher nur im Innenverhältnis zwischen diesen wirksam[419].

Anders lassen sich weder ihre Bezeichnung (pars = Anteil) noch ihre Beteiligungsrechte erklären. In Ermangelung spezieller Regelungen in den hoheitlichen Privilegien galt jedoch auch für die Handelscompagnien das gemeine Recht. Demnach hätte nach den Grundsätzen der *societas* für alle Anteilsinhaber, alle *socii*, eine persönliche Haftung für die Gesellschaftsschulden bestanden. Nach Ansicht Söhnchens bot aber die Anerkennung der Handelscompagnien als Korporation, als *universitas* auch auf Basis des gemeinen Rechts die Grundlage für eine beschränkte Haftung der Anteilsinhaber[420]. Die Octrois geben hierzu keine endgültige Auskunft.

b) Haftung der Direktoren und Hauptpartizipanten

Zwei weitere Haftungskomplexe werden dagegen bei der Mehrzahl der Gesellschaften geregelt. Zum einen stellte sich die Frage, ob die Gläubiger der Gesellschaft auf die ihnen in Person entgegentretenden handelnden Organe der Compa-

---

[418] Siehe hierzu unten Zweites Kapitel.

[419] Art. 16 Octroi für eine Brandenburgisch-Ostindische Compagnie von 1651. Anders war die Regelung im 17. Jahrhundert bei spanischen Compagnien. Dort konnten mehrere Interessenten sich eine Aktie teilen und mussten lediglich gegenüber der Compagnie einen Bevollmächtigten nennen, der gegenüber der Gesellschaft für alle Handlungen zuständig war, vgl. *Frey*, Spanische Aktiengesellschaft, S. 57.

[420] *Söhnchen*, Gründungsvoraussetzungen, S. 132. Vgl. zur Frage der Korporation unten E., S. 129 ff. sowie das Zweite Kapitel.

gnie zurückgreifen konnten. Daneben war weiterhin das Compagnievermögen gegenüber den Gläubigern der Anteilsinhaber abzugrenzen und die Compagnie vor diesen zu schützen.

Die Frage der persönlichen Haftung der Organe der Compagnien wurde von den Quellen in der Mehrzahl beantwortet[421]. Bereits im Fall der Brandenburgisch-Amerikanischen Compagnie wurde das Vermögen und die Person der Bewindhaber[422] von einer Haftung wegen Sachen oder Schulden der Compagnie befreit[423], um deren Handlungsfreiheit zu erhöhen. Nur wenn diese ihre Kompetenzen überschritten, sollten sie auch persönlich aus den getätigten Rechtsgeschäften haften[424]. Ausdrücklich wurde im 18. Jahrhundert in nahezu wortgleichen Bestimmungen festgelegt, dass

„weder die Directeurs und Hauptpartizipanten der Compagnie noch ihre Officianten und Subalternen wegen Sachen, oder auch wegen Schulden, so einigermassen in die Geschäfte der Compagnie einschlagen, anders als vor der Compagnie belanget, noch ihre Persohnen oder Güter mit Arrest beleget, oder auch sonsten auf einige Weise molestiret werden sollen"[425]

Angesichts der oben dargestellten besonderen Stellung der Hauptpartizipanten im Gefüge der Gesellschaft, die sie von den einfachen Anteilsinhabern unterschied, kann man annehmen, dass diese Bestimmung keine allgemeine Haftungsfreistellung für jeden Anteilsinhaber enthielt, sondern eben nur für jene zwar an der Gesellschaft beteiligten Personen, die nach außen in Erscheinung traten und an der Geschäftsführung Anteil hatten. Regelmäßig fehlt eine Freistellung einzelner Gruppen von Anteilsinhabern bei jenen Gesellschaften, die keine Aufteilung der Beteiligung in Hauptpartizipanten und einfache Partizipanten kannten[426].

---

[421] Eine Haftungsbeschränkung für die handelnden Organe findet sich auch in der Preußischen Seehandlung, Art. 21 Octroi der Preußischen Seehandlung von 1772.

[422] Zum Begriff Bewindhaber siehe Fn. 88.

[423] Art. 29 Octroi für die Brandenburgisch-Afrikanische Compagnie von 1688; Art. 12 Revidiertes Octroi für die Brandenburgisch-Amerikanische Compagnie von 1690.

[424] Art. 27 Neues Octroi der Brandenburgisch-Afrikanisch-Amerikanischen Compagnie von 1692.

[425] Art. 10 Octroi Asiatische Handlungscompagnie de la Touche von 1750; ebenso die wortgleichen Art. 24 Deklaration der Asiatischen Compagnie Stuarts 1751 sowie Art. 24 Octroi der Bengalischen Compagnie von 1753; Art. 10 Octroi der Asiatischen Compagnie Teegels 1764; Art. 10 Entwurf des Octroi von Jogues 1744.

[426] So bei der Preußischen Seehandlung, siehe Art. 21 Octroi der Preußischen Seehandlung von 1772; der Emder Heringsfischereigesellschaft; Plan einer Ostindischen Compagnie Sloyers von 1744; Satzung van Kampen von 1734; Octroi der Assekuranzkammer von 1765; Octroi der Heringsfischereigesellschaft von 1769; Octroi der Levante-Compagnie von 1765; Erlass Getreidehandlung Elbe und Oder 1770; Octroi der Ostindischen Compagnie Roubauds von 1765.

c) Haftung der Compagnien für Privatschulden
der Anteilsinhaber

Auch die umgekehrte Frage der Haftung der Compagnien gegenüber den Gläubigern ihrer Anteilsinhaber wurde geregelt. Die Compagnie wurde selbst ge-
schützt, nämlich vor Eingriffen von Gläubigern der Partizipanten. Das eingelegte
Geld bzw. die Aktien sollten nicht für private Schulden der Partizipanten haften,
solange die Compagnie nicht aufgelöst war[427]. Diese Regelung entsprach dem
Usus auch der anderen europäischen Handelscompagnien[428]. Dabei ging der Haf-
tungsausschluss sogar weiter als heute üblich. Zum Schutze der Gesellschaft wurden die Aktien der Anteilsinhaber aus deren persönlicher Haftungsmasse teilweise
ausgeschlossen, so dass die Gläubiger der Anteilsinhaber zunächst keinen Zugriff
auf diese nehmen, sie auch nicht mit Pfandrechten belasten oder in Arrest nehmen
konnten.

> „Les effets de la compagnie ne pourront jamais être saisis, pour dettes des particuliers; les
> actions seront un meuble dont le propriétaire pourra disposer sans que ses créanciers ouis-
> sent jamais former d'hypothèque pour quelque raison que ce puisse être."[429]

Die Aktie gehörte somit zum beschlagnahmefreien Vermögen eines Anteilsinhabers[430]. Entsprechende Regelungen finden sich seit dem 17. Jahrhundert auch bei
den französischen Handelscompagnien[431]. Die Beschlagnahmefreiheit der Beteiligung wurde ausdrücklich auch für ausländische Anteilsinhaber festgelegt. So
wurden deren Beteiligungen im Fall von völkerrechtlichen Repressalien gegenüber
dem Herkunftsstaat des Anteilsinhabers von jeglicher Beschlagnahme ausgenommen[432], wohingegen der Rest des Vermögens einer solchen Beschlagnahme unter-
liegen konnte. Ausnahmen wurden größtenteils, jedoch nicht durchgängig[433] für

---

[427] Art. 29 Octroi für die Brandenburgisch-Afrikanische Compagnie von 1688; Art. 12
Revidiertes Octroi für die Brandenburgisch-Amerikanische Compagnie von 1690.

[428] *Lehmann*, Geschichtliche Entwicklung des Aktienrechts, S. 74.

[429] Dt.: „Das Vermögen der Compagnie kann niemals wegen Schulden der Einzelnen beschlagnahmt werden; die Aktien sind eine Mobilie, über die der Eigentümer verfügen kann
ohne dass seine Gläubiger hieran jemals, welche Gründen hierfür auch bestehen mögen, eine
Hypothek begründen können." Art. 15 Octroi Asiatische Handlungscompagnie de la Touche
von 1750. Entsprechende Regelungen enthalten Art. 18 Octroi der Bengalischen Compagnie
von 1753; Art. 6 Erneuertes Octroi der Emder Heringsfischerei-Gesellschaft von 1787; Entwurf Asperens nach *Ring*, Asiatische Handlungscompagnien, S. 13; Art. 7 Entwurf des Octroi
von Jogues 1744 (dort allerdings mit der Einschränkung, dass ein Zugriff dann gestattet wurde, wenn dieses durch ein Urteil ausdrücklich erlaubt wurde); Art. 6 Octroi der Levante-
Compagnie von 1765; Art. 5, 23 Octroi der Ostindischen Compagnie Roubauds von 1765;
Art. 9 Octroi der Assekuranzkammer von 1765; Art. 18 Octroi der Preußischen Seehandlung
von 1772.

[430] Vgl. hierzu auch später die Regelung der Allgemeinen Gerichtsordnung für die Preußischen Staaten von 1793, I 29 § 19 (siehe unten S. 164).

[431] *Lévy-Bruhl*, Societés de Commerce, S. 21 ff.

[432] Art. 5, 23 Octroi der Ostindischen Compagnie Roubauds von 1765.

den Fall der Insolvenz des Anteilsinhabers gemacht. In der Insolvenz unterlag die Aktie dem Zugriff der Gläubiger und wurde nebst den Dividendenzahlungen *ad massam bonorum,* also zur Masse gezogen[434]. Lediglich für die Compagnie de la Touches fehlt diese Ausnahme für den Insolvenzfall[435], es blieb offen, ob die Beschlagnahmefreiheit auch in der Insolvenz des Schuldners aufrecht erhalten wurde. Dies erscheint angesichts der Regelungen in den übrigen Quellen unwahrscheinlich. Das Octroi der Preußischen Seehandlung gewährte den Gläubigern der Anteilsinhaber immerhin den Zugriff auf die Dividende[436]. Der Entwurf van Kampens, demzufolge die Aktie auch nicht zur Konkursmasse gehörte, gab der Gesellschaft jedoch das Recht, den insolventen Anteilsinhaber aus der Gesellschaft auszuschließen und seine Einlage einzuziehen[437], vermutlich um handlungsfähig zu bleiben.

6. Übertragung der Beteiligung

Die Aktien der preußischen privilegierten Handelscompagnien waren regelmäßig frei veräußerlich[438]. In den Quellen der brandenburgischen Zeit finden sich fast keine Angaben, wie die Aktien rechtlich behandelt wurden und ob die Anteilsinhaber hierüber frei verfügen konnten. Es kann lediglich vermutet werden, dass dies der Fall war. Vorbild für alle Entwürfe und realisierten Compagnien unter dem Großen Kurfürsten waren stets die niederländischen Gesellschaften. Dort aber

---

[433] Nach Art. 4 Satzung van Kampen von 1734 sollte die Aktie gänzlich vom Konkurs des Anteilsinhabers ausgeschlossen sein.

[434] Art. 7 Octroi der Heringsfischereigesellschaft von 1769; Art. 6 Octroi der Levante-Compagnie von 1765; Art. 5, 23 Octroi der Ostindischen Compagnie Roubauds von 1765; Art. 9 Octroi der Assekuranzkammer von 1765; Art. 6 Erneuertes Octroi der Heringsfischereigesellschaft von 1787.

[435] Art. 15 Octroi Asiatische Handlungscompagnie de la Touche von 1750.

[436] Art. 18 Octroi der Preußischen Seehandlung von 1772.

[437] Art. 4 Satzung van Kampen von 1734.

[438] Art. 4 Satzung van Kampen; Art. 1 Plan einer Ostindischen Compagnie Sloyers von 1744; Art. 22 Deklaration der Asiatischen Compagnie Stuarts 1751; Art. 32 Entwurf des Octroi von Jogues 1744; Art. 4 Règlements provisionels der Bengalischen Compagnie von 1753; Art. 14 Satzung der Heringsfischereigesellschaft; Art. 10 Octroi der Preußischen Seehandlung von 1772; Art. 8 Octroi der Assekuranzkammer von 1765. Keine ausdrückliche Aussage über die Übertragbarkeit der Aktien treffen das Octroi für die Asiatische Handlungscompagnie Teegels 1764, die Octroi Orths, Taverniers, de la Touches, Roubauds, der Getreidehandlungscompagnien und der Levante-Compagnie. Nach nicht überprüfbaren Angaben von *Ring,* Asiatische Handlungscompagnien, S. 15, waren auch die Aktien des Entwurfs Asperens frei negotiabel. Über den Verkauf von Aktien an der Handelscompagnie Stuarts wurde ein Rechtsstreit zwischen der Compagnie und einem Bankhaus mit Sitz in Rotterdam geführt, von den *Ring,* Asiatische Handlungscompagnien, S. 127 ff. berichtet. Es ist eine der wenigen überlieferten rechtlichen Auseinandersetzungen, die eine Ahnung von der Realität des Aktienwesens der Zeit vermittelt. Waren die Aktien auch de lege frei veräußerbar, so tat doch die Gesellschaft einiges, um das Eintreten des Erwerbers zu verhindern.

waren die Aktien frei veräußerlich[439]. Hierfür spricht auch ein seinerzeit nicht veröffentlichtes Dokument Friedrichs III./I. für Großaktionäre der Brandenburgisch-Amerikanischen-Afrikanischen Compagnie. Darin wird erwähnt, dass Aktien auch per Zession erlangt werden könnten[440]. Eine Übertragung war damit bei dieser Gesellschaft zulässig. Für die Brandenburgisch-Amerikanische Compagnie steht darüber hinaus fest, das sie zum einen ein Aktienbuch führte, zum anderen den Inhaber einer Aktie als Berechtigten anerkannte, ohne seine Eintragung in das Aktienbuch zu verlangen. Auch hier muss die Übertragung frei gewesen sein, die Eintragung ins Aktienbuch, die dennoch erfolgte, hatte aber keinen konstitutiven Charakter[441].

Ausdrückliche Regelungen hinsichtlich der Übertragbarkeit der Aktien finden sich erst im 18. Jahrhundert. Das Octroi der Seehandlung verfügte, dass die Aktie wie eine Ware gehandelt und daher gekauft, veräußert, verkauft und vertrieben werden könne[442]. Die meisten Compagnien verfügten nach dem niederländischen Vorbild über ein Aktien- bzw. Übertragungsbuch („livres de transport")[443]. Teilweise war für die Wirksamkeit des Übertragungsgeschäfts Voraussetzung, dass es im Aktienbuch eingetragen wurde[444]. Dies entsprach der niederländischen Übung bei V.O.C. und W.I.C[445]. Nach den – später nicht umgesetzten – provisorischen Statuten der Bengalischen Compagnie sollte die Eintragung im Aktienbuch durch die eigenhändige Unterschrift oder Unterschrift eines notariell bevollmächtigten Vertreters erfolgen. Andernfalls wäre die Übertragung nicht wirksam gewesen und hätte dem Inhaber der Aktien anders als bei der Stuartschen Compagnie keinerlei Rechte an der Gesellschaft vermittelt[446]. Das Avertissement Stuarts wollte auch ohne Registrierung „den Vorzeiger desselben wer er auch sey für den rechten Eigner halten und ansehen"[447]. Dennoch enthielt das Aktienbuch der Asiatischen Compagnie Stuarts einen Nachweis der Übertragung der Aktien, jeweils mit Datum der Übertragung und dem Vermerk „bey Transp. von obigen"[448]. Auch in anderen Fällen sollte der Eintragung im Aktienbuch keine konstitutive Wirkung

439 *Lehmann*, Geschichtliche Entwicklung des Aktienrechts, S. 78.

440 Art. 5 Separatartikel der Brandenburgisch-Afrikanisch-Amerikanischen Compagnie von 1692.

441 Art. 31, 35 Octroi für die Brandenburgisch-Amerikanische Compagnie von 1688.

442 Art. 10 Octroi der Preußischen Seehandlung von 1772.

443 Vgl. zur Situation in den Niederlanden *Lehmann*, Geschichtliche Entwicklung des Aktienrechts, S. 79 f.

444 Art. 4 Satzung van Kampen 1734; Art. 32 Entwurf des Octroi von Jogues 1744; Entwurf der Ostindische Compagnie Asperens nach *Ring*, Asiatische Handlungscompagnien, S. 13; nicht dagegen bei der Preußischen Seehandlung.

445 *Schneeloch*, Aktionäre der Westindischen Compagnie, S. 24.

446 Art. 4 Règlements provisionels der Bengalischen Compagnie von 1753.

447 *Ring*, Asiatische Handlungscompagnien S. 78.

448 Protocollum der Bücher und Papiere der ehemaligen asiatischen Compagnie betr., Actum Emden in Curia d. 8 Juni 1797, Stadtarchiv Emden Reg. II Nr. 57 Blatt 189–210.

zukommen[449]. Für die Heringsfischereigesellschaft wurde vorgeschrieben, dass der Verkauf von Aktien möglich war, aber dem Kontor der Gesellschaft mitgeteilt werden musste, da nur registrierte Aktieninhaber Zutritt zu den Generalversammlungen hatten und am Gewinn beteiligt wurden[450]. Eine Übertragung mit Eintragung im Aktienbuch wurde dort als öffentlich, die Übertragung ohne Eintragung als „unter der Hand erfolgende" bezeichnet. Auf die Wirksamkeit der Übertragung hatte diese Unterscheidung jedoch keinen Einfluss. Auch wenn in einzelnen Octrois keine positiven Angaben zur Veräußerlichkeit der Aktien zu finden sind, so lässt doch beispielsweise die Ausgabe von Inhaberaktien[451] keinen anderen Schluss zu, als dass die Übertragung der Aktien so selbstverständlich möglich war, dass dieses keiner weiteren Erwähnung bedurfte. Anders als bei verschiedenen ausländischen Handelscompagnien, zum Beispiel der französischen Compagnie pour le voyage de Chine[452], bedurfte es bei den untersuchten Gesellschaften in keinem Fall einer Genehmigung der Gesellschaft für die Übertragung der Aktien. Vinkulierte Aktien[453] waren damals somit nicht bekannt und gebräuchlich.

Angaben in den Quellen lassen auch einen Rückschluss auf die rechtliche Bewertung der Übertragung zu. Sie sollte in der Regel durch Transport[454], das heißt durch Abtretung erfolgen[455], teilweise wurde auch ausdrücklich von Zession der Aktien gesprochen[456]. Hierin wird noch die heute schon lange überholte Auffassung von einer Aktie als einer Schuld deutlich, die sich auch in dem vereinzelt gebrauchten „Obligation" wieder findet. Die Octrois und Satzungen sind in der

---

[449] Art. 4 Satzung van Kampen. Es lässt sich durch die Quellen aber nicht klären, ob die Regelungen des Avertissements jemals zum Beispiel in eine interne Satzung umgesetzt wurden und somit Geltung erlangten. Von einer vergleichbaren Regelung in der „Ausführlichen Nachricht von der Octroyrten Königlich-Preussischen Asiatischen Campagnie" Stuarts berichtet *Ring*, Asiatische Handlungscompagnien, S. 88. Auch diese Quelle der Staatsbibliothek Berlin ist im Zweiten Weltkrieg verloren gegangen. Vor dem Hintergrund der Praxis der anderen Compagnien spricht diese Regelung aber meines Erachtens für eine allgemein anerkannte Rechtspraxis. Siehe hierzu oben S. 71 ff.

[450] Art. 14 Satzung der Heringsfischereigesellschaft.

[451] So im Octroi der Ostindischen Compagnie Roubauds von 1765 und in den Octrois der Getreidehandlungscompagnien.

[452] Art. 18 des Octroi der Compagnie, vgl. *Lehmann*, Geschichtliche Entwicklung des Aktienrechts, S. 78.

[453] § 68 Abs. 2 AktG.

[454] Vgl. zur Bedeutung des Wortes Transport zum Beispiel Zedlers Universal-Lexikon, Band 44, Halle 1745, Art. „Transport": „Transport, Transportirung, die Übergabe, lat. Cessio oder Assignatio, heißt in denen Rechten die Abtret- und Übertragung einer Schuld oder Forderung an einen andern, ohne Wissen des Schuldners."

[455] Art. 4 Satzung van Kampen; Art. 4 Règlements provisionels der Bengalischen Compagnie von 1753; Art. 1 Plan einer Ostindischen Compagnie Sloyers von 1744; Art. 10 Octroi der Preußischen Seehandlung von 1772.

[456] Art. 1 Plan einer Ostindischen Compagnie Sloyers von 1744; Art. 32 Entwurf des Octroi von Jogues 1744; Art. 8 Octroi der Assekuranzkammer von 1765.

Frage der Rechtsnatur der Aktie sehr zurückhaltend[457]. Unter den Juristen herrschte damals die Ansicht vor, Aktien wären lediglich schriftliche Obligationen[458]. Sofern sich die Quellen überhaupt zur Frage der Übertragung der Aktien äußern, verstärkt deren Einordnung als Zession diese Auffassung. Es wurde eine Schuld übertragen, auch wenn diese in einem Aktienpapier verbrieft war und nicht ein Stück Papier, welches nach sachenrechtlichen Grundsätzen übereignet wurde[459]. Gleichzeitig vermittelte das Papier aber trotzdem mitgliedschaftliche Rechte[460]. Obwohl das Octroi der Preußischen Seehandlung von der Aktie als Ware spricht, kann hieraus nicht geschlossen werden, dass der Verkauf an die Übergabe des Papiers geknüpft war[461]. Hiergegen spricht, dass sich die Octrois unter Friedrich II. inhaltlich ähneln und sich eine so erhebliche Abweichung von der Rechtslage bei den übrigen Gesellschaften vermutlich in einer ausdrücklichen Regelung niedergeschlagen hätte. Da aber das Octroi der Preußischen Seehandlung die Wirksamkeit der Übertragung nicht ausdrücklich an die Übergabe des Aktienpapiers knüpft, ist davon auszugehen, dass auch bei dieser Gesellschaft der Regelfall, das heißt die einfache Zession galt.

Van Asperen wollte die Übertragung der Anteile an eine karitative Abgabe von einem halben Taler pro Anteil und Übertragung geknüpft sehen[462]. Die Wirksamkeit der Übertragung sollte davon nicht berührt werden.

Die Aktien waren auch vererblich, da sie nicht an die Person des Anteilsinhabers geknüpft waren. Dies wurde ausdrücklich nur für die Preußische Seehandlung und die Brandenburgisch-Afrikanische Compagnie festgelegt[463], folgte für die anderen Gesellschaften aber aus der Ausgestaltung der Aktien und deren freier Übertragbarkeit[464].

7. Aktienhandel

Die Aktien der niederländischen Handelscompagnien wurden seit der Gründung der Gesellschaften an der Amsterdamer Börse, einer der damals führenden Börsen Europas gehandelt[465]. Ob dort Aktien der brandenburgischen und preußischen

---

457 Siehe oben B.III.5.a), S. 87 f.

458 Siehe hierzu unten Zweites Kapitel S. 138 ff.

459 So heute die Inhaberaktie, vgl. *K. Schmidt*, Gesellschaftsrecht, § 26 IV. 1.

460 Siehe oben S. 76 ff.

461 So aber *Hartung*, Compagnien, S. 148.

462 *Ring*, Asiatische Handlungscompagnien, S. 13.

463 Art. 9 Octroi der Preußischen Seehandlung von 1772; zur Brandenburgisch-Afrikanischen Compagnie siehe das Formular einer Aktie bei *Schück*, Kolonialpolitik II, Nr. 83.

464 Ebenso *Lehmann*, Geschichtliche Entwicklung des Aktienrechts, S. 78.

465 Vgl. *Ehrenberg*, Das Zeitalter der Fugger, Band 2, S. 290 ff., 330 ff.; *Ehrenberg*, Amsterdamer Aktienspekulation, S. 809 ff.; siehe zur Amsterdamer Börse auch *de la Vega*, Die Verwirrung der Verwirrungen.

Handelscompagnien gehandelt wurden, ist nicht bekannt. Die untersuchten Quellen enthielten hierzu keine Angaben. Innerhalb Deutschlands gab es seit der ersten Hälfte des 16. Jahrhunderts ad hoc errichtete Börsen. In Preußen wurde erstmals 1613 eine solche Börse in Königsberg erwähnt. In Hamburg wurden 1720 kurzzeitig zwei Assekuranzcompagnien gegründet, die sich aber bald wieder auflösten. Noch bevor die Compagnien sich konstituiert hatten, wurden an der Hamburger Börse Optionen auf die Aktien der Compagnien gehandelt[466]. *Koser* berichtet vom Handel mit Aktien der Asiatischen Compagnie Stuarts, ohne zu erwähnen, ob sich dieser an einer Börse oder außerhalb derselben vollzog. Die Aktien der Gesellschaft seien drei Jahre nach ihrer Gründung bei einem Nennbetrag von 100 Talern für 500 Taler gehandelt worden[467]. Hingegen ist von der durch die Hohenzollern geförderten Berliner Börse bekannt, dass dort Aktien von Handelscompagnien, darunter die der Emder Heringsfischereigesellschaft und der Preußische Seehandlung, gehandelt wurden[468]. Auf den Kurszetteln von 1756 finden sich Aktien der Asiatischen und der Bengalischen Compagnie Friedrichs II.[469]. Die 1765 errichtete preußische Giro- und Lehnsbank konnte nach ihrem Reglement Aktien der Handlungscompagnien ebenso wie Wechselbriefe, Assignationen, Obligationen und Connoissements[470] diskontieren[471]. Es finden sich keine Informationen über den Handel mit Aktien der Handelscompagnien des Großen Kurfürsten. Ob die brandenburgischen und preußischen Aktien an der Königsberger Börse gehandelt wur-

---

[466] *Amsinck,* Zeitschrift des Vereins für Hamburgische Geschichte 9, 465; 470 f.; *Pöhls,* Das Recht der Aktiengesellschaften, S. 7. Die rege Aktienspekulation wurde 1720 schnell vom Hamburger Senat untersagt, ebenso wie die Compagnien selbst. Die Spekulation führte jedoch zum Erlass der Hamburgischen Assecuranzordnung von 1731. Ein unbekannte Dichter schrieb über die Spekulation des Jahres 1720 folgende scherzhafte Grabinschrift:

Mein Wandrer stehe still, laß Dir von mir es sagen,
Was hier vergraben und verborgen sey:
Ein närrisch's Ding von Vierte halb tagen,
Ein Wind, Ein Nichts: die Actionisterey;
Durch lose list zum Eigenen Nutz erdacht,
Durch klugen Raht zu grabe wieder bracht.

Die rege Nachfrage, die diese Compagnien ausgelöst haben, widerlegt auch das Urteil des preußischen Kammersekretärs Johann Friedrich Schlezer, dass „der Leute Humeur dieses Orts nicht entreprenant" wäre und sie daher keine Handelscompagnien unterstützen würden, sondern nur als Einzelkaufleute tätig würden. Zitat nach *Schück,* Kolonialpolitik I, S. 27.

[467] *Koser,* Geschichte Friedrichs des Großen, Fünftes Buch, S. 194.

[468] *Ehrenberg,* Das Zeitalter der Fugger, Band 2, S. 316 f.; *Nicolai,* Beschreibung der Königlichen Residenzstädte Berlin und Potsdam, Band 8 Teil 1, S. 340, 341; *Metrà,* Il mentore perfetto de negozianti, Band 2, S. 235 ff.; *Kaufhold,* Der Übergang von Fonds- zu Wechselbörsen, S. 101.

[469] *Kaufhold,* Der Übergang von Fonds- zu Wechselbörsen, S. 101.

[470] Seefrachtbriefe, vgl. § 647 ff. HGB; *Krünitz,* Oekonomische Encyklopädie, Art. *Conoissement;* www.kruenitz1.uni-trier.de.

[471] Art. 23 Reglement der Königl. Giro- und Lehn-Banco zu Berlin, NCCM 3 (1765), Nr. 63 S. 915 ff. Allerdings war dies auf sechs Monate im voraus beschränkt, vgl. Art. 26.

den, konnte ebenfalls nicht festgestellt werden[472]. Der eigentliche Aktienhandel an preußischen Börsen, insbesondere in Berlin, begann erst mit der Errichtung von Eisenbahn-Aktiengesellschaften im 19. Jahrhundert[473].

8. Sonstige Rechte und Pflichten aus der Beteiligung

Das einzige Recht, das einfachen Partizipanten der Brandenburgisch-Amerikanischen Compagnie neben dem Anspruch auf Ausschüttung gleich den Hauptpartizipanten zustand, war die Möglichkeit, sich mit einem kleinen Bestand an eigenen Gütern bis zum Wert der Beteiligung am Handel der Gesellschaft zu beteiligen und diese auf eigene Rechnung und eigenes Risiko in Übersee durch die Compagnie veräußern zu lassen[474]. Für die übrigen Gesellschaften war dieser Privathandel der Anteilsinhaber, aber auch der Beschäftigten, insbesondere der Direktoren und Hauptpartizipanten, ausdrücklich untersagt[475].

C. Organisation und Leitung

Die Compagnien des 17. und 18. Jahrhunderts bestanden aus dem Direktorium in unterschiedlicher Stärke, der Generalversammlung und zum Teil auch einem Präsidenten. Ein dem heutigen Aufsichtsrat entsprechendes Gremium war noch nicht bekannt[476]. Die Direktoren wurden zum Teil in Anlehnung an die niederländische Terminologie Bewindhaber genannt[477]. Im 17. Jahrhundert gab es regelmäßig einen Präsidenten, im 18. Jahrhundert war dies die Ausnahme[478]. Gremium der Anteilsinhaber[479] war die Generalversammlung. Das Corps der Partizipanten bestand meist aus zwei Gruppen, zum einen den einfachen Partizipanten und daneben

---

[472] Auch die Geschichte der Königsberger Börse von *Benecke*, Die Königsberger Börse, erwähnt einen solchen Handel nicht. Dort wurden im 17. Jahrhundert vor allem Wechsel gehandelt, vgl. *Benecke*, a. a. O., S. 5 ff.; *Neidlinger*, Studien zur Geschichte der deutschen Effektenspekulation, S. 5; *Walter*, Geld- und Wechselbörsen, S. 68.

[473] *Lesser*, Zur Geschichte der Berliner Börse, S. 11 ff.

[474] Art. 17 Octroi für die Brandenburgisch-Amerikanische Compagnie von 1688.

[475] Art. 9 Octroi für eine Brandenburgisch-Ostindische Compagnie von 1651; Art. 10 Règlements provisionels der Bengalischen Compagnie von 1753, Art. 51 Entwurf des Octroi von Jogues 1744.

[476] Der Aufsichtsrat wurde im 19. Jahrhundert als Kontrollorgan aus dem französischen Recht in das deutsche Aktienrecht übernommen, vgl. *Coing*, Europäisches Privatrecht II, S. 116.

[477] Zum Beispiel in Art. 6 Edikt der Brandenburgisch-Afrikanische Compagnie von 1682; Art. 4 Plan einer Ostindischen Compagnie Sloyers von 1744. *Bewind* heißt Regierung, *Bewindhaber* bzw. *Bewindhebber* (nl.) dementsprechend Direktor, Vorsitzender.

[478] Art. 9 Octroi der Ostindischen Compagnie Roubauds von 1765.

[479] Art. 13 Octroi für die Brandenburgisch-Amerikanische Compagnie von 1688.

den Hauptpartizipanten mit einer höheren Einlage und mehr Beteiligungsrechten[480].

I. Direktoren bzw. Bewindhaber

1. Anzahl, Wahl und Absetzung der Direktoren

Den Compagnien standen die *„Directeurs oder Bewindhabers"* vor[481]. Für die Brandenburgisch-Afrikanische Compagnie schrieb das Octroi ausdrücklich vor, dass diese von den (Haupt-)Partizipanten bei der ersten Versammlung gewählt werden sollten[482]. Sie mussten also nicht schon vor Oktroyierung der Gesellschaft feststehen oder benannt werden[483]. Die Direktoren der Brandenburgisch-Amerikanischen Compagnie wurden nur teilweise von den Hauptpartizipanten durch Mehrheitsbeschluss gewählt[484]; zum Teil bestellte der Kurfürst die Direktoren selbst. Das Octroi der Brandenburgisch-Ostindischen Compagnie regelte nicht, durch wen die Wahl zu erfolgen hatte[485]. In Betracht kamen jedoch auch hier nur die Partizipanten, wobei offen blieb, ob allein die Hauptpartizipanten[486] ein Wahlrecht hatten oder auch den einfachen oder gemeinen Partizipanten dieses Recht zustand.

Anders als das Octroi der Brandenburgisch-Afrikanischen Compagnie, welches die Zahl der Direktoren auf vier begrenzte[487], wurde für die Ostindische Compagnie keine Anzahl festgelegt. Jedoch hatte nach dem Octroi der Gesellschaft jeder Hauptpartizipant mit einer Kapitaleinlage von mehr als 100.000 Reichstalern das

---

[480] Vgl. dazu oben S. 76.

[481] Art. 4 Edikt der Ostindischen Compagnie Taverniers vom 1684; Art. 6 Edikt der Brandenburgisch-Afrikanische Compagnie von 1682; Art. 2 Octroi für eine Brandenburgisch-Ostindische Compagnie von 1651; Art. 18 Neues Octroi der Brandenburgisch-Afrikanisch-Amerikanischen Compagnie von 1692; Art. 9 Satzung van Kampen von 1734; Art. 4 Octroi der Levante-Compagnie von 1765; Art. 10 Erlass Getreidehandlung Elbe 1770; Art. 11 Erlass Getreidehandlung Oder 1770. Zum Begriff Bewindhaber siehe Fn. 88.

[482] Art. 24 Octroi für die Brandenburgisch-Afrikanische Compagnie von 1682.

[483] Erneut missverständlich *Söhnchen*, Gründungsvoraussetzungen, S. 132, der den Vorstand als Voraussetzung für die Errichtung der Compagnie beschreibt.

[484] Art. 24 Octroi für die Brandenburgisch-Amerikanische Compagnie von 1688; Art. 16 Neues Octroi der Brandenburgisch-Afrikanisch-Amerikanischen Compagnie von 1692.

[485] Die einzige Regelung in dieser Quelle, die sich mit dem Problem der Direktoren befasst, Art. 2 Octroi für eine Brandenburgisch-Ostindische Compagnie von 1651, lautet: *„Den Directorn, so aus dem ganzen Corpore der Participanten erwehlet werden sollen, wird vergönnet ihre Ambt zu bedienen Zeit währenden Octroys."* Diese Regelung betrifft aber ihrem Wortlaut nach nur die persönlichen Voraussetzungen zur Wahl als Direktor, nicht hingegen den Wahlmodus.

[486] Siehe oben S. 76 ff.

[487] Art. 6 Edikt der Brandenburgisch-Afrikanische Compagnie von 1682.

Recht, einen Direktor in das Kollegium zu entsenden[488]. Im Widerspruch hierzu stand die Satzung der Gesellschaft, der zufolge bereits eine Kapitaleinlage von 25.000 bis 30.000 Reichstalern ein solches Recht gab[489]. Ein weiterer Direktor wurde durch den Kurfürsten *„wegen des Kapitals, das Wir in die Compagnie bringen werden"* eingesetzt[490]. Die Zahl der Direktoren der Brandenburgisch-Amerikanischen Compagnie wurde nicht benannt, lässt sich aber aus den übrigen Bestimmungen des Octroi auf sechs bis neun Personen beziffern, da der Kurfürst sich die Benennung anfänglich dreier, später zweier Bewindhaber vorbehielt[491]. Zusätzlich wurde das zahlenmäßige Verhältnis der vom Kurfürsten eingesetzten Bewindhabern zu den übrigen auf eins zu zwei bis drei festgelegt[492]. Daneben gab auch hier eine Einlage von 25.000, ab dem Jahr 1690 von 20.000 Reichstalern das Recht, Bewindhaber zu werden oder einen solchen zu benennen[493].

Für die Direktoren der Brandenburgisch-Afrikanischen Compagnie wurde festgelegt, dass die vier Bewindhaber *„wo möglich und nöthig"*, an unterschiedlichen Orten wohnen sollten[494], wohingegen für die Direktoren der Brandenburgisch-Ostindischen Compagnie eine Residenzpflicht der Direktoren am Ort der Niederlassung der Compagnie bestand[495]. Die Projekte Taverniers[496] und Orths trafen keine Regelung hinsichtlich der Wahl der Direktoren. Im Falle Orths kann nicht einmal festgestellt werden, dass die Compagnie überhaupt eine mit den anderen Gesellschaften vergleichbare Organstruktur und mithin auch über Direktoren verfügte.

Die Regelungen des 18. Jahrhunderts über die Wahl und Absetzung der Direktoren unterschieden sich wenig von den vorangegangenen. Das königliche Octroi für de la Touche enthielt, anders als alle seine Vorgänger, keinerlei Bestimmungen hinsichtlich des Aufbaus und der Organisation der Compagnie. Es bestimmte weder ein Leitungsgremium, noch wurde die Wahl eines solchen geregelt. Jedoch erhielt die Compagnie das Recht, sich selbst durch eine interne Satzung die erforderliche Verwaltungsstruktur zu geben[497]. Die Satzungsbefugnis war uneingeschränkt und

---

[488] Art. 18 Octroi für eine Brandenburgisch-Ostindische Compagnie von 1651.

[489] Art. 3 Conditiones der Brandenburgisch-Ostindischen Compagnie von 1652.

[490] Art. 4 Octroi für eine Brandenburgisch-Ostindische Compagnie von 1651.

[491] Zum Begriff Bewindhaber siehe Fn. 88. Nach Art. 11 Revidiertes Octroi für die Brandenburgisch-Amerikanische Compagnie von 1690 durfte der Kurfürst sogar vier Bewindhaber benennen und die Anteilsinhaber diesen so viele an die Seite stellen, wie sie für erforderlich hielten.

[492] Art. 13 Octroi für die Brandenburgisch-Amerikanische Compagnie von 1688. Zum Begriff Bewindhaber siehe Fn. 88.

[493] Art. 36 Octroi für die Brandenburgisch-Amerikanische Compagnie von 1688, Art. 11 Revidiertes Octroi für die Brandenburgisch-Amerikanische Compagnie von 1690.

[494] Art. 6 Edikt der Brandenburgisch-Afrikanische Compagnie von 1682.

[495] Art. 12 Octroi für eine Brandenburgisch-Ostindische Compagnie von 1651.

[496] Direktoren waren dort jedenfalls vorgesehen, Art. 2 Edikt der Ostindischen Compagnie Taverniers von 1684.

[497] Art. 22 Octroi Asiatische Handlungscompagnie de la Touche von 1750.

enthielt keinerlei Vorgaben hinsichtlich des Aufbaus und der Organisation. Die fehlenden rechtlichen Vorgaben hinsichtlich der Leitung der Gesellschaft waren dann auch einer der von den Investoren kritisierten Punkte[498]. So sah der private Entwurf eines Reglements für diese Gesellschaft eine Leitung der Gesellschaft durch eine Generaldirektion in Berlin vor, die aus sieben aus dem Kreis der Anteilsinhaber gewählten Direktoren bestehen sollte[499]. Die Entwürfe Sloyers und Jogues ließen stärker als die anderen Quellen Eingriffe durch den Kurfürsten zu und waren weniger von einer Autonomie der Anteilsinhaber geprägt. Dem Kurfürsten wurde im Entwurf Sloyers das Recht vorbehalten, alle fünf Direktoren zu benennen. Dabei hatte er drei aus einer Gruppe von sechs Personen auszuwählen, die durch die Anteilsinhaber bestimmt wurden[500]. Auch der Entwurf Jogues' ließ den Kurfürsten einen und den Rat der Stadt Emden zwei der sieben Direktoren frei wählen. Der Rest sollte wie bei den anderen Compagnien von den Anteilsinhabern gewählt werden[501]. Die Ostindische Kompagnie van Asperens sollte über fünf Direktoren verfügen[502]. Der Entwurf Jogues' sowie das Octroi der Levante-Compagnie sahen eine ausdrückliche zeitliche Beschränkung der Amtszeit der Direktoren auf sechs Jahren vor[503], eine Regelung, die die übrigen Quellen nicht enthielten.

Die übrigen Octrois trafen ausschließlich Regelungen über den Modus der Direktorenwahl, nicht dagegen über die Anzahl der Direktoren. Die Direktoren wurden durchgängig von den stimmberechtigten Anteilsinhabern mit einfacher Mehrheit gewählt[504]. Allerdings behielt sich Friedrich II. in den frühen Octrois die Bestätigung der Wahl vor[505].

Eine Regelung über die Ablösung der Direktoren findet sich im 17. Jahrhundert lediglich bei der Brandenburgisch-Afrikanischen Compagnie. Auf Beschluss der

---

[498] Schreiben eines englischen Negotianten an einen Kaufmann in Berlin, die Königl. Preussische Handlungscompagnie betreffend, S. 4 ff.

[499] Absatz 5 Articles de Convention de la Touche.

[500] Art. 3 Plan einer Ostindischen Compagnie Sloyers von 1744.

[501] Art. 22 Entwurf des Octroi von Jogues 1744.

[502] *Ring*, Asiatische Handlungscompagnien, S. 13 f.

[503] Art. 54 Entwurf des Octroi von Jogues 1744, Art. 12 Octroi der Levante-Compagnie von 1765.

[504] Art. 9 Satzung van Kampen von 1734, Art. 4 Octroi Asiatische Handlungscompagnie de la Touche von 1750; Art. 23 Deklaration der Asiatischen Compagnie Stuarts 1751; Art. 5 Deklaration Direktoren der der Asiatischen Compagnie Stuarts 1751, Art. 23 Octroi der Bengalischen Compagnie von 1753; Art. 6 Octroi der Asiatischen Compagnie Teegels 1764; Art. 10 Octroi der Levante-Compagnie von 1765; Art. 10 Octroi der Ostindischen Compagnie Roubauds von 1765; Art. 4 Octroi der Heringsfischereigesellschaft von 1769; Art. 12 Octroi der Assekuranzkammer von 1765; Art. 10 Erlass Getreidehandlung Elbe 1770; Art. 11 Erlass Getreidehandlung Oder 1770; Entwurf Asperen, *Ring*, Asiatische Handlungscompagnie, S. 13.

[505] Art. 23 Deklaration der Asiatischen Compagnie Stuarts 1751; Art. 23 Octroi der Bengalischen Handlungscompagnie von 1753; Art. 22 Entwurf des Octroi von Jogues 1744.

Partizipanten war eine Abwahl mit einer Mehrheit von zwei Dritteln der Stimmen möglich[506]. Ferner konnten die Direktoren wegen begangener Straftaten abgesetzt werden oder wenn „*jemand seiner Pflichten vergesse*", wobei offen gelassen wurde, wer die Absetzung in diesem Fall vorzunehmen hatte und wegen welcher Straftaten eine Absetzung möglich war[507]. In anderen Fällen, wie bei der Brandenburgisch-Afrikanisch-Amerikanischen Compagnie, war die Position eines Direktors ein Amt auf Lebenszeit[508]. Eine Absetzung aus wichtigem Grund blieb aber möglich[509]. Falls die Direktoren nicht den Beschlüssen der Generalversammlung folgten, konnten sie so lange von der Amtsführung entbunden werden, bis sie den entstandenen Schaden ersetzt hatten; hierfür hafteten sie mit ihrer Einlage[510].

„So soll solcher Bewindhaber, oder Bewindhabere, welche freventlich dawider handeln und derenfalls überführet werden möchten, ihres Amts ipso facto entsetzet sein und so lange von ihren Capitalien oder Haupt-Actionen nicht disponiren können, bis daß der dadurch verursachte Schade zu Contentement der Generalversammlung (an welche der Ausspruch und Execution stehen, auch nicht weiter davon appelliret werden mag) wieder ersetzet worden."[511]

Die Abwahl von Direktoren oder die Beendigung ihrer Amtszeit auf andere Weise wurde im 18. Jahrhundert nur selten angesprochen. Lediglich das Octroi Teegels sah die Abwahl von Direktoren durch die Hauptpartizipanten vor, ebenfalls nur für den Fall, „*dass eine oder andere seiner geleisteten Eydes-Pflicht vergässe und die Geheimnisse davon divulgirte*"[512]. Für die Direktoren der Emder Heringsfischerei-Gesellschaft war in der Satzung nur der Rücktritt, aber keine Abwahl durch die Anteilsinhaber vorgesehen[513]. Ein solches Abwahlrecht wurde für diese Gesellschaft durch das erneuerte Octroi von 1787 eingeführt, indem es den Anteilsinhabern die Wahl der Direktoren überließ, so oft sie es für dienlich erachteten. Hierin lag gleichzeitig auch das Recht, durch die Wahl neuer Direktoren die alten nicht zu bestätigen und damit abzusetzen[514]. Nach dem Entwurf von Jogues

---

506 *Per duas tertias votorum*, Art. 15 Reglement der Brandenburgisch-Afrikanischen Compagnie von 1683, Dt.: „Mit zwei Drittel der Stimmen".

507 Art. 15 Reglement der Brandenburgisch-Afrikanischen Compagnie von 1683; Art. 18 Neues Octroi der Brandenburgisch-Afrikanisch-Amerikanischen Compagnie von 1692.

508 Art. 16 Neues Octroi der Brandenburgisch-Afrikanisch-Amerikanischen Compagnie von 1692.

509 Art. 15 Neues Octroi der Brandenburgisch-Afrikanisch-Amerikanischen Compagnie von 1692.

510 Art. 15 Neues Octroi der Brandenburgisch-Afrikanisch-Amerikanischen Compagnie von 1692.

511 Art. 15 Neues Octroi der Brandenburgisch-Afrikanisch-Amerikanischen Compagnie von 1692.

512 Art. 7 Octroi der Asiatischen Compagnie Teegels 1764.

513 Art. 6 Satzung der Heringsfischereigesellschaft.

514 Art. 3 Erneuertes Octroi der Heringsfischereigesellschaft von 1787.

sollten die Direktoren ferner aus dem Amt scheiden, wenn über ihr Privatvermögen der Konkurs eröffnet wurde[515].

2. Persönliche Voraussetzungen

Auch hinsichtlich der Person der Direktoren bestanden Unterschiede in den Octrois. Im 17. Jahrhundert lag die einzige Voraussetzung in der Pflicht der Direktoren, sich an der Compagnie mit einer bestimmten Summe zu beteiligen. Während die Direktoren der Brandenburgisch-Ostindischen, der Amerikanischen und der Afrikanisch-Amerikanischen Compagnie aus dem *„Corpore der Participanten"* gewählt[516] werden sollten, also an der Gesellschaft beteiligt sein mussten, findet sich für die Brandenburgisch-Afrikanische Compagnie keine entsprechende Bestimmung. Die Höhe der Mindestbeteiligung eines Direktors variierte. Für die Bekleidung des Amtes eines Direktors in der Brandenburgisch-Ostindischen Compagnie war eine Beteiligung von mindestens 3000 Reichstalern, bei der Afrikanisch-Amerikanischen Compagnie von mindestens 2000 Reichstalern erforderlich[517]. Ein Direktor der Amerikanischen Compagnie musste als Hauptpartizipant beteiligt sein, das heißt Aktien im Wert von 2000 Reichstalern halten[518]. Diese Einlage wurde als Sicherheit betrachtet und deshalb anders als das übrige Kapital behandelt. Sie durfte nicht belastet, verpfändet oder veräußert werden[519]. Dies stellt nur hinsichtlich des Verbots der Veräußerung eine Abweichung von der Rechtsstellung der übrigen Partizipanten dar. Diesen stand es stets frei, ihren Anteil weiterzuverkaufen. Die Anteile bzw. Aktien der privilegierten Handlungscompagnien waren dagegen grundsätzlich nicht als Sicherheit verwendbar[520]. Nur das über die Sicherheitseinlage hinausgehende Kapital eines Direktors stellte eine reguläre Einlage dar. Zum Teil stand Partizipanten mit einer hohen Einlage automatisch ein Posten als Direktor zu, so bei der Brandenburgisch-Afrikanisch-Amerikanischen Kompagnie ab einer Einlage von 10.000 Reichstalern[521]. Die Direkto-

---

[515] Art. 26 Entwurf des Octroi von Jogues 1744.

[516] Art. 2 Octroi für eine Brandenburgisch-Ostindische Kompagnie von 1651; Art. 23 Octroi für die Brandenburgisch-Amerikanische Compagnie von 1688, Art. 10 Revidiertes Octroi für die Brandenburgisch-Amerikanische Compagnie von 1690; Art. 16 Neues Octroi der Brandenburgisch-Afrikanisch-Amerikanischen Compagnie von 1692.

[517] Art. 16 Neues Octroi der Brandenburgisch-Afrikanisch-Amerikanischen Compagnie von 1692.

[518] Art. 23, 46 Octroi für die Brandenburgisch-Afrikanische Compagnie von 1688, Art. 10 Revidiertes Octroi für die Brandenburgisch-Amerikanische Compagnie von 1690.

[519] Art. 11 Octroi für eine brandenburgisch-ostindische Kompagnie von 1651, Art. 36 Octroi für die Brandenburgisch-Afrikanische Compagnie von 1688, Art. 11 Revidiertes Octroi für die Brandenburgisch-Amerikanische Compagnie von 1690.

[520] Siehe dazu oben B.III.5.a), S. 87 ff.

[521] Art. 16 Neues Octroi der Brandenburgisch-Afrikanisch-Amerikanischen Compagnie von 1692.

ren hatten daneben einen Eid auf die Belange der Compagnie abzulegen; dieser war jährlich zu wiederholen[522]. Zusätzlich verbot das Octroi der Brandenburgisch-Amerikanischen Compagnie von 1688 die Einsetzung von miteinander verwandten oder verschwägerten Personen als Direktoren[523].

Anders als zuvor wurde im 18. Jahrhundert nicht vorrangig Wert auf die Beteiligung eines Kandidaten gelegt, sondern betont, dass ein Direktor vor allem ein „*erfahrener Kaufmann guter Reputation*"[524], ein „*négotiant d'honneur, bon caractère et crédit*"[525] sein müsse[526]. Nur für die Compagnien von Stuart, de la Touche, die Assekuranzkammer und die Preußische Seehandlung wurden keine persönlichen Voraussetzungen für die Direktoren aufgestellt. Auch in der öffentlichen Wahrnehmung wurden die Qualitäten der Leitungspersonen zunehmend als wichtig betrachtet. Handlungsverständige Personen sollten zum Erfolg der Gesellschaften beitragen. Allein eine hohe finanzielle Beteiligung wurde nicht mehr als ausreichend angesehen, um eine Gesellschaft zu leiten[527]. Eine Beteiligung an der Gesellschaft wurde zwar größtenteils, aber nicht durchgehend verlangt. Die Direktoren der Compagnien mussten danach zwischen fünf und fünfzig Aktien halten[528], in den Fällen der Getreidehandlungscompagnien nur „*stark interessiret*" sein[529]. In einem Fall wurde erneut ausdrücklich verboten, die gehaltenen Aktien zu belasten und so wirtschaftlich zu entwerten[530]. Direktoren der Preußischen Seehandlung mussten dagegen nicht an der Gesellschaft beteiligt sein. Hierin spiegelt sich die Eigenschaft der Seehandlung als stark staatlich beherrschtes Unternehmen. Erneut tauchte vereinzelt der Gedanke auf, Misswirtschaft zu verhindern, indem es Verwandten verboten wurde, zeitgleich Direktorenposten zu besetzen[531].

---

[522] Art. 9 Octroi für eine Brandenburgisch-Ostindische Kompagnie von 1651.

[523] Art. 19 Octroi für die Brandenburgisch-Afrikanische Compagnie von 1688.

[524] Art. 1 Deklaration Direktoren der Asiatischen Compagnie Stuarts 1751.

[525] Art. 11 Règlements provisionels der Bengalischen Compagnie von 1753.

[526] Ebenso Art. 9 Satzung van Kampen von 1734; Art. 22 Entwurf des Octroi von Jogues 1744; Art. 6 Octroi der Asiatischen Compagnie Teegels 1764: „nicht eben Gelehrte, sondern rechtschaffene und des Commercii vollkommene kundige Directores"; Art. 4 Octroi der Heringsfischereigesellschaft von 1769: „Handlungsverständige Person"; Art. 10 Erlass Getreidehandlung Elbe 1770; Art. 11 Erlass Getreidehandlung Oder 1770.

[527] Vgl. die Kritik des englischen Kaufmanns in: Schreiben eines englischen Negotianten an einen Kaufmann in Berlin, die Königl. Preussische Handlungscompagnie betreffend, S. 5.

[528] 5 Aktien: Erneuertes Octroi der Heringsfischereigesellschaft von 1787; 10 Aktien: Entwurf van Asperen nach *Ring*, Asiatische Handlungscompagnien, S. 14; 12 Aktien: Art. 22 Entwurf des Octroi von Jogues 1744; 15 Aktien: Art. 7 Plan einer Ostindischen Compagnie Sloyers von 1744; 20 Aktien: Art. 6 Octroi der Asiatischen Compagnie Teegels 1764; 30 Aktien: Art. 13 Reglement für die Bengalische Compagnie von 1753; 40 Aktien: Art. 10 Octroi der Ostindischen Compagnie Roubauds von 1765; 50 Aktien: Art. 12 Octroi der Levante-Compagnie von 1765.

[529] Art. 10 Erlass Getreidehandlung Elbe 1770; Art. 11 Erlass Getreidehandlung Oder 1770.

[530] Art. 12 Octroi der Levante-Compagnie von 1765.

3. Aufgaben der Direktoren

Den Direktoren bzw. Bewindhabern oblag, wie der aus dem niederländischen entlehnte Name bereits andeutete, die Leitung der Compagnie. Ihnen unterstand die gesamte Administration der Compagnie[532], das heißt die Organisation des Geschäfts, die Kontrolle der Kasse und der Mitarbeiter. Daneben oblag ihnen die korrekte Buchführung, die Rechnungslegung und die Erstellung der jährlichen Bilanzen. Teilweise unterstanden sie dabei aber dem Präsidenten der Gesellschaft[533]. Grundsätzlich leiteten die Direktoren die Gesellschaft eigenverantwortlich und waren dabei auf das Wohl der Gesellschaft vereidigt[534]. Nur vereinzelt waren sie den Anteilsinhabern weisungsgebunden. In diesen Fällen hatten die Direktoren die Weisungen der Generalversammlung auszuführen. Bei bestimmten, „wichtigen" Geschäften war im 17. Jahrhundert oft die Zustimmung der Generalversammlung zur geplanten Maßnahme erforderlich[535]. Als wichtig galt insbesondere jegliche Aufnahme von Krediten für die Gesellschaft. Später wurde die Zustimmungspflicht auf größere Kredite beschränkt, so 1694 bei der Brandenburgisch-Afrikanisch-Amerikanischen Compagnie auf Kredite von mehr als 12.000 Reichstalern[536]. Andere wichtige Ereignisse waren den Hauptpartizipanten mitzuteilen. So sollten anstehende Prozesse diesen bekannt gegeben werden[537].

Die Direktoren vertraten die Gesellschaften nach außen. Die Zusammenarbeit der Direktoren war in der Regel durch das Kollegialitätsprinzip bestimmt[538]. Die Rechte und Pflichten der Direktoren der Brandenburgisch-Ostindischen Compagnie waren im Vergleich zur Brandenburgisch-Afrikanischen Kompagnie wenig ausdifferenziert. So enthielt das Octroi von 1651 lediglich die Pflicht, sich bei Verwirkung einer Vertragsstrafe zu den Versammlungen der Direktoren einzufinden[539]. Dagegen wurde nicht festgelegt, wie häufig diese stattzufinden hatten. Das

---

[531] Ausgeschlossen war die Verwandtschaft in direkter Linie bzw. von Brüdern, Art. 25 Entwurf des Octroi von Jogues 1744.

[532] Art. 9, 22 Octroi für eine Brandenburgisch-Ostindische Compagnie von 1651.

[533] Art. 16 Octroi für die Brandenburgisch-Amerikanische Compagnie von 1688.

[534] Art. 44 Octroi für die Brandenburgisch-Amerikanische Compagnie von 1688; Art. 19 Revidiertes Octroi für die Brandenburgisch-Amerikanische Compagnie von 1690; Art. 6 Octroi der Asiatischen Compagnie Teegels 1764.

[535] Art. 22 Octroi für die Brandenburgisch-Afrikanische Compagnie von 1688; Art. 25 Neues Octroi für eine Brandenburgisch-Afrikanisch-Amerikanische Compagnie 1692; Art. 11 Plan einer Orientalischen Handelscompagnie Peter van Kampens 1734.

[536] Art. 22 Neues Octroi der Brandenburgisch-Afrikanisch-Amerikanischen Compagnie von 1692.

[537] Art. 26 Neues Octroi der Brandenburgisch-Afrikanisch-Amerikanischen Compagnie von 1692.

[538] So neben den im Folgenden aufgeführten Gesellschaften auch die Assekuranzcompagnie, die eine gemeinsame Führung vorsah, Art. 14 Octroi der Assekuranzcompagnie 1765.

[539] Art. 12 Octroi für eine Brandenburgisch-Ostindische Compagnie von 1651.

Octroi der Brandenburgisch-Afrikanischen Compagnie legte fest, dass die Direktoren sich mindestens einmal wöchentlich versammeln sollten; auf Verlangen des
Präsidenten oder Vizepräsidenten auch öfter. Entscheidungen im Gremium wurden
– jedenfalls bei der Brandenburgisch-Amerikanischen Compagnie – durch Mehrheitsbeschluss gefasst, die Umsetzung der Beschlüsse oblag dem Präsidenten und
dessen Stellvertreter[540]. Im Falle der Brandenburgisch-Afrikanischen Compagnie
sollte aus der Gruppe der Direktoren ein geschäftsführender Ausschuss von zwei
Personen gebildet werden, dem zusammen mit dem Präsidenten die Leitung der
Compagnie übertragen wurde. Die Auswahl der geschäftsführenden Direktoren lag
nicht bei den Anteilsinhabern, sondern beim Kurfürsten. Dabei kam es den zwei
ausgewählten Direktoren zu, monatlich wechselnd das Amt des Vizepräsidenten zu
übernehmen[541]. Eine ähnliche Bildung eines geschäftsführenden Ausschusses aus
dem Kreise der Anteilsinhaber findet sich im sogenannten Rat der Neun der Brandenburgisch-Afrikanisch-Amerikanischen Compagnie[542]. Vorbilder hierfür finden
sich in den Gesellschaftsverträgen der süddeutschen Handelsgesellschaften des
Spätmittelalters und der frühen Neuzeit, so beispielsweise bei der Großen Ravensburger Gesellschaft, die über ein ähnliches Gremium verfügte[543].

Zur besseren Regelung ihrer internen Verhältnisse erhielten die Direktoren der
Ostindischen Kompagnie Taverniers die Befugnis, sich eine Satzung zu geben[544].
Da die Compagnie Taverniers jedoch nicht zustande kam, ist eine solche Ge-
schäftsführungssatzung nie erlassen worden. Auch von den übrigen, tatsächlich
arbeitenden Compagnien sind keine Geschäftsordnungen der Leitungsorgane bekannt. Eine Ausnahme bildet die von Fäsch[545] verfasste Deklaration für die Direktoren der Stuartschen Handlungscompagnie, die auch Richtlinien für deren Geschäfte enthielt[546].

Der Aufgabenkreis der Direktoren unterschied sich im 18. Jahrhundert nicht von
den Gesellschaften des 17. Jahrhunderts. Den Direktoren oblag die gesamte Verwaltung der Gesellschaft.

„La direction de la compagnie aura pleinpouvoir d'agir dans les différentes branches de
son commerce ... La direction de cette compagnie sera libre et indépendante ...“[547]

---

[540] Art. 16 Octroi für die Brandenburgisch-Afrikanische Compagnie von 1688.

[541] Art. 5 Reglement der Brandenburgisch-Afrikanischen Compagnie von 1683.

[542] Art. 15 Neues Octroi der Brandenburgisch-Afrikanisch-Amerikanischen Compagnie
von 1692.

[543] *Rehme*, ZRG GA 47 (1927), 487, 547 ff.

[544] Art. 4 Edikt der Ostindischen Compagnie Taverniers von 1684.

[545] Johann Rudoph Emanuel Faesch, ein Schweizer, war neben seiner Beteiligung an der
Compagnie als Nachfolger Marschalls seit 1749 zugleich Leiter des Generaldirektoriums für
Handel und Gewerbe, als Handelsminister Friedrichs II.

[546] Deklaration Direktoren der der Asiatischen Compagnie Stuarts 1751.

[547] Dt.: „Die Direktion der Compagnie hat die umfassende Befugnis, in den verschiedenen
Zweigen des Geschäfts der Gesellschaft zu handeln. Die Direktion dieser Compagnie wird

Die Verwaltung umfasste auch die Einstellung des Personals, und zwar sowohl des Personals vor Ort als auch die Besatzung der Schiffe[548]. Die Quellen enthalten zum Teil detaillierte Vorgaben für die Durchführung der täglichen Geschäfte. Das Verfahren ihres Geschäftsgangs war in unterschiedlicher Intensität festgelegt. So sah der Plan van Kampens eine tägliche Sitzung von mindestens drei der Direktoren vor[549], die Brandenburgisch-Afrikanische Compagnie eine wöchentliche Sitzung[550]. Bei der Mehrzahl der Compagnien war es jedenfalls bei „Affairen von einiger Importantz" erforderlich, dass drei bis fünf Direktoren hierüber einstimmig einen Beschluss fassten[551]; andernfalls war die Entscheidung nicht wirksam. Eine Ausnahme galt nur bei Gefahr im Verzug[552]. Aber auch bei Eile waren noch die Rechnungsprüfer der Gesellschaft anzuhören[553]. Die starke Bindung an die Generalversammlung spiegelt sich im Entwurf Jogues auch darin, dass die Direktoren im Voraus einen Geschäftsplan erstellen sollten, der von der Generalversammlung zu genehmigen war[554]. Nach dem Kampenschen Plan waren auch für andere Entscheidungen mindestens drei Direktoren erforderlich, um beschlussfähig zu sein. Es blieb hierbei aber offen, ob bei Anwesenheit von drei Direktoren auch ein Mehrheitsbeschluss zulässig war[555]. Für die Bengalische Kompagnie war das Kollegialitätsprinzip nur angedeutet. Ausdrücklich wurde lediglich bestimmt, dass alle Direktoren mit gleichen Rechten ausgestattet und „dans des cas moins urgens" frei in ihren Entscheidungen seien[556]. Dementsprechend waren sie es vermutlich nicht in dringenden, das heißt in diesem Zusammenhang wichtigen Angelegenheiten. Weniger kollegial als vielmehr hierarchisch war die Struktur des Leitungsorgans der Preußischen Seehandlung. Deren Direktoren konnten nicht alleine, sondern stets nur nach Einholung der Unterschrift des Präsidenten handeln. Die einzelnen

---

frei und unabhängig sein." Art. 14, 15 Octroi der Ostindischen Compagnie Roubauds von 1765; ebenso Art. 3, 4 Plan einer Ostindischen Compagnie Sloyers von 1744; Art. 36 Octroi der Preußischen Seehandlung von 1772; Art. 10 Erlass Getreidehandlung Elbe 1770; Art. 11 Erlass Getreidehandlung Oder 1770; Art. 14 Octroi der Levante-Compagnie von 1765.

[548] Vgl. nur Art. 4 Erneuertes Octroi der Heringsfischereigesellschaft von 1787; Art. 6 Octroi der Bengalischen Handlungscompagnie von 1753; Art. 11 Octroi der Asiatischen Compagnie Teegels 1764; Art. 8 Deklaration der Asiatischen Compagnie Stuarts 1751; Art. 6 Deklaration Direktoren der Asiatischen Compagnie Stuarts 1751; Art. 3, 4 Plan einer Ostindischen Compagnie Sloyers von 1744; Art. 24, 35 Entwurf des Octroi von Jogues 1744; Art. 5 Octroi der Heringsfischereigesellschaft von 1769; Art. 13 Octroi der Preußischen Seehandlung von 1772.

[549] Art. 11 Satzung van Kampen von 1734.

[550] Art. 14 Reglement der Brandenburgisch-Afrikanischen Compagnie von 1683.

[551] Art. 7 Octroi der Asiatischen Compagnie Teegels 1764; Art. 7 Deklaration Direktoren der der Asiatischen Compagnie Stuarts 1751; Art. 11 Satzung van Kampen von 1734.

[552] Art. 8 Reglement für die Bengalische Compagnie.

[553] Art. 50 Entwurf des Octroi von Jogues 1744.

[554] Art. 39 Entwurf des Octroi von Jogues 1744.

[555] Art. 10 Satzung van Kampen von 1734.

[556] Dt.: In den weniger dringlichen Fällen. Art. 10 Reglement für die Bengalische Compagnie.

Aufgaben und Geschäftsbereiche wurden nicht durch sie selbst aufgeteilt. Vielmehr wies der Chef den einzelnen Direktoren die Arbeit zu[557]. Ganz entgegengesetzt war die Aufgabenverteilung in der Levante-Compagnie. Die einzelnen Direktoren hatten völlige Gewalt über ihren Geschäftsbereich und konnten innerhalb desselben nach Gutdünken walten[558]. Der Entwurf van Kampens versuchte durch ein weiteres Verfahren, die Rechte der einzelnen Direktoren zu wahren. Danach sollte die Möglichkeit geschaffen werden, dass zwei Direktoren, die mit der Amtsführung der Mehrheit ihrer Kollegen nicht zufrieden war, die Generalversammlung einberiefen, um einen eventuell vorliegenden Missbrauch der Amtsbefugnisse festzustellen. Diese Versammlung konnte durch einen Mehrheitsbeschluss Anordnungen der Direktoren abändern[559]. Das Verfahren war jedoch aufgrund der vorgeschriebenen Ladungsfrist von vier Wochen eher schwerfällig ausgestaltet.

Als einzige Gesellschaft gestattete die Bengalische Compagnie ihren Direktoren, einen Stellvertreter zu bevollmächtigen, sofern sie sich nicht nach Emden, an den Sitz der Gesellschaft begeben konnten[560]. Die anderen Gesellschaften lösten das Problem des Wohnsitzes der Direktoren, der häufig nicht in Emden lag[561], pragmatisch durch die Abhaltung der Sitzungen in Berlin.

Die Generalversammlung konnte im Einzelfall die Befugnisse der Direktoren beschränken. Sie konnte einzelne Instruktionen erlassen, die für die Direktoren unmittelbar bindend waren[562]. Ob solche Einzelfallanweisung in der Praxis ergangen und ob diese von die Direktoren befolgt wurden, geht aus den Quellen nicht hervor.

Daneben wurde den Direktoren im 17. und 18. Jahrhundert im Interesse der Gesellschaft verboten, auf dem Geschäftsgebiet der Gesellschaft eigene Geschäfte zu tätigen[563]. Ein Verstoß hiergegen konnte zu einer Geldstrafe und dem Verlust der privat beschafften Güter führen[564].

---

[557] Art. 13 Octroi der Preußischen Seehandlung von 1772.

[558] Art. 16 Octroi der Levante-Compagnie von 1765; Art. 14 Octroi der Ostindischen Compagnie Roubauds von 1765.

[559] Art. 12 Satzung van Kampen von 1734.

[560] Art. 10 Reglement für die Bengalische Compagnie.

[561] Für die Direktoren der Asiatischen Handlungscompagnie Teegels war z. B. ausdrücklich die Anwesenheit zweier Direktoren in Emden vorgesehen, grundsätzlich permanent, aber mindestens jedoch zur Ausrüstung und Retour der Schiffe, Art. 7 Octroi der Asiatischen Compagnie Teegels 1764.

[562] Art. 6 Octroi der Asiatischen Compagnie Teegels 1764; Art. 4 Deklaration Direktoren der Asiatischen Compagnie Stuarts 1751; Art. 8 Octroi der Heringsfischereigesellschaft von 1769; Art. 7 Erneuertes Octroi der Heringsfischereigesellschaft von 1787.

[563] Art. 11 Satzung van Kampen von 1734; Art. 27 Neues Octroi der Brandenburgisch-Afrikanisch-Amerikanischen Compagnie von 1692; Art. 52 Entwurf des Octroi von Jogues 1744; Art. 7 Octroi der Asiatischen Compagnie Teegels 1764; Art. 9 Deklaration Direktoren der Asiatischen Compagnie Stuarts 1751; Art. 8 Octroi der Bengalischen Compagnie von 1753.

4. Vertretungsmacht

Nicht alle Quellen enthalten ausdrückliche Angaben über die Befugnis der Direktoren, die Gesellschaft nach außen rechtsverbindlich zu vertreten. Diese Befugnis folgte aber aus den ihnen übertragenen Befugnissen. Das Octroi von März 1682 legte für die Direktoren der Brandenburgisch-Afrikanischen Compagnie fest, dass diese Geschäfte zulasten der Compagnie nur gemeinschaftlich bzw. gemeinsam mit dem Präsidenten oder Vizepräsidenten vornehmen durften. Der Compagnie gehörende Güter durften nur aufgrund einstimmigen Beschlusses des Kollegiums der Direktoren veräußert werden. Ein Verstoß hiergegen wurde unter Strafe gestellt[565]. Offen blieb, ob eine Verfügung unter Verstoß gegen diese Regelung dennoch gegenüber dem Dritten Wirksamkeit entfaltete. Nur das Octroi der Brandenburgisch-Amerikanischen Compagnie bestimmte, dass zustimmungspflichtige Geschäfte ohne Zustimmung der Generalversammlung nichtig waren[566]. Das Disponieren über die Compagnie betreffende Angelegenheiten bedurfte außer der Mitwirkung des Kollegiums der Direktoren häufig der Unterschrift des Präsidenten oder Vizepräsidenten[567].

Kreditaufnahme und Kreditvergabe durch die Compagnie wurden meistens ausdrücklich geregelt. Beides wurde im 17. wie im 18. Jahrhundert vielfach von einem qualifizierten Beschluss des Direktoriums sowie zusätzlich der qualifizierten Zustimmung der Anteilsinhaber abhängig gemacht[568]. Ausnahmen wurden teilweise bei Gefahr im Verzug gewährt[569]. Im Falle der Brandenburgisch-Afrikanischen Compagnie war die Aufnahme von Krediten nur mit der Zustimmung von zwei Dritteln der Hauptpartizipanten zulässig, nach dem Plan Jogues' reichte eine einfache Mehrheit der Versammlung der Hauptpartizipanten[570]. Für die Afrikanisch-Amerikanische Compagnie war zur Kreditaufnahme die Zustimmung der Mehrheit der Direktoren und der Hauptpartizipanten erforderlich; dies

---

[564] Art. 18 Neues Octroi der Brandenburgisch-Afrikanisch-Amerikanischen Compagnie von 1692.

[565] Dies galt nicht nur für die Bewindhaber, sondern auch Partizipanten und Offiziere. Eine Zuwiderhandlung wurde mit einer Strafe an Leib und Leben oder einer Geldbuße bedroht; vgl. Art. 20 Reglement der Brandenburgisch-Afrikanischen Compagnie, *Schück* Kolonialpolitik II, Nr. 72.

[566] Art. 22 Octroi für die Brandenburgisch-Afrikanische Compagnie von 1688.

[567] Art. 19 Reglement der Brandenburgisch-Afrikanischen Compagnie von 1683.

[568] Art. 11 Satzung van Kampen von 1734; Art. 7 Octroi der Asiatischen Compagnie Teegels 1764; Art. 8 Deklaration Direktoren der Asiatischen Compagnie Stuarts 1751; Art. 8 Règlements provisionels der Bengalischen Compagnie von 1753; Art. 50 Entwurf des Octroi von Jogues 1744.

[569] Art. 50 Entwurf des Octroi von Jogues 1744. In diesem Fall sollten aber wenigstens die – dem Plan nach stets an der Niederlassung der Compagnie anwesenden – Auditeurs der Kreditaufnahme zustimmen.

[570] Art. 13 Reglement der Brandenburgisch-Afrikanischen Compagnie von 1683, Art. 50 Entwurf des Octroi von Jogues 1744.

wurde 1694 auf die Aufnahme von Krediten von mehr als 12.000 Reichstalern beschränkt[571]. Die Regelungen der Brandenburgisch-Amerikanischen Compagnie waren noch restriktiver. Dort durfte nur bei einem Konsens ein Kredit aufgenommen werden. Entsprechendes galt für die Aufnahme von Schiffshypotheken. Fehlte die Zustimmung, war das getätigte Geschäft bei dieser Gesellschaft nichtig ("sub poena nullitas")[572]. Die übrigen Quellen treffen keine Aussage über die Konsequenzen eines Verstoßes gegen die Zustimmungspflichten.

Auch andere Geschäftshandlungen waren an die Beteiligung der Anteilsinhaber geknüpft. So mussten zum Beispiel im 17. Jahrhundert der Präsident und die Direktoren der Brandenburgisch-Afrikanischen Compagnie vor der Equipage eines Schiffes einen Prospekt verfassen, der die Kosten des Projekts benannte. Zusätzlich musste die Zustimmung der Partizipanten eingeholt werden. Eine Ausnahme bestand erneut für den Fall der Gefahr in Verzug. In diesem Fall reichte eine Abstimmung der anwesenden Partizipanten aus, so dass die Anreise der abwesenden Partizipanten nicht abgewartet werden musste[573]. Auch die Ausgabe neuer oder die Neubewertung alter Aktien[574] durfte bei der Brandenburgisch-Amerikanischen Compagnie nur mit dem Konsens der Hauptpartizipanten erfolgen. Erneut führte ein Verstoß zur Nichtigkeit des getätigten Geschäfts ("sub poena nullitas")[575]. Für die Brandenburgisch-Afrikanisch-Amerikanische Compagnie wurde zusätzlich eine persönliche Haftung der Direktoren für den Fall festgelegt, dass ein Direktor unter Verstoß gegen die Bestimmungen einen Bodmereivertrag[576] abschloss oder Privatgeschäfte tätigte[577]. Daneben waren den Bewindhabern der Brandenburgisch-Amerikanischen Compagnie auch bestimmte eigene Geschäfte mit der Compagnie untersagt[578]. Ein Konkurrenzverbot wurde ausdrücklich festgeschrieben[579].

---

[571] Art. 25 Neues Octroi für eine Brandenburgisch-Afrikanisch-Amerikanische Compagnie 1692; Art. 22 Nieuw Reglement Brandenburgisch-Afrikanisch-Amerikanischen Compagnie von 1694.

[572] Art. 22 Octroi für die Brandenburgisch-Afrikanische Compagnie von 1688.

[573] Art. 8 Reglement der Brandenburgisch-Afrikanischen Compagnie von 1683.

[574] Die Quellen lassen leider offen, was genau damit gemeint war. Es kann sich aber nur um die Frage der Bewertung der Beteiligung alter Anteilsinhaber nach der Verschmelzung mit der Afrikanischen Compagnie handeln.

[575] Art. 22 Octroi für die Brandenburgisch-Afrikanische Compagnie von 1688.

[576] Der Bodmereivertrag stellte ein spätmittelalterliches und frühneuzeitliches Finanzierungsmittel für Seereisen dar. Die Bodmerei ist ein Darlehen, welches während der Seereise gegen Verpfändung des Schiffes, des Frachtanspruchs oder der Ladung aufgenommen wurde, siehe *Musäus*, Grundsätze des Handlungsrechts, § 64, vgl. auch *Helm*, Art. Bodmerei, in: HRG, S. 467.

[577] Art. 27 Neues Octroi der Brandenburgisch-Afrikanisch-Amerikanischen Compagnie von 1692.

[578] Art. 22 Octroi für die Brandenburgisch-Amerikanische Compagnie von 1688; Art. 27 Neues Octroi der Brandenburgisch-Afrikanisch-Amerikanischen Compagnie von 1692. Zum Begriff Bewindhaber siehe Fn. 88.

Eine Besonderheit der Preußischen Seehandlung im Vergleich zu anderen, ebenfalls mit einem Präsidenten ausgestatteten Gesellschaften bestand darin, dass keine Verfügung der Direktoren ohne dessen Gegenzeichnung wirksam war[580]. Die Direktoren der Preußischen Seehandlung hatten damit allein nach außen keine unmittelbare Vertretungsbefugnis.

5. Vergütung

Die Octrois legten die Höhe der Vergütung der Direktoren und Präsidenten meist unmittelbar fest. Es oblag der Generalversammlung, diesen Betrag bei Bedarf zu erhöhen. Als Entschädigung sollten die Direktoren der Ostindischen Compagnie jährlich eine Summe von 600 Reichstalern erhalten. In der Zahlung eines festen Gehalts zeigt sich die starke Anlehnung der frühen brandenburgischen Gesellschaften an die niederländischen Vorbilder, auf die in diesem Fall sogar ausdrücklich Bezug genommen wurde. Dort hatten zwar die Direktoren zu Beginn des 17. Jahrhunderts lediglich Provisionen erhalten. Diese Regelung wurde jedoch Mitte des 17. Jahrhunderts zugunsten einer festen Vergütung aufgegeben[581]. Eine Sonderregelung bestand zusätzlich in Brandenburg für diejenigen Direktoren, die von auswärts kamen und an den Ort der Niederlassung der Compagnie ziehen mussten. In diesem Fall konnten die Direktoren sich selbst gemeinsam mit den Hauptpartizipanten nach Mitteilung an den Kurfürsten das Gehalt erhöhen[582]. Die Vergütungsregelung für Organe der Brandenburgisch-Afrikanischen Compagnie war dagegen deutlich kürzer. Es wurde ein Gehalt festgesetzt, welches jährlich 100 Dukatons[583] für die Direktoren, und 200 Dukatons für den Präsidenten betrug[584]. Die Vergütung der Direktoren der Brandenburgisch-Amerikanischen Compagnie wurde auf 400 Reichstaler jährlich festgelegt. Die Compagnie hatte jedoch das

---

[579] Art. 27 Neues Octroi der Brandenburgisch-Afrikanisch-Amerikanischen Compagnie von 1692.; Art. 11 Satzung van Kampen von 1734; Art. 51, 52 Entwurf des Octroi von Jogues 1744.

[580] Art. 13 Octroi der Preußischen Seehandlung von 1772.

[581] Art. 13 Octroi für eine Brandenburgisch-Ostindische Compagnie von 1651. Die Provision betrug bei der V.O.C. betrug ursprünglich 1 Prozent der Investitionskosten und Einkünfte auf dem Verkauf der importierten Waren. Aufgrund von Konflikten mit den Partizipanten, denen lange keine Dividenden gezahlt wurden, wurde diese Regelung jedoch Mitte des 17. Jh. zugunsten einer festen Summe geändert, so dass zur Zeit der Octroyierung der Brandenburgisch-Ostindische Compagnie diesbezüglich keine Abweichung mehr vorliegt.

[582] Art. 13 Octroi für eine Brandenburgisch-Ostindische Compagnie von 1651.

[583] Dukaton ist ein anderer Ausdruck für einen Großen Dukaten und entsprach in den Niederlanden dem Reichstaler. Ein Dukaton entsprach ca. 3 Gulden, also 2 Reichstalern (ein Gulden = 2/3 Reichstaler). Der Dukat war ursprünglich die Goldmünze Venedigs, deren Bezeichnung sich von der darauf abgedruckten Umschrift herleitet: „Sit tibi Christe datus quem tu regis iste ducatus", Dt.: „Dir, Christus, sei dieses Herzogtum, welches du regierst, gegeben". Vgl. *Rittmann*, Deutsche Münz- und Geldgeschichte bis 1914, S. 40.

[584] Art. 16 Reglement der Brandenburgisch-Afrikanischen Compagnie von 1683.

Recht, diese Summe durch Beschluss der Hauptpartizipanten zu erhöhen, wenn die Mittel der Gesellschaft es erlauben sollten[585]. Die Direktoren der Afrikanisch-Amerikanischen Compagnie erhielten eine *billige Besoldung* ohne Angaben über die Höhe derselben. Die Vergütung der Direktoren war, gemessen an den Umständen der Zeit, in der ein Pfund Butter ca. 5 Stüber, also 1/12 Reichstaler kostete und ein Handwerksmeister am Tag einen halben Reichstaler verdiente, erheblich[586]. Andererseits war die Vergütung nicht als alleiniger Anreiz für die Direktoren gedacht, ihr Amt auszuüben. Durch die Pflicht, eine nicht unerhebliche Mindestbeteiligung an der Gesellschaft zu halten, wird deutlich, dass auch die Gewinne der Gesellschaft die Direktoren entschädigen sollten. Mehrfach wurde den Direktoren zusätzlich eine Reisekostenentschädigung gewährt, da sie meist nicht am Ort der Niederlassung – in der Regel Emden mit dem Seehafen – wohnten[587].

Im 18. Jahrhundert wurde die Höhe der Vergütung nicht mehr durchgängig in den Gründungsoctrois geregelt[588]. Meist wurde die Kompetenz der Generalversammlung übertragen[589]. Die Regelungen sind anders als im 17. Jahrhundert eher kursorisch. Lediglich für die Herings-Gesellschaft war im Octroi und in der Satzung ein festes Jahresgehalt von 200 Gulden vorgeschrieben; das erneuerte Octroi überließ die Frage der Besoldung der Direktoren der Generalversammlung[590]. Bei günstiger Entwicklung der Gesellschaft sollten die Gehälter erhöht werden[591]. Darüber hinaus sollten nach manchen Entwürfen Reisekosten ersetzt werden[592]. Interessant ist dabei die Festlegung der Gehälter für die übrigen Bediensteten der Heringscompagnie in der ersten Satzung der Gesellschaft. Denn diese erhielten zum Teil deutlich höhere Gehälter als die Direktoren. So wurden dem Equipage- und Packmeister jährlich 600 Gulden gezahlt[593], der Buchhalter und der Kassierer erhielten 400 Gulden, und sogar der Bote bekam mit 200 Gulden das gleiche Gehalt wie ein Direktor[594]. Dies lässt sich nur dadurch erklären, dass die Direktoren

---

[585] Art. 27 Octroi für die Brandenburgisch-Afrikanische Compagnie von 1688.

[586] Siehe oben Fn. 583.

[587] Art. 30 Octroi für die Brandenburgisch-Afrikanische Compagnie 1688; Art. 18, 19 Neues Octroi der Brandenburgisch-Afrikanisch-Amerikanischen Compagnie von 1692; Art. 31 Entwurf des Octroi von Jogues 1744.

[588] Art. 8 Plan einer Ostindischen Compagnie Sloyers von 1744 legte das Gehalt auf 500 Dukaten sowie Reisekostenentschädigung fest.

[589] Art. 31 Entwurf des Octroi von Jogues 1744; Art. 13 Octroi der Assekuranzcompagnie 1765; Art. 12 Octroi der Levantischen Handlungscompagnie von 1765; Art. 10 Octroi der Ostindischen Compagnie Roubauds von 1765.

[590] Art. 12 Satzung der Heringsfischereigesellschaft, Art. 20 Erneuertes Octroi der Heringsfischereigesellschaft von 1787.

[591] Art. 12 Satzung der Heringsfischereigesellschaft.

[592] Art. 8 Plan einer Ostindischen Compagnie Sloyers von 1744; Art. 31 Entwurf des Octroi von Jogues 1744.

[593] Drei Gulden entsprachen 2 Reichstalern, vgl. *Rittmann*, Deutsche Münz- und Geldgeschichte bis 1914, S. 90 f.

[594] Art. 12 Satzung der Heringsfischereigesellschaft.

der Heringsfischereigesellschaft anders als die der Fernhandelsgesellschaften wie insgesamt auch die Mehrheit der Anteilsinhaber der Gesellschaft Kaufleute aus der Region waren, die vermutlich neben den Einkünften aus der Heringsgesellschaft über andere Einnahmequellen verfügten.

Die Gehälter der Direktoren und Präsidenten waren, auch wenn man sie mit anderen Einkünften der Zeit vergleicht[595], offenkundig nicht dazu gedacht, die alleinige Einnahmequelle der Amtsinhaber darzustellen. Sie lagen zwar nicht unter den Einkünften vergleichbarer Positionen[596], waren aber angesichts des hohen Prestiges und der herausgehobenen Stellung der Fernhandelscompagnien auch nicht außergewöhnlich hoch. Es bleibt offen, ob diese Höhe, aber auch die Verteilung der Gehälter im Vergleich zu den übrigen Angestellten dadurch bedingt war, dass die Direktoren als Anteilsinhaber ohnehin von der Gewinnausschüttung profitierten und somit keine erhöhte Notwendigkeit gesehen wurde, ihnen ein höheres Gehalt zu zahlen. Der wirtschaftliche Anreiz für die Tätigkeit der Direktoren lag vermutlich mehr in der Erwartung hoher Ausschüttungen als in der Auszahlung der jährlichen Entschädigung.

6. Kontrolle und Rechnungslegung

Vorschriften über die Kontrolle der Direktoren finden sich bereits in den frühen Privilegien. Diese erfolgte hauptsächlich durch die Pflicht zur Erstellung der Bilanzen und Abrechnungen, mittels derer den Anteilsinhabern über die Geschäfte und Einkünfte der Gesellschaften Auskunft erhielten. Die Direktoren hatten in der Regel jährlich Rechenschaft über die Geschäfte abzulegen[597]. Eine solche Abrechnung war auch zur Festsetzung der Gewinnausschüttung zwingend erforderlich. Die Gesellschaften wurden durch die Octrois und Satzungen zur Führung einer ordentlichen Buchhaltung verpflichtet. Die systematische doppelte Buchführung hatte sich, aus Oberitalien kommend, erst seit dem 16. Jahrhundert in Deutschland durchgesetzt. Sie war Voraussetzung für die Objektivierung und Rationalisierung der Wirtschaft in der Neuzeit und unabdingbar für die Entstehung entpersonalisierter Unternehmen[598].

Für die Brandenburgisch-Ostindische Compagnie wurde die Frage der Rechenschaftspflicht der Direktoren ausführlich geregelt. Alle drei Jahre mussten die

---

[595] Siehe dazu oben Fn. 316.

[596] Ein Direktor einer Manufaktur zum Beispiel verdiente in Frankfurt am Main monatlich 33 1/3 Gulden, also jährlich 400 Gulden. Dies entsprach 266 Reichstalern.

[597] Eine jährliche Abrechnung war auch für andere Gesellschaftstypen allgemein üblich und teilweise in den Statuten der Städte festgelegt, so in Lübeck, Frankfurt, Nürnberg und später im Preußischen Allgemeinen Landrecht (§ 639 – 46), vgl. *Mittermaier,* Grundsätze des gemeinen deutschen Privatrechts, § 500 m. w. N.

[598] *Sombart,* Entstehung der kapitalistischen Unternehmung, S. 316 ff., 321.

Direktoren über ihre Arbeit öffentlich Rechnung gegenüber den Partizipanten able-
gen[599]. Daneben bestand die Pflicht, jährlich die Bücher und Rechnungen zu
schließen, das heißt einen Jahresabschluss zu fertigen, um *„einen perfecten Staat
von der Compagnie Mitteln machen"* zu können. In welchem Verhältnis dieser
jährliche Abschluss zu der dreijährigen Rechenschaft steht, ließ das Octroi offen.
Zwar wurde den Anteilsinhabern nicht ausdrücklich das Recht gegeben, die Abrechnung zu kontrollieren. Da jedoch den Hauptpartizipanten ein jederzeitiges Ak-
teneinsichtsrecht zukam[600], stand ihnen faktisch auch die Überprüfung des Jahres-
abschlusses zu. Zusätzlich begründete Art. 14 der Satzung die Pflicht der Direktoren, auf Verlangen der Partizipanten Rechenschaft über Rechnung, Ausrüstung und
den Retouren abzulegen[601]. Diese Pflicht scheint den allgemeinen Rechenschaftspflichten aus dem Octroi zu widersprechen, die eine Rechnungslegung auch ohne
entsprechendes Verlangen vorsahen. Aufgrund des Zusammenhangs des Art. 14
mit den voranstehenden und folgenden Regelungen, die allein die Verwertung des
Ertrags einer einzelnen Reise zum Gegenstand hatten, wird sich dieses Recht der
Partizipanten nicht allgemein auf die Geschäfte der Compagnie bezogen haben,
sondern nur auf die Abrechnung unmittelbar nach der Rückkehr von einer Reise
und der sich anschließenden Verwertung der mitgebrachten Güter.

Die Rechtslage bei der Brandenburgisch-Afrikanischen Compagnie war weniger
eindeutig. Das Octroi benannte nicht ausdrücklich, durch wen der *„jährliche Etat
der Compagnie samt Inventars und einer Bilanz"*[602] zu erstellen war. Dies konnte
inhaltlich aber nur durch die Geschäftsführung geleistet werden. Mit großer Wahr-
scheinlichkeit war also das Kollegium der Bewindhaber[603] verpflichtet, die Abrechnung anzufertigen. Einmal jährlich hatten die Direktoren dem Kurfürsten und
den Hauptpartizipanten allgemein den Zustand der Compagnie zu erläutern[604]. Die
Direktoren der Brandenburgisch-Afrikanisch-Amerikanischen Compagnie waren
verpflichtet, einmal jährlich in einer Versammlung allen Anteilsinhabern unabhängig von der Höhe ihrer Einlage Rechenschaft zu geben. Auf der Grundlage dieser
Abrechnung erfolgte dann die Entscheidung über die Ausschüttung von Gewinnen
durch Mehrheitsbeschluss[605]. Die Direktoren konnten für eine mangelhafte Buch-
und Rechnungsführung haftbar gemacht werden. Sollte durch ihre *„Nachlässigkeit
der Compagnie einiger Schaden und Nachtheil zuwachsen"*, hatten sie diesen der
Compagnie (nicht den Anteilsinhabern) zu ersetzen[606]. Diese Schadensersatz-

---

599 Art. 22 Octroi für eine Brandenburgisch-Ostindische Compagnie von 1651.

600 Art. 15 Octroi für eine Brandenburgisch-Ostindische Compagnie von 1651.

601 Art. 14 Conditiones der Brandenburgisch-Ostindischen Compagnie von 1652.

602 Art. 5 Edikt der Brandenburgisch-Afrikanische Compagnie von 1682.

603 Zum Begriff Bewindhaber siehe Fn. 88.

604 Art. 23 Octroi für die Brandenburgisch-Afrikanische Compagnie von 1682.

605 Art. 24 Neues Octroi der Brandenburgisch-Afrikanisch-Amerikanischen Compagnie
von 1692.

606 Art. 14 Reglement der Brandenburgisch-Afrikanischen Compagnie von 1683.

pflicht bezog sich nach der Vorschrift aber nur auf Schäden, die wegen Fehlern im Zusammenhang mit den Rechnungen und der Kasse entstanden.

Auch im 18. Jahrhundert waren die handelnden Organe stets der Versammlung der Anteilsinhaber Rechenschaft schuldig. Die entsprechenden Regelungen hinsichtlich der Kontrolle der Amtsführung der Direktoren und Hauptpartizipanten waren knapp. Sie statuierten aber nicht nur Kontrollrechte der Anteilsinhaber, sondern sollten auch eine Einflussnahme auf die Gesellschaft von außen, ein Übermaß an staatlichen Einfluss verhindern. Alle Quellen stellten zunächst fest, dass die Gesellschaft nur den Anteilsinhabern „*in einer allgemeinen Versammlung von ihrem Thun und Lassen Rechenschaft zu geben verpflichtet seyn*" sollten[607]. Aus der Tatsache, dass dieses ausdrücklich festgelegt wurde, erhellt sich, dass dies gerade keine Selbstverständlichkeit war. Vielmehr musste ein solcher Grundsatz gegen ein Zuviel an staatlicher Einflussnahme niedergeschrieben werden. Weitere Bestimmungen finden sich in den inhaltlich auch sonst größtenteils übereinstimmenden Quellen der Compagnien Stuarts und Teegels. Die Direktoren waren gehalten, alle zwei bis drei Jahre von ihrer „*geführten Administration*" Bericht zu geben[608]. Zum Teil wurde der Generalversammlung das Recht gegeben, die Häufigkeit und den Zeitpunkt der Rechnungslegung zu bestimmen[609]. Der Entwurf Sloyers sah keinen Jahresabschluss vor, sondern nur alle drei Jahre die Erstellung eines „*fond de caisse*"[610], in dem ermittelt werden sollte „*dasjenige so in Cassa befunden wird, über des nötige Capital*". Auf der Grundlage dieses Kassensturzes sollte danach gegebenenfalls eine außerordentliche Dividende ausgezahlt werden[611]. Eine weitere Kontrolle ergab sich aus den Bestimmungen hinsichtlich der jährlich oder zweijährlich zu fertigenden „*Schluss-Rechnung*"[612], die aus den Haupt-Büchern der Compagnie durch eine „*accurate summarische Balance*" gezogen werden soll-

---

[607] Art. 5 Deklaration der Asiatischen Compagnie Stuarts 1751; entsprechende Bestimmungen der anderen Compagnien finden sich in Art. 20 Octroi der Bengalischen Compagnie von 1753; Art. 15 Octroi der Heringsfischereigesellschaft von 1769; Art. 5 Octroi der Asiatischen Compagnie Teegels 1764; Art. 15 Erneuertes Octroi der Heringsfischereigesellschaft von 1787; Art. 23 Octroi der Assekuranzkammer von 1765; Art. 11 Erlass Getreidehandlung Elbe 1770; Art. 12 Erlass Getreidehandlung Oder 1770; Art. 13 Octroi der Preußischen Seehandlung von 1772.

[608] Art. 8 Deklaration Direktoren der Asiatischen Compagnie Stuarts 1751; Art. 7 Octroi der Asiatischen Compagnie Teegels 1764.

[609] Art. 30 Entwurf des Octroi von Jogues 1744.

[610] Art. 11 Plan einer Ostindischen Compagnie Sloyers von 1744. Einen dreijährigen Zyklus sah auch die Große Ravensburger Gesellschaft vor, vgl. *Rehme*, ZRG GA 47 (1927), 487, 555.

[611] Einen außerordentlichen Kassensturz alle fünf Jahre zur Ermittlung einer außerordentlichen Dividende sah auch der Entwurf Jogues vor, Art. 42 Entwurf des Octroi von Jogues 1744.

[612] Jährliche Abrechnung: Art. 11 Deklaration Direktoren der Asiatischen Compagnie Stuarts 1751; Art. 26 Octroi der Asiatischen Compagnie Teegels 1764; Art. 26 Erneuertes Octroi der Heringsfischereigesellschaft von 1787; alle zwei Jahre: Art. 8 Articles de Convention de la Touche.

te. In der Abrechnung sollte das Ausgangskapital einer Reise, die Ausgaben durch den Einkauf von Ware und andere *„Nothdurfften der Compagnie"*, der Erlös aus dem Verkauf der Ware sowie der sich danach ergebende Profit angegeben werden. Aufgrund dieser Bilanz wurde die Dividende der Anteilsinhaber berechnet. Einsicht in diese Bilanz hatten erneut nur die Anteilsinhaber[613], nach außen sollte sie *„auff das äusserste secretiret"* werden. Eine Ausnahme hiervon wurde nur für den König gemacht, der auf Verlangen die Bilanz einsehen durfte[614]. Reinhold Koser bezeichnet die nachträglich ergänzten Vorschriften der Handelscompagnie Stuarts als die Gesellschaft einschränkende Bestimmungen, die das staatliche Einmischungsrecht in die Belange der Gesellschaft wesentlich erhöht hätten[615]. Dem kann jedoch nicht zugestimmt werden. Die ergänzende Deklaration enthielt vor allem Bestimmungen über die Rechnungslegung der Direktoren gegenüber den Anteilsinhabern der Gesellschaft. Gerade diesen kam eine genau geregelte und regelmäßige Rechnungslegung zugute, hatten sie doch dadurch die Mittel, die Direktoren zu überprüfen und gegebenenfalls durch Abwahl zu sanktionieren. Dass auch der Staat Einsicht erhielt, erscheint aus der Perspektive des bis 1985 geltenden Aktienrechts nicht so ungewöhnlich. Auch danach musste der Jahresabschluss einer Aktiengesellschaft beim Handelsregister eingereicht werden[616].

Das Reglement der Bengalischen Compagnie schrieb eine Kontrolle der Bilanz durch Rechnungsprüfer vor. Festgelegt wurde die Bestellung von drei Prüfern durch die Anteilsinhaber[617]. Die Bengalische Compagnie hatte danach eine regelmäßige Abrechnung vorzulegen. Auch der Entwurf Jogues' sah die Wahl von maximal drei Rechnungsprüfern (*„auditeurs"*) durch die Anteilsinhaber vor. Diese sollten für einen Zeitraum von maximal drei Jahren gewählt werden und ein festes, durch die Generalversammlung zu bestimmendes Gehalt beziehen[618]. Ihre vorzeitige Abberufung und Ersetzung durch die Generalversammlung war möglich[619]. Zur Wahrung ihrer Unabhängigkeit enthielt der Entwurf eine Klausel, derzufolge die Rechnungsprüfer nicht mit den Hauptpartizipanten verwandt oder verschwägert sein durften[620].

---

[613] Art. 12 Deklaration Direktoren der Asiatischen Compagnie Stuarts 1751; Art. 26 Octroi der Asiatischen Compagnie Teegels 1764; Art. 8 Articles de Convention de la Touche; Art. 20 Octroi der Bengalischen Compagnie von 1753.

[614] Art. 12 Deklaration Direktoren der Asiatischen Compagnie Stuarts 1751; Art. 26 Octroi der Asiatischen Compagnie Teegels 1764.

[615] *Koser,* Geschichte Friedrichs des Großen, Fünftes Buch, S. 193.

[616] § 177 AktG, aufgehoben durch das BiRiLiG vom 19. 12. 1985 (BGBl. I S. 2355).

[617] Art. 7 Reglement für die Bengalische Compagnie von 1753.

[618] Art. 30, 43 Entwurf des Octroi von Jogues 1744.

[619] Art. 43 Entwurf des Octroi von Jogues 1744.

[620] Art. 44 Entwurf des Octroi von Jogues 1744.

II. Präsidenten

Das Amt des Präsidenten stellt einen der deutlichsten Unterschiede zwischen den Gesellschaften des 17. und des 18. Jahrhunderts dar. Verfügten die Compagnien des Großen Kurfürsten noch stets über einen Präsidenten, der den Direktoren vorstand und den Gesellschaften eine stark hierarchische Struktur gab, so war dieser im 18. Jahrhundert weitestgehend verschwunden und die Struktur der Gesellschaften stärker durch eine Gleichberechtigung der Direktoren geprägt.

Im 17. Jahrhundert war neben den Direktoren für die Compagnien übereinstimmend der Posten eines Präsidenten vorgesehen. Daneben gab es vereinzelt noch die Position eines Vizepräsidenten, so bei der Brandenburgisch-Amerikanischen Compagnie[621]. Der Präsident saß dem Kollegium der Direktoren vor und wurde – wie auch der Vizepräsident – durch den Kurfürsten bestimmt[622]. Dies bezog sich sowohl auf den ersten Präsidenten der Compagnie als auch auf die folgenden, sollte das Amt durch Tod oder auf andere Weise vakant werden. Nach dem Octroi der Brandenburgisch-Afrikanischen Compagnie oblag dem Kurfürsten auch die Ablösung des Präsidenten[623]. Ein Mitspracherecht der Compagnie bei der Wahl des Präsidenten bestand nicht. Der Präsident hatte einen Eid gegenüber dem Kollegium der Direktoren abzulegen, sich *„wol und treulich zu verhalten, der Compagnie Bestes ohne einigen Eigennutz suchen, Schaden und Unheil aber verhüten und abwenden"*, Rechnung abzulegen, keinen Partizipanten gegenüber dem anderen zu bevorzugen sowie die Geheimnisse der Compagnie zu wahren[624]. Die Bezahlung des Präsidenten war nur für die Brandenburgisch-Afrikanische Compagnie geregelt[625].

Die genaue Aufgabe des Präsidenten wurde in den Octrois nicht festgelegt. Er gehörte dem Direktorenkollegium an. Hieraus kann nur geschlossen werden, dass er als Teil des Kollegiums nicht dessen Kontrollorgan, sondern als primus inter pares der Vorsitzende des Leitungsorgans war. So wird auch für die Brandenburgisch-Amerikanische Compagnie 1692 festgehalten, dass ihm gleich den übrigen Direktoren im Kollegium nur eine Stimme zukam[626]. Dem Präsidenten oblag wie den Direktoren die Wahrnehmung sämtlicher Geschäfte der Gesellschaft. Offen

---

[621] Art. 13 Octroi für die Brandenburgisch-Amerikanische Compagnie von 1688.

[622] Art. 3 Octroi für eine Brandenburgisch-Ostindische Compagnie von 1651; Art. 15 Reglement der Brandenburgisch-Afrikanischen Compagnie von 1683; Art. 13 Octroi für die Brandenburgisch-Amerikanische Compagnie von 1688; Art. 17, 18 Neues Octroi der Brandenburgisch-Afrikanisch-Amerikanischen Compagnie von 1692.

[623] Art. 15 Reglement der Brandenburgisch-Afrikanischen Compagnie von 1683.

[624] Art. 9, 10 Octroi für eine Brandenburgisch-Ostindische Compagnie von 1651.

[625] Der Präsident sollte danach mit 200 Dukaten das doppelte der Bezüge der Direktoren erhalten, Art. 16 Reglement der Brandenburgisch-Afrikanischen Compagnie von 1683.

[626] Art. 17 Neues Octroi der Brandenburgisch-Afrikanisch-Amerikanischen Compagnie von 1692.

bleiben die genauen Regelungen für die Entscheidungsfindung im Gremium. Es kann also nicht mit Sicherheit bestimmt werden, ob der Präsident ein Vetorecht im Kollegium hatte oder seine Stimme wie die der anderen zählte. Der Präsident der afrikanischen Compagnie durfte das Siegel des Kurfürsten benutzen, um den Handlungen des Kollegiums der Bewindhaber mehr *„Nachdruck und Autorität"* zu verleihen[627]. Die Vertretungsmacht des Präsidenten wurde nicht ausdrücklich geregelt, als Teil des Direktoriums hatte er aber ebenfalls die den übrigen Direktoren zustehende Vertretungsbefugnis nach außen. Bei der Preußischen Seehandlung kam ihm alleine das Recht zu, die Gesellschaft nach außen zu vertreten[628].

Eine Veränderung der Struktur der Compagnien im 18. Jahrhundert gegenüber denen des Großen Kurfürsten besteht im weitgehenden Verzicht auf den Posten eines Präsidenten. Lediglich der Entwurf für die Orientalische Compagnie Roubauds sowie die Octrois der Levante-Compagnie und der Preußischen Seehandlung sahen noch einen Präsidenten vor. Dieser wurde stets im Octroi namentlich benannt[629]. Der preußische Kammerherr Graf von Redern wurde Präsident der Orientalischen Compagnie van Kampens. Als Präsident der Levante-Compagnie war der hinter dieser Gesellschaft stehende Unternehmer Philipp Clement vorgesehen. Nach dem Entwurf für die Levante-Compagnie und der Handelscompagnie Roubauds hatten die Anteilsinhaber keine Möglichkeit, den Präsidenten abzusetzen, sofern dieser sich nicht einer Veruntreuung schuldig gemacht hatte[630]. Zudem hatte die Gesellschaft dem Präsidenten, der Inhaber von 50 Aktien sein musste, ein Honorar und andere angemessene Vorteile zu gewähren[631]. Das Octroi der Preußischen Seehandlung benannte den Präsidenten nicht namentlich. Seine Aufgabe wurde aber mit der Leitung aller Geschäfte bezeichnet[632]. Wie bereits erwähnt, hatte er allen Verfügungen der Direktoren durch seine Unterschrift Geltung zu verschaffen[633].

Die Quellen geben keine Auskunft, warum bei den übrigen privilegierten Handelscompagnien das Amt des Präsidenten nicht mehr vorgesehen war. Das Präsidentenamt stellte durch die staatliche Berechtigung zur Ernennung ein Einfallstor für staatliche Kontrolle und Einflussnahme auf die Geschäfte der Gesellschaft dar. Das Fehlen eines staatlich auserwählten Präsidenten in vielen Entwürfen und Octrois im 18. Jahrhundert bedeutete gleichzeitig größere sachliche Unabhängig-

---

[627] Art. 25 Octroi für die Brandenburgisch-Afrikanische Compagnie von 1682. Zum Begriff Bewindhaber siehe Fn. 88.

[628] Art. 13 Octroi der Preußischen Seehandlung von 1772.

[629] Art. 9 Octroi der Ostindischen Compagnie Roubauds von 1765; Art. 11 Octroi der Levante-Compagnie von 1765; Art. 12 Octroi der Preußischen Seehandlung von 1772.

[630] Art. 9 Octroi der Ostindischen Compagnie Roubauds von 1765; Art. 11 Octroi der Levante-Compagnie von 1765.

[631] Art. 9 Octroi der Ostindischen Compagnie Roubauds von 1765.

[632] Art. 36 Octroi der Preußischen Seehandlung von 1772.

[633] Art. 13 Octroi der Preußischen Seehandlung von 1772.

keit der Gesellschaften. Dies wird insbesondere an der Emder Heringsfischereigesellschaft deutlich. Die Leitung der Gesellschaften war nunmehr kollegial und vor allem – jedenfalls nach ihrer Errichtung – größtenteils privat organisiert.

III. Generalversammlung

Die Handelscompagnien verfügten neben den Leitungsorganen mit der Generalversammlung über ein Organ, in dem die Anteilsinhaber versammelt waren und mit unterschiedlicher Frequenz zusammentraten. Die Generalversammlung fand meist einmal jährlich statt[634], teilweise auch nur nach der Rückkehr eines Schiffes aus Fernost, wenn über die Verteilung des Gewinnes zu entscheiden war[635]. Auch außerordentliche Generalversammlungen waren in den Quellen vorgesehen[636]. In den frühen Gesellschaften stand größtenteils nur den Hauptpartizipanten die Teilnahme offen. Die Generalversammlung war dort also in Wirklichkeit keine allgemeine Versammlung, sondern nur eine Versammlung eines Teils der Anteilsinhaber. Die Quellen nennen keinen Grund für die stärkere Partizipation der einfachen Anteilsinhaber im 18. Jahrhundert. Unter Umständen sollte die Beteiligung an den Gesellschaften – die häufig hinter den Erwartungen zurückblieb – hierdurch attraktiver werden.

Im Octroi der Brandenburgisch-Ostindischen Compagnie wurde die Versammlung der Partizipanten nicht ausdrücklich erwähnt, jedoch eine *Session* der Hauptpartizipanten angesprochen. Deren Versammlung war damit also bekannt, wenn auch nicht unter dem Namen Generalversammlung. Hier wie bei der Brandenburgisch-Afrikanischen Compagnie war es aber lediglich eine Versammlung der Großaktionäre, das heißt der Hauptpartizipanten. Diese entschied grundsätzlich mit einfacher Mehrheit. Eine Zweidrittelmehrheit war nur in Ausnahmefällen erforderlich, nämlich bei den zustimmungspflichtigen Handlungen der Direktoren. Hierzu zählten die Aufnahme von Krediten und die Aussetzung der Gewinnausschüttung, aber auch die Absetzung eines Direktors.

Die Generalversammlung der Brandenburgisch-Afrikanisch-Amerikanischen Compagnie sollte mindestens einmal jährlich zu Emden, am Sitz der Compagnie, tagen[637]. Das Stimmrecht, das aufgrund des Ausschlusses der einfachen Partizipanten von der Teilnahme an der Versammlung nur den Hauptpartizipanten zu-

---

[634] Art. 24 Neues Octroi der Brandenburgisch-Afrikanisch-Amerikanischen Compagnie von 1692, Art. 5 Plan einer Ostindischen Compagnie Sloyers von 1744. Dieser Plan sah vor, dass weitere Zusammenkünfte auf Beschluss der Direktoren erfolgen sollten.

[635] Abs. 4 Articles de Convention de la Touche: nur nach Rückkehr mehrerer Schiffe. Dies bedeutete, dass nicht einmal jährlich eine Sitzung stattfinden musste, denn die Reisen nach Ostindien und China zogen sich teilweise über mehr als ein Jahr hin.

[636] Art. 12 Satzung van Kampen von 1734, dies setzte dort das entsprechende Verlangen von mindestens zwei Direktoren voraus; Art. 5 Plan einer Ostindischen Compagnie Sloyers von 1744.

[637] Art. 17 Neues Octroi der Brandenburgisch-Amerikanischen Compagnie von 1692.

stand, konnte auch durch einen Stellvertreter ausgeübt werden[638]. Dieser musste jedoch selbst auch stimmberechtigt, also Hauptpartizipant sein[639]. Es findet sich in einem der späten Octrois eine Regelung über die Einberufung der Versammlung. Danach sollten die Partizipanten spätestens sechs Wochen vor dem Termin der Versammlung eine schriftliche Einladung erhalten[640]. Die Gestaltung der Generalversammlung dieser Gesellschaft wich von den vorangegangenen und folgenden Handelscompagnien erheblich ab. Das im Octroi als Generalversammlung bezeichnete Organ bestand nämlich nicht aus allen Anteilsinhabern oder auch nur allen Hauptpartizipanten. Vielmehr wurde das auch als „Versammlung der Neun" bezeichnete Organ aus Vertretern der verschiedenen Interessengruppen in der Gesellschaft jeweils für die Dauer nur eines Jahres zusammengesetzt[641]. Dabei waren der Präsident sowie zwei weitere feststehende Personen kraft Amtes dauerndes Mitglied, ein weiteres Mitglied wurde von diesen drei ausgewählt. Die übrigen fünf Mitglieder des Rates der Neun wurden von den Anteilsinhabern gewählt, davon zwei durch die Hauptpartizipanten, die verbleibenden drei durch die Gesamtheit der Anteilsinhaber. Zusätzlich durften zwei von diesen fünf nicht gleichzeitig Direktor sein[642]. Die dermaßen zusammengesetzte Versammlung war somit nur ein Delegiertenorgan, welches zwischen Anteilsinhabern und staatlich benannten Direktoren stand. Sprachlich lehnte sich die Bezeichnung an den Vorstand der V.O.C. an, die auch die „Siebzehn Herren" genannt wurden. Die Befugnisse der Versammlung der Neun sind im Octroi nicht genau umrissen. Sie konnten den Direktoren jedoch Weisungen durch Beschluss erteilen[643] und hatten somit im Vergleich zu den übrigen Gesellschaftern einen deutlich höheren Einfluss auf die laufenden Geschäfte. Sie standen nicht wie sonst als Organ der Kapitalgeber neben den Direktoren, sondern waren diesen als ebenfalls geschäftsführendes Organ beiseite gestellt[644]. Eine allgemeine Generalversammlung sah das Octroi der Brandenburgisch-Afrikanisch-Amerikanischen Compagnie daneben nicht vor. Den einzelnen Anteilsinhabern, die nicht in diesem Gremium vertreten waren, standen aber dennoch die sonst üblichen Rechte zu, wie zum Beispiel die Kontrolle der Jahresabrechnung[645]. Sie

---

[638] Art. 16 Neues Octroi der Brandenburgisch-Afrikanisch-Amerikanischen Compagnie von 1692.

[639] Art. 4 Edikt der Brandenburgisch-Afrikanischen Compagnie von 1682; Art. 6 Reglement der Brandenburgisch-Afrikanischen Compagnie von 1683.

[640] Art. 8 Nieuw Reglement Brandenburgisch-Afrikanisch-Amerikanischen Compagnie von 1694.

[641] Vgl. hierzu auch oben C.I.1., S. 98 ff.

[642] Art. 17 Neues Octroi der Brandenburgisch-Afrikanisch-Amerikanischen Compagnie von 1692.

[643] Art. 15 Neues Octroi der Brandenburgisch-Afrikanisch-Amerikanischen Compagnie von 1692.

[644] *Schmitt*, Die brandenburgischen Überseehandelscompagnien im XVII. Jahrhundert, S. 12.

[645] Art. 24 Neues Octroi der Brandenburgisch-Afrikanisch-Amerikanischen Compagnie von 1692.

waren aber nicht als eigenständiges Organ der Compagnie mit Kollektivrechten versehen. Ein ähnliches Organ wie den Rat der Neun hatte nicht nur die V.O.C. Auch bei süddeutschen Handelsgesellschaften der frühen Neuzeit wie beispielsweise der Großen Ravensburger Gesellschaft fanden sich entsprechende Organe[646].

Die Regelungen über die Vertretung der Anteilsinhaber in ihrer Gesamtheit waren im 18. Jahrhundert ebenso rar wie im 17. Jahrhundert. Zwar enthielten fast alle Quellen Verweise auf die Generalversammlung oder *assemblée générale* als Organ der Gesellschaft, allgemeine Angaben über die Rechte der Versammlung oder das Verfahren bei Zusammenkunft fehlten jedoch. Vielfach wurden die Rechte der Generalversammlung indirekt beschrieben, indem den Anteilsinhabern einzelne Rechte zugestanden wurden, die in der Regel während einer Generalversammlung ausgeübt wurden, wie die Wahl der Direktoren, die Entscheidung über die Dividendenausschüttung und ähnliches[647]. Lediglich die auch im Übrigen atypische Emder Heringsgesellschaft legte überhaupt fest, dass die Versammlung einmal jährlich, und zwar Ende Juni, zusammentreten musste[648]. Für die anderen Compagnien kann nur aus den Vorschriften über die Rechenschaftspflichten der Direktoren auf eine Pflicht zur regelmäßigen Abhaltung einer Versammlung geschlossen werden. Dies ist aber letztlich nicht zwingend, da nicht ausgeschlossen werden kann, dass die Anteilsinhaber auch außerhalb einer Versammlung an einem Ort zu Beschlüssen kommen konnten. Für die Gesellschaft de la Touches wurde festgelegt, dass die konstituierende Versammlung durch den einstimmigen Konsens der Anteilsinhaber zusammenzurufen sei[649]. Spätere Versammlungen wurden sowohl hier als in den anderen Quellen nicht geregelt. So ist dann auch nicht verwunderlich, dass Vorschriften über die Formalien der Einberufung der Versammlung mit wenigen Ausnahmen überall fehlen. Allein die Satzung der Emder Heringsfischereigesellschaft legte fest, dass der Termin der Generalversammlung vierzehn Tage im Voraus in den „Wöchentlichen Ostfriesischen Anzeigen und Nachrichten", einer regionalen Zeitung, bekannt zu geben war[650]. Nur für diese Gesellschaft war auch festgelegt, dass die Generalversammlung nicht öffentlich tagte, sondern die Teilnahme an den Besitz wenigstens einer Aktie geknüpft war[651]. Nach dem Entwurf Sloyers und van Kampens hätte der Termin einer Generalversammlung sogar einen Monat im Voraus (schriftlich) angekündigt werden müssen[652]. Auch die Dauer der Versammlungen war nicht festgelegt. Diese konnten sich jedoch über mehrere Wo-

---

[646] *Rehme*, ZRG GA 47 (1927), 487, 548 ff.

[647] Im Einzelnen oben S. 98 ff., S. 112 ff.

[648] Art. 13 Satzung der Heringsfischereigesellschaft; Art. 20 Erneuertes Octroi der Heringsfischereigesellschaft von 1787.

[649] Absatz 3 Articles de Convention de la Touche.

[650] Art. 13 Satzung der Heringsfischereigesellschaft.

[651] Art. 4 Octroi der Heringsfischereigesellschaft von 1769; Art. 5 Satzung der Heringsfischereigesellschaft; Art. 3 Erneuertes Octroi der Heringsfischereigesellschaft von 1787.

[652] Art. 5 Plan einer Ostindischen Compagnie Sloyers von 1744; Art. 12 Satzung van Kampen von 1734. Vgl. heute die Einberufungsfrist von einem Monat in § 123 AktG.

chen hinziehen[653]. Die Teilnahme an den Versammlungen stand nur den Anteilsinhabern zu. Zum Teil wurde sogar bestimmt, dass der Besitz einer Aktie allein
nicht ausreichte, sondern der Inhaber zusätzlich bei der Gesellschaft registriert sein
musste, um Zutritt zu erhalten und infolgedessen abstimmen zu können[654].

Eine Ausnahme stellte die Preußische Seehandlung dar. Das Octroi dieser
Gesellschaft gab keinen Hinweis darauf, dass die Seehandlung neben dem Chef
(Präsidenten) und den Direktoren über ein weiteres Organ verfügen sollte. Da die
Aktien der Seehandlung kein Stimmrecht vermittelten[655], war eine Versammlung
der Aktionäre auch nicht erforderlich. Die Preußische Seehandlung unterschied
sich in diesem Punkt erheblich von ihren Vorgängern. Sie ist die einzige Gesellschaft ohne Vertretung der Anteilsinhaber.

Genauere Angaben finden sich nur bezüglich des Stimmrechts in den Generalversammlungen. Dieses war häufig an den Besitz einer Mindestzahl von Aktien
geknüpft, die zwischen acht und zehn Aktien lag[656]. Nur die Heringsfischereigesellschaft gab jedem Inhaber einer Aktie auch eine Stimme, und begrenzte sogar
die Anzahl der möglichen Stimmen eines Anteilsinhabers auf fünf[657]. Maximal
zehn Stimmen sollte ein Anteilsinhaber der Orientalischen Compagnie van Kampens auf sich vereinen[658]. Zum Teil findet sich auch eine Staffelung der Stimmrechte dergestalt, dass der Besitz von mindestens zehn Aktien eine Stimme, der
von mindestens dreißig Aktien zwei Stimmen und von mehr als fünfzig Aktien drei
Stimmen vermittelte, mehr als drei Stimmen aber niemandem zukamen[659]. Anders
als bei den kurfürstlichen Gesellschaften waren im 18. Jahrhundert die Anteilsinhaber mit geringerer Beteiligung nicht stets völlig von der Teilhabe ausgeschlossen, da es ihnen nach einigen Quellen freigestellt wurde, sich zur Erreichung der
erforderlichen Mindestzahl zusammenzuschließen und durch die Bestimmung eines Repräsentanten ihre Interessen vertreten zu lassen[660]. Es kamen aber auch
Fälle des völligen Stimmrechtsausschlusses vor, wie bei der Compagnie Jogues',
die unabhängig von der Anzahl der Aktien nur preußischen Untertanen ein Stimmrecht gewährte[661]. Regelmäßig war die Generalversammlung also nur die Versammlung der Aktionäre mit höheren Einlagen und nicht ein demokratisches Organ aller Aktionäre.

---

653 So berichtet *Ring, Asiatische Handlungscompagnien*, S. 111 von einer Generalversammlung der Asiatischen Compagnie Stuarts, die sich über mehr als drei Wochen hinzog.

654 Art. 14 Satzung der Heringsfischereigesellschaft.

655 Siehe oben B.III.3.c), S. 76 ff.

656 Art. 19 Entwurf des Octroi von Jogues 1744; Abs. 6 Articles de Convention de la Touche; Art. 8 Octroi der Ostindischen Compagnie Roubauds von 1765.

657 Art. 5 Satzung der Heringsfischereigesellschaft.

658 Art. 12 Satzung van Kampen von 1734.

659 So Art. 5 Règlements provisionels der Bengalischen Compagnie von 1753, die jedoch
keine Geltung erlangten; Art. 19 Entwurf des Octroi von Jogues 1744.

660 Abs. 6 Articles de Convention de la Touche.

661 Art. 20 Entwurf des Octroi von Jogues 1744.

Für die Beschlussfassung galt im Allgemeinen das Mehrheitsprinzip[662]. Lediglich für die Änderung der internen Satzung sah beispielsweise die Satzung der Emder Heringsfischereigesellschaft eine „gemeinschaftliche Entschließung", also einen einstimmigen Beschluss der Anteilsinhaber vor[663]. Zweidrittelmehrheiten waren zum Teil für die Änderung der Dividendenausschüttung vorgesehen[664].

Bekannt und zugelassen war größtenteils eine Stellvertretung bei der Stimm-
abgabe, sofern der Stellvertreter mit einer gebührenden Vollmacht versehen
war[665].

Insgesamt wird aus der Gewichtung der Stimmrechte als auch der Position der
Hauptpartizipanten ersichtlich, dass „Kleinanlegern" in den Gesellschaften mit
Ausnahme des Rechts auf eine anteilige Ausschüttung wenig Rechte zustanden.
Die größeren Anteilsinhaber hatten dagegen einen deutlich höheren Einfluss auf
die Geschicke der Gesellschaften.

D. Sonstige Regelungen

Weitere Regelungen der Octrois und der Satzungen betrafen die Errichtung von
Niederlassungen, Rechtsmittel gegen Urteile der Compagnie[666] und Gerichtsstände
für Untreueprozesse gegen Bedienstete[667]. Die Compagnien wurden bevollmäch-
tigt, im Namen des Kurfürsten Besitz von Ländereien in Übersee zu ergreifen und
Verträge mit den Einheimischen zu schließen[668]. Diese Aufgaben und Rechte der
Handelscompagnien sind durch ihren Status in Übersee begründet. Die Compagnien übernahmen an ihren Handelsstützpunkten im Rahmen einer kolonialen Politik quasi-staatliche Aufgaben[669]. Aus den Besitzungen der englischen East India

---

[662] Art. 8, 10 Octroi der Ostindischen Compagnie Roubauds von 1765; Avertissement von
der neuen Königl.-Preußischen Asiatischen Handlungs-Compagnie von Emden auf China
(Stuart); Ausführliche Nachricht von der Octroyrten Königl.-Preußischen Asiatischen Compagnie in Emden. Vom Inhalt dieser Quellen berichtet *Ring*, Asiatische Handlungscompagnien. Deren einzig ermittelte Fassungen der Staatsbibliothek Berlin wurden im Zweiten Weltkrieg zerstört. Art. 20 Erneuertes Octroi der Heringsfischereigesellschaft von 1787.

[663] Art. 16 Satzung der Heringsfischereigesellschaft.

[664] Art. 11 Reglement der Brandenburgisch-Afrikanischen Compagnie von 1683.

[665] Art. 5 Règlements provisionels der Bengalischen Compagnie von 1753; Abs. 6 Articles
de Convention de la Touche; Entwurf van Asperens, vgl. *Ring*, Asiatische Handlungscompagnien, S. 14; Art. 12 Satzung van Kampen von 1734, der jedoch den Stellvertreter nur dann
zuließ, wenn dieser durch die Vertretung seinerseits – als Anteilsinhaber – nicht bereits mehr
als zehn Stimmen ausübte.

[666] Art. 29 Octroi für eine Brandenburgisch-Ostindische Compagnie von 1651.

[667] Art. 30 Octroi für eine Brandenburgisch-Ostindische Compagnie von 1651.

[668] Art. 22 Revidiertes Octroi für die Brandenburgisch-Amerikanische Compagnie von
1690, Art. 4 – 10 Neues Octroi der Brandenburgisch-Afrikanisch-Amerikanischen Compagnie von 1692; Art. 68 Entwurf des Octroi von Jogues 1744.

Company gingen letzlich unter anderem die britische Kolonie Indien hervor. Die Verwaltung der Niederlassungen nahm insbesondere im Verlauf des 19. Jahrhunderts staatliche Züge an, obwohl zunächst formal der Besitz weiter den Handelscompagnien zustand. Die Eigenständigkeit der brandenburgischen und preußischen Compagnien stand in einem gewissen Spannungsverhältnis zum absolutistischen Staatsverständnis der Zeit. Der Staat behielt durch die Befristung der Gesellschaften jedoch stets Einflussmöglichkeiten.

I. Gerichtsbarkeit, Streitschlichtung

Weitere, zum Teil sehr ausführliche Vorschriften beschäftigten sich mit der Rekrutierung von Soldaten und Matrosen durch die Compagnien. Diesen wurde in der Regel ein vom Staat unabhängiges Rekrutierungsrecht zugestanden[670]. Damit einher ging die Gerichtsbarkeit über die von der Compagnie desertierten Soldaten[671]. Auch sonst hatten die Compagnien regelmäßig die niedere Gerichtsbarkeit für bestimmte Streitigkeiten. Dazu gehörte die Gerichtsbarkeit über die eigenen Angestellten[672], aber auch die Rechtsprechung über kleinere innere Streitigkeiten[673]. Detailliertere Streitschlichtungsmechanismen wiesen die Entwürfe für privilegierte Handelscompagnien Sloyers und Jogues' auf. Sloyers Entwurf sah vor, dass die Direktoren im Falle von Streitigkeiten und Delikten im Kreise der Bediensteten der Compagnie drei bis fünf Rechtsgelehrte heranziehen sollten, die sodann den Betroffenen *„nach Rechten condemniren und strafen lassen mögen"*[674]. An dieses Urteil sollte der König bzw. der Staat gebunden sein. Auch der Entwurf Jogues' sah ein Verfahren zur Beilegung privatrechtlicher Streitigkeiten vor. Streitigkeiten zwischen Direktoren oder Angestellten der Compagnie sollten zunächst *à l'amiable*, also freundschaftlich beigelegt werden. Der Gang zu öffentlichen Gerichten war vorerst untersagt. Gelang die Streitschlichtung nicht, und überschritt der Streitwert keine 300 Florin, so sollte ein Gremium von drei nicht involvierten Direktoren über die Angelegenheit entscheiden. Rechtsmittel hiergegen wurden nicht zugelassen. In schwierigen Fällen durften die zur Entscheidung berufenen Direktoren einen oder zwei Rechtsberater hinzuziehen. Die Kosten

---

[669] Besonders deutlich wird dies an der Entwicklung der niederländischen und englischen Gesellschaften, aus deren Handelsniederlassungen sich Kolonien herausbildeten.

[670] Art. 6 Deklaration der Asiatischen Compagnie Stuarts 1751; Art. 5, 6 Octroi der Bengalischen Compagnie von 1753; Art. 11 Octroi der Asiatischen Compagnie Teegels 1764.

[671] Art. 36 Octroi für eine Brandenburgisch-Ostindische Compagnie von 1651; Art. 8, 9 Deklaration der Asiatischen Compagnie Stuarts 1751; Art. 6 Octroi der Bengalischen Compagnie von 1753, Art. 12 Octroi der Asiatischen Compagnie Teegels 1764; Art. 11 Entwurf des Octroi von Jogues 1744.

[672] Art. 28, 31 Octroi für eine Brandenburgisch-Ostindische Compagnie von 1651; Art. 5 Octroi der Asiatischen Compagnie Teegels 1764.

[673] Art. 15 Erneuertes Octroi der Heringsfischereigesellschaft von 1787.

[674] Art. 10 Plan einer Ostindischen Compagnie Sloyers von 1744.

hatte die unterlegene Partei zu tragen. Überschritt der Streitwert die Summe von 300 Florin, so sollten fünf Richter und ein Sekretär entscheiden. Dabei ging aus dem Entwurf nicht hervor, ob diese Richter ebenfalls aus den Reihen der Compagnie kommen sollten – was nur schwerlich vorstellbar ist – oder Berufsrichter waren. Erneut erging die Entscheidung in letzter Instanz[675]. Für strafrechtliche Fragen blieb es dagegen bei der zuständigen staatlichen Gerichtsbarkeit[676].

II. Steuern und Zölle

Im 17. als auch im 18. Jahrhundert versuchte der Staat, das Gelingen der privilegierten Handelscompagnien durch Steuererleichterungen und Zollbefreiungen zu fördern. Die Handelscompagnien wurden teilweise von der Zunftpflicht ausgenommen und sollten auch zunftfreie Handwerker zum Bau ihrer Schiffe beschäftigen dürfen[677]. Sie wurden über lange Zeiträume, teilweise für die gesamte Geltungsdauer der gewährten Octrois, von der Entrichtung von Import- oder anderen Zöllen freigestellt, auch Krangelder oder ähnliches waren nicht zu zahlen[678]. Zum Teil erfolgte zwar keine vollständige Freistellung, aber eine Reduzierung der zu zahlenden Zölle[679]. Eine Ausnahme hiervon bilden die Assekuranzkammer und die Getreidehandlungsgesellschaften, die allein im Inland tätig waren und denen keinerlei direkte steuerliche Erleichterungen gewährt wurden.

III. Münzregal

Als einzige unter den privilegierten Handelscompagnien erhielt die Brandenburgisch-Afrikanische Compagnie vom Großen Kurfürsten das Recht verliehen, Münzen zu prägen. Diese trugen das Bildnis des Kurfürsten sowie gelegentlich den Spruch: *„Guinea – dorthin werden die Schiffe vom Gold gezogen wie das Eisen vom*

---

[675] Art. 58 Entwurf des Octroi von Jogues 1744.

[676] Art. 59 Entwurf des Octroi von Jogues 1744.

[677] Art. 66 Entwurf des Octroi von Jogues 1744.

[678] Art. 17, 22 Octroi für die Brandenburgisch-Afrikanische Compagnie von 1682; Art. 7 Octroi der Ostindischen Compagnie Orths von 1687; Art. 11 Octroi für die Brandenburgisch-Amerikanische Compagnie von 1688; Art. 7 Revidiertes Octroi für die Brandenburgisch-Amerikanische Compagnie von 1690; Art. 2 Privileg der Stadt Emden für die Brandenburgisch-Amerikanische Compagnie 1690; Art. 20 Octroi der Ostindischen Compagnie Roubauds von 1765; Art. 9 Octroi der Assekuranzkammer von 1765; Art. 18 Octroi der Asiatischen Compagnie Teegels 1764; Art. 21 Octroi der Levante-Compagnie von 1765; Art. 6 Octroi Asiatische Handlungscompagnie de la Touche von 1750.

[679] Art. 22 Octroi für die Brandenburgisch-Afrikanische Compagnie von 1682; Art. 67 Entwurf des Octroi von Jogues 1744; Art. 12 Octroi der Heringsfischereigesellschaft von 1769; Art. 21 Octroi der Preußischen Seehandlung von 1772.

Magneten."[680]. Daneben durfte die Gesellschaft ein eigenes Siegel führen. Das Siegel hatte die Aufschrift: *„In Usum Societatis Africanae Brandenburgensis"*[681]. Die Verleihung eines Münzregals erklärt sich aus den Wünschen des Großen Kurfürsten, durch die Handelscompagnien zu Kolonien zu gelangen[682].

E. Rechtsfähigkeit

Die Frage nach der Rechtsfähigkeit, das heißt der rechtlichen Stellung der Compagnie als Ganzes, stellt sich heute vor dem Hintergrund der modernen Konzepte von Rechtspersönlichkeit und juristischer Person. Diese Konzepte haben sich erst langsam, insbesondere im 19. Jahrhundert, herausgebildet. Moderne Vorstellungen von Rechtsfähigkeit und Rechtssubjekt sowohl natürlicher als auch juristischer Personen sind zum einen geprägt durch das Postulat einer allgemeinen Rechtsfähigkeit des Menschen, zum anderen durch die Vorstellung, dass nicht nur natürliche Personen Träger von Rechten und Pflichten sein können. Eine allgemeine Rechtsfähigkeit wurde in der Rechtslehre spät anerkannt und in Deutschland maßgeblich von Friedrich Carl von Savigny geprägt[683].

„Hier ist also die Frage zu beantworten: Wer kann Träger oder Subject eines Rechtsverhältnisses seyn? Diese Frage betrifft das mögliche Haben der Rechte, oder die Rechtsfähigkeit ... Alles Recht ist vorhanden um der sittlichen, jedem einzelnen Menschen inwohnenden Freyheit willen. Darum muß der ursprüngliche Begriff der Person oder des Rechtssubjects zusammen fallen mit dem Begriff des Menschen, und diese ursprüngliche Identität beider Begriffe lässt sich in folgender Formel ausdrücken: Jeder einzelne Mensch, und nur der einzelne Mensch, ist rechtsfähig... Es kann zweitens die Rechtsfähigkeit auf irgend Etwas außer dem einzelnen Menschen übertragen, also eine juristische Person künstlich gebildet werden"[684].

An Savignys Äußerungen schloss sich eine grundlegende Debatte der deutschen Rechtswissenschaft über die Rechtsnatur der juristischen Person an, die das 19. Jahrhundert beherrschte und schließlich in Titel 2 des Bürgerlichen Gesetz-

---

[680] Ein Abdruck dieser Münzen findet sich bei *Schmitt,* Die brandenburgischen Überseehandelscompagnien im XVII. Jahrhundert, S. 14.

[681] *Schmitt,* Die brandenburgischen Überseehandelscompagnien im XVII. Jahrhundert, S. 10, 12 mit einem Abdruck des Siegels.

[682] Vgl. zur brandenburgischen Kolonialpolitik die Ausführungen von *Schück,* Kolonialpolitik I.

[683] HRG, Art. Rechtsfähigkeit. Die Frage der Rechtsfähigkeit war noch im Mittelalter und der frühen Neuzeit durch die Ständeordnung bestimmt. Der Gedanke einer allgemeinen Rechtsfähigkeit kam erst mit dem jüngeren Naturrecht und der Überwindung einer statusgebundenen Rechtsfähigkeit des Menschen auf. Mit Savigny und Heise setzte sich die allgemeine Rechtsfähigkeit in der römisch-rechtlichen Literatur, aber auch bei den deutschrechtlichen Wissenschaftlern zwischen 1820 und 1840 mehr und mehr durch, vgl. *Coing,* Europäisches Privatrecht II, S. 285 ff.

[684] *Savigny,* System des heutigen römischen Rechts, Band 2, S. 1 f.

buches („Juristische Personen") mündete[685]. Die durch Savigny vollzogene Abkehr von einer durch den Status des Menschen bestimmten allgemeinen Rechtslehre wurde grundlegend von Immanuel Kant vorbereitet[686] und basierte auf der Trennung von Recht und Moral, die bei den frühen Naturrechtlern wie Samuel von Pufendorf und Christian Wolff noch nicht zu finden war. Erst Kant trennte den Begriff der Person von den damit verbundenen individuellen und konkreten Rechten und Pflichten, er schrieb:

> „Person ist dasjenige Subjekt, dessen Handlungen einer Zurechnung fähig sind. Die moralische Persönlichkeit ist also nichts anderes, als die Freiheit eines vernünftigen Wesens unter moralischen Gesetzen."[687].

Die frühe Naturrechtslehre hatte diesen Schritt noch nicht gemacht; die von ihr entwickelte Lehre von der *persona moralis* führte nicht zur Herausbildung des Gedankens einer juristischen Person oder der allgemeinen Rechtsfähigkeit. Diese Begriffe setzten die Abstraktion von Rechten vom Status des Einzelnen voraus, und entstanden daher erst an der Wende zum 19. Jahrhundert[688]. Savignys Aussage, *„[die Rechtsfähigkeit]... auf künstliche, durch bloße Fiktion angenommene Subjekte"*[689] auszudehnen, war darauf gerichtet, vermögensfähige, eigenständige Subjekte des Privatrechts neben dem Menschen anzuerkennen.

Die rechtliche Einordnung der Handelscompagnien durch die Rechtswissenschaft des 17. bis frühen 19. Jahrhunderts wird unten auf S. 138 ff. dargestellt. Im Folgenden soll zunächst untersucht werden, welcher Status der Handelscompagnien sich aus ihren eigenen Statuten und Octrois ergibt.

Die Quellen enthalten keine ausdrücklichen Angaben über die Rechtsnatur der Gesellschaften. Dies ist insbesondere im 17. Jahrhundert angesichts der noch fehlenden theoretischen Erfassung von Rechtsfähigkeit und Rechtssubjektivität, aber auch noch später wenig verwunderlich.

Die Quellen sprechen allerdings stets von der Compagnie als eigenständiges Gebilde. Die Gesellschaft scheint als neben der Gesamtheit ihrer Anteilsinhaber bestehende Einheit betrachtet worden zu sein[690]. So hieß es bereits für die Brandenburgisch-Ostindische Compagnie hinsichtlich des Gerichtsstands bei Haftungsklagen gegen die Direktoren und Hauptpartizipanten, dass die Partizipanten diese

---

[685] Vgl. *Tietze,* Theorie der juristischen Person, S. 2 ff.; *Henkel,* Theorie der Juristischen Person, S. 71 ff.

[686] *Tietze,* Theorie der juristischen Person, S. 7 f.

[687] *Kant,* Die Metaphysik der Sitten, Einleitung Teil IV, Vorbegriffe zur Metaphysik der Sitten, S. 329.

[688] Vgl. *Lipp,* Quaderni Fiorentini 11 / 12 (1982 / 83), 217 ff.; *Kaser,* Privatrecht II S. 263.

[689] *Savigny,* System des heutigen römischen Rechts, Band 2, S. 236.

[690] Ebenso *Hartung,* Compagnie, S. 134 für die Preußische Seehandlung, V.O.C. und East India Company; *Söhnchen,* Gründungsvoraussetzungen, S. 110 für Brandenburgisch-Afrikanische Compagnie und die Asiatische Compagnie Stuarts.

„ihrer Administration oder einiger von der Compagnie herrührenden Schulden oder Anspruchs halber" verklagen können[691]. Andererseits kann diese Aussage auch nur eine Abgrenzung hinsichtlich zu sonstigen, mit der Compagnie nicht im Zusammenhang stehenden Ansprüchen gegen die Direktoren bzw. Hauptpartizipanten bedeutet haben. Auch von den süddeutschen Handelsgesellschaften wurde, obwohl diese eindeutig als Personengesellschaften anzuschen sind, allgemein als „Gesellschaft" geredet, sowohl in deren Statuten als auch im Geschäftsverkehr, und damit schon keine ausdrückliche sprachliche Trennung zwischen Gesellschaft und haftenden Personen gezogen[692]. An anderer Stelle war bezüglich der privilegierten Handelscompagnien von der *Compagnie in corpore*[693] bzw. *en corps*[694] die Rede. Die Bezeichnung der Compagnien als Corpus erfolgt in der Regel im Zusammenhang mit Klagerechten der Anteilsinhaber bzw. der Frage nach dem richtigen Gerichtsstand für Klagen gegen die Compagnien. Die Handelscompagnien konnten nach dem Wortlaut der Quellen unter ihrem Namen als solche verklagt werden, sie waren offenkundig partei- und prozessfähig. Dagegen galten die Prototypen der offenen Handelsgesellschaften ausgehend von der römisch-rechtlichen reinen Innengesellschaft der *societas*[695] als *societas civilis*[696] auch in der frühen Neuzeit noch nicht als voll- oder gar teilrechtsfähig; sie wurden noch nicht als verselbständigte Einheiten betrachtet[697]. Unabhängig von der eventuell fehlenden dogmatischen Einordnung als juristische Person bzw. Rechtssubjekt stellten die Handelscompagnien rechtlich relevante Einheiten dar, auch wenn sie in den Octroi nicht ausdrücklich als Rechtssubjekt mit eigenen Rechten und Pflichten bezeichnet wurden. Dies ergibt sich bereits aus der Trennung von Haftungsmassen der Gesellschaft und der Anteilsinhabern. Ob mit der sich aus den Quellen ergebenden Parteifähigkeit auch eine allgemeine Rechtsfähigkeit verbunden war, kann vor dem Hintergrund der fehlenden Herausbildung eines solchen Begriffs nicht positiv festgestellt werden[698]. Der Begriff ist in diesem Zusammenhang anachronistisch. Die Möglichkeit, verklagt zu werden[699], beinhaltet aber, ein Urteil gegen die Compa-

---

[691] Art. 31 Octroi für eine Brandenburgisch-Ostindische Compagnie von 1651.

[692] Siehe *Rehme*, ZRG GA 7 (1927), 487 ff.

[693] Art. 20 Octroi für die Brandenburgisch-Afrikanische Compagnie von 1682.

[694] Art. 40 Octroi für die Brandenburgisch-Amerikanische Compagnie von 1688; Art. 24 Deklaration der Asiatischen Compagnie Stuarts 1751; Art. 19 Octroi der Asiatischen Compagnie Teegels 1764; Art. 16 Revidiertes Octroi für die Brandenburgisch-Amerikanische Compagnie von 1690 („als Körperschaft").

[695] *Gaius* D. 17, 2, 68 pr; *Stein*, 33 Tulane Law Rev. (1959), 595 ff.; *Kaser*, Privatrecht I § 133 II.

[696] *Coing*, Privatrecht I, S. 465.

[697] *Thomas*, Persönliche Haftung von Gesellschaftern von Personengesellschaften, S. 62, 118; *Bauer*, Unternehmung und Unternehmensform, S. 84.

[698] Vgl. zum Begriff der Rechtsfähigkeit auch HKK / *Duve*, §§ 1 – 14 Rn. 6.

[699] Art. 40 Octroi für die Brandenburgisch-Amerikanische Compagnie von 1688, Art. 5 Revidiertes Octroi für die Brandenburgisch-Amerikanische Compagnie von 1690, Art. 24

gnie selbst zu erhalten und gegen diese vollstrecken zu können. Damit dieses für
die Gläubiger einen Sinn ergab, muss der verklagten Compagnie auch ein eigenes
Vermögen zugestanden haben, in das nach einer eventuellen Verurteilung voll-
streckt werden konnte. Aussagen, welchem Rechtssubjekt das Vermögen der Gesellschaften zugeschrieben wurde, finden sich in den Quellen mit einer Ausnahme
jedoch nicht. Allein der Transport-Kontrakt von 1692, durch den die Geschäfte der
Brandenburgisch-Afrikanischen Compagnie mit denen der Brandenburgisch-Amerikanischen Compagnie zusammengelegt wurden und infolgedessen die Rechte der
alten Anteilsinhaber gegenüber den neuen Anteilsinhaber der hierdurch entstandenen Gesellschaft geregelt werden mussten[700], geht indirekt auf das Problem ein.
Dort wurde festgelegt:

> „alle Effekten und Waaren, wie auch Magazinen, Forten, Schiffe, Schlaven, Forderungen
> verbleiben den neuen Interessenten der Compagnie zu ihrem Eigenthum und Disposition
> nebst der Schiffs-Ladung so schon angekommen, oder unterwegs sein möchten."[701]

Nach dem Wortlaut dieses Passus scheinen die von der Compagnie herrührenden
Vermögenswerte im (Bruchteils-)Eigentum der Anteilsinhaber gestanden zu haben.
Demnach war gerade nicht die *„Compagnie en corps"* als eigenständiges Zu-
schreibungsobjekt dazwischengeschaltet und mit eigenen Eigentumsrechten ausgestattet. In einer weiteren Quelle ist dagegen von dem *„gesammten Eigenthum"*
der Compagnie die Rede[702]. Insgesamt lässt sich aus den Quellen keine sprachlich
genaue Trennung der Vermögensmassen herauslesen.

Aus der Reihe fällt das Eduard Orth 1687 erteilte Octroi. An diesem ist auffällig,
dass weniger als in den anderen von der Compagnie als Einheit gesprochen wird.
Vielmehr werden an mehreren Stellen die Interessenten als Einzelkaufleute erwähnt, die Compagnie scheint nur die Summe dieser Personen gewesen zu sein.
So werden in Art. 2 die Interessenten und *„leurs cargaisons pour les dits Indes"*
erwähnt, und in Art. 5 verspricht der Kurfürst den Interessenten Schutz, sollte
ihnen – und eben nicht der Compagnie (*„du dommage aux dits interessés"*) – ein
Schaden in Übersee zugefügt werden. Allerdings weist die Gesellschaft Orths
ebenso wie die Taverniers zahlreiche Abweichungen von den übrigen privilegierten Handelscompagnien auf, insbesondere in ihrer Organisationsstruktur. Von
ihnen kann daher nicht ohne weiteres auf die restlichen Handelscompagnien geschlossen werden.

Einen interessanten Einblick in die Ansichten der Organe von der Rechtsfähigkeit und Rechtspersönlichkeit der von ihnen geleiteten Compagnie gibt das Schrei-

---

Declaration der Asiatischen Compagnie Stuarts 1751, Art. 19 Octroi der Asiatischen Compagnie Teegels 1764.

[700] Transportkontrakt der Brandenburgisch-Amerikanischen Compagnie von 1692.

[701] Art. 5 Transportkontrakt der Brandenburgisch-Amerikanischen Compagnie von 1692.

[702] Art. 5 Revidiertes Octroi für die Brandenburgisch-Amerikanische Compagnie von
1690.

ben der Direktoren der Bengalischen Compagnie an den König vom 8. Juni 1767, in dem diese sich gegen die Zuständigkeit eines niederländischen Gerichts für eine Klage gegen sie bzw. die Compagnie wehrten und um Unterstützung des Königs gegenüber den Österreichischen Niederlanden baten.

> „Il est très évident que Votre Compagnie de Bengale n'a et ne doit avoir d'autres juges que ceux auxquels Votre Majesté en a donné l'attribution et qu'établie par octroi de Votre Majesté elle ne pouvoit être dans le cas d'une société particulière, qui pour être formée n'a besoin d'aucun octroi, mais du seul consentement des intéressés qui par cette raison deviennent solidairement responsables pour la société et attaquables partout où ils sont pour ce qui peut les concerner. Les qui ne sont qu'administrateurs des affaires d'un corps, qui a son éxistance dans les états de Votre Majesté …
>
> … la ditte Compagnie de Bengale, comme étant un corps octroyé, … les membres du quel ne sont point attaquables en leur particulier ni resonsables pour tout ce qui regarde la généralité du dit corps ou compagnie."[703]

Eine ähnliche Rechtsauffassung findet sich in einer Instruktion Friedrichs II. an seinen Gesandten bei der Österreichischen Regierung, Rohd.

> „Bemeldte Compagnie ist keinesweges, als eine Societät von Privat-Personen anzusehen, welche, für die Societät, in solidum haften, und persönlich, wo sie sich befinden, belangt werden kann. Sie ist vielmehr eine von Uns octroyirte Indianische Handlungs-Compagnie, welcher Wir Unsere Ostfr. Reg. zum foro ordinario, bestellt, und bey welcher folglich, nicht allein die Directeurs, als Bediente dieser letzteren, in allen, die Compagnie und ihre Amts-Führung betreffenden Sachen, Recht suchen und nehmen müssen."[704]

In beiden Texten wird die Handlungscompagnie ganz entschieden von den einfachen *societates* und Personengesellschaften der Zeit abgegrenzt. Diese konnten sich – wie im römischen Recht – durch Konsens der beteiligten *socii* ohne staatliche Genehmigung gründen, genossen aber keinerlei Haftungsprivilegien[705]. Vielmehr hafteten dort die Gesellschafter persönlich und gemeinschaftlich[706] mit der

---

[703] Dt.: „Es ist offensichtlich, dass Eure Bengalische Compagnie keine anderen Richter hat und haben darf, als jene, welche ihr Eure Majestät zugewiesen hat und welche durch das Octroi Eurer Majestät bestimmt wurden. Sie kann im vorliegenden Fall keine partikuläre Gesellschaft sein, die zu ihrer Gründung keines Octroi bedarf, sondern nur der einfachen Zustimmung der Interessenten, die aus diesem Grund gemeinschaftlich für die Gesellschaft verantwortlich werden und angreifbar, wo sie sind, für alles, was sie betrifft. Jene sind nicht Verwalter der Angelegenheiten eines Corpus, deren Existenz im Staat Eurer Majestät hat … Die besagte Bengalische Compagnie, da sie ein octroyierter Corpus ist, deren Mitglieder nicht mit ihrem Privaten angreifbar sind und nicht für all jenes verantwortlich sind, was allgemein zum besagten Corpus oder Compagnie gehört." Eingabe der Direktoren an Friedrich II., 8. Juni 1767, GStA PK, I. HA Geheimer Rat, Rep. 68 Ostfriesland, Nr. 16. J 2.

[704] Finckenstein an Rohd, 17. November 1767, GStA PK, I. HA Geheimer Rat, Rep. 68 Ostfriesland, Nr. 16. J 2.

[705] *Thomas*, Persönliche Haftung von Gesellschaftern von Personengesellschaften, S. 62, 118.

[706] Vgl. hierzu *Thomas*, Persönliche Haftung von Gesellschaftern von Personengesellschaften, S. 62, 118.

Folge, dass ihr Wohnort auch Gerichtsstand für Klage wegen Gesellschaftsschulden war. Auch andere Handelsgesellschaften mit beschränkt haftenden Einlegern verfügten stets über unbeschränkt haftende Gesellschafter, und entsprachen insoweit den heutigen Kommanditgesellschaften[707]. Anders dagegen die Bengalische Compagnie; für die übrigen oktroyierten Gesellschaften dürfte Gleiches gegolten haben. Die Bengalische Compagnie hatte einen eigenen Gerichtsstand, Klagen gegen ihre Direktoren – die gleichzeitig auch Anteilsinhaber waren[708] – an deren privatem Wohnort waren dagegen wenigstens nach Ansicht der preußischen Regierung aufgrund der Privilegierung nicht zulässig. Auch die Direktoren der Bengalischen Kompagnie wurden nur als Administratoren, Verwalter des *Corps* der Compagnie bezeichnet, der damit eine rechtliche Unabhängigkeit von dem Bestand ihrer Mitglieder oder Organe zugesprochen wurde[709]. Die Handelscompagnien konnten in eigenem Namen verklagt werden. Der Gedanke, dass die Compagnie ein *Corps*, eine Korporation, also eine mit Rechtsfähigkeit ausgestattete juristische Einheit war, findet sich auch an anderen Stellen in den Quellen. Die Octrois der Asiatischen Compagnie Stuarts und Teegels schrieben fest, dass eine Klage gegen die Compagnie *en corps* möglich sei[710]. Dahinter stand der gleiche Gedanke, der sich in den Schreiben Friedrichs II. und der Direktoren der Bengalischen Compagnie widerspiegelt.

Ein weiterer Punkt, in dem die Compagnien als eigenständiges Gebilde mit Rechten ausgestattet wurden, waren die ihnen übertragenen Hoheitsrechte. Den Compagnien kam als solche unter anderem die hohe und niedrige Jurisdiktion über die Aufrechterhaltung der Ordnung auf den Schiffen und in Übersee zu, ihnen wurde also unmittelbar Hoheitsmacht zugestanden[711].

Die besondere Rechtsstellung der Handlungscompagnien im Vergleich zu privaten Societäten wurde durch die staatliche Privilegierung begründet. Die Octrois scheinen sich mit der Verwendung des Begriffes *corps / corpore* auf die gemeinrechtlichen Ansichten zu den Korporationen, das heißt zur *universitas* zu beziehen. Die *universitas* war nach gemeinem Recht eine Einheit mit eigenem Vermögen, die unabhängig vom Bestand der Mitglieder war, durch Organe handelte und sich Statuten geben konnte[712]. Von den im gemeinen Recht anerkannten Formen der *universitas*[713] (*provincia, civitas, castellum vel vicus und collegium*) wäre die privilegierte Handelscompagnie am ehesten dem *Collegium* zu unterstellen[714], die anderen drei Varianten waren reine öffentlich-rechtliche Körperschaf-

---

[707] *Rehme*, ZRG GA 47 (1927), 487 ff.

[708] Vgl. oben S. 102 ff.

[709] Ebenso *Söhnchen*, Gründungsvoraussetzungen, S. 113.

[710] Art. 24 Deklaration der Asiatischen Compagnie Stuarts 1751; Art. 10 Octroi der Asiatischen Compagnie Teegels 1764.

[711] Art. 28 Octroi für eine Brandenburgisch-Ostindische Compagnie von 1651.

[712] *Coing*, Privatrecht I, S. 262.

[713] *Coing*, Privatrecht I, S. 262.

ten. Eine wichtige Eigenschaft des collegiums war die beschränkte Haftung der Mitglieder[715]. Das Wort „collegium" fällt jedoch nirgens in den Staaten oder Octrois. Die im gemeinen Recht in der *universitas* anerkannte rechtliche Selbständigkeit eines Vermögens- und Mitgliederbestands spiegelt sich aber in den Octrois und Satzungen. Das königliche Privileg stattete die Compagnie mit Rechten aus, die über das Maß dessen hinausgingen, was zur damaligen Zeit privatrechtlich vereinbart werden konnte. Ob und inwieweit sich die Beteiligten die Gesellschaft bereits als „juristische Person" vorstellten, muss dabei offen bleiben, da dieser Begriff damals noch nicht existierte[716]. In der Sache ging die Rechtstellung der privilegierten Handelscompagnie aber bereits in diese Richtung. Sie wurde unabhängig von den in ihr organisierten Personen betrachtet, hatte einen eigenen Namen, unter dem ihr Rechte zukamen, und konnte an einem eigenen Gerichtsstand verklagt werden. Insoweit dies auf der teilweise öffentlich-rechtlichen Genehmigung der Compagnien beruht, unterscheiden sie sich nur unwesentlich von den konzessionierten Aktiengesellschaften des 19. Jahrhunderts[717]. Ob die privilegierten Handelscompagnien in der Rechtswissenschaft als *universitas* angesehen wurden[718], wird im Zweiten Kapitel untersucht.

F. Einfluss des Staates

Die privilegierten Handelscompagnien waren in weitaus stärkerem Maße vom Staat abhängig als die Aktiengesellschaften des 19. Jahrhunderts. Nicht nur die Gründung der Handelscompagnien durch einen staatlichen Einzelakt, auf den kein Anspruch bestand, sondern auch die fortlaufende Führung der Geschäfte war von staatlicher Einflussnahme bestimmt[719]. In den Niederlanden ergab sich die enge Anbindung der V.O.C. und W.I.C. aus der engen personellen Verknüpfung von Kaufleuten und staatlicher Administration der niederländischen Republik insbesondere während der Anfänge der dortigen Gesellschaften, also im frühen 17. Jahrhundert. Die brandenburgischen und preußischen Com-

---

[714] Das Collegium entsprach einem Verein, der zu einem bestimmten Zweck von Privaten gegründet werden konnte. Der Zweck musste aber im öffentlichen Interesse liegen, rein wirtschaftliche Motive reichten nicht aus, vgl. *Kaser*, Privatrecht II, S. 263 f.

[715] *Honsell/Mayer-Maly/Selb*, Römisches Recht, S. 79 ff.

[716] Vgl. *Lipp*, Quaderni fiorentini 11/12 (1982/83), 217 ff.; *Diesselhorst*, Quaderni fiorentini 11/12 (1982/83), 319 ff.

[717] Anlehnend an die französische Praxis der Konzessionspflicht entwickelte sich in Deutschland wie allen übrigen kontinentaleuropäischen Staaten das sog. Konzessionssystem. Aktiengesellschaften kamen nach Art. 1/4, 208 ADIIGB 1861 in den meisten deutschen Staaten erst durch die Erteilung einer Konzession zustande. Vgl. zum Konzessionssystem *Hopt*, Ideelle und wirtschaftliche Grundlagen der Aktien-, Bank- und Börsenrechtsentwicklung im 19. Jahrhundert, S. 128 ff.; *Reich*, Ius Commune II (1969), 239, 257 ff.

[718] *Söhnchen*, Gründungsvoraussetzungen, betrachtet die Gesellschaften als universitas in diesem Sinne, S. 115 ff.

[719] Zur Gründung der Gesellschaften vgl. oben A.I., S. 31 ff.

pagnien waren dagegen Produkte der merkantilistischen Wirtschaftspolitik des
17. und 18. Jahrhunderts. Die Regierungen unterstützten Handel und Gewerbe
und betätigten sich selbst wirtschaftlich[720]. Die Einstellung Friedrichs II. wird
an folgender Aussage in der Präambel des Octroi der Levante-Compagnie von
1765 deutlich:

> „Da der Reichthum des Staats und das Wohl der Unterthanen mit der Handlung, deren
> Wircksamkeit und schneller Umlauf beyde unterhält und befestigt, auf das unzertrenn-
> lichste verknüpft sind, so ist auch dieser unläugbare Grundsatz ein beständiger Gegenstand
> Unserer Landesväterlichen Sorgfalt und Bestrebens gewesen, und Wir haben unabläßig
> auf Mittel gedacht, wie Wir derselben neue und gerade Wege bahnen, und solche zu einem
> Schwunge bringen könnten..."[721].

Teilweise, wie im Falle der Seehandlung, aber auch der Getreidehandelscompagnien, beschränkte sich der Staat nicht nur auf eine Förderung der Errichtung von
Compagnien im Vorfeld der Gründung, sondern beteiligte sich selbst an ihnen. Die
Seehandlung gab 1772 nur 300 Aktien für Private frei, die übrigen 2100 Aktien
übernahm Friedrich II. Zur Zeit der Gründung fehlte es – wie bereits bei den meist
gescheiterten Versuchen in den 1750er Jahren – an privaten Investoren, um ein
großes Unternehmen wie die Seehandlung zu errichten[722]. Die Seehandlung war
von Anfang an mehr ein staatliches Unternehmen als die übrigen Handelscompagnien[723], auch wenn sich ihre Rechtsformen glichen und Friedrich II. in der Einleitung des Gründungsoctroi verkündete, an der Seehandlung sollten sich alle beteiligen, *„denen das Wohl des Staats am Herzen liegt, und die ihr eigenes Vermögen,
durch anständige und erlaubt Wege zu vermehren gesonnen sind"*[724]. Die Preußische Seehandlung war zwar nicht der allgemeinen staatlichen Verwaltung unter-
worfen war, unterstand dafür aber unmittelbar dem Herrscher[725]. Wie weit Friedrich II. konkret auf die Geschäfte Einfluss nehmen sollte und wollte, ergibt sich
nicht aus dem Octroi. Seine Befugnis, die Leitung zu ernennen und auszuwechseln,
gab ihm jedoch erheblichen Einfluss. 1810 wurde die verbleibende private Beteiligung an der Seehandlung durch Übernahme der restlichen Aktien durch den Staat

---

[720] Vgl. *Hosfeld-Guber,* Der Merkantilismusbegriff und die Rolle des absolutistischen
Staates im vorindustriellen Preussen, S. 179 ff.

[721] Octroi der Levante-Compagnie von 1765. In der Förderung des Außenhandels durch
Friedrich II. schlugen sich, wenn auch mit einiger Verspätung, die Auffassungen seines
Lehrers auf dem Gebiet der Nationalökonomie, dem Küstriner Kammerdirektor Christoph
Werner Hille, nieder. Dieser hatte bereits 1725 in einer Denkschrift festgestellt, dass die
Industrie nicht für sich allein, sondern nur in Verbindung mit dem Außenhandel prosperie-
ren könne. Leider seien es aber nicht Landeskinder, sondern fremde Zwischenhändler, die
den Handel dominierten. Vgl. *Koser,* Geschichte Friedrichs des Großen, Fünftes Buch,
S. 155 f.

[722] *Berney,* Seehandlungspolitik, VSWG 22 (1929), 24 ff.

[723] Vgl. auch *Hartung,* Compagnie, S. 127 ff.

[724] Einleitung Octroi der Preußischen Seehandlung von 1772.

[725] Art. 36 Octroi der Preußischen Seehandlung von 1772.

beendigt und die Seehandlung wurde endgültig zu einem Geld- und Handlungs-
institut des preußischen Staates[726].

In Deutschland nahm die Beeinflussung der untersuchten Handelscompagnien
durch den Staat zumindest theoretisch im 18. Jahrhundert ab. Nach den Octrois
und Satzungen der brandenburgischen Gesellschaften war die Stellung des Kurfürsten eine wesentlich gewichtigere als später unter Friedrich II. Dem Großen
Kurfürsten stand im Falle der Amerikanischen Compagnie unter anderem zu,
durch von ihm ausgewählte, jedoch von der Gesellschaft zu entlohnende Beamte,
ständig über die Geschäfte der Gesellschaft informiert zu werden[727]. Ein Beispiel
für die Berichterstattung an den Kurfürsten ist der ausführliche Bericht über eine
in Emden abgehaltene Generalversammlung aus dem Jahr 1698[728]. Eine Berichts-
pflicht enthielt auch das Octroi der Emder Heringsfischereigesellschaft[729]. Diese
Gesellschaft unterlag in ihrer Spätphase sogar insgesamt der *„Aufsicht Unseres
General-Directorii"*[730], ihr wurde zudem ein *„Commissarius Loci" „zur Hülfe
beygeordnet"*, zunächst ein preußischer Rat, später bei Bedarf ein Mitglied des
Emder Magistrats[731], der auch Stimmrechte in der Gesellschaft besaß.

Daneben behielt sich der Kurfürst im 17. Jahrhundert insbesondere in finanziel-
ler Hinsicht bedeutende Rechte vor. So sollte er − ohne selbst Aktien halten zu
müssen − regelmäßig von allen Gewinnausschüttungen an die Anteilsinhaber pau-
schal zwischen 2 % und 10 % erhalten[732]. Andernorts war später eine Vergütung
für jedes nach Preußen zurückkehrende Schiff vorgesehen[733]. An einer Stelle
wurde zwar ausdrücklich betont, dass Finanzielles nicht der Hauptzweck der Er-

---

726 Vgl. hierzu *Radtke,* Die Preußische Seehandlung zwischen Staat und Wirtschaft in der
Frühphase der Industrialisierung, S. 10 ff.; *Hartung,* Compagnie, S. 79.

727 Art. 7 Edikt der Brandenburgisch-Afrikanischen Compagnie von 1682 (Information
über jede Zusammenkunft der Compagnie, das heißt vermutlich über die Generalversammlungen); Art. 34 Octroi für die Brandenburgisch-Amerikanische Compagnie von 1688, Art. 14
Revidiertes Octroi für die Brandenburgisch-Amerikanische Compagnie von 1690. Diese Aufgabe wurde dem Hofkammerpräsidenten Dodo Freiherr von Knyphausen und dem Geheimen
Rat Eberhard von Danckelmann übertragen, die ab 1689 der Geheimen Hofkammer Brandenburgs als oberste Fachbehörde für die Domänen- und Regalienverwaltung vorstanden, vgl.
dazu *Giese,* Preußische Rechtsgeschichte, S. 46 f. Die Geheime Hofkammer ging später im
Generaldirektorium auf.

728 GStA PK, I. HA Geheimer Rat, Rep. 65 Marine- und Afrikan. Kompagniesachen, 21,
Abdruck bei *Schück,* Kolonialpolitik II, Nr. 155.

729 Art. 21, 25 Erneuertes Octroi der Heringsfischereigesellschaft von 1787.

730 Art. 15 Erneuertes Octroi der Heringsfischereigesellschaft von 1787.

731 Art. 4 Erneuertes Octroi der Heringsfischereigesellschaft von 1787.

732 Zwei Prozent: Art. 40 Octroi für eine Brandenburgisch-Ostindische Compagnie von
1651; Fünf Prozent: Art. 18 Revidiertes Octroi für die Brandenburgisch-Amerikanische Compagnie von 1690; Art. 12 Edikt der Ostindischen Compagnie Taverniers vom 1684; Zehn Prozent: Art. 42 Octroi für die Brandenburgisch-Amerikanische Compagnie von 1688.

733 Art. 27 Octroi der Asiatischen Compagnie Teegels 1764, im Entwurf van Asperens war
eine Abgabe von 5 % des Erlöses jeder Rückladung vorgesehen, daneben aber auch die Zahlung von 1 Promille des Erlöses an die Armen.

richtung der Gesellschaft sei, vielmehr man allein Ehre und Renommee des Heiligen Römischen Reichs und des Vaterlandes befördern wolle. Da aber die Partizipanten eine Gewinnbeteiligung des Kurfürsten vorschlugen, habe dieser es in Gnaden von ihnen angenommen[734]. Auch von bestimmten anderen Einnahmen wurde ein Anteil durch den Staat eingefordert, so zum Beispiel 10% der Einkünfte aus Prisen[735]. Erwartete Geschenke der „*Indianischen Prinzen und Potentaten*" sollten dem Kurfürsten und nicht der Compagnie zugute kommen[736]. Insgesamt sind aber Zahlungen an den Staat, sei es durch feste Dividenden oder andere Entschädigungen, nicht so außergewöhnlich, betrachtet man die grundsätzliche Steuerpflichtigkeit von juristischen Personen heutzutage.

Der Einfluss der Kurfürsten bzw. Könige auf die Geschäfte der Compagnien war bei den frühen Gesellschaften auch durch dessen Recht zur Bestellung des Präsidenten des Direktorenkollegiums bzw. durch die Einflussnahme auf die Auswahl der Direktoren gesichert[737]. Vielfach war auch die Geltung der internen Satzungen der Compagnien an die Genehmigung des Souveräns geknüpft[738]. Trotz dieser Einflussnahmemöglichkeiten wollte der Kurfürst auch im Falle der Brandenburgisch-Ostindischen Handelscompagnie die Direktoren „*in ihrer Direction und Administration geruhig und ungehindert*" lassen[739]. Praxis und Theorie schienen hier auseinanderzuklaffen. Auch in den Quellen des 18. Jahrhunderts wurde wiederholt betont, die Gesellschaften sollten „*libre et independante*" sein[740]. Eine Ausnahme stellt der (nicht umgesetzte) Entwurf Sloyers dar, in dem ein Weisungsrecht des Königs an die Leitung der Gesellschaft in Einzelfragen vorgesehen war[741]. Die staatliche Kontrolle wird am Beispiel der Preußischen Seehandlung besonders deutlich. Sowohl in Organisationsstruktur als auch ihren Eigentumsverhältnissen muss diese als ein Instrument des Königs betrachtet werden, welches vorrangig dem Staat, nicht der Kaufmannschaft zugute kommen und diesen von den Leistungen ausländischer Staaten unabhängig machen sollte[742]. Als Hauptaktionär hatte

---

[734] Art. 40 Octroi für eine Brandenburgisch-Ostindische Compagnie von 1651.

[735] Art. 5 Neues Octroi der Brandenburgisch-Afrikanisch-Amerikanischen Compagnie von 1692; Art. 37, 38 Octroi für eine Brandenburgisch-Ostindische Compagnie von 1651 (dort war ein Anteil des Kurfürsten nach dem Vorbild der Niederlande festgelegt). Zum Prisenrecht der Kaufleute vgl. z. B. *Grotius,* Von der Freiheit der Meere (De mare liberum); *von Kaltenborn,* Grundsätze des praktischen Europäischen Seerechts, Band 2, § 218. Als Prise bezeichnet man allgemein die Beute nach der Eroberung eines anderen Schiffes.

[736] Art. 39 Octroi für eine Brandenburgisch-Ostindische Compagnie von 1651.

[737] So zum Beispiel in Art. 3, 4 Octroi für eine Brandenburgisch-Ostindische Compagnie von 1651. Vgl. hierzu oben S. 98 ff., 116 f.

[738] Art. 24 Octroi für eine Brandenburgisch-Ostindische Compagnie von 1651.

[739] Art. 36 Octroi für eine Brandenburgisch-Ostindische Compagnie von 1651.

[740] Art. 15 Octroi der Ostindischen Compagnie Roubauds von 1765; Art. 21 Entwurf des Octroi von Jogues 1744.

[741] Art. 14 Plan einer Ostindischen Compagnie Sloyers von 1744.

[742] *Radtke,* Die Preussische Seehandlung zwischen Staat und Wirtschaft in der Frühphase der Industrialisierung, S. 6 f.

Friedrich II. faktisch alleinigen Einfluss auf die Wahl des Präsidenten und der Direktoren und damit auf das operative Geschäft der Gesellschaft. Das Interesse Friedrichs II. verdeutlicht sich aber auch in anderen Fällen: so zum Beispiel in seiner Teilnahme an Gründungssitzungen der Gesellschaft Stuarts[743]. Im Gegenzug für die staatliche Einflussnahme bot der Kurfürst bzw. König den Compagnien die staatliche Unterstützung, ohne die zur damaligen Zeit kein Fernhandel möglich war. " *Private men cannot extend to making such long, adventurous and costly voyages* " stellte ein Engländer 1645 zum Thema fest[744]. Schiffe fuhren stets unter der Flagge des europäischen Herkunftsstaates. Dies sollte vor allem im Kontakt zu den Kaufleuten der anderen europäischen Staaten, aber auch zu den Herrschern in Übersee Sicherheit bieten. Die Reisen dauerten zwischen mehreren Monaten bis zu mehr als einem Jahr, und sowohl der Weg als auch das Anlaufen der Handelsstationen waren mit zahlreichen Hindernissen versehen[745]. Der Herrscher stellte die Angehörigen der Compagnie unter seinen Schutz und Schirm[746] und händigte Empfehlungsschreiben aus. Er versprach den Schiffen das Recht, seine Flagge zu führen, rüstete sie mit Papieren aus[747], sagte militärische Unterstützung und die Partizipation an nationalen Handelsabkommen zu und gab den Compagnien das Recht, zur eigenen Verteidigung Soldaten zu requirieren[748]. Nur so waren diese kostspieligen Unternehmungen damals zu bewältigen.

Trotz der unterschiedlich starken staatlichen Einflüsse auf die privilegierten Handlungscompagnien kann festgestellt werden, dass diese mit Ausnahme der Preußischen Seehandlung im 18. Jahrhundert eigenständige Wirtschaftsunternehmen waren, die erst in zweiter Linie öffentlichen Zwecken dienten[749]. Für die Handlungscompagnien des Großen Kurfürsten gilt dies weniger, ihr Wesen war stärker als im 18. Jahrhundert durch den Plan zur Errichtung von Kolonien und der Schaffung einer Marine beeinflusst, wie sich zum Beispiel in der Erteilung des Münzregals an die Brandenburgisch-Afrikanische Compagnie zeigt[750].

---

[743] *Koser*, Geschichte Friedrichs des Großen, Fünftes Buch, S. 192; *Koser*, Marine-Rundschau 15.1 (1904), S. 405.

[744] *Wilson*, England's apprenticeship 1603–1763, S. 172 f.

[745] Vgl. die Reisebeschreibung *Taverniers*, Reisen zu den Reichtümern Indiens, 1676.

[746] Art. 26, 27 Octroi für eine Brandenburgisch-Ostindische Compagnie von 1651; Art. 4 Octroi der Ostindischen Compagnie Orths von 1687; Art. 14 Octroi für die Brandenburgisch-Afrikanische Compagnie von 1682; Art. 7 Neues Octroi der Brandenburgisch-Afrikanisch-Amerikanischen Compagnie von 1692.

[747] Art. 34 Octroi für eine Brandenburgisch-Ostindische Compagnie von 1651; Art. 41 Octroi für die Brandenburgisch-Amerikanische Compagnie von 1688.

[748] Art. 35 Octroi für eine Brandenburgisch-Ostindische Compagnie von 1651.

[749] Ebenso *Hartung*, Compagnie, S. 133.

[750] Vgl. hierzu oben S. 124.

G. Erträge

Die Gründung und Oktroyierung einer privilegierten Handelscompagnie war weder im 17. noch im 18. Jahrhundert von einem festen, stets zu erfüllenden Vorgabenkatalog abhängig[751]. Vielmehr entschied der Souverän im Einzelfall über die Gewährung eines Privilegs, abhängig von den jeweiligen wirtschafts- und außenpolitischen Gegebenheiten.

Kennzeichnend für die privilegierten Handelscompagnien war der grundsätzlich jedem freistehende Zugang. Anders als bei früheren Handelsgesellschaften, die stärker durch das persönliche Verhältnis der beteiligten Personen geprägt waren und bei denen die Befähigungen und Vermögensverhältnisse eines Gesellschafters noch stärker im Vordergrund standen[752], deutete sich in diesem Punkt bei den privilegierten Handelscompagnien bereits eine Eigenschaft an, die später prägend für die Aktiengesellschaft werden sollte: das von der Person der Einleger losgelöste Geschäft. Es entstand mit den privilegierten Handelscompagnien stärker als zuvor eine Versachlichung der Kapitalverhältnisse[753]. Kennzeichnend für diese Versachlichung war die Ausgabe von Aktien, die das Verhältnis von Anteilsinhaber zur Gesellschaft neu ausgestalteten und beide weitestgehend voneinander unabhängig machte. Die von den privilegierten Handelscompagnien ausgegebenen Aktien waren im 18. Jahrhundert stets frei übertragbar, für das 17. Jahrhundert kann dies nur vermutet werden. Regelmäßig scheint eine Nachschusspflicht der Aktionäre ausgeschlossen gewesen zu sein. Genaue Angaben enthielten die Octrois hierzu aber nicht. Die Gesellschaften gaben bereits im 17. Jahrhundert Inhaberaktien aus, weitaus verbreiteter waren jedoch Namensaktien, für die ein Aktienbuch bei der Gesellschaft geführt wurde. Prägend für die Rechte der Aktionäre war die Unterscheidung von Hauptpartizipanten und einfachen Partizipanten. Die Hauptpartizipanten verfügten als Großaktionäre meist über einen erheblichen Einfluss auf die Geschäfte der Gesellschaft, den sie in der Generalversammlung ausübten. Sie standen teilweise neben den Direktoren als leitendes Organ. Teilweise war ihre Zustimmung in wichtigen Angelegenheiten erforderlich. Hingegen blieb eine einfache Aktie oft ohne Stimmrecht[754], sondern gab – ähnlich heutigen Vorzugsaktien[755] – nur einen Anspruch auf die Dividende[756].

---

[751] A.A. *Söhnchen,* Gründungsvoraussetzungen, S. 109 ff., 126 ff.

[752] *Sombart,* Der moderne Kapitalismus, S. 15.

[753] Vgl. hierzu *Sombart,* Der moderne Kapitalismus, S. 151 ff. Hierin unterscheidet sich die privilegierte Handelscompagnie auch von der bergrechtlichen Gewerkschaft, die trotz der Ausgabe von Kuxen, also Wertpapieren, eine Personenvereinigung blieb, siehe *Sombart,* a. a. O. S. 152.

[754] Siehe oben S. 118 ff.

[755] §§ 12 I 2, 139 – 141 AktG.

[756] Die Dividende besaß aber anders als heute bei Vorzugsaktien keine Priorität vor dem Dividendenanspruch anderer Aktionäre.

Dagegen verfügten die Gesellschaften noch über kein festes Grundkapital als Sachvermögen und Kern der Gesellschaft[757]. Anders als zum Beispiel die *regulated companies* und *terminable stock companies* Englands waren die privilegierten Handelscompagnien aber keine Gelegenheitsgesellschaften mehr, die sich nur für eine Unternehmung zusammenfanden. Vielmehr waren sie mit einem von den Anteilsinhabern unabhängigen Vermögen ausgestattet. Es war den Gesellschaften untersagt, den Aktionären ihre Einlagen zurückzuerstatten.

Eine dem heutigen Recht entsprechende klare Trennung der Haftungsobjekte findet sich bei den Handelscompagnien nur teilweise. Regelmäßig wurde in den Octrois zwischen der Haftung der Gesellschaft und der persönlichen Haftung der für sie nach außen auftretenden Direktoren unterschieden. Insofern fand eine Trennung der Vermögensmassen der Gesellschaft und der für sie handelnden Gesellschafter[758] statt. Dagegen erfolgte in der überwiegenden Zahl der Quellen keine ausdrückliche Beschränkung der Haftung der einfachen, nicht geschäftsführenden Partizipanten[759]. Lediglich in einigen nicht realisierten Entwürfen oder Octrois, die nicht in die Tat umgesetzt wurden, findet sich eine ausdrückliche Beschränkung der Einlagepflicht der Anteilsinhaber auf ihre einmalige Einlage.

Die privilegierten Handelscompagnien verfügten im 17. Jahrhundert über drei, im 18. Jahrhundert teils nur noch über zwei verschiedene Organe. Die Leitung der Gesellschaften oblag den Direktoren und teilweise auch dem Präsidenten der Gesellschaft. Daneben gab es die Generalversammlung als Organ der (Haupt-)Partizipanten. Auch wenn die Hauptpartizipanten meist de facto großen Einfluss auf die Geschäfte der Gesellschaft hatten, konnte nicht festgestellt werden, dass sie den Direktoren völlig gleichberechtigt waren[760]. Ein Verwaltungsrat, der von Hadding und Kießling angeführt wird[761], findet sich bei den untersuchten Quellen für Brandenburg und Preußen dagegen nicht.

Die privilegierten Handelscompagnien können nicht als juristische Personen bezeichnet werden. Sie genossen allerdings aufgrund ihrer staatlichen Privilegierung eine rechtliche Sonderstellung gegenüber den einfachen *societates* und anderen Gesellschaften der damaligen Zeit. Auch wenn noch wenig ausgeprägt, so wurden die Gesellschaften doch als Korporationen wahrgenommen, und waren eine rechtsfähige, juristische relevante Einheit.

---

[757] Dies wird von *Hadding / Kießling*, Anfänge deutschen Aktienrechts: Das Preußische Aktiengesetz vom 9. November 1843, in: FS Hattenhauer, S. 163 unter Bezugnahme auf *Lehmann*, Geschichtliche Entwicklung des Aktienrechts, und *Gmür*, Emder Handelscompagnien, S. 170 ff. behauptet.

[758] Die Direktoren waren stets an den privilegierten Compagnien mit höheren Einlagen beteiligt, siehe unten C.I.2., S. 102 ff.

[759] Siehe oben S. 87 ff. A. A. *Söhnchen*, Gründungsvoraussetzungen, S. 109 ff.

[760] So aber noch *Ring*, Asiatische Handlungscompagnien, S. 242.

[761] *Hadding / Kießling*, Anfänge deutschen Aktienrechts: Das Preußische Aktiengesetz vom 9. November 1843, in: FS Hattenhauer, S. 163.

Zweites Kapitel

Untersuchung der rechtswissenschaftlichen Literatur zu den Handelscompagnien

A. Die oktroyierten Handelscompagnien in der rechtswissenschaftlichen Literatur des 17. und 18. Jahrhunderts

I. Entstehung der Handelsrechtswissenschaft

In Deutschland bildete sich erst langsam eine eigenständige Handelsrechtswissenschaft heraus. Führende Handelsrechtler des späten 19. Jahrhunderts wie Levin Goldschmidt[1] beurteilten die ersten, Ende des 18. Jahrhunderts entstandenen Handelsrechtswerke[2] als misslungen und sahen den Beginn einer systematische Behandlung des Handelsrechts erst im eigenen Jahrhundert. Diese Auffassung wird bis heute vertreten[3]. Als erster moderner und systematischer Beitrag wurde und wird das Lehrbuch von Georg Friedrich von Martens bezeichnet, das 1798 in erster Auflage erschien[4]. Das Außerachtlassen des 18. Jahrhunderts kritisierte vor allem Karl Otto Scherner[5]. Seiner Ansicht nach wurden mit der Herausbildung einer eigenständigen deutschen Privatrechtssystematik in der Mitte des 17. Jahrhunderts[6] auch zögerliche Ansätze zur Erfassung des geltenden Handelsrechts gemacht[7]. Un-

---

[1] *Goldschmidt,* ZHR 1 (1858), 1, 10 ff. Sich anschließend in der Kritik *Rehme,* Geschichte des Handelsrechts, in: Ehrenberg (Hrsg.), Geschichte des gesamten Handelsrechts, S. 28, 235 f.; *Droysen,* Beiträge zur Beurteilung des Handelsrechts im Allgemeinen Preußischen Landrecht, S. 33 ff.; *Lehmann,* ZHR 52 (1902), 1, 6 f.; *Stintzing / Landsberg,* Geschichte der deutschen Rechtswissenschaft, III / 1, S. 494 ff. *Droysen,* a. a. O. S. 40, schrieb, man könne von den Darstellungen des Handelsrechts eines Musäus, Schedel und Lobethan nicht gering genug denken.

[2] Dieses sind *Musäus,* Grundsätze des Handlungsrechts, 1785; *Rößig,* Kurze systematische Darstellung des Leipziger Handelsrechts, Leipzig 1796; *Lobethan,* Grundsätze des Handlungsrechts, 1795; *Fischer,* Lehrbegrif sämtlicher Kameral- und Polizeyrechte, 1785.

[3] Vgl. zu dieser Einordnung *Conradi,* Unternehmen im Handelsrecht, S. 7, 38 ff.; *Landwehr,* Johann Georg Büsch, S. 65, 88 f.; *Köbler,* Wissenschaft des gemeinen deutschen Handelsrechts, S. 277, 279; *Raisch,* Geschichtliche Voraussetzungen, S. 48.

[4] *Goldschmidt,* ZHR 1 (1858), 1 ff.; *Landwehr,* Johann Georg Büsch, S. 68.

[5] *Scherner,* ZHR 136 (1972), 465 ff.

[6] *Rößig,* Geschichte des deutschen Privatrechts, S. 269.

[7] *Scherner,* in: Coing, Handbuch II / 1, S. 926; *Scherner,* ZHR 136 (1972), 465 ff.

bestritten erschienen mit den Werken von Johann Daniel Heinrich Musäus[8], Friedrich August Georg Lobethan[9] und Friedrich Christoph Jonathan Fischer[10] die ersten Monographien des deutschen Handelsrechts bereits vor der Jahrhundertwende. Sie wiesen eine eigenständige, wenn auch noch nicht völlig ausgereifte Systematik auf. Eine der ersten Systematiken wurde 1777 vom Göttinger Professor Johann Carl von der Becke verfasst[11].

Es hatte bereits im Mittelalter bei den Glossatoren und Postglossatoren wissenschaftliche Abhandlungen über handelsrechtliche Probleme gegeben, insbesondere in Auseinandersetzung mit dem Wucherverbot[12]. Schon in der frühen Neuzeit entstanden zahlreiche Dissertationen zu handelsrechtlichen Fragen[13]. Das Handelsrecht, das *ius mercatorum*, wurde als Sonderrecht einer bestimmten Berufsgruppe betrachtet. Erst langsam wurde es – ausgehend von der in Italien bereits seit der Mitte des 16. Jahrhunderts einsetzenden Handelsrechtslehre[14] – als eigene Disziplin verstanden. Im 17. Jahrhundert ragte an monographischen Darstellungen in Deutschland nur das Werk des Lübecker Bürgermeisters Johann Marquards heraus, das sich länderübergreifend mit dem Handelsrecht Deutschlands und seiner europäischen Nachbarn beschäftigte[15]. Die Zeit danach brachte keine weiteren speziell handelsrechtlichen Schriften hervor[16]. Dagegen entstand eine reichhaltige Literatur

---

[8] *Musäus*, Grundsätze des Handlungsrechts, 1785. Musäus (1749–1797) war ein Schüler Pütters und Professor in Gießen. Vgl. zu Musäus auch *Scherner*, ZHR 136 (1972), 465, 482.

[9] *Lobethan*, Grundsätze des Handlungsrechts, 1795. Lobethan (1753–1832) war Ordinarius der vaterländischen Geschichte und Rechte am Gymnasium in Zerbst. Die Arbeit Lobethans basiert in Aufbau und Inhalt stark auf dem Werk Fischers, vgl. hierzu *Scherner*, ZHR 136 (1972), 465, 486 f.

[10] *Fischer*, Lehrbegrif sämtlicher Kameral- und Polizeyrechte, 1785. Fischer (1750–1797) war Professor für Staats- und Lehnsrechte an der Universität in Halle.

[11] *Von der Becke*, Von der allgemeinen Brauchbarkeit mehrerer Theile der positiven Jurisprudenz.

[12] Hierzu zählen u. a. die Werke von Guilelmus Duranti, Cinus de Pistoia, Bartolus de Saxoferratis, Baldus de Ubaldis. Vgl. hierzu *Landwehr*, Johann Georg Büsch, S. 63 f.; *Pohlmann*, in: Coing, Handbuch I, S. 801, 811.

[13] *Scherner*, ZHR 136 (1972), 465 ff.; *Montag*, Lehrdarstellung des Handelsrechts, S. 3. Vgl. zum Beispiel die Nachweise bei *Lipenius*, Bibliotheca Realis Iuridica, Stichwörter Commercia ss. Darunter waren zwar auch viele Dissertationen des 17. und 18. Jahrhunderts zu den *societates*, aber fast keine zu Handlungscompagnien und deren Rechtsstellung, vgl. *Lipenius*, a. a. O., Band I und III, Art. Societas.

[14] Als eines der frühesten Werke wird der *Tractatus de mercatura seu mercatore* von *Benevuto Straccha* (1553) angesehen. Die Handelsgesellschaften werden in diesem Werk nicht behandelt. Auf Straccha folgen Sigismundus Scaccia, Franciscus Roccus und Ansaldus de Ansaldis, vgl. hierzu *Goldschmidt*, Handbuch des Handelsrechts, S. 37 ff.; *Goldschmidt* ZHR 1 (1858), 1, 7.

[15] *Marquard*, Tractatus politico-juridicus de jure mercatorum et commerciorum singulari, Frankfurt 1662. Vgl. hierzu *Raisch*, Geschichtliche Voraussetzungen, S. 47; *Landwehr*, Johann Georg Büsch, S. 66; *Rehme*, Geschichte des Handelsrechts, S. 201; *Goldschmidt* ZHR 1 (1858), 1, 8.

einer stärker wirtschaftlich ausgerichteten, dem Vorbild des „Parfait Négotiant"
Jacques Savarys von 1675 folgenden Handlungswissenschaft. In Deutschland sind
im 18. Jahrhundert die Werke von Johann Georg Büsch, Carl Günther Ludovici,
Johann Beckmann und Paul Jacob Marperger die bekanntesten handlungswissen-
schaftlichen Schriften[17]. Sie werden als Vorläufer der heutigen Betriebswirtschaftslehre betrachtet[18]. Noch bis in das frühe 19. Jahrhundert wurde das Handelsrecht in der Regel – von Dissertationen abgesehen – innerhalb der Darstellungen zum deutschen Privatrecht behandelt[19]. Kommentare spielten hauptsächlich
auf dem Gebiet des Wechselrechts eine Rolle, das in zahlreichen Wechselordnungen im 18. Jahrhundert früh kodifiziert wurde[20]. Lediglich die (juristischen) Enzyklopädien weisen Bezüge zum Handelsrecht auf[21]. Gerade bei neu entstehenden
wirtschaftlichen Phänomenen versorgte oft erst die ökonomische Literatur die Juristen mit Informationen zu Themen, die diese zuvor wenig behandelt hatten. Dies
galt insbesondere für das Gebiet der Handelsgesellschaften[22]. Eines der Probleme,
mit dem die Wissenschaft sich auseinanderzusetzen hatte, war die fehlende gesetzliche Regelung des Handelsrechts im Reich und in den Territorialstaaten[23]. Die
einschlägigen Normen waren auf die verschiedensten Rechtsquellen verstreut, eine
starke Zersplitterung des Rechts herrschte vor. Das Reichsrecht enthielt nur wenige

---

[16] *Landwehr,* Johann Georg Büsch, S. 67; *Conradi,* Unternehmen im Handelsrecht, S. 38,
bezeichnet die Zeit nach Marquard sogar als Niedergang der Handelsrechtswissenschaft.

[17] *Büsch,* Theoretisch-Praktische Darstellung der Handlung; *Ludovici,* Kaufmannslexicon,
Beckmann, Anleitung zur Handlungswissenschaft; *Marperger,* Handlungslexicon. Zum Werk
von Büsch vgl. *Landwehr,* Johann Georg Büsch, S. 81 ff.

[18] *Bellinger,* Geschichte der Betriebswirtschaftslehre, S. 32 ff.; *Scherner,* ZHR 136 (1972),
465, 476.

[19] *Beyer,* Specimen Iuris Germanici, Kapitel XIV (de iuribus mercatorum); *Goede,* Ius
Germanicum Privatum, (Liber I Caput VI); *Heineccius,* Elementa iuris Germanici, Liber I
Tit. V, Liber II, Tit. XIV; *Hufeland,* Wissenschaft des heutigen Deutschen Privatrechts (II.
Abschnitt Polizeyrecht); *Eisenhart,* Institutiones Juris Germanici Privati, Liber III, *Engau,*
Elementa Iuris Germanici Civilis, Liber III; *Mittermaier,* Grundsätze des gemeinen deutschen
Privatrechts, §§ 450 – 522; *Ortloff,* Grundzüge eines Systems des Teutschen Privatrechts
(Zweytes Kapitel Von dem Gesellschaftsvertrag); *Selchow,* Institutiones Jurisprudentiae Ger-
manicae, §§ 113 – 115. Nur das Wechselrecht behandelt *Pütter,* Elementa Iuris Germanici,
§§ 671 – 712 (Iuris Cambialis). Mittermaier widmet dem „Privatrecht der Gewerbe" jedoch
bereits einen eigenen Titel in seinem Werk. Vgl. zu dieser Periode der Wissenschafts-
geschichte auch *Landwehr,* Johann Georg Büsch, S. 67.

[20] Vgl. hierzu *Lammel,* in: Coing, Handbuch II / 2, S. 686 ff.

[21] *Zedler,* Universal-Lexikon; *Ludovici,* Kaufmannslexicon, *Riccius,* Juristisches Wörter-
Buch; *Schedel,* Kaufmannslexicon. Zu den (juristischen) Enzyplopädien vgl. *Kiesow,* Das Alphabet des Rechts.

[22] *Scherner,* in: Coing, Handbuch II / 1, S. 931. Siehe zum Beispiel die Arbeiten von *Beckmann,* Anleitung zur Handlungswissenschaft, §§ 171 – 204; *Büsch,* Theoretisch-praktische
Darstellung der Handlung, Drittes Buch, Viertes Kapitel.

[23] Dies bemerken *Martens,* Grundriß § 5 und *Danz,* Handbuch des heutigen deutschen Privatrechts, Band 4, § 454: „Die beiden letzteren Quellen [Gewohnheiten und Handelsgebräu-
che; richtige Begriffe von der wahren Natur der Handlungsgeschäfte] sind für Aufstellung
gemein gültiger Rechtsgrundsätze ungleich ergiebiger als die erstere [Gesetze]."

einschlägige Regelungen. Von größerer Bedeutung waren die Stadtrechte, die in ihren Markt- und Wechselordnungen zahlreiche handelsrechtliche Vorschriften enthielten[24], aber auch die zunehmend ergehenden Landrechte[25]. Antworten auf handelsrechtliche Probleme boten meist das Handelsgewohnheitsrecht[26] und die Rescripten der Universitäten. Das gemeine Recht fand dagegen in Brandenburg und Preußen wie auch in vielen anderen Rechtsgebieten nur subsidiäre Anwendung[27]. Insgesamt wurde in den handelsrechtlichen Werken des 18. Jahrhunderts alles zitiert; eine strenge Rechtsquellenlehre spielte meist nur eine untergeordnete Rolle[28]. Systematisch wurde das Handelsrecht unter dem Stichwort „*Societas*" häufig im Vertragsrecht oder im Sachenrecht behandelt[29].

In den Universitäten war das Handelsrecht seit den 1770er Jahren Gegenstand des Studiums. Hochschullehrer wie von der Becke legten die Grundlagen für erste systematische Darstellungen[30]. Erst 1814 wurde in Göttingen ein eigenständiger Lehrstuhl für Handelsrecht errichtet[31].

II. Darstellung der oktroyierten Handelscompagnien

1. 17. Jahrhundert bis Mitte des 18. Jahrhunderts

In der deutschen Literatur des 17. und des frühen 18. Jahrhunderts wurden die oktroyierten, auf Aktien basierenden Handelscompagnien nicht erwähnt. Marquard verwendete zwar 1662 in seinem Werk über das deutsche Handelsrecht wiederholt den Begriff Compagnie[32], erläuterte aber nicht die Rechtsverhältnisse der privilegierten Compagnien, sondern beschrieb lediglich die auch in seiner Heimatstadt Lübeck auftretenden, insbesondere familiär organisierten Gesellschaften sowie die

---

[24] *Martens*, Grundriß § 6; *Derday*, Darstellung des Handelsrechts von Friedrich Christoph Jonathan Fischer, S. 18 f.

[25] Wie beispielsweise die Preußische Wechselordnung von 1751, vgl. NCCM Band 1 (1751), S. 19 (Nr. 16).

[26] *Martens*, Grundriß § 5.

[27] Von *Danz*, Handbuch des heutigen deutschen Privatrechts, Band 4 § 454, wird es nicht einmal ausdrücklich als Rechtsquelle des Handelsrechts erwähnt. *Martens*, Grundriß §§ 5, 6, erwähnt es dagegen als einschlägige Rechtsquelle. Vgl. auch *Söhnchen*, Gründungsvoraussetzungen, S. 113.

[28] *Scherner*, ZHR 136 (1972), 465, 482 ff.; *Droysen*, Beiträge zur Beurteilung des Handelsrechts im Allgemeinen Preußischen Landrecht, S. 38 ff. Dies dürfte durch das Selbstverständnis des deutschen Privatrechts bedingt gewesen sein.

[29] *Pütter*, Elementa Iuris Germanici Privati; *Heineccius*, Elementa Iuris Germanici. Zur Behandlung der Rechtsquellen in den frühen handelsrechtlichen Werken vgl. *Scherner*, ZHR 136 (1972), 465, 471 ff.

[30] *Scherner*, in: Coing, Handbuch II / 1, S. 930; *Scherner*, ZHR 136 (1972), 465 ff.

[31] *Derday*, Darstellung des Handelsrechts von Friedrich Christoph Jonathan Fischer, S. 21.

[32] *Marquard*, Tractatus politico-juridicus, Liber III. Cap. I (S. 365 – 371, Rn. 35 ff.).

V.O.C. und die W.I.C und die schwedische Compagnie Gustav Adolfs. Eine eindeutige Aussage über die Rechtsnatur der Handelscompagnien findet sich bei Marquard nicht. Marquard behandelte die Handelscompagnien aber im Abschnitt über
die *Collegia,* also Kaufmannsgilden, und nicht im Zusammenhang mit der *societas,* also den Gesellschaften nach römischem Recht. Vermutlich betrachtete er sie
als *collegia* und damit als Unterformen der *universitas* des gemeinen Rechts[33]. Georg Adam Struve, Samuel Stryck, Georg Beyer[34] und auch noch Johann Gottlieb
Heineccius im Jahr 1736 erwähnten bei ihrer Darstellung der Handelsgesellschaften stets nur die römisch-rechtliche *societas*[35]. Im Zusammenhang mit den *collegia*
werden sie nicht erwähnt. Ein gleiches Muster wiesen auch die Werke Johann
Friedrich Eisenhardts von 1753[36], Johann Rudolph Engaus von 1752[37] (aufbauend
auf seine Dissertation von 1747), und Johann Heinrich Christian von Selchows auf.
Dissertationen wie die Lucas Langermanns von 1655 und Johann Friedrich Rein-
manns von 1669, sowie die oben erwähnte Dissertation Engaus befassten sich nur
mit dem römisch-rechtlichen Institut der *societas*[38]. Meist wurde dieses im Abschnitt über das Vertragsrecht nach dem römisch-rechtlichen Muster zusammen
mit den übrigen Konsensualverträgen dargestellt[39]. Die Aussage Söhnchens, auch
andere Autoren hätten die privilegierten Handelscompagnien als *universitas,* als
collegium betrachtet[40], ließ sich anhand der untersuchten Quellen nicht bestätigen.
Teilweise fand, da es sich um Werke zum deutschen Privatrecht handelte, neben
der *societas* des römischen Rechts die *Mascopey* oder *Magschafft* Erwähnung, die
nach Heineccius seit dem Mittelalter aufgetreten und mittlerweile fast vergessen
war[41]. *Societas* und *Mascopey* wurden in den deutschsprachigen Texten regelmä-

---

[33] So *Söhnchen,* Gründungsvoraussetzungen, S. 115 f.; zweifelnd *Gmür,* Emder Handelscompagnien, S. 180 ff.

[34] Zu Beyer vgl. auch *Scherner,* ZHR 136 (1972), 465, 472.

[35] *Struve,* Syntagma Jurisprudentiae, Exerc. XXII, Lib. 17 Tit. 2; *Struve,* Jurisprudenz oder
Verfassung derer Land-üblichen Rechte, Liber III Cap. XIV; *Struve,* Jurisprudentia Romano-
Germanica Forensis, Liber III Tit. XIV; *Beyer,* Specimen Iuris Germanici, Liber II Cap. XIV
Art. XXV; *Stryck,* Specimen Usus Moderni Pandectarum.

[36] *Eisenhardt,* Institutiones Juris Germanici Privati, Liber III Tit. X.

[37] *Engau,* Elementa Juris Germanici Civilis, Liber III Tit. IX.

[38] *Reinmann,* Ius mercatorum singulare, Caput IIX § 5; *Engau,* De societate mercatoria;
Langermann, De iure in curia mercatorum usitato, CLII-CLXV. Die Dissertation Lucas Langermanns wird gewöhnlich unter dem Namen seines Doktorvaters Wolfgang Adam Lauter-
bach zitiert, vgl. *Goldschmidt* ZHR 1 (1858), 1, 8. Eine deutsche Übersetzung der Dissertation findet sich in *Raumburger,* Grund-Feste, Appendix.

[39] *Beyer,* Specimen Iuris Germanici, Liber II Cap. XIV Art. XXV; *Heineccius,* Elementa
Iuris Germanici, Liber II Tit. XIV § 407; *Struve,* Jurisprudentia Romano-Germanica Forensis,
Liber III Tit. XIV; *Struve,* Jurisprudenz oder Verfassung derer Land-üblichen Rechte,
Liber III Cap. XIV.

[40] *Söhnchen,* Gründungsvoraussetzungen, S. 116. Dabei geht er nicht im Einzelnen darauf
ein, wen er mit diesen Autoren meint.

[41] *Eisenhardt,* Institutiones Juris Germanici Privati, Liber III Tit. X, § 3. *Engau,* Elementa
Juris Germanici Civilis, Liber III Tit. IX, § CIV; *Engau,* De societate mercatoria; § IV;

ßig als Synonyme behandelt[42]. Als weiteres Synonym wurde die Compagniehandlung genannt[43]. Rechtlich machten die Verfasser zwischen *Mascopey* und *societas* keine Unterschiede. Beide seien vertraglich begründete Gesellschaften mit gleicher Verteilung von Gewinn und Verlust gewesen[44]. Häufig erfolgte eine Einteilung der Gesellschaften in *societas universalis, societas generalis* und *societas particularis*[45]. Engau behandelte darüber hinaus als einer der ersten in seiner Dissertation Savarys folgend[46] die *societas en commandite* und die *societas momentanée oder anonyme*. Als *societas en commandite* bezeichnete man nach seiner Darstellung eine Gesellschaft, bei der einer der Gesellschafter Geld, der andere seine Arbeitskraft beisteuere und letzterer im eigenen Namen handelte[47]. Die *societas momentanée* oder *anonyme* beziehe sich dagegen lediglich auf die Teilung des Gewinns aus einem einzelnen Unternehmen oder Warenverkauf[48], und sei eine stille Gesellschaft, die nicht nach außen trete[49]. Sie hatte außer dem Namen noch nichts mit der *Société anonyme* des französischen Code de Commerce gemein[50]. Die von Engau, Martens und anderen deutschen Juristen des 18. Jahrhunderts als anonyme Gesellschaft bezeichnete Rechtsform wurde im Code de Commerce *Association commerciale en participation* genannt[51]. Die Terminologie des Code de Commerce wurde später im niederländischen und badischen Recht übernommen[52].

Heineccius, Elementa Iuris Germanici, Liber II Tit. XIV § 407. Zur Mascopey siehe auch *Cordes*, Spätmittelalterlicher Gesellschaftshandel, S. 264 ff.; weitere Quellennachweise beim Deutschen Rechtswörterbuch online: www.rzuser.uni-heidelberg.de/~cd2/drw/.

[42] *Struve*, Jurisprudenz oder Verfassung derer Land-üblichen Rechte, Liber III Cap. XIV; *Zedler*, Universal-Lexikon, Band 38, Halle 1743, Art. „Societät"; *Martens*, Grundriß § 20.

[43] *Engau*, Elementa Juris Germanici Civilis, Liber III Tit. IX, § CIV; *Engau*, De societate mercatoria, § IV.

[44] „Lucrum et damnum inter socios aequaliter dividendum est, nisi aliter conventum sit." Dt.: Gewinn und Verlust sind zwischen den Gesellschaftern gleichmäßig zu teilen, sofern nichts anderes vereinbart ist. Vgl. *Eisenhardt*, Institutiones Juris Germanici Privati, Liber III Tit. X, § 6; *Struve*, Syntagma Jurisprudentiae, Exerc. XXII, Lib. 17 Tit. 2; *Engau*, Elementa juris Germanici civilis, Liber III Tit. IX § CIV; *Selchow*, Elementa Iuris Germanici, § 475; *Teller*, De lucri et damni divisione inter socios; *Struve*, Jurisprudenz oder Verfassung derer Land-üblichen Rechte, Liber III Cap. XIV § 3.

[45] *Struve*, Syntagma Jurisprudentiae, Exerc. XXII, Lib. 17 Tit. 2; *Eisenhart*, Institutiones Juris Germanici Privati, Liber III Tit. X, § 2. Zur societas particularis vgl. auch *Zedler*, Universal-Lexikon, Band 38, Halle 1743, Art. Societät, (Sonderliche), S. 182; *Ludovici*, Kaufmannslexicon, Art. Mascopey.

[46] *Savary*, Der vollkommene Kauf- und Handelsmann, 1. Theil, S. 388 ff.

[47] *Engau*, De societate mercatoria, § X.

[48] *Engau*, De societate mercatoria, § XI, *Musäus*, Anfangsgründe, § 27.

[49] *Mittermaier*, Grundsätze des gemeinen deutschen Privatrechts, § 503; *Martens*, Grundriß, § 23.

[50] *Heise*, Handelsrecht, § 23.

[51] Art. 47, 50 Code de Commerce 1807.

[52] *Ortloff*, Grundzüge eines Systems des Teutschen Privatrechts; S. 459; *Mittermaier*, Grundsätze des gemeinen deutschen Privatrechts, § 500.

Die prosperierenden niederländischen und englischen Fernhandelscompagnien erwähnten die aufgeführten juristischen Werke dagegen nicht. Aber auch die brandenburgischen Gesellschaften erfuhren keine gesonderte Behandlung. In den frühen juristischen Werken bis in die Mitte des 18. Jahrhunderts wurde weder das Wort Aktie oder eine verwandte Form gebraucht, noch finden sich Hinweise auf öffentlich privilegierte Handelsgesellschaften. Einer der Gründe für die fehlende Auseinandersetzung mit dem neu auftretenden Phänomen der privilegierten Handelscompagnie dürften die fehlenden speziellen Gesetze gewesen sein[53]. Das Corpus Iuris Civilis enthielt keine Angaben über privilegierte Compagnien, und so wurden diese vielfach nicht behandelt, da – mit Ausnahme der Privilegien, der Octrois selbst – Rechtsquellen fehlten. Danz führte die Octrois nicht in seiner Rechtsquellenlehre auf[54], ebenso fehlten sie bei Musäus und Martens. Sie wurden offenbar insgesamt als Rechtsquelle für die Binnenstrukturen der Gesellschaften wenig beachtet oder nicht als Gegenstand des allgemein zu behandelnden Privatrechts angesehen[55].

Dagegen ging das Werk des vorwiegend in Wien wirkenden Ökonomen Johann Joachim Becher, *„Politischer Diskurs von den eigenthümlichen Ursachen des Auf- und Abnehmens der Städte, Länder und Republiken"*[56] auf die privilegierten Handelscompagnien ein, auch wenn er diese nicht ausdrücklich so bezeichnete. Der Schwerpunkt seiner Behandlung lag ähnlich wie im Werk von Adam Smith[57] nicht bei Fragen der rechtlichen Gestaltung der Compagnien, sondern bei deren wirtschaftspolitischem Nutzen und den Voraussetzungen für ein Prosperieren der Gesellschaften. Erneut wurden diese als Compagnien oder Mascopeyen bezeichnet. Sodann nannte Becher vier Voraussetzungen, die zur Begründung und Erhaltung der Gesellschaften erforderlich seien, und erwähnte als einer der ersten die Besonderheit der Haftungsbeschränkung. Nötig sei erstens eine ausreichende Anzahl von Partizipanten samt Einlagen. Zweitens *„wird erfordert, daß kein Mitglied in solcher Compagnie in solidum vor die andere verschrieben, noch die übrige Güter Vermögen oder Schulden ausser der Quota seynd, so in der Compagnie hafftet, obligirt seyn.*[58]". Es wurde also als zentral für die Gesellschaften des beschriebenen Typus angesehen, dass die Mitglieder (die also nicht nur Gläubiger waren!) nicht weiter als mit der von ihnen gezeichneten Quote hafteten. Die Haftung der Anteilsinhaber war damit nach Ansicht Bechers auf die Einlage beschränkt. Weiter bedürfe es einer einheitlichen Leitung, die durch Mehrheitsbeschluss die Belange

---

53 Ebenso *Gmür,* Emder Handelscompagnien, S. 180.

54 *Danz,* Handbuch des heutigen deutschen Privatrechts, Band 4, § 454.

55 Dabei galten dem gemeinen Recht Privilegien durchaus als Privatrecht, auch wenn sie entsprechend den heutigen Einteilungen sowohl privatrechtliche als auch öffentlich-rechtliche Fragen regelten, vgl. *Mohnhaupt,* Privatrecht in Privilegien, S. 63 f.

56 *Becher,* Politischer Diskurs, S. 116 ff. Zu Bechers Person siehe *Hassinger,* Johann Joachim Becher. Becher lebte von 1635 bis 1682.

57 *Smith,* Wohlstand der Nationen, S. 621 ff.

58 *Becher,* Politischer Diskurs, S. 117.

der Gesellschaft führe, und viertens einer Privilegierung der Gesellschaften. Mit diesen vier Punkten umschrieb Becher relativ exakt die Ausgestaltung der zeitgenössischen Handelscompagnien[59]. Offen blieben bei Becher lediglich zwei Punkte. Er berichtet nichts von den Aktien der Gesellschaften. Ebenso ließ er die Erörterung aus, ob aus der Aufteilung des Kapitals in Aktien eine Gewinnausschüttung für die Aktionäre resultieren sollte. Becher bezog sich ausdrücklich auf Gesellschaften, die in Italien, Frankreich, England, Schweden und Holland anzutreffen seien, ließ Brandenburg aber unerwähnt. Becher starb bereits 1682 und dürfte nichts mehr von der ungefähr zeitgleich erfolgten Errichtung der dortigen Gesellschaften erfahren haben. Er ließ offen, welches Recht auf diese Compagnien angewendet werden sollte. Zwar erwähnte er die internen Satzungen als Maßstab für das Handeln der Leitung der Gesellschaften, die Frage der Rechtsstellung der Gesellschaften gegenüber Dritten und der Gesellschafter untereinander behandelte er jedoch nicht.

Allgemeines Vorbild für die Darstellungen über die Handlung war seit dem 17. Jahrhundert das Werk des Franzosen Jacques Savary. Savary (1622–1690), Jurist und Kaufmann, Berater Colberts und Mitglied der französischen Kommission zur Revision des Handelsrechts[60], wurde mit seinem Werk *„Le parfait négociant ou Instruction générale pour ce qui regarde le commerce des marchandises de France et des pays étrangers"*, 1676 auf Deutsch als *„Der vollkommene Kauf- und Handelsmann"* erschienen[61], über die Grenzen Frankreichs hinaus berühmt. Savary würdigte das Phänomen der privilegierten Handelscompagnien Frankreichs, Englands, Dänemarks und der Niederlande ausführlich, erwähnte diese aber mehr als historische Phänome und verteidigte ihren wirtschaftspolitischen Nutzen[62]. Er widmete sich aber – anders als zum Beispiel bei den Personenhandelsgesellschaften wie offener Handelsgesellschaft, Kommanditgesellschaft und stiller Gesellschaft[63] – nicht der rechtlichen Struktur dieser Gesellschaften. Es fielen Begriffe wie Capital der Gesellschaft[64], Interessenten[65], auch wurden die zugrunde liegenden königlichen Privilegien[66] erwähnt sowie die Leitung der Gesellschaften durch Direktoren[67]. Die einzige juristische Aussage bezog sich auf die Frage, ob Interessenten, die zwar eine Einlage verbindlich versprochen hatten, diese aber nicht leisteten, an der Ausschüttung von Gewinnen teilhaben dürften. Dies ver-

---

59 Siehe hierzu oben Erstes Kapitel.

60 Auf der Grundlage der Arbeiten dieser Kommission wurde 1673 von Ludwig XIV. die französische Ordonnance de Commerce erlassen, in der das bestehende Handelsrecht aufgezeichnet wurde.

61 *Savary*, Der vollkommene Kauf- und Handelsmann.

62 *Savary*, Der vollkommene Kauf- und Handelsmann, 2. Theil S. 120 ff.

63 *Savary*, Der vollkommene Kauf- und Handelsmann, 1. Theil S. 388 ff.

64 *Savary*, Der vollkommene Kauf- und Handelsmann, 2. Theil S. 148.

65 *Savary*, Der vollkommene Kauf- und Handelsmann, 2. Theil S. 137.

66 *Savary*, Der vollkommene Kauf- und Handelsmann, 2. Theil S. 144.

67 *Savary*, Der vollkommene Kauf- und Handelsmann, 2. Theil S. 154.

neinte Savary und erklärte, dass der Anteil in diesem Fall den anderen Interessenten zuwachsen würde[68]. Ähnlich wie Marquard und anders als im späten 18. Jahrhundert[69] scheint Savary die Handelscompagnie nicht den Societäten zugerechnet zu haben. Ob er sie als Korporationen betrachtete, blieb aber offen[70].

2. Allgemeine und juristische Enzyklopädien seit Mitte des 18. Jahrhunderts

Die allgemeine Enzyklopädie[71] Zedlers und die juristischen bzw. kaufmännischen Lexika Ludovicis[72], Riccius'[73] und Marperger/Zinckes[74] sowie später die Fortführung des Lexikons von Ludovici durch Schedel[75] waren in den 1740iger und 1750iger Jahren die ersten Werke, die das Phänomen der Aktie und der oktroyierten Handelscompagnie behandelten. Etliche der juristischen Monographien der folgenden Jahrzehnte übernahmen die Aussagen der Lexika, zum Teil sogar wörtlich. Sie waren als Versuch der umfassenden Darstellung des (juristischen) Wissens der Zeit von weit reichender Bedeutung[76].

a) Rechtsform und Rechtsverhältnisse der privilegierten Handelscompagnie

In Zedlers Universal-Lexicon wurde unter dem Lemma Societät auch die *privilegirte Societät, privilegirte Compagnie, oder Handelsgesellschaft*[77] behandelt. Als privilegierte Societät wurden dort öffentliche, große Gesellschaften bezeichnet, die über eine Genehmigung des Regenten, ein Octroi, verfügen. Kennzeichen einer solchen Gesellschaft war nach Ansicht Zedlers zum einen deren zeitliche Befristung, die durch das Octroi vorgegeben wurde. Die Mitglieder, über deren Rechtsnatur und -position an dieser Stelle nichts mitgeteilt wurde, waren entweder pro rata ihrer Einlage oder in gleichem Maße an Gewinn und Verlust beteiligt. Weiterhin sollten die Gesellschaften regelmäßig über ein Monopol auf dem Gebiet

---

[68] *Savary,* Der vollkommene Kauf- und Handelsmann, 2. Theil S. 154.

[69] Siehe hierzu unten A.II.3., S. 150 ff.

[70] Dies legt aber *Gierke,* Genossenschaftsrecht I, S. 1006 nahe, wenn er unter Bezug auf Savary schreibt, die Handelscompagnien seien – ebenso wie von Marquard und Heineccius – von den älteren französischen Juristen nie unter die Gesellschaftsverträge subsumiert worden.

[71] Zu Enzyklopädien und dem Recht allgemein siehe *Kiesow,* Das Alphabet des Rechts.

[72] *Ludovici,* Kaufmannslexicon, 1752–1756.

[73] *Riccius,* Juristisches Wörter-Buch, 1756.

[74] *Marperger/Zincken,* Handlungslexicon, 1746.

[75] *Schedel,* Kaufmannslexicon.

[76] Vgl. *Kiesow,* Das Alphabet des Rechts, S. 38 ff., 62 ff., 76 ff.

[77] *Zedler,* Universal-Lexikon, Band 38, Halle 1743, Art. Societät, privilegirte.

ihres Handels verfügen. Unter den sodann genannten Beispielen für privilegierte Compagnien finden sich nur die ausländischen Gesellschaften, wie V.O.C. und W.I.C. Die zu dieser Zeit bereits wieder beendete Ostender Compagnie fand ebenfalls Erwähnung. Unberücksitig blieben dagegen die Brandenburgischen Gesellschaften. Allerdings existierten im Jahr des Erscheinens dieses Werkes, 1743, auch keine der brandenburgischen oder preußischen Compagnien mehr bzw. waren noch nicht gegründet. Dass die privilegierten Compagnien auf der Basis von Aktien bestanden, wurde an dieser Stelle nicht erwähnt, obwohl das Phänomen der Aktie als eigenes Stichwort gesondert behandelt wurde. In der Darstellung Zedlers erfolgte keine Verknüpfung von Aktien und privilegierten Compagnien[78].

Das einbändige Lexikon von Marperger / Zincke berichtete nur wenig über die Compagnien. Der Begriff Compagnien wurde erneut mit der *Maatschappy* oder *societas* gleichgesetzt. Das Lexikon unterschied zwischen öffentlichen, privilegierten und partikulären Gesellschaften, wobei letztere als kleinere Gesellschaften zwischen zwei bis drei Personen bezeichnet wurden[79].

Carl Günther Ludovici, einer der Redakteure von Zedlers Universallexikon, beschrieb in seinem kurz nach diesem erschienenen eigenen Werk *„Eröffnete Akademie der Kaufleute: oder vollständiges Kaufmanns-Lexicon"*[80] die privilegierten Compagnien in starker Anlehnung an das Zedlersche Lexikon, jedoch deutlich kürzer. In einem gemeinsamen Artikel trennte er unter dem Stichwort „Compagnie", die er auch als *Maatschappy, societas* oder *Association* bezeichnete, in partikuläre und privilegierte Compagnien. Letztere seien öffentliche, große Compagnien, die, sofern sie über ein Monopol verfügen wollten, nur mit *„landesfürstlicher Einwilligung"*, einem Octroi, errichtet werden könnten. Festgestellt wurde auch die zeitliche Befristung der privilegierten Gesellschaften. Hinsichtlich der Gewinnbeteiligung wich Ludovici von der Darstellung in Zedlers Universal-Lexikon ab. Mit nahezu identischer Formulierung wurde zwar berichtet, diese erfolge entweder pro rata oder gleich für alle, die Ausgestaltung der Gewinnbeteiligung wurde aber nicht von der jeweiligen Satzung der Gesellschaft abhängig gemacht. Die Aktien wurden in diesem Zusammenhang nicht erwähnt. Auch über die Rechtsgrundlagen der Gesellschaften erfuhr der Leser nichts. Die zweite Auflage des Werkes unter Johann Christian Schedel fügte der Erstauflage nichts Neues hinzu[81].

Das von Riccius fortgeführte Wörterbuch Nehrings sagte im Vergleich zu den anderen Lexika über die Compagnien als Rechtsform wenig Neues. Es ist nur hin-

---

[78] Ob dies daran lag, dass beide Artikel von verschiedenen Autoren verfasst wurden, kann nicht festgestellt werden, da diese unbekannt geblieben sind. Jedenfalls stand Band 1, in dem das Stichwort Aktie behandelt wurde, unter der Redaktion *Jacob August Franckensteins*, anders als der Band 38, in dem unter der Redaktion *Carl Günther Ludovicis* die Societät behandelt wurde. Vgl. hierzu *Blühm*, Johann Heinrich Zedler und sein Lexikon, S. 194 ff.

[79] *Marperger / Zincken*, Handlungslexicon, Art. Compagnie.

[80] *Ludovici*, Kaufmannslexicon, erschienen 1753.

[81] *Schedel*, Kaufmannslexikon.

sichtlich seiner Beurteilung der Aktie von Interesse. Unter dem Artikel Compagnien setzte er die Compagnie wie üblich mit der Mascopey gleich. Zwischen privilegierten und nicht privilegierten Gesellschaften trennte Riccius nicht, obwohl er die V.O.C. und W.I.C. ausdrücklich als *„zwey führnehmste Kauff-Gesellschaften"* erwähnte[82]. Nur unter dem Lemma Octroi wurde als Spezialfall die zeitlich befristete Handelscompagnie genannt, zusammen mit der Möglichkeit der Verlängerung des Octroi[83].

b) Rechtliche Behandlung der Aktien

Weder das deutlich jüngere Teutsch-Juristische Lexicon von Johann Hieronymus Hermann von 1739[84] noch das Lexicon Juridicum Romano-Teutonicum von Oberländer von 1753[85] enthält ein Lemma *Actie* oder ähnliches; sie behandeln nur die einzelnen *Actiones* von der *actio aedilitia* bis zur *actio viae receptae*, gehen also von der lateinischen Fassung des Wortes und seiner Bedeutung nach dem römischen Recht aus. Der damals bereits existierende deutsche Sprachgebrauch[86] wurde nicht erwähnt.

Anders dagegen das Universal-Lexikon von Zedler. Dort wurde die *Actie, Action*[87] auch als Obligation an Handelscompagnien (jedoch nur für Frankreich, England und Holland) beschrieben, etymologisch jedoch vom italienischen *agio* hergeleitet. Fast wortgleich findet sich die Definition auch bei Ludovici[88]:

> „Eine solche Actie aber ist …nichts anders als eine Obligation, welche einem gegen ein gewisses vorgeschossenes Capital ausgestellet, und ihm darunter die Freyheit überlassen wird, selbiges an einen andern nach Gutbefinden mit Profit oder Verlust wieder zu verhandeln, auf dessen Namen hernach das Capital bey der Compagnie geschrieben wird."[89]

Sie stellte nach Ansicht von Zedler und Ludovici die Verbriefung einer Schuld dar und nicht, wie heute, die Verbriefung eines Mitgliedschaftsrechts[90]. Die Obligation habe im Vergleich zu anderen Obligationen nur deshalb einen abweichenden Namen gehabt, weil sie von Anfang an darauf gerichtet war, übertragen, *transportiert,* zu werden[91]. Nach ihrer Ansicht verlor die einfache Obligation, die wegen der Hingabe von Capital an die Handelscompagnie ausgestellt werde, mit dem ers-

---

[82] *Riccius,* Juristisches Wörter-Buch, Art. Compagnie.

[83] *Riccius,* Juristisches Wörter-Buch, Art. Octroi.

[84] *Hermann,* Allgemeines Teutsch-Juristisches Lexicon, Jena und Leipzig 1739.

[85] *Oberländer,* Lexicon Juridicum Romano-Teutonicum, Nürnberg 1753.

[86] Siehe dazu oben Erstes Kapitel B.III.1., S. 64 ff.

[87] Zedlers Universal-Lexicon, Band 1, Halle 1732.

[88] *Ludovici,* Kaufmannslexicon, Art. Actie.

[89] *Zedler,* Universal-Lexikon, Band 1, Halle 1732, Art. Actie.

[90] *K. Schmidt,* Gesellschaftsrecht, § 28 I.

[91] Zur Bedeutung des Wortes Transport siehe oben Fn. 454.

ten Transport ihren Namen und wurde sodann zur Aktie. Hinsichtlich des Transports der Aktien stellten die Autoren fest, dass der Verkauf nicht zum Ausgabepreis, sondern zu Marktpreisen, also mit Gewinn oder Verlust, erfolgen könne. Allgemein gingen alle Lexika von der freien Übertragbarkeit der Aktien ohne Zustimmung der Compagnie aus, eine logische Folge der Bewertung der Aktien als Obligationen, das heißt als Forderungen. Als weitere Konsequenz der Bewertung der Aktie als Obligation wurde sodann berichtet, dass der Besitz einer Aktie nicht zwangsläufig zur Beteiligung am Gewinn der Gesellschaft führte. Ob ein Aktionär eine Gewinnausschüttung erhielt, hing ihrer Meinung nach von der Ausgestaltung der *Fundations-Articul* ab. Beispiele aus Frankreich zeigten eine Gewinnbeteiligung erst ab dem Besitz von fünfzig Aktien. Der gesamte Artikel erwähnte – entsprechend der Darstellung der privilegierten Compagnie – nicht die Verknüpfung beider Institute. Das Wort Octroi fiel an keiner Stelle. Nur indirekt wurde erwähnt, dass die beispielhaft genannten Compagnien, die Aktien ausgaben, von *„herrlich scheinenden Privilegien"* profitierten. Für den brandenburgisch-preußischen Raum ist die Aussage über die Gewinnbeteiligung nicht korrekt. Alle bis zum Erscheinen des Zedlerschen Lexikons oktroyierten brandenburgischen und preußischen Handelscompagnien anerkannten, das jedem Anteilsinhaber zustehende Recht auf die Dividende[92]. Zedler traf seine Aussage aber nur für die französischen, englischen und niederländischen Compagnien und ließ den deutschsprachigen Raum unberücksichtigt.

Die Darstellung von Ludovici unterschied sich nur in wenigen Punkten von der in Zedlers Universal-Lexicon. Als einziger zog Ludovici ausdrücklich eine Verbindung zwischen der Ausgabe von Aktien und den privilegierten Handelscompagnien. Zusätzlich zu den auch bei Zedler gemachten Angaben fügte Ludovici im Kaufmannslexicon noch einen Abschnitt über die Modalitäten der Übertragung der Aktien an.

> „Man bedient sich, wenn man Actien der ostindischen Compagnie kaufen will, fast allezeit der Unterhandlung eines Mäklers, und wenn die Partey geschlossen, so lässt der Verkäufer solche gleich in dem Buche der Compagnie dem Käufer zuschreiben, unterzeichnet auch zugleich unter seiner Hand von den Herren Directoren eine Quitanz, Kraft welcher er sein Recht dem Käufer überträgt: hingegen muß dieser die Partey gleich in Banco abschreiben lassen, oder der Transport ist null und nichtig."[93]

Anders als die Bestimmungen mancher Octrois[94] ging Ludovici davon aus, daß eine Übertragung der Aktie ohne Eintragung in das Aktienbuch der Compagnien nicht wirksam sei. In einem gewissen Spannungsverhältnis zu dieser Ansicht steht die wenige Zeilen später getroffene Aussage, allein die Urkunde mache den Aktionisten zum Eigentümer der Aktie. Angesichts des ausdrücklich aufgestellten Erfordernisses, den Transport eintragen zu lassen, kann hieraus aber nicht geschlossen

---

[92] Siehe hierzu oben S. 81 ff.

[93] *Ludovici,* Kaufmannslexicon, Art. Actie.

[94] Siehe oben S. 92 ff.

werden, daß Ludovici reine Inhaberpapiere anerkennen wollte. Auch in der Zweit-
auflage, die 1797 unter der Redaktion von Johann Christian Schedel erschien, hielt
das Lexikon daran fest, dass *„Eigenthum der Actien [...] nur durch Umschreibung in den Büchern der Institute übertragen werden"* könne[95].

Die Beurteilung der Rechtsnatur der Aktie wich bei Riccius von den übrigen
Lexika ab. Diese wurde nicht als Obligation, sondern als *Antheil, Looß, Part*[96]
klassifiziert, eine Bewertung, die sowohl dem heutigen Verständnis als auch der
Situation nach den Statuten und Octroi der brandenburgischen und preußischen
Gesellschaften deutlich näher kam als die Beurteilungen Zedlers und Ludovicis,
sofern durch die Verwendung des Wortes Anteil eine Teilhabe an der Gesellschaft
gemeint war. Schedel, der sich später ähnlich äußerte, schien damit aber eher den
Anteil am Gewinn zu meinen, als eine Beteiligung an der Gesellschaft[97]. Riccius,
aber auch Marperger / Zincke berichteten nichts über eine Einschränkung bei der
Gewinnbeteiligung. Vielmehr verglichen sie die Aktie in dieser Hinsicht mit den
Bergwerkskuxen, bei denen ebenfalls unabhängig von der Anzahl der gehaltenen
Anteile Gewinn ausgeschüttet wurde[98]. Von der Übertragbarkeit der Aktien berichtete Riccius nur indirekt, indem er den schwankenden Preis der Papiere im Handel
erwähnte. Auch Marperger / Zincken sahen die Aktie als Anteil, jedoch ohne dies
näher auszuführen[99].

3. Allgemeine Privatrechtsdarstellungen,
Handelsrechtslehrbücher und Monographien
(Mitte 18. Jahrhundert bis Anfang 19. Jahrhundert)

*a) Rechtsform und Rechtsverhältnisse
der privilegierten Handelscompagnie*

Ausgehend von den enzyklopädischen Darstellungen[100] wurden gegen Ende des
18. Jahrhunderts die privilegierte Handelscompagnie und der Aktienhandel vermehrt in ihren rechtlichen Strukturen untersucht. Dies geschah teilweise im Rahmen allgemeiner Darstellungen des deutschen Privatrechts, aber auch in den ersten
handelsrechtlichen Monographien von Musäus[101], Lobethan[102] und Fischer[103]. Da-

---

[95] *Schedel,* Kaufmannslexicon, Art. Actie.

[96] *Riccius,* Juristisches Wörter-Buch, Art. Actie.

[97] *Schedel,* Kaufmannslexicon, Art. Actie.

[98] Vgl. *Zedler,* Universal-Lexikon, Band 15, Halle 1737, Art. Kux.

[99] *Marperger / Zincken,* Handlungslexicon, Art. Actie.

[100] Deren Formulierungen finden sich zum Teil wörtlich in den juristischen Monographien
wieder.

[101] *Musäus,* Grundsätze des Handlungsrechts.

[102] *Lobethan,* Grundsätze des Handlungsrechts.

[103] *Fischer,* Lehrbegrif sämtlicher Kameral- und Polizeyrechte.

neben befasste sich der Ökonom Büsch in seinem Werk „*Theoretisch-Praktische Darstellung der Handlung*" intensiv mit den Handelscompagnien. Die privilegierten oder oktroyierten Handelscompagnien wurden regelmäßig von den *Privatgesellschaften* unterschieden[104]. Die Autoren behandeln sie durchgängig als Unterform der „normalen", privaten Handelscompagnien mit einer Besonderheit. Das heißt, sie wurden nicht als Gegensatz zu den üblichen Personengesellschaften verstanden. Von den Rechtsverhältnissen der Handelscompagnien und ihrer Organisationsstruktur erfährt man aus dem Werk Büschs. Hierauf aufbauend berichten sein Schüler Martens sowie später Heise davon[105]. Die Angaben decken sich größtenteils mit den sich aus den Octrois ergebenden Vorgaben. Büsch nannte jedoch keine Rechtsgrundlagen für seine Aussagen. Seine Darstellung scheint eine Beschreibung der ihm bekannt gewordenen Praxis zu sein. Er schrieb, Zugang zu den Handelscompagnien hätten alle gehabt, auch Ausländer, sofern sie über das erforderliche Kapital verfügten[106]. Ein Stimmrecht besaßen meist nur Besitzer mehrerer Aktien. Diese wurden aber anders als in den Octrois nicht als Hauptpartizipanten oder Hauptaktionäre bezeichnet[107]. Die Direktoren wurden nach seiner Darstellung aus dem Kreis der Anteilsinhaber gewählt, regelmäßig war eine größere Anzahl von Aktien nötig, um hierfür in Frage zu kommen[108]. Heise stellte zutreffend fest, dass die Direktoren aber zum Teil auch vom Staat ernannt wurden[109]. Jeder Anteilsinhaber, der hier und bei Heise als Teilnehmer bezeichnet wurde, nahm danach an den Gewinnen teil, die jährlich oder halbjährlich ausgekehrt wurden[110]. Regelmäßig wurde den Handelscompagnien ein Monopol für einen bestimmten Handelsbereich eingeräumt[111]. Heise berichtete ausführlicher über die Organisation der Handelscompagnien. Erstmals fand die Hauptversammlung sämtlicher Mitglieder Erwähnung, die regelmäßig zur Vorlegung der jährlichen Rechnung und darüber hinaus bei „*bedenklichen Ereignissen*" zusammen traten[112]. Entscheidungen in der

---

[104] *Lobethan*, Grundsätze des Handlungsrechts, § 40; *Musäus*, Grundsätze des Handlungsrechts, § 13; *Fischer*, Lehrbegrif sämtlicher Kameral- und Polizeyrechte, § 298; *Hufeland*, Einleitung in die Wissenschaft des heutigen Deutschen Privatrechts, § 560; *Goede*, Ius Germanicum Privatum, §§ 105, 108; *Büsch*, Theoretisch-Praktische Darstellung der Handlung, 4. Kap. § 2 (S. 240); *Ludovici*, Grundriß, §§ 491, 555.

[105] *Heise*, Handelsrecht. Dem Werk Heises, das erst 1858 durch Wunderlich herausgegeben wurde, liegen die Vorlesungen Heises in Göttingen von 1814–1817 zugrunde. Es steht auf dem Stand von 1819.

[106] *Büsch*, Theoretisch-Praktische Darstellung der Handlung, 5. Kap. § 3 (S. 251).

[107] *Büsch*, Theoretisch-Praktische Darstellung der Handlung, 5. Kap. § 3 (S. 252), *Martens*, Grundriß, § 27.

[108] *Büsch*, Theoretisch-Praktische Darstellung der Handlung, 5. Kap. § 3 (S. 252); *Martens*, Grundriß, § 27; *Heise*, Handelsrecht, § 27.

[109] *Heise*, Handelsrecht, § 27 (S. 69).

[110] *Büsch*, Theoretisch-Praktische Darstellung der Handlung, 5. Kap. § 4 (S. 253); *Martens*, Grundriß, § 27.

[111] *Büsch*, Theoretisch-Praktische Darstellung der Handlung, 5. Kap. § 7 (S. 257).

[112] *Heise*, Handelsrecht, § 27.

Versammlung wurden seiner Darstellung zufolge mit Stimmenmehrheit getroffen[113]. Auch über die Firma der Handelscompagnien machte Heise Angaben: diese bestimme sich regelmäßig nach dem Gegenstand des Geschäfts und nicht nach den Namen der Mitglieder, daher auch die französische Bezeichnung als anonyme Gesellschaft[114].

Büsch behandelte die Assekuranzcompagnien gesondert von den Handelscompagnien, obwohl er selbst schrieb, dass ihre Einrichtung „übereinstimmend" sei[115]. Er stellte jedoch bei diesen eine Abweichung gegenüber den Handelscompagnien fest. Anders als diese erfordere das Geschäft der Versicherung nicht sofort das ganze Kapital zur Betreibung ihrer Geschäfte, sondern „nur auf den Fall der Noht"[116]. Aus diesem Grund werde zum Beginn der Gesellschaft nur ein Teil des gezeichneten Betrags einer jeden Aktie eingefordert, mit der Verpflichtung, den Rest nachzuzahlen, wenn dies nötig werde. Aktionär könne daher nur derjenige werden, dessen „Vermögensstand für den möglichen Nachschuß Sicherheit giebt". Diese Beschreibung der Rechtslage der Assekuranzcompagnien stimmt mit dem Octroi der preußischen Assekuranzkammer überein[117]. Von einer entsprechenden Praxis der Versicherungsaktiengesellschaften berichtete noch Weinhagen für das 19. Jahrhundert[118].

b) Rechtliche Behandlung der Aktien

Als Besonderheit der privilegierten Handelscompagnien wurde festgestellt, dass diese Gesellschaften neben den eigentlichen Mitgliedern „Actionisten" hätten, die

„zur Compagnie Geld vorgeschossen, und dagegen eine schriftliche Obligation erhalten, wogegen sie an Gewinst und Verlust Antheil nehmen, und auch ihre Actien nach Gefallen verhandeln dürfen."[119]

Die Juristen vor Martens definierten die Einlagen der Anteilsinhaber wie bereits die Enzyklopädien regelmäßig nicht als mitgliedschaftliches Recht, sondern als einfache Forderung, die zu einer Gewinnbeteiligung berechtige[120]. Mehrfach betonten sie ausdrücklich, dass die Aktionäre keine Gesellschafter, sondern spezielle Gläubiger seien. So schrieb Lobethan 1795:

---

[113] Heise trifft hier sogar die mit den Octroi übereinstimmende Feststellung, dass teilweise erst eine bestimmte Anzahl von Aktien ein Stimmrecht vermittle, es aber teils auch Stimmrechtsbeschränkungen für Großaktionäre gebe, *Heise*, Handelsrecht, § 27 (S. 69).

[114] *Heise*, Handelsrecht, § 27 (S. 68).

[115] *Büsch*, Theoretisch-Praktische Darstellung der Handlung, 5. Kap. § 13 (S. 267).

[116] *Büsch*, Theoretisch-Praktische Darstellung der Handlung, 5. Kap. § 13 (S. 268).

[117] Siehe oben S. 52 ff.

[118] *Weinhagen*, Aktiengesellschaften, S. 90 (Kommentar zu Art. 207 ADHGB).

[119] *Musäus*, Grundsätze des Handlungsrechts, § 20.

[120] Ebenso *Ludovici*, Grundriß, § 352.

„Der Fond einer großen Handelsgesellschaft ist in Actien abgetheilt, und eine Actie ist der Antheil, den jemand an dem Fond einer solchen Gesellschaft hat. Die Actionisten nehmen zwar an Gewinn und Verlust verhältnismäßigen Antheil, sind aber doch keine Handelsgenossen, sondern gleichsam Gläubiger, die Gelder gegen schriftliche Obligation vorgeschossen haben, welche Papiere sie wieder verhandeln können. Da indessen der Werth dieser Papiere durch äussere Umstände häufig verändert wird, so entsteht daraus ein eigener Zweig des Handels, der Actienhandel, der besonders in den Seestädten getrieben wird."[121]

Fischer vertrat die gleiche Position. Er bezog sich als einziger auf die preußischen Unternehmungen, die Seehandlung, die Emder Gesellschaften, aber auch die Brennholz- und Getreidehandlungscompagnie[122]. Mit fast identischer Formulierung findet sich die oben zitierte Aussage auch in den Werken von Wilhelm August Friedrich Danz[123]. Die Position Büschs zur Rechtsstellung der Aktionäre bleibt offen. Er bezeichnete die Aktie nicht als Obligation. An einer Stelle schrieb er zwar, die Handelsgeschäfte der Compagnien würden „*mit den von deren Mitgliedern zusammengetragenen Geldeskräften*" betrieben werden[124], eine Äußerung im nächsten Kapitel ist jedoch weniger eindeutig. Diese relativiert die Einordnung der Aktionäre als Mitglieder der Gesellschaften:

„Zur Teilnahme an diesen Companien werden alle diejenigen [. . .] zugelassen, welche ihr Geld dazu hergeben wollen. Dies wird auf eine gewisse Summe bestimmt, und das Eigenthums-Recht an dieselbe ihnen durch ein Document zugesichert, welches man eine Actie nennt."[125]

Unklar bleibt bei dieser Formulierung, ob die Aktie das Eigentumsrecht an der Compagnie, oder, was grammatikalisch näher liegt, nur an dem eingelegten Kapital nachweist.

Erst Heise erklärt in seinem zwischen 1814 und 1817 entstandenen Manuskript die Aktionäre zu Mitgliedern der privilegierten Handelscompagnien[126]. Martens nahm hierzu keine Stellung. Er bezeichnete die Aktie zwar nicht mehr als Obligation, berichtete aber lediglich über die Aufteilung des Fonds der Gesellschaft in Aktien, die Stimmrechte gewährten[127].

Übereinstimmend sprachen Martens und Büsch den Aktionären das Recht ab, während des Bestehens der Gesellschaft ihre Einlage zurückzuverlangen[128]. Die

---

121 *Lobethan*, Grundsätze des Handlungsrechts, § 41.

122 *Fischer*, Lehrbegrif sämtlicher Kameral- und Polizeyrechte, §§ 300 ff.

123 *Danz*, Handbuch des heutigen deutschen Privatrechts, Band 4, § 456.

124 *Büsch*, Theoretisch-Praktische Darstellung der Handlung, 5. Kap. § 1 (S. 250).

125 *Büsch*, Theoretisch-Praktische Darstellung der Handlung, 5. Kap. § 3 (S. 251).

126 *Heise*, Handelsrecht, § 27 (S. 68).

127 *Martens*, Grundriß, § 27.

128 *Büsch*, Theoretisch-Praktische Darstellung der Handlung, 5. Kap. § 3 (S. 252); *Martens*, Grundriß, § 27; *Heise*, Handelsrecht, § 27 (S. 70).

zuvor entstandenen Werke von Fischer, Musäus und Lobethan enthielten hierzu keine Angaben. Dagegen berichteten alle Verfasser von der Möglichkeit, mit den Aktien Handel zu treiben, und erklärten zum Teil ausführlich, wovon der Preis der Aktien abhängig war[129].

Wieder waren es nur Büsch und später Heise, die sich genauer mit den Voraussetzungen und der Rechtsnatur der Übertragung der Aktien beschäftigen. Ausdrücklich betonten sie, dass Aktien nicht *„in den Händen jedes Inhabers gültig"* und daher nicht wie Banknoten zu behandeln seien[130]. Auch sei eine Übertragung durch Indossament, anders als beim Wechsel, nicht zulässig[131]. Übereinstimmend machten die Autoren die Wirksamkeit der Übertragung von der Umschreibung der Aktie in den entsprechenden Büchern der Gesellschaft abhängig[132]. Von einer solchen Praxis bei der V.O.C. und W.I.C. berichtet auch Ludovici, ohne allerdings hieraus eine allgemeine Regel abzuleiten[133]. An der Darstellung Heises wird deutlich, wie schnell die Handelsrechtswissenschaft sich in den dreißig Jahren seit Erscheinen der Werke Lobethans und Musäus entwickelt hatte. Als einziger stellte er die Frage nach der Rechtsnatur der Übertragung und kam zu dem Schluss, es handele sich um eine Zession[134], durch den der Anspruch an die Gesellschaft übertragen werde. Die Übertragung richtete sich seiner Meinung nach deshalb grundsätzlich nach den Grundsätzen des Zessionsrechts. Anders als bei einer regulären Zession bestehe aber häufig die Pflicht, die Aktie bei der Gesellschaft umschreiben zu lassen. Zusätzlich berichtete Heise von Fällen der Vinkulierung der Aktien, insbesondere in Fällen, in denen das durch die Aktie gezeichnete Kapital noch nicht vollständig eingezahlt worden sei[135] und es folglich auf die Person und Bonität des Aktionärs ankomme. Obwohl dies teilweise sogar die Octrois so ausdrücklich formulieren, hatte sich vor ihm niemand dieser Frage gewidmet. Ebenso erklärte er die Aktie für vererblich[136].

Lobethan sprach als einziger der frühen Autoren die Konsequenz aus, die sich aus der Klassifizierung der Aktie als Obligation ergibt – für die anderen Autoren mag sie unter Umständen zu selbstverständlich gewesen sein, als dass sie der Erwähnung bedurft hätte. Betrachtete man die privilegierten Handelscompagnien als normale Handelscompagnien wie alle anderen, so *„gilt übrigens von den Handlungs-Societäten, was von dem Societäts-Contracte überhaupt nach römischen Rechte gilt."* Die Gesellschaften unterlagen damit dem römischen, das heißt Ge-

---

[129] *Martens,* Grundriß, § 27; *Heise,* Handelsrecht, § 27 (S. 71); *Ludovici,* Grundriß, §§ 352, 353–359.

[130] *Büsch,* Theoretisch-Praktische Darstellung der Handlung, 5. Kap. § 3 (S. 252).

[131] *Büsch,* Theoretisch-Praktische Darstellung der Handlung, 5. Kap. § 3 (S. 252).

[132] *Heise,* Handelsrecht, § 27 (S. 71).

[133] *Ludovici,* Grundriß, § 355.

[134] *Heise,* Handelsrecht, § 27 (S. 70).

[135] Siehe oben S. 150 f.

[136] *Heise,* Handelsrecht, § 27 (S. 70).

meinen Recht der *societas*. Diese Position fand sich mangels anderer spezialgesetzlicher Regelungen des Handelsrechts und insbesondere des Gesellschaftsrechts noch bei Friedrich Ortloff 1828, der die Aktiengesellschaften neben den übrigen Handelscompagnien, Kommanditgesellschaften und anonymen Gesellschaften nach dem römisch-rechtlichen System im Rahmen der Konsensualverträge beschrieb[137]. Auch der bedeutende Göttinger Handelsrechtler Heinrich Thöl betrachtete die Aktiengesellschaft noch 1841 als *societas* ohne eigene Rechtspersönlichkeit[138].

Die Ansicht Thöls deckt sich mit der in Deutschland bis in die 1860er Jahre vorherrschenden Auffassung, dass eine Aktiengesellschaft eine Gesellschaft im Sinne einer römisch-rechtlichen *societas* sei[139]. Dabei handelte es sich nach der zeitgenössischen römisch-rechtlichen Lehre um eine leicht modifizierte *societas:* im Innenverhältnis gelte das gemeine Recht der *societas*. Die Aktionäre wurden danach, wie Lobethan feststellte, als Miteigentümer des Gesellschaftsvermögens betrachtet. Das Verhältnis der Aktionäre untereinander und zum Vorstand wurde als obligatorisch bezeichnet[140]. Die Anerkennung einer juristischen Persönlichkeit der Aktiengesellschaften änderte an der Einordnung als *societas* nichts. Der hierin liegende Unterschied zur einfachen societas bestand nach Thöl und anderen allein im Außenverhältnis gegenüber Dritten[141]. Diese in der Literatur vorherrschende Auffassung entsprach den wenigen bis dahin bestehenden gesetzlichen Vorschriften, in denen die Aktiengesellschaft als *societas* benannt wurde[142]. Die Einordnung der Aktiengesellschaft als *societas* erlaubte die Bewertung der Aktionäre als Eigentümer der Gesellschaft. Hierin wich die Rechtswissenschaft des 19. Jahrhunderts von der vorangegangenen Behandlung der Anteilsinhaber als Gläubiger, als Inhaber eines schuldrechtlichen Anspruchs gegen die Gesellschaft ab[143].

---

[137] *Heise*, Handelsrecht, § 20; *Ortloff*, Grundzüge eines Systems des Teutschen Privatrechts, S. 450 ff. Vgl. zur Frage auch *Fuessel*, Societates innominatae; *Sintenis*, De societate quaestuaria.

[138] *Thöl*, Handelsrecht, Band 1 § 44.

[139] Die *societas* wurde im klassischen römischen Recht als der Zusammenschluss mehrerer Personen zur Förderung eines gemeinsamen Zwecks mit gemeinsamen Mitteln verstanden, D. 17, 2; Inst. 3, 25; C.4, 37; *Gaius* Institutiones III, 148–154b. Als privatrechtlicher Zusammenschluss, zu dem es allein des Konsenses der beteiligten *socii* bedurfte (*Gaius* Institutiones III, 151, Inst. 3, 25, 4), stellte sie jedoch nach außen keine Körperschaft wie beispielsweise ein *municipium* dar. Sie wurde nach außen durch einzelne Gesellschafter vertreten. Auch war die *societas* keine Gesamthand, sondern eine reine Innengesellschaft. Rechte und Pflichten erwuchsen aus der *societas* nur den Socii, *Gaius* D. 17, 2, 68 pr.; *Stein* 33 Tulane Law Rev. (1959), 595 ff.; *Kaser*, Privatrecht I § 133 III.

[140] *Jolly*, Das Recht der Aktiengesellschaften, S. 393.

[141] *Thöl*, Handelsrecht, Band 1, § 121, *Savigny*, Obligationenrecht Bd. 2, § 64 S. 113 f., *Pöhls*, Recht der Actiengesellschaften, S. 53 f.; *Jolly*, Das Recht der Aktiengesellschaften, S. 377 ff. Vgl. hierzu auch *Martin*, VSWG 56 (1969), 510.

[142] Siehe hierzu unten das Dritte Kapitel A, S. 169 ff., S. 172 ff.

[143] Vgl. oben A.II.1., S. 141 ff. *Savigny* bezeichnete die Aktie in seinem Obligationenrecht Band 2, S. 113 f. als Urkunde über einen Anteil am Eigentum einer Eisenbahn oder

Eine andere Beurteilung der Rechtsnatur der Handelscompagnie findet sich im
19. Jahrhundert erst bei Heise[144]. Er bezeichnete das gemeine Recht als auf die
von ihm als *„Aktiengesellschaften oder Handelscompagnien"* gezeichneten Gesellschaften anwendbar. Er verstand diese aber nicht als *societas,* sondern aufgrund
der Privilegierung als *universitas.* Für die privilegierten Gesellschaften gelte das
Recht der Korporationen. Aber auch für die noch nicht bestätigten Gesellschaften
waren aufgrund von Gewohnheitsrecht nach seiner Meinung dieselben Grundsätze
anwendbar[145]. Die Lehre von der *universitas personarum* war bereits vom älteren
gemeinen Recht entwickelt worden. Körperschaften im Sinne des gemeinen Rechts
waren jedoch vor allem der Staat als *fiscus,* Provinzen, Gemeinden und Zünfte[146].
Privatrechtliche Organisationen waren bis ins 19. Jahrhundert nur ganz ausnahmsweise als Korporationen im Sinne dieser Lehre angesehen worden[147]. Wichtig ist
in diesem Zusammenhang, dass allgemein für die Entstehung einer Körperschaft
eine staatliche Genehmigung als Voraussetzung angesehen wurde[148]. Die Auffassung Savignys, die Verfassung der Korporationen stünde „außerhalb der Grenze
des Privatrechts"[149]; für sie ließen sich daher keine allgemeinen Grundsätze auf-
stellen, spiegelt plastisch die Situation der privilegierten Handelscompagnien des
17. und 18. Jahrhunderts wieder. Erst später im 19. Jahrhundert wurde die Privat-
korporation als Teil des „neuen Rechts" anerkannt[150].

Aus der bis ins 18. Jahrhundert vorherrschenden Einordnung der Stellung von
Aktionären als Gläubigern folgte, dass die in den Statuten und Octrois vorgesehene
Beschränkung der Haftung auf die Einlage keiner weiteren Erwähnung und Erklärung bedurften. Weder Fischer noch Lobethan oder Musäus sprachen die beschränkte Haftung an. Da die Aktionäre nach ihrer Auffassung keine Gesellschafter, „Handelsgenossen" waren, konnten sie auch nicht für Schulden der Gesellschaft haften. Heutzutage erscheint die Einteilung der Mitgliedschaftsrechte in Aktien das Hauptmerkmal einer Aktiengesellschaft zu sein. Im 18. Jahrhundert wurde
die Ausgabe von Aktien durch eine Handelscompagnie nicht als deren prägendeste
Eigenschaft angesehen. Büschs Definition einer öffentlichen, privilegierten Han-

---

anderen industriellen Anstalt. Diese Ansicht wurde durch zahlreiche Satzungen von Aktiengesellschaften des 19. Jahrhunderts gestützt, in denen vom Eigentum der Anteilsinhaber am
Gesellschaftsvermögen die Rede war, *Coing,* Privatrecht II, S. 362.

[144] Georg Arnold Heise, Professor in Heidelberg und Göttingen und Oberappellations-
gerichtspräsident in Lübeck, starb 1851. Sein „Handelsrecht" erschien erst 1858. Ausführlich
hierzu *Freunsdorff,* Art. Heise, in: ADB 11, S. 666–669.

[145] *Heise,* Handelsrecht, § 27 (S. 69).

[146] Zum Begriff der universitas im klassischen römischen Recht vgl. *Kaser,* Privatrecht I,
S. 304 ff.; *Gaius* Institutiones II 11; Ulp. D. 3, 4, 7, 1 ff.

[147] *Coing,* Privatrecht II, S. 346 ff.

[148] So z. B. *Savigny,* System des römischen Rechts Band II, § 89 S. 280 f.; vgl. *Coing,*
Privatrecht II, S. 346 ff.

[149] *Savigny,* System des römischen Rechts Band II, § 89 S. 280.

[150] Zitat nach *Dernburg,* Pandekten I, S. 142; vgl. *Coing,* Privatrecht II, S. 346 ff.

delscompagnie kommt ebenso wie die Schedels gänzlich ohne Bezugnahme auf die Aktien aus[151]. Was heute als zentral erscheint, war damals zwar neu, aber eine Randerscheinung und weniger prägend für den Charakter der Gesellschaft als die öffentliche Verleihung eines Privilegs.

Keiner der genannten Juristen gab eine Begründung für seine Auffassung an. Auf die Octrois und internen Satzungen können sie sich nicht gestützt haben. Diese kannten zwar bisweilen Unterschiede zwischen Hauptpartizipanten und einfachen Partizipanten, je nach der Größe der Beteiligung[152], die Quellen betrachteten aber beide Gruppen als Anteilsinhaber. Eine Gegenüberstellung von Anteilsinhabern, also *Handelsgenossen*, und Aktionären war den Octrois und Satzungen der Gesellschaften fremd. Eine andere, diesen Quellen eher entsprechende Beurteilung der Rechtsposition der Aktionäre findet sich erst in Werken des frühen 19. Jahrhunderts. Goede nannte die Aktionäre 1806 *societatis membra*[153], und auch Mittermaier bezeichnete sie 1830 als Teilnehmer der Gesellschaften[154].

Ganz anders zeigte sich wenig später die Darstellung des Ökonomen Büschs und ihm folgend Martens sowie Heises. Diese vertraten als erste die sich auch aus den Octroi ergebende, auf die Einlage beschränkte Haftung der Aktionäre[155]. Büsch bezog dies nur auf die Assekuranzcompagnien. Bei der Behandlung der Handlungscompagnien wurde von der Haftungsbeschränkung nicht gesprochen, und es muss offen bleiben, ob er diese wegen der sonst vorhandenen Übereinstimmung der beiden Gesellschaftstypen auch im Recht der Handlungscompagnien verankert sah. Martens schrieb dagegen ganz ausdrücklich:

„Im Fall des Verlust aber haftet kein Mitglied über die Gränze seiner Actie, falls die Gesellschaft dies nicht ausdrücklich zum Gesetz gemacht hat,"[156]

Die Konsequenz aus der Haftungsbeschränkung führte erstmals Heise an:

„Jedes Mitglied haftet für die Verbindlichkeiten der Compagnie nur zum Belauf seiner Actie. Ist deren Betrag bezahlt, so ist der Einzelne nicht weiter gehalten; reicht es also nicht aus, so ist die Gesellschaft bankerott."[157]

An die Frage der Insolvenz anschließend erörterte Heise, ob die Aktionäre in diesem Fall verpflichtet wären, die erhaltenen Dividenden zurückzuerstatten. Er verneinte dies, sofern es nicht in den Gründungsstatuten der Gesellschaft festgelegt sei. Der Gewinn gehöre

---

151 *Büsch*, Theoretisch-Praktische Darstellung der Handlung, Kap. 5 § 1; *Schedel*, Kaufmannslexicon, Art. Compagnie, privilegirte.

152 Siehe dazu oben S. 76 ff.

153 *Goede*, Ius Germanicum Privatum, § 105.

154 *Mittermaier*, Grundsätze des gemeinen deutschen Privatrechts, § 504.

155 *Büsch*, Theoretisch-Praktische Darstellung der Handlung, Kap. 5 § 14 (S. 271); *Martens*, Grundriß, § 27; *Heise*, Handelsrecht, § 27 (S. 69).

156 *Martens*, Grundriß, § 27.

157 *Heise*, Handelsrecht, § 27 (S. 69).

„nicht zum Capital der Actie, und solches wird durch dessen Wegnahme nicht kleiner. Es haftet aber hier nur das Societäts-Vermögen; und was einmal verfassungsmäßig als Dividende ausbezahlt ist, gehört zu solchem nicht mehr."[158]

c) Rechtspersönlichkeit der privilegierten Handelscompagnien

Ein Problemkreis, der nur in der Dissertation Karl Friedrich Paulis aus dem Jahr 1751 angesprochen wurde, ist die Rechtspersönlichkeit der privilegierten Handelscompagnien. Pauli bezeichnete die „*societas mercatoria major privilegiata vulgo octroyrte Handels-Compagnie*"[159] ähnlich den Formulierungen in den Octrois und Satzungen als ein *Corpus*.

„Verum enim vero, quum societas mercatoria major privilegiata consideranda qua talis; hinc non attendendum ad singulos in societate, sed ad totum sociorum corpus; [...] Sed dum hic societas qua corpus consideratur"[160]

Die Beurteilung Paulis entsprach den Aussagen in den Octrois und Satzungen der Handelscompagnien[161]. Pauli fügte jedoch keine allgemeine Erläuterung an, welche Konsequenzen die rechtliche Einordnung als *Corpus* für die Rechtsverhältnisse der Compagnien habe. Er ging weder auf Fragen der Vermögensfähigkeit noch der Rechtsfähigkeit ein, denn Schwerpunkt seiner Dissertation war die Frage des Kriegsrechtes der Compagnien und nicht ihre privatrechtliche Stellung.

Die übrigen untersuchten Autoren, also Musäus, Lobethan, Martens, Büsch, Fischer, Danz, Hufeland, Goede und Ludovici behandelten die privilegierten Handelscompagnien anders als vermutlich Marquard[162] gerade nicht als *universitas* oder *collegium*[163]. Eine ausdrückliche Aussage über die Rechtsform der privilegierten Handelscompagnien fehlte bei ihnen. Sie behandelten diese aber immer zusammen mit der *Societas* und unterscheiden die beiden nur durch das Vorhandensein eines öffentlichen Privilegs. Wäre bei ihnen die Ansicht vorherrschend gewesen, die privilegierten Handelscompagnien seien *universitas* gewesen, so hätten sie sie vermutlich gemeinsam mit diesen behandelt. Zu berücksichtigen ist hierbei aber, dass die genannten Autoren ihre Aussagen weitgehend unabhängig von den Octrois und Satzungen der Gesellschaften trafen und deren spezielle Ausgestaltung

---

[158] *Heise*, Handelsrecht, § 27 (S. 70).

[159] *Pauli*, De iure belli societatis mercatoriae maioris privilegiatae vulgo einer octroyrten Handels-Compagnie. Bei der Erklärung, was eine solche Compagnie sei, werden auch die in Emden ansässigen Handelscompagnien Friedrich II. genannt, § VIII.

[160] *Pauli*, De iure belli societatis mercatoriae maioris privilegiatae, § IX.

[161] Siehe hierzu oben S. 129 ff.

[162] Siehe oben S. 141 ff.

[163] Auch insoweit kann die Ansicht *Söhnchens*, Gründungsvoraussetzungen, S. 116, nicht gestützt werden der unter Verweis auf Autoren des 18. Jahrhunderts die Handelscompagnien den Regeln des Gemeinen Rechts von den „*universitates*" unterstellt.

durch das staatliche Privileg nicht beachteten. Die privilegierten Handelscompagnien wurden im Ergebnis im 18. Jahrhundert nicht als *universitas,* sondern *societas* betrachtet.

Einzig Heise unterstellte die Handelscompagnien – jedoch bereits im 19. Jahrhundert – dem Recht der *universitas*[164] und behandelte sie ebenfalls als Korporationen[165]. Die spätere Klassifizierung der Kapitalgesellschaften als juristische Personen deutete sich hier bereits an.

B. Erträge

Das privat- und handelsrechtliche Schrifttum des 18. Jahrhunderts betrachtete die privilegierten, oktroyierten Handelscompagnien als Sonderform der römischrechtlichen *societas*[166]. Der Unterschied zur einfachen *Societas* bzw. *Mascopey*

---

[164] Schon das antike Rom kannte Zusammenschlüsse von Personen, die einen von der Rechtsordnung anerkannten Verband formten und trotz eines Wechsels ihrer Mitglieder ihre rechtliche Identität beibehielten, vgl. *Kaser,* Privatrecht I, S. 302; *Schnorr von Carolsfeld,* Geschichte der juristischen Person; *Honsell / Mayer-Maly / Selb,* Römisches Recht, S. 78. Personenverbände dieser Art fanden sich auf den verschiedenen Gebieten des Staates. Allen voran betrachtete das römische Recht öffentlich-rechtliche Institutionen als solche Verbände (vgl. *Gaius* D. 3, 4, 1 «corpus habere »). Beispiele für diese waren die *municipia* (Gemeinden) und *coloniae* (Kolonien) des römischen Staatswesens, aber auch der Senat oder das *aerarium.* Gemein war diesen Verbänden, dass sie außerhalb des eigentlichen Privatrechts standen und entweder sakrale oder öffentliche Aufgaben erfüllten. Eine Körperschaftlichkeit wurde von Gaius auch bestimmten Berufsverbänden zugestanden, sofern diese durch *senatus consulta* (Senatsbeschlüsse) und *constitutiones principalis* (Kaiserkonstitutionen) anerkannt waren. Vgl. hierzu *Gaius* D. 3, 4, 1: „item collegia Romae certa sunt, quorum corpus senatus consultis atque constituionibus principalibus confirmatum est, veluti pistorum et quorundam aliorum, et navicularium, qui et in provinciis sunt." Dt. Ebenso bestehen in Rom gewisse Berufsverbände, deren Körperschaftlichkeit durch Senatsbeschlüsse und Kaiserkonstitutionen anerkannt ist, wie zum Beispiel diejenigen der Bäcker und gewisser anderer Handwerker sowie der Reeder, die es auch in den Provinzen gibt." Dt. Übersetzung *Behrends / Knütel / Kupische / Seiler* (Hrsg.), Corpus Iuris Civilis Band II. Als Beispiel wurde hierbei auch die Vereinigung der Reeder genannt. Daneben sind uns auch Vereine bekannt, die öffentliche Aufgaben betreuten. Rein ideelle, wirtschaftliche oder gar sportliche Vereine sind für die klassische römische Zeit nicht nachweisbar, vgl. *Kaser,* Privatrecht I § 72 V. All diese Körperschaften wurden von den römischen Juristen jedoch nicht als ein fiktives Gebilde, einer heutigen juristischen Person vergleichbar, betrachtet. Sie waren nicht völlig vom Bestand ihrer Mitglieder losgelöst. Träger der Vereinigung war vielmehr stets die Gesamtheit seiner Mitglieder, Kaser, Privatrecht I § 72 II. Eine gewisse Eigenständigkeit der Vereinigung wurde nur insofern zuerkannt, als dass das Vermögen des Verbands getrennt vom Vermögen seiner Mitglieder behandelt wurde und auch das einzelne Mitglied nicht hierüber verfügen konnte, vgl. *Schnorr von Carolsfeld,* Geschichte der juristischen Person, S. 402. Voraussetzung für die Anerkennung als Korporation war nach klassischem römischen Recht eine Erlaubnis des Staates, vgl. *Honsell / Mayer-Maly / Selb,* Römisches Recht, S. 79.

[165] *Heise,* Handelsrecht, § 27 (S. 69). Vgl. hierzu auch *Baums-Stammberger,* Aktiengesetzgebung, Kapitel 2.

wurde nicht in der Aufteilung des Kapitals in Aktien gesehen, sondern in der den Gesellschaften erteilten hoheitlichen Genehmigung, dem Octroi. Die Juristen betrachteten die Aktie, heute zentrales Element der Verfassung einer Aktiengesellschaft, nicht als wesentlich für eine private Handelscompagnie. In der Aktie wurde kein Mitgliedschaftsrecht, sondern eine schuldrechtlich begründete Forderung gesehen, die anders als ein Darlehen regelmäßig die Aktionäre, zum Teil aber auch nur bestimmte Aktionäre, zu einer Beteiligung am Gewinn berechtigte[167]. Diese Gewinnbeteiligung oder Dividende beruhte nach damaliger Auffassung jedoch nicht wie heute auf der mitgliedschaftlichen Natur des Papiers[168], sondern auf einer speziellen vertraglichen Vereinbarung zwischen Aktionär und Gesellschaft durch die Gründungsstatuten der Gesellschaften. Die Aktionäre wurden nicht als Gesellschafter angesehen, soweit sich die Autoren überhaupt mit deren rechtlicher Stellung auseinandersetzen. Wer Gesellschafter oder Handelsgenosse der privilegierten Compagnie war und welche Rechte diesen zustanden, behandelten sie nicht gesondert. Es galt insoweit das allgemeine Gesellschaftsrecht. Auch die Frage der beschränkten Haftung der Aktionäre wurde nicht behandelt. Ausgehend von der Annahme, die privilegierten Handelscompagnien seien einfache Handelsgesellschaften gewesen, bestand hierfür auch kein Bedürfnis. Denn in diesem Fall waren die für die Gesellschafter der einfachen Handelsgesellschafter geltenden und im Rahmen der Darstellung der *societas* erläuterten Regelungen anwendbar. Die Aktionäre waren mit der Gesellschaft dagegen nach dieser Auffassung nur schuldrechtlich durch die Aktie gebunden. Aus dieser Forderung konnte sich auch keine Nachschusspflicht ergeben.

Zur inneren Organisation der privilegierten Handelscompagnien machten die Lexika, Dissertationen und Lehrbücher wenig Angaben, obwohl diese durch die staatlichen Vorgaben in den Octrois weitgehend geregelt wurde. In inhaltlicher Übereinstimmung mit den Regelungen in den meisten Octrois wurde festgestellt, dass nur der Besitz mehrerer Aktien ein Stimmrecht vermittelte. Die Organe der Gesellschaften, die jährlich stattfindende Generalversammlung und die Direktoren wurden kurz dargestellt. Dabei stellte Heise fest, dass die Direktoren teils gewählt, teils durch den Regenten ernannt wurden[169].

Die privilegierten Handelscompagnien waren aus damaliger Sicht keine unabhängige Rechtsform. Infolgedessen bedurften auch nur die beiden Abweichungen, die die privilegierten Handelscompagnien vom Regelfall der *societas* unterschied,

---

[166] Anderer Ansicht ist *Baums,* Einleitung, S. 14, der unter Bezugnahme auf Scherner und Savary die Auffassung vertritt, die zeitgenössische handels- und gesellschaftsrechtliche Literatur habe die Handelscompagnien nicht im Zusammenhang mit den privaten Handelsgesellschaften behandelt, und *Söhnchen,* Gründungsvoraussetzungen, S. 116, der sie als *universitas* betrachtet.

[167] Vgl. hierzu oben die Erläuterungen zu Hauptpartizipanten und einfachen Partizipanten unter B.III.3.c), S. 76 ff.

[168] *Kraft / Kreutz,* Gesellschaftsrecht, S. 329.

[169] *Heise,* Handelsrecht, § 27 (S. 69). Siehe hierzu oben A.II.3.a), S. 150 ff.

nämlich das Octroi und die Aktie, einer gesonderten Behandlung. Eine abweichende Beurteilung der Rechtsverhältnisse der privilegierten Handelscompagnien wurde erst 1798 durch Martens eingeleitet, der erstmals die Aktie als Mitgliedschaftsrecht ansah und damit den Weg bereitete für die noch heute gültige Ausgestaltung der Aktiengesellschaft im 19. Jahrhundert.

Erst vereinzelt fanden sich mit Pauli im 18. Jahrhundert vorsichtige Ansätze, die privilegierten Handelscompagnien wegen ihrer staatlichen Privilegierung als Corpus, als juristische Einheit mit einer gewissen, gegenüber den Mitgliedern bestehenden rechtlichen Selbständigkeit zu betrachten. Die Octrois und Satzungen verwandten diesen Begriff ebenfalls. Pauli zeichnete diese unmittelbar für die Handelscompagnien geltenden Rechtsquellen damit deutlicher nach, als die übrigen Autoren der Zeit, die die Handelscompagnien als *societas* ansahen, aber deren Ausgestaltung durch die Octrois nicht berücksichtigten. Heise griff diese Ansicht Anfang des 19. Jahrhunderts auf und bezeichnete die Gesellschaften als Korporationen bzw. *universitas*. Hieran schloss sich im 19. Jahrhundert eine intensive Debatte über die Rechtsnatur der Aktiengesellschaft (*societas oder universitas?*) an[170].

Insgesamt erfolgte die Auseinandersetzung mit dem Phänomen der privilegierten Handelscompagnie in der Rechtswissenschaft des 17. und 18. Jahrhunderts nur oberflächlich. Bereits 1863 stellte Renaud fest: *„Die deutsche Literatur der Actiengesellschaft ist weder alt noch reich"*[171]. Intensive Auseinandersetzungen mit den speziellen, den Gesellschaften erteilten Octrois und deren vom gemeinen Recht abweichenden Regelungen fehlen[172]. Infolgedessen blieb die Organisationsverfassung der privilegierten Handelscompagnien weitestgehend unbehandelt. Die Aktie wurde allgemein als schuldrechtliche Obligation betrachtet. Damit wurde die besondere Ausgestaltung des Rechtsverhältnisses zwischen Aktionär und Gesellschaft durch die Octrois nicht beachtet. Diesen zufolge waren – Hauptpartizipanten wie einfache Partizipanten – nämlich zunächst Interessenten, also Mitglieder der Gesellschaft, auch wenn sie mit zum Teil sehr unterschiedlichen Rechten versehen waren[173]. Die in der juristischen Literatur des 18. Jahrhunderts vertretene Auffassung von den Rechtsverhältnissen der privilegierten Handelscompagnien entspricht nur zum Teil der Rechtslage, die sich aus den Octrois gab.

---

170 Vgl. hierzu *Thöl*, Handelsrecht, S. 142 ff.; *Gerber*, System des Deutschen Privatrechts, § 198 S. 479 ff.; *Mittermaier*, Deutsches Privatrecht, 7. Aufl., §§ 557, 558, die die Aktiengesellschaft als eine Sozietät ansahen. Anderer Ansicht *Witte*, ZHR 8 (1865), 1 ff.; *Pöhls*, Recht der Aktiengesellschaft, S. 53 ff., 173 ff. Zum Streit insgesamt siehe *Strauss*, Aktiengesellschaft nach altem bayerischen Recht, S. 13 ff.

171 *Renaud*, Recht der Actiengesellschaften, S. 40.

172 Siehe zur Rechtsstellung der privilegierten Handelscompagnien nach deren Octrois und Satzungen oben das Erste Kapitel.

173 Siehe hierzu oben B.III., S. 64 ff.

Drittes Kapitel

Gesetzgebung

A. Die privilegierten Handelscompagnien in der Gesetzgebung

Anders als manche Bereiche des Handelsrechts, die in Teilen Europas bereits im 17. Jahrhundert eine Kodifikation erfuhren bzw. deren Recht in Gesetzessammlungen aufgenommen wurde[1], galt für die privilegierten Handelscompagnien und die Aktiengesellschaften, dass es für sie bis ins 19. Jahrhundert keine allgemeinen Gesetze gab[2]. Vielmehr richtete sich das Recht der oktroyierten Handelscompagnien nach einzelnen Maßnahmen der staatlichen Gewalt, die für den konkreten Einzelfall erlassen wurden, den Octrois. Diese Octrois enthielten regelmäßig nicht nur die Genehmigung, eine Handelscompagnie auf der Basis von Aktien zu betreiben. Meist wurde den Gesellschaften gleichzeitig ein Monopol für einen bestimmten Bereich des Handels erteilt. Ein ähnliches Octroisystem gab es im Bereich des Rechts der Banken und Börsen[3]. Für die oktroyierten Handlungscompagnien bestand zudem die Besonderheit, dass diese durch den staatlichen Gründungsakt zum Teil die Befugnis erhielten, ihre Angelegenheiten im Außenverhältnis selbst zu regeln, sofern das Octroi keine Vorgaben und Regelungen enthielt. So wurden die Gesellschaften zwar durch einen staatlichen Akt gegründet, unterlagen aber im Folgenden auch der Regelung der eigenen Angelegenheiten durch ihre Gesellschaftsorgane[4]. Mangels weiterer staatlicher Regelungen über die Rechte dieser Gesellschaften und gegenüber diesen Gesellschaften hatten deren Gründungsakte Gesetzgebungscharakter[5].

Das Octroisystem setzte sich im Bereich der im 19. Jahrhundert zunehmend Aktiengesellschaft oder Aktienverein genannten Gesellschaften fort. Die in Preußen

---

[1] Vgl. z. B. die französische *Ordonnance du commerce* (1673) und die italienischen Statuti di mercanti wie die z. B. die *Statuti di Siena* (1644), *Statuti di Bologna* (1550) und *Statuti di Firenze* (1592).

[2] *Pöhls,* Recht der Actiengesellschaften, S. 10; *Reich,* Ius Commune II (1969), 239.

[3] *Lammel,* in: Coing, Handbuch, II / 2 S. 573.

[4] Vgl. zum Beispiel Art. 36 des Octroi für die französische Compagnie des Indes Orientales (1664), Art. 39 des Octroi für die österreichisch-niederländische Compagnie von Oostende (1722). Siehe im Einzelnen oben S. 38 ff.

[5] *Lammel,* Handbuch, II / 2, S. 584.

in der ersten Hälfte des 19. Jahrhunderts entstandenen Chausseebaugesellschaften wurden ebenso durch ein Octroi ins Leben gerufen wie die unter das Preußische Eisenbahngesetz von 1838 fallenden Eisenbahngesellschaften[6]. Solange die auf Aktien basierenden Gesellschaften durch ein Octroi geregelt wurden, welches nicht nur die staatliche Genehmigung enthielt, sondern auch weit reichende Organisationsnormen, bestand kein Bedarf für die Schaffung genereller Normen. Erst mit dem Übergang zum Konzessionssystem wurden allgemeine aktienrechtliche Bestimmungen erforderlich, denen sich alle um die Erteilung einer Konzession bittende Gesellschaften zu unterwerfen hatten[7].

Eine allgemeine gesetzliche Regelung der privilegierten Handelscompagnien unterblieb im 17. und 18. Jahrhundert aber nicht nur in Brandenburg und Preußen. Auch die französische Ordonnance du Commerce Colberts von 1673 enthielt keine Regelungen für das französische Äquivalent der privilegierten Handelscompagnien, die Grandes Compagnie du Commerce. Zeitlich fielen die ersten aktienrechtlichen Kodifikationen in das 19. Jahrhundert[8]. Napoleons Code de Commerce von 1807 regelte als erste große europäische handelsrechtliche Kodifikation mit der Société Anonyme[9] das Recht dieses Gesellschaftstyps. Durch Napoleons Besetzung der linksrheinischen Gebiete und die freiwillige Übernahme in einigen Rheinbundstaaten erlangte der Code de Commerce auch in Deutschland Geltung. Im Großherzogtum Baden trat er als *„Anhang von den Handelsgesetzen zum Badischen Landrecht"* 1810 in Kraft[10]. Die entstehenden Kodifikationen bildeten eine durch die Industrialisierung drastisch veränderte wirtschaftliche Situation ab[11], die mit den Handelscompagnien des merkantilistischen Brandenburgs und Preußens wenig bis nichts mehr gemein hatte. Die privilegierten Handelscompagnien des merkantilistischen Staates wurden im Zeitalter der Industrialisierung abgelöst durch zunehmend private, den Zwecken ihrer Mitglieder dienende Gesellschaften[12].

Die Geschichte der Aktiengesellschaft und der aktienrechtlichen Kodifikationen des 19. Jahrhunderts ist an anderer Stelle bereits hinreichend untersucht worden[13].

---

[6] Vgl. hierzu unten S. 172.

[7] *Coing,* Privatrecht II, S. 102 ff.; *Söhnchen,* Gründungsvoraussetzungen, S. 139 ff.

[8] *Albrecht,* Aktienzinsen, S. 4; *Reich,* Ius Commune II (1969), 239.

[9] Art. 29–46 Code de Commerce.

[10] *Köbler,* Wissenschaft des gemeinen deutschen Handelsrechts, S. 278; *Söhnchen,* Gründungsvoraussetzungen, S. 83; *Schubert,* Französisches Recht, S. 209 ff.

[11] *Henning,* Industrialisierung, S. 35.

[12] *Baums,* Einführung, S. 11.

[13] *Reich,* Ius Commune II (1969), 239–276; *Landwehr,* ZRG GA 99 (1982), 1–112; *Rauch,* ZRZ GA 69 (1952), 239–300; *Großfeld,* Die rechtspolitische Beurteilung der Aktiengesellschaft im 19. Jahrhundert; *Schumacher,* Entwicklung der inneren Organisation der Aktiengesellschaft; *Hadding / Kießling,* Anfänge deutschen Aktienrechts: Das Preußische Aktiengesetz vom 9. November 1843, in: FS Hattenhauer; *Wagner* in: Coing, Handbuch III / 3, S. 2969 ff.; *Martin,* VSWG 56 (1969), 499–542; *Bösselmann,* Entwicklung des deutschen

Deshalb soll im Folgenden nur noch ein Abriss der weiteren Entwicklung des Rechts der privilegierten Handelscompagnien und frühen Aktiengesellschaften in Preußen bis zum Preußischen Aktiengesetz von 1843 gegeben werden. Dabei fällt der Versuch einer Aktiengesetzgebung im Königreich Sachsen von 1836[14] räumlich ebenso aus dem Rahmen dieser Arbeit wie der Entwurf eines Handelsgesetzbuches des Königreich Württembergs von 1839[15].

I. Allgemeine Gerichtsordnung für die Preußischen Staaten

Die 1793 in Kraft getretene Allgemeine Gerichtsordnung für die Preußischen Staaten[16] enthielt im Abschnitt über die Arrestsachen eine Regelung über die Aktien der zu diesem Zeitpunkt noch bestehenden preußischen Handelscompagnien, die ausdrücklich namentlich genannt wurden. Die Aktien der Seehandlungscompagnie, der Assekuranzgesellschaft und der Emder Heringsfischereigesellschaft durften wegen der in den Octrois erteilten Privilegien nicht mit Arrest belegt werden. Insoweit verwies die Allgemeine Gerichtsordnung nur auf die wegen der Octrois bestehende Rechtslage[17]. Darüber hinaus wurde es den Gerichten aber gestattet, im Falle der Zwangsvollstreckung oder Konkurseröffnung die Aktien der Gemeinschuldner in Verwahrung zu nehmen und die Gläubiger aus den Zinsen und Dividenden zu befriedigen[18].

Aktienwesens im 19. Jahrhundert; Fick, ZHR 5 (1862), 1–63; Hopt, Ideelle und wirtschaftliche Grundlagen der Aktien-, Bank- und Börsenrechtsentwicklung im 19. Jahrhundert; Martens, Die Aktiengesellschaft in der Kritik; Passow, Aktiengesellschaft; Primker, Aktiengesellschaft.

[14] Der erste Ansatz einer eigenständigen Regelung der zu diesem Zeitpunkt bereits ganz überwiegend als Aktiengesellschaft bezeichneten Gesellschaftsform wurde in Deutschland im Königreich Sachsen gemacht. Der Gesetzentwurf lehnte sich inhaltlich stark an den Code de Commerce an. Der Entwurf von November 1836 enthielt Regelungen über die Kapitalaufbringung und – erhaltung und zur allgemeinen Organisation der Aktiengesellschaft. Deren Rechtsnatur wurde an die romanistischen Korporationslehre angelehnt, der Gesellschaft aber keine eigene Rechtspersönlichkeit zugestanden. Sie war deshalb zum Beispiel nicht grundbuchfähig. Jedoch wurde sie als teilweise vom Bestand ihrer Mitglieder unabhängige, zwischen societas und universitas einzuordnende Einheit anerkannt. Vgl. zur Geschichte dieses Gesetzentwurfs Baums-Stammberger, Aktiengesetzgebung.

[15] Die aktienrechtlichen Bestimmungen dieses Entwurfs basierten weitestgehend auf dem niederländischen Wetboek van Koophandel von 1838. Vgl. hierzu Albrecht, Aktienzinsen, S. 24 ff.; Goldschmidt Handbuch des Handelsrechts, S. 64 ff.; Conradi, Unternehmen im Handelsrecht, S. 115; Reich, Ius Commune II (1969), 243 ff.; Bergfeld, Ius Commune XII (1978), 226 ff., 232; Raisch, Die Abgrenzung des Handelsrechts vom Bürgerlichen Recht als Kodifikationsproblem im 19. Jahrhundert, S. 71 ff.

[16] Vgl hierzu Schwartz, Vierhundert Jahre deutscher Civilprozeß-Gesetzgebung, S. 509 ff.; Busch, Entstehung der Allgemeinen Gerichtsordnung.

[17] Siehe hierzu oben S. 85 ff.

[18] I 29 § 19 Allgemeine Gerichtsordnung.

II. Allgemeines Landrecht für die Preußischen Staaten

Das 1794 unter Friedrich Wilhelm II. in Kraft getretene Preußische Allgemeine Landrecht enthielt keine spezielle Regelung des Rechts der privilegierten Handelscompagnien[19]. An der Ausarbeitung des Handels- und Wechselrechts des Allgemeinen Landrechts hatte der Hamburger Handlungswissenschaftler Büsch mitgewirkt[20], der dem Phänomen der Aktiengesellschaft ähnlich wie Adam Smith eher ablehnend gegenüberstand[21]. Dabei wurde das Handels- und Gesellschaftsrecht im ALR keinesfalls ausgespart, es fanden sich vielmehr Regelungen des Rechts der Handelsgesellschaften in 6. Titel des II. Teils[22]. Das Allgemeine Landrecht differenzierte aber nicht stark nach verschiedenen Gesellschaftstypen. Dies könnte auf dem Einfluss Büschs beruhen, der in seiner Darstellung ebenfalls nur zwischen Privatgesellschaften und öffentlichen Compagnien unterschied, aber nicht innerhalb dieser Kategorien genauer differenzierte. In seinem Werk finden Mascopeyen, stille Gesellschaften und andere Formen der Handelsgesellschaften keine Erwähnung. Eine Einteilung nach den verschiedenen, heute noch bekannten Gesellschaftstypen, wie sie bereits in der Literatur zum Beispiel in der Dissertation Engaus von 1747 getroffen wurde[23], fand sich in der Gesetzgebung erstmals im Code de Commerce[24]. Das Recht der Aktiengesellschaften, sei es unter diesem Namen oder unter dem der oktroyierten Handelscompagnie, wurde im ALR nicht gesondert geregelt[25].

Dabei bestanden während der Entstehung des ALR mit der Preußischen Seehandlung in Preußen noch Handelscompagnien, deren Rechtsform in ein Gesetzeswerk hätte einfließen können[26]. Neue Octrois waren jedoch seit 1772 weder durch

---

[19] *Pöhls,* Recht der Actiengesellschaften, S. 1; *Reich,* Ius Commune II (1969), 239; *Hadding / Kießling,* Anfänge deutschen Aktienrechts: Das Preußische Aktiengesetz vom 9. November 1843, in: FS Hattenhauer, S. 162; *Landwehr* ZRG GA 99 (1982), 1, 4 ff.; *Söhnchen,* Gründungsvoraussetzungen, S. 133 ff.

[20] Nach seinen eigenen Angaben war er gebeten worden, ein Gutachten zu diesem Abschnitt zu erstellen, dessen Inhalt in das ALR eingeflossen sei, *Büsch,* Theoretisch-praktische Darstellung der Handlung, S. 606 f. Das Gutachten hatte er gemeinsam mit den Hamburger und Lübecker Kaufleuten Georg Heinrich Sieveking, Ulrich Moller und Jürgen Heinrich Gädertz erarbeitet, vgl. *Droysen,* Beiträge zur Beurteilung des Handelsrechts im Allgemeinen Preußischen Landrecht, S. 35.

[21] *Büsch,* Theoretisch-praktische Darstellung der Handlung, Vorrede, 5. Kap. § 1 (S. 250).

[22] Vgl. zum Handelsrecht im ALR *Goldschmidt,* Handbuch des Handelsrechts, S. 30 ff.; *Köbler,* Wissenschaft des gemeinen deutschen Handelsrechts, S. 277 ff.

[23] *Engau,* De societate mercatoria, § 8.

[24] Vgl. hierzu *Wagner* in: Coing, Handbuch III / 3, S. 2980 f.

[25] *Droysen,* Beiträge zur Beurteilung des Handelsrechts im Allgemeinen Preußischen Landrecht, S. 13.

[26] Die Preußische Seehandlung, die Emder Heringsfischereigesellschaft und die Assekuranzkammer. Vgl. auch *Bösselmann,* Entwicklung des deutschen Aktienwesens im 19. Jahrhundert, S. 59.

Friedrich II. noch seinen den Merkantilismus deutlich kritischer betrachtenden Nachfolger erteilt worden. Der fehlende wirtschaftliche Erfolg könnte dieses nachlassende Interesse Friedrich II. begründet haben. Auch die vorherrschenden wirtschaftspolitischen Anschauungen hatten sich gegen Ende des 18. Jahrhunderts gewandelt. Eher den Reformgedanken eines Reichsfreiherrn von und zum Stein, Fürst Karl August von Hardenbergs und Freiherrn Wilhelm von Humboldt verpflichtet[27], setzte unter der Regierung Friedrich Wilhelms II., aber auch unter seinem Nachfolger, eine gewisse wirtschaftliche Liberalisierung ein. Insbesondere Freiherr von Stein war bemüht, den liberalen Grundsätzen Adam Smiths Geltung zu verschaffen und von einer merkantilistischen Gestaltung der Wirtschaftspolitik Abstand zu nehmen. Mit den Grundgedanken von Adam Smith vertrugen sich aber privilegierte und mit einem Monopol ausgestattete Handelscompagnien nicht[28]. Nach dessen Ansicht konnten privilegierte Gesellschaften im Vergleich mit privaten Unternehmungen nicht bestehen. Sie seien eventuell bei der Errichtung einzelner Handelssparten nützlich gewesen, hätten sich aber auf die Dauer als nutzlos herausgestellt. Wegen des mangelnden persönlichen Interesses der (angestellten) Direktoren würden Nachlässigkeit und Verschwendung vorherrschen, und daher würden die Gesellschaften ohne Sonderrechte wenig Erfolg erzielen[29]. Das fehlende Interesse des Monarchen und die veränderten wirtschaftstheoretischen Ansätze spiegeln sich im entstehenden Allgemeinen Landrecht. Hieraus könnte auch die fehlende Behandlung der neuen Rechtsform resultieren[30]. Hintergrund einer fehlenden ausführlichen Regelung dürfte darüber hinaus auch die fehlende wissenschaftliche Durchdringung der Materie gewesen sein. Auf wissenschaftliche Vorarbeiten zum Recht der Handelscompagnien konnten sich die Redaktoren des ALR nicht stützen. Carl Gottlieb Svarez klagte denn bei der Schlussrevision auch über die Schwierigkeiten auf dem Gebiet des Gesellschaftsrechts, *„da die bisherigen gemeinen Rechte, und selbst die gewöhnlichen Compendia und Commentarien nirgend ein vollständiges und zusammenhängendes System darüber, sondern nur einzelne zerstreute Sätze liefern"*[31].

1. Rechtsform und Rechtsverhältnisse
der privilegierten Handelscompagnie

In drei Paragraphen behandelte das ALR die privilegierten Gesellschaften. Dies geschah im Abschnitt über die Gesellschaften überhaupt, der aber die einfachen

---

[27] *Kirchhoff,* Wirtschaftsgeschichte in: Brandenburg (Hrsg. Heckmann), S. 142 f.

[28] *Smith,* Wohlstand der Nationen, S. 621 ff.

[29] *Smith,* Wohlstand der Nationen, S. 621 ff.

[30] So offenbar *Gmür,* Emder Handelscompagnien, S. 196.

[31] *Suarez,* Amtliche Vorträge bei der Schluß-Revision des Allgemeinen Landrechts, Jahrbücher für die preußische Gesetzgebung, Rechtswissenschaft und Rechtsverwaltung, 1833, S. 149.

Societäten nicht umfasste. Diese wurden als „*Gemeinschaften, welche durch Vertrag entstehen*", gesondert behandelt[32]. Obwohl das sonst gebräuchliche Wort privilegierte Handelsgesellschaften oder Handelscompagnien nicht verwandt wurde, müssen II 6 §§ 22–25 ALR auch für diese gegolten haben[33]. Gemäß II 6 § 22 ALR waren sie vorrangig nach den in den Privilegien enthaltenen Regelungen zu beurteilen[34]. Nur wo eine Regelungslücke bestand, sollte das auch für andere erlaubte Gesellschaften (II 6 § 2 ALR) geltende Recht angewandt werden, II 6 § 23[35]. Als einzige ausdrückliche inhaltliche Regel wurde dem Staat eine Auflösung der privilegierten Gesellschaften nur nach allgemein für die Aufhebung von Privilegien geltenden Vorschriften gestattet[36].

In Ermangelung spezieller Regelungen durch individuelle Octrois galt somit auch für genehmigte Handelscompagnien das Recht der erlaubten Privatgesellschaften[37]. Damit hafteten die Mitglieder aus den Geschäften der Gesellschaft mit ihrem ganzen Vermögen persönlich und unbeschränkt[38]. Die Gesellschaft hatte keine Organe, sondern nur durch Vollmacht ausgewiesene Vertreter, wobei für die Erteilung von Vollmachten die Unterzeichnung aller Mitglieder erforderlich war[39]. Auch im Prozess konnten sich die Gesellschaften nicht durch ein Organ vertreten lassen; eventuell zu leistende Eide hatten wiederum alle Mitglieder abzulegen[40]. Eine Regelung der Firma der Gesellschaften findet sich in II 8 § 617 ALR. Die Gesellschaft war keine eigenständige juristische Einheit, nicht einmal moralische Person[41]. Sie war nicht grundbuch- und wechselfähig[42]. Sie besaß nicht einmal die

---

32 I 17 § 169–307 ALR.

33 *Landwehr*, ZRG GA 99 (1982), 4 unterstellt diese ebenfalls den privilegierten Gesellschaften des ALR, stellt aber auch zutreffend fest, dass das ALR die Aktiengesellschaft als solche nicht kannte; ebenso *Baums*, Einleitung S. 15; *Hadding/Kießling*, Anfänge deutschen Aktienrechts: Das Preußische Aktiengesetz vom 9. November 1843, in: FS Hattenhauer, S. 163; *Söhnchen*, Gründungsvoraussetzungen, S. 134. Anders *Koch*, Lehrbuch des preußischen gemeinen Privatrechts, S. 699, nach dessen Ansicht das ALR die Société Anonyme nicht kannte.

34 Ebenso *Droysen*, Beiträge zur Beurteilung des Handelsrechts im Allgemeinen Preußischen Landrecht, S. 13; *Söhnchen*, Gründungsvoraussetzungen, S. 134 ff.

35 Hierzu *Rosin*, Beiträge zur Erläuterung des deutschen Rechts 27 (1883), 113; *Röh*, Die allgemeinen und besonderen Gesellschaften des Allgemeinen Landrechts für die Preußischen Staaten von 1794, S. 20 ff.

36 Vgl. hierzu Einleitung § 62–72 ALR. Danach konnten Privilegien unter anderem nur aus überwiegenden Gründen des gemeinen Wohls, und nur nach Anhörung des Betroffenen gegen Entschädigung aufgehoben werden.

37 *Rosin*, Beiträge zur Erläuterung des deutschen Rechts 27 (1883), 112, 121; *Strauss*, Die Aktiengesellschaft nach bayerischem Recht, S. 29.

38 II 6 § 12 ALR. Zur Auslegung dieser Norm vgl. *Rosin*, Beiträge zur Erläuterung des deutschen Rechts 27 (1883), 132 f., 140; *Baums*, Einleitung, S. 22; *Söhnchen*, Gründungsvoraussetzungen, S. 134.

39 I 13 § 98 ff. ALR.

40 I 10 § 269 AGO.

41 II 6 § 13 ALR.

Rechtsfähigkeit zum Erwerb eigener Eigentumsrechte. Die Gesellschaft war identisch mit der Gesamtheit ihrer Mitglieder, und nicht von diesen unabhängig. Alle diese Fragen konnten allein durch ein Einzelprivileg abweichend geregelt werden. Erhielten die Gesellschaften dagegen den Korporationsstatus durch einen weiteren, von der Genehmigung zu unterscheidenden Akt, kam ihnen juristische Persönlichkeit zu und sie wurden vom ALR als moralische Person angesehen[43]. Erlaubten Gesellschaften wurde diese Eigenschaft von der überwiegenden Ansicht in der Literatur abgesprochen, nur Rosin sah bereits in der erlaubten Gesellschaft eine Annäherung an die Körperschaft[44]. Erst durch Urteile des Preußischen Obertribunals von 1864 und 1865 wurde auch erlaubten Gesellschaften, nämlich Aktiengesellschaften nach dem Preußischen AktG, eine juristische Persönlichkeit zuerkannt[45].

2. Rechtliche Behandlung der Aktien

Obwohl die Aktiengesellschaft oder privilegierte Handelscompagnie nicht als solche im ALR Erwähnung findet, wurde die Aktie an drei Stellen behandelt. Wie bereits im juristischen Schrifttum des 18. Jahrhunderts wurde sie aber nicht mit der Aktiengesellschaft oder Handelscompagnie in Verbindung gebracht. Im Kapitel über Sachen und Rechte bestimmte das ALR unter der Überschrift *Baares Vermögen* in I 2 § 12 ALR, dass Aktien als auf den Inhaber lautende Papiere wie Banknoten und Pfandbriefe als Schuldinstrumente zum Kapitalvermögen gerechnet werden. Die Einordnung einer Aktie als Inhaberpapier gleich den Banknoten wiederholte sich in I 11 § 793 ALR im Abschnitt über die Valutierung eines Darlehensvertrags und in I 12 § 415 ALR im Vermächtnisrecht. Dort wurde die Aktie als *„an die Stelle baaren Geldes tretendes Papier"* bezeichnet. Mit der Einordnung der Aktie als Obligation nahm das Allgemeine Landrecht die auch bei Zedler, Ludovici, Musäus, Fischer und Danz vertretene Auffassung auf[46], stand also im Einklang mit der der vorherrschenden Ansicht in der Handelsrechtswissenschaft der Zeit. Die Auffassung, die Aktie sei die Verkörperung eines Mitgliedschaftsrechts, der Aktionär damit Gesellschafter der Handelscompagnie oder Aktiengesellschaft, setzte sich erst im 19. Jahrhundert durch[47].

---

[42] II 6 § 13 ALR.

[43] *Rosin,* Beiträge zur Erläuterung des deutschen Rechts 27 (1883), 121.

[44] *Rosin,* Beiträge zur Erläuterung des deutschen Rechts 27 (1883), 108 ff.; vgl. hierzu *Röh,* Die allgemeinen und besonderen Gesellschaften des Allgemeinen Landrechts für die Preußischen Staaten von 1794, S. 25 ff.

[45] *Rosin,* Beiträge zur Erläuterung des deutschen Rechts 27 (1883), 121.

[46] Siehe hierzu oben S. 148 f., S. 152 f.

[47] Erstmals findet sich diese Aussage bei *Heise,* Handelsrecht § 27 (S. 68), siehe oben S. 152 f.

III. Entwurf eines allgemeinen Handelsrechts
durch Veillodter

Aus dem Jahr 1799 liegt ein Entwurf des Nürnberger Notars Ludwig Christoph Carl Veillodters[48] für ein Handelsgesetzbuch vor, mit dem dieser die unvollständigen und ungenügenden handelsrechtlichen Regelungen ersetzen und hierdurch der *„unbeschränkten Willkür des Richters"* auf dem Gebiet des Handelsrechts ein Ende machen wollte[49]. Er sah in seinem Gesetzesentwurf ein Kapitel über „Gesellschaftshandlungen" vor. Darin behandelte er aber nur die vertraglich vereinbarte Gesellschaft mehrerer, die füreinander und für die Schulden der Gesellschaft unbeschränkt haften sollten[50], mithin die einfache *societas* bzw. *Mascopey*. Die privilegierte Handelscompagnie oder Aktiengesellschaft fand im Entwurf keine Erwähnung, ebenso wenig wie die Aktie an sich.

IV. Code de Commerce

Der Code de Commerce trat am 1. Januar 1808 in Kraft und galt aufgrund der Besetzung der linksrheinischen Gebiete durch das napoleonische Frankreich auch in Teilen Deutschlands[51]. Mehrere der Rheinbundstaaten und das Großherzogtum Baden übernahmen den Code de Commerce als Teil des Badischen Landrechts[52]. Auch nachdem 1815 rheinische Gebiete an Preußen gelangten, galt das französische Recht fort[53]. Damit erlangten die aktienrechtlichen Regelungen des Code de Commerce auch in Preußen Geltung, bis sie 1843 durch das Preußische Aktiengesetz bzw. durch das PrEisenbahnG 1838 abgelöst wurden[54].

In Frankreich waren bereits vor den ersten brandenburgischen Versuchen im 17. Jahrhundert Handelscompagnien auf der Basis von Aktien errichtet worden, es kam dort sogar Anfang des 18. Jahrhunderts zu einem regelrechten Aktienschwindel, der durch die Gesellschaftsgründungen des Schotten John Law ausgelöst wor-

---

[48] Zur Person Veillodters vgl. die entsprechenden Artikel in *Will*, Nürnbergisches Gelehrten-Lexicon; *Hamberger / Meusel*, Das gelehrte Teutschland.

[49] *Veillodter*, Entwurf eines allgemeinen Handelsrechts, Vorbericht S. V.

[50] *Veillodter*, Entwurf eines allgemeinen Handelsrechts, 11. Kapitel § 4, §§ 10–12.

[51] Vgl. zum Einfluss des Code de Commerce auch *Bergfeld*, Die Bedeutung des Code de Commerce für die Rechtsvereinheitlichung in Deutschland, S. 109 ff.; *Becker*, JuS 1985, 338 ff.

[52] *Bösselmann*, Entwicklung des deutschen Aktienwesens im 19. Jahrhundert, S. 63 ff.; *Bergfeld*, Die Bedeutung des Code de Commerce für die Rechtsvereinheitlichung in Deutschland, S. 113; *Söhnchen*, Gründungsvoraussetzungen, S. 83 ff.

[53] Vgl. den ins Deutsche übersetzten und mit Anmerkungen versehenen Text in: *Broicher / Grimm*, Das Handelsgesetzbuch der Königlich-Preußischen Rheinprovinzen; *Söhnchen*, Gründungsvoraussetzungen, S. 138 Fn. 131.

[54] Vgl. zur Fortgeltung des französischen Rechts *Becker*, JuS 1985, 338, 340 f.

den war[55]. Dennoch hatten die zunächst als *Compagnies de Commerce*, später dann als *Sociétés Anonymes* bezeichneten Gesellschaften in den Ordonnance de Commerce 1673 keine gesetzliche Regelung erfahren[56]. Sie wurden erstmals im Code de Commerce geregelt. Anders als in Preußen war eine Regelung der Société Anonyme im neuen Handelsgesetz unerlässlich. Im Zuge der Französischen Revolution wurde das auch in Frankreich bestehende Privilegiensystem abgeschafft. Ein Rückgriff auf die Regelung der rechtlichen Fragen durch Privilegien oder Octroi wie noch zur Zeit der Ordonnance de Commerce war damit nicht mehr möglich. An seine Stelle trat ein Konzessionssystem, das eine Regelung im Code de Commerce erforderte.

In lediglich zwölf Normen wird das Grundgerüst der Société Anonyme festgehalten. Die Gesellschaften verfügten über ein in Aktien gleichen Nennbetrags aufgeteiltes Grundkapital[57]. Die Aktien waren auf den Inhaber ausgestellt und damit anders als sonstige Gesellschaftsanteile[58] frei übertragbar[59], ohne die in Deutschland noch allgemein vorgesehene Pflicht zur Umschreibung in den Gesellschaftsbüchern. Zusätzlich zur Zession war der Eigentumserwerb aber auch durch die Eintragung des Erwerbers in den Büchern der Gesellschaft möglich[60]. Die Haftung der Aktionäre beschränkte sich auf die Höhe ihres Anteils[61]. Den Gläubigern der Gesellschaft haftete damit nur diese und nicht die Aktionäre[62]. Die Aktionäre wurden nach dem Kommentar von Broicher / Grimm als Gesellschafter betrachtet, die Aktie war damit nicht nur eine schuldrechtliche Obligation[63]. Die Regelung des internen Aufbaus der Gesellschaften blieb dagegen rudimentär[64]. Der Code de Commerce kannte nur die Anteilsinhaber (associés) und den auf eine begrenzte Zeit widerruflich bestellten Vorstand[65]. Dieser haftete nicht persönlich für die

---

[55] Vgl. hierzu unter anderen *Pöhls*, Recht der Actiengesellschaften, S. 7 f.; *Gierke*, Genossenschaftsrecht I, S. 998; *Renaud*, Recht der Actiengesellschaften, S. 17 ff.

[56] *Levy-Brühl*, Sociétés de Commerce, S. 43 ff.

[57] Art. 34 Code de Commerce 1807.

[58] Art. 1861 Code Civil (Code Napoléon) knüpft(e) die Übertragung von Gesellschaftsanteilen an die Zustimmung der übrigen Gesellschafter. „Jeder Gesellschafter kann, ohne die Einwilligung seiner Mitgesellschafter, in Beziehung auf den ihm an der Gesellschaft zustehenden Antheil mit einer dritten Person in Gesellschaft treten; aber er kann sie, ohne diese Einwilligung, in die Hauptgesellschaft nicht aufnehmen, selbst wenn er die Verwaltung derselben haben sollte."

[59] Art. 35 Code de Commerce 1807.

[60] Art. 36 Code de Commerce 1807.

[61] Art. 33 Code de Commerce 1807. Siehe hierzu *Broicher / Grimm*, Das Handelsgesetzbuch der Königlich-Preußischen Rheinprovinzen, S. 18.

[62] Ebenso *Broicher / Grimm*, Das Handelsgesetzbuch der Königlich-Preußischen Rheinprovinzen, S. 18.

[63] *Broicher / Grimm*, Das Handelsgesetzbuch der Königlich-Preußischen Rheinprovinzen, S. 18.

[64] Ebenso *Strauss*, Die Aktiengesellschaft nach bayerischem Recht, S. 25.

[65] Art. 31 Code de Commerce 1807.

Schulden der Gesellschaft[66]. Der heute noch in Frankreich übliche dreigliedrige Aufbau der Sociétés Anonymes mit Direktorium, Verwaltungsrat und Generalversammlung bildete sich erst langsam in der Praxis der Gesellschaften heraus[67]. In Ermangelung spezieller Regeln für das Verhältnis der Aktionäre untereinander fanden die für alle anderen Handelsgesellschaften geltenden Regeln, also die sozietätsrechtlichen Vorschriften des Code Civil (Art. 1832 ff.) Anwendung[68]. Vorrangig sollten sich die Rechtsverhältnisse der Sociétés Anonymes jedoch nach deren individuellen Statuten richten[69]. Spezielle Privilegien, die auch organisationsrechtliche Bestimmungen enthielten, wurden unter dem Code de Commerce nicht mehr erteilt. Die Errichtung einer Aktiengesellschaft wurde aber an eine staatliche Erlaubnis gebunden[70].

Verwaltungsvorschriften des (französischen) Innenministeriums legten für die Zulassung der Gesellschaften bestimmte Standards fest. Die Erlaubnis wurde nur erteilt, wenn die Gründer mindestens ein Viertel des vorgesehenen Grundkapitals eingezahlt hatten. Zudem wurden ihre finanziellen Verhältnisse überprüft, um die volle Erbringung des Grundkapitals sicherzustellen. Die geplante Gesellschaft wurde auch unter ordnungspolitischen Gesichtspunkten untersucht. Das Unternehmen durfte nicht gegen die guten Sitten und die allgemeine gute Ordnung der Geschäfte sowie der im Handel üblichen Rechtlichkeit verstoßen. Auch hatte die Verwaltung sich über den Nutzen und die Erfolgsmöglichkeiten des Unternehmens zu informieren und zu äußern[71].

Ähnlich wie im Allgemeinen Landrecht war die Société Anonyme nicht als von der Gesamtheit der Anteilsinhaber unabhängige Rechtspersönlichkeit ausgestaltet. Die französische Literatur bezeichnete die Gesellschaften als „corps moral" oder „personne morale". Dies lag aber an der Konkursfähigkeit der Gesellschaften und der Tatsache, dass sie eine eigene Firma hatte und die Dritten gegen die Gesellschaft zustehenden Rechte von denen gegen die einzelnen Anteilsinhaber getrennt wurden[72].

---

[66] *Broicher / Grimm,* Das Handelsgesetzbuch der Königlich-Preußischen Rheinprovinzen, S. 19.

[67] *Baums,* Einleitung, S. 25.

[68] *Baums,* Einleitung, S. 25. Etwas anderer Ansicht sind *Broicher / Grimm,* Das Handelsgesetzbuch der Königlich-Preußischen Rheinprovinzen, S. 18, denen zufolge wegen der großen Anzahl der Aktionäre regelmäßig nicht auf die Regelungen des gemeinen Rechts zurückgegriffen werden konnte. Deshalb müssten die Octrois und Statuten der Gesellschaften diesbezüglich Regelungen treffen. Sie lassen aber offen, welches Recht in Ermangelung solcher Regelungen anzuwenden wäre.

[69] *Landwehr,* ZRG GA 99 (1982), 7.

[70] Art. 37 Code de Commerce 1807.

[71] *Baums,* Einleitung, S. 24.

[72] *Baums,* Einleitung, S. 25; *Pardessus,* Cours de droit commercial, S. 342; *Broicher / Grimm,* Handelsgesetzbuch der Königlich Preußischen Rheinprovinzen, Art. 18 Anm. c) 3).

Ein modernes umfassendes Aktienrecht, welches die Gründung der Gesellschaft, deren Verfassung, Handeln und Auflösung behandelt, findet sich im Code de Commerce noch nicht. Erst in Kombination mit der Praxis der Genehmigungsbehörden und den Statuten der Gesellschaft bildete es sich heraus[73]. Trotz der Lückenhaftigkeit der gesetzlichen Regelungen kam es im preußischen Geltungsbereich des Code de Commerce im Vergleich zu den restlichen Landesteilen in der Folge verstärkt zur Gründung von Aktiengesellschaften. Diese waren nicht nur wesentlich zahlreicher, sondern auch mit einem im Schnitt höheren Grundkapital ausgestattet als die übrigen Gesellschaften[74].

V. Preußisches Eisenbahngesetz 1838

Die rasante Entwicklung der Eisenbahn hat im frühen 19. Jahrhundert nicht nur das soziale und wirtschaftliche Leben Deutschlands verändert, sondern auch Einfluss auf das Recht gehabt. Der Bau von Eisenbahnstrecken erforderte ein Kapital, das mit den herkömmlichen Finanzierungsmethoden nicht aufzubringen war. Der Staat, der diese Aufgabe hätte bewältigen können, nahm sich des Eisenbahnbaus zunächst nicht an. Die Aktiengesellschaft bot als Rechtsform dagegen die Möglichkeit, den Bau der Eisenbahnstrecken zu finanzieren und organisieren. Gerade aufgrund der innerhalb des Landes unterschiedlichen Rechtslage auf dem Gebiet des Aktienwesens wurde daher eine Kodifikation in Preußen dringend erforderlich[75]. Die Eisenbahnkonzessionsbedingungen von 1836 enthielten daher aktienrechtliche Vorschriften, die vom Preußischen Eisenbahngesetz vom 3. November 1838[76] wiederholt wurden und zum Teil bis 1884 fortgalten[77].

Die Regelungen des Gesetzes betrafen vor allem die Einzahlung der gezeichneten Beträge und die Ausgabe von Inhaberaktien. Die Zeichner hafteten für die Einzahlung von 40% des Nennbetrags ihrer Aktien und konnten hiervon nicht durch die Satzung der Aktiengesellschaft befreit werden[78]. Bevor ein Aktionär nicht den gesamten Nennbetrag eingezahlt hatte, durfte ihm die Gesellschaft weder eine Inhaberaktie noch Interimsscheine oder ähnliches ausstellen[79]. Für die Gründung der Gesellschaft war eine staatliche Genehmigung erforderlich; bis zur Erteilung der-

---

[73] *Reich,* Ius Commune II (1969), 242.

[74] *Bösselmann,* Entwicklung des deutschen Aktienwesens im 19. Jahrhundert, S. 189 ff.; *Reich,* Ius Commune II (1969), 242.

[75] *Strauss,* Die Aktiengesellschaft nach bayerischem Recht, S. 28, bezeichnet Preußen wegen dieser Vorschriften und dem Preußischen Aktiengesetz als Schrittmacher des deutschen Aktienwesens; *Söhnchen,* Gründungsvoraussetzungen, S. 154.

[76] Gesetz über Eisenbahn-Unternehmen vom 3. November 1838, Preußische Gesetzessammlung 1838, S. 505–516. Vgl. hierzu *Schubert,* ZRG GA 116 (1999), 152 ff., 173 ff.

[77] *Reich,* Ius Commune II (1969), 250; *Söhnchen,* Gründungsvoraussetzungen, S. 153.

[78] § 2 Nr. 3 Gesetz über Eisenbahn-Unternehmen vom 3. November 1838.

[79] § 2 Nr. 2 Gesetz über Eisenbahn-Unternehmen vom 3. November 1838.

selben galten für die Gesellschaften das allgemein auf *„Gesellschafts- und Mandatsverträge"* anwendbare Recht[80], die Gesellschaft wurde nach den Grundsätzen der einfachen Sozietät behandelt[81]. Die Gesellschafter hafteten somit bis zur Erteilung der Genehmigung persönlich und solidarisch für Gesellschaftsschulden[82]. Vorschriften über die Organisation der Eisenbahnaktiengesellschaften enthielt das Gesetz nicht[83]. Nur am Rande erwähnt wurde der Vorstand der Gesellschaft, der Beschlüsse fassen konnte[84]. In Ermangelung weiterer Regelungen blieb also zuerst die Satzung der Gesellschaft, und subsidiär das ALR[85] und gemeine Recht[86] bzw. der Code de Commerce anwendbar[87].

VI. Preußisches Aktiengesetz 1843

Das im November 1843 in Preußen erlassene Aktiengesetz war nach dem gescheiterten Versuch in Sachsen das erste eigenständige Aktiengesetz eines deutschen Staates[88]. Das Gesetz und seine Entstehungsgeschichte ist an anderer Stelle dargestellt worden[89]. Seine zentralen Regelungen bestanden in einem auf staatlicher Genehmigung beruhenden Gründungsverfahren und bestimmten inhaltlichen Anforderungen an den zu veröffentlichenden Gesellschaftsvertrag[90]. Die Dauer der Gesellschaften war ursprünglich nicht befristet. 1856 wurde eine maximale Dauer der Aktiengesellschaften eingeführt[91]. Die genehmigte Aktiengesellschaft

---

[80] § 3 Gesetz über Eisenbahn-Unternehmen vom 3. November 1838.

[81] *Strauss,* Die Aktiengesellschaft nach bayerischem Recht, S. 30.

[82] Siehe oben A.II., S. 165 ff.

[83] Siehe auch *Landwehr,* ZRG GA 99 (1982), 1, 8.

[84] § 2 Nr. 4 Gesetz über Eisenbahn-Unternehmen vom 3. November 1838.

[85] § 3 II Gesetz über Eisenbahn-Unternehmen vom 3. November 1838 sah vor, dass die Gesellschaften mit der staatlichen Bestätigung die Rechte einer Korporation oder anonymen Gesellschaft erhielten, auf sie also das Recht der privilegierten Korporationen nach II 6 § 25 ff. ALR anwendbar war. Siehe hierzu *Landwehr,* ZRG GA 99 (1982), 1, 8 mit Verweis auf eine dies bestätigende Entscheidung des Preußischen Ober-Tribunals vom 26. September 1871.

[86] Die Aussage *Rings,* Asiatische Handelscompagnien, S. 231, das Recht der Handelscompagnien habe sich jenseits des gemeinen Rechts vollzogen, ist nach den Untersuchungen im Zweiten Kapitel nicht zutreffend.

[87] *Landwehr,* ZRG GA 99 (1982), 1, 8.

[88] Ebenso *Söhnchen,* Gründungsvoraussetzungen, S. 155 ff.

[89] *Hadding / Kießling,* Anfänge deutschen Aktienrechts: Das Preußische Aktiengesetz vom 9. November 1843, in: FS Hattenhauer; *Baums,* Einleitung; *Martin,* VSWG 56 (1969), 499 – 542; *Schumacher,* Entwicklung der inneren Organisation der Aktiengesellschaft, S. 45 – 58; *Reich,* Ius Commune II (1969), 239, 251 ff.; *Rauch,* Die Aktiengesellschaft in der geschichtlichen Entwicklung des Aktienrechts, S. 280 ff.; *Landwehr,* ZRG GA 99 (1982), 1, 8; *Strauss,* Die Aktiengesellschaft nach bayerischem Recht, S. 30 ff.

[90] *Söhnchen,* Gründungsvoraussetzungen, S. 165 ff.

war juristische Person[92]. Die Haftung des Aktionärs beschränkte sich auf seine
Einlage[93]. Hinsichtlich der inneren Verfassung ging das Preußische Aktiengesetz
von einer Zweiteilung in Vorsteher und Generalversammlung aus[94], überließ aber
eine abweichende Gestaltung der Autonomie der Gesellschaften selbst. Auch viele
weitere Fragen, wie die Rechtsstellung der Aktionäre, sollten sich vorrangig aus
dem Gesellschaftsvertrag ergeben[95]. Die Regelung der Ausgabe von Aktien wurde
dem Eisenbahngesetz entnommen, Vorschriften über die Kapitalerhaltung lehnten
sich an das niederländische Wetboek van Koophandel von 1838 an[96].

B. Erträge

Das 19. Jahrhundert war auch auf dem Gebiet des Wirtschaftsrechts das Jahrhundert der großen Kodifikationen. Ein umfassend kodifiziertes Gesellschaftsrecht, vor allem aber ein Kapitalgesellschaftsrecht gab es vor dem 19. Jahrhundert
nicht. Anfänge eines Kapitalgesellschaftsrechts wurden erst durch die verschiedenen nationalen Kodifikationen, allen voran durch den französischen Code de Commerce von 1807 geschaffen[97]. Dieser regelte anders als das ALR[98] ausdrücklich
auch das Recht der *Société Anonyme* und damit das Recht der privilegierten Handelscompagnien erstmalig im deutschsprachigen Raum. Das preußische Allgemeine Landrecht verfügte dagegen nicht über eigenständige Vorschriften für die
Rechtsform der privilegierten Handelscompagnie. Es verwies für ihre Rechtsverhältnisse auf die im Einzelfall erteilten staatlichen Privilegien. Regelungslücken
sollten nach dem Recht der erlaubten Gesellschaften behandelt werden[99]. Damit
waren neben den Einzelfallregelungen durch die Octrois personenrechtliche Vorschriften auf die privilegierten Handelscompagnien anzuwenden[100]. Anders als

---

[91] Verfügung der preußischen Handelsministers vom 29. März 1856, siehe *Weinhagen*, Aktiengesellschaften, S. 83.

[92] § 8 Preußisches Aktiengesetz 1843.

[93] §§ 15, 16 Preußisches Aktiengesetz 1843.

[94] §§ 19–24 Preußisches Aktiengesetz 1843 beschäftigen sich mit dem Vorstand. Die
Existenz einer Generalversammlung ergibt sich aus § 2 Preußisches Aktiengesetz 1843, vgl.
hierzu *Hadding/Kießling*, Anfänge deutschen Aktienrechts: Das Preußische Aktiengesetz
vom 9. November 1843, in: FS Hattenhauer, S. 184.

[95] § 10 Preußisches Aktiengesetz 1843.

[96] *Reich*, Ius Commune II (1969), 251.

[97] Der Codex Maximilianeus Bavaricus von 1756 als erste der Kodifikationen der Aufklärung enthielt ebenfalls keine Regelungen für Aktiengesellschaften oder privilegierte Handelscompagnien, *vgl.* Strauss, Die Aktiengesellschaft nach bayerischem Recht, S. 36.

[98] Siehe hierzu oben A.II., S. 165 ff.

[99] Siehe oben A.II., S. 165 ff.; *Söhnchen*, Gründungsvoraussetzungen, S. 133 ff.

[100] Vgl. hierzu *Röh*, Die allgemeinen und besonderen Gesellschaften des Allgemeinen
Landrechts für die Preußischen Staaten von 1794, S. 20 ff.; *Söhnchen*, Gründungsvoraussetzungen, S. 134 ff.

zum Beispiel für die Gesellschaft mit beschränkter Haftung konnten die Kodifikationen für den Bereich der Aktiengesellschaft auf die vorangegangene Rechtspraxis zurückgreifen, auch wenn die Unterschiede zwischen Handelscompagnie und Aktiengesellschaft nicht zu unterschätzen sind[101]. Trotz fehlender eindeutiger Regelungen entwickelten sich in Preußen vor allem in den 1830er Jahren zahlreiche Aktiengesellschaften, insbesondere auf dem Gebiet des Eisenbahnbaus[102]. Die Aktiengesellschaft der Kodifikationen des 19. Jahrhunderts, die sich ohne Bruch in die heutige Aktiengesellschaft fortsetzte, kann insoweit als eine Fortentwicklung der privilegierten Handelscompagnie[103] betrachtet werden als beide über ein auf Aktien basierendes Kapital verfügten.

---

[101] Siehe hierzu oben insbesondere die Zusammenfassung des Ersten Kapitels, S. 137 ff.

[102] Siehe hierzu *Landwehr*, ZRG GA 99 (1982), 1 ff.

[103] Zur methodischen Frage der Vorgänger und Ursprünge der Aktiengesellschaft siehe oben die Einleitung, S. 13 ff.

Zusammenfassung der Ergebnisse

Privilegierte Handelscompagnien bestanden in Brandenburg und Preußen im 17. und 18. Jahrhundert. Vereinzelt finden sich auch noch im frühen 19. Jahrhundert solche Gesellschaften[1]; diese waren nicht Bestandteil der vorliegenden Untersuchung. Geschäftsgegenstand der hier behandelten Gesellschaften war zunächst der Fernhandel mit Ostindien und China nach dem Vorbild von V.O.C. und der East India Company. Daher rührt die teilweise anzutreffende Bezeichnung der Gesellschaften als Kolonialhandelsgesellschaften. Später entstanden unter der Regierung Friedrichs II. auch privilegierte Handelscompagnien, die sich allein im Inland oder wenigstens auf dem europäischen Festland betätigten. Der Anwendungsbereich der für die Fernhandelscompagnien geschaffenen Rechtsform begann sich auszuweiten. Die privilegierten Handelscompagnien Brandenburgs und Preußens waren im Vergleich zu den Gesellschaften in den Niederlanden und England wirtschaftlich nur mäßig erfolgreich, häufiger fast völlig erfolglos[2]. Oft blieben die Gesellschaften im Gründungsstadium stecken.

In Ermangelung allgemeiner Gesetze für die Rechtsverhältnisse der privilegierten Handelscompagnien beruhten diese auf einem staatlichen Gründungsakt im Einzelfall, dem sogenannten Octroi oder Privileg[3]. Dementsprechend gab es auch keine feststehenden Voraussetzungen für die Errichtung einer privilegierten Handelscompagnie. Die Erteilung eines Octroi war von ökonomischen und außenpolitischen Erwägungen des Kurfürsten bzw. Königs abhängig und ist stets im Zusammenhang mit deren merkantilistischer Wirtschaftspolitik zu sehen. Die Octrois enthielten umfassende Regelungen der Rechtsverhältnisse der Gesellschaften. Neben Vorschriften zur inneren Verfassung (das heißt zu Fragen, die heute als privatrechtlich bezeichnet werden könnten), enthielten sie auch Zoll- und Steuerbefreiungen, Regelungen über die Ausübung einer internen Gerichtsbarkeit und weitere, heute als öffentlich-rechtlich zu bezeichnende Gegenstände.

Trotz ihrer wirtschaftlichen Bedeutungslosigkeit hat sich bei den privilegierten Handelscompagnien ein Rechtsinstitut herausgebildet, das später im 19. Jahrhundert große Bedeutung erlangen sollte: die Aktie. In der Aktie wird die Versachlichung der Kapitalverhältnisse deutlich, die sich in den Handelscompagnien voll-

---

[1] So die Rheinisch-Westindische Compagnie von 1821, Abdruck des Octroi bei *Bender,* Grundsätze des deutschen Handlungs-Rechts, S. 326 ff.

[2] Vgl. zur Wirtschaftsgeschichte der Gesellschaften für Brandenburg *Schück*, Kolonialpolitik I und für Preußen *Ring,* Asiatische Handlungscompagnien.

[3] Vgl. zur Definition des Begriffs Octroi oben Einleitung A.III., S. 19 ff.

zog. Anders als bei früheren, auch großen Handelsgesellschaften des ausgehenden Mittelalters und der frühen Neuzeit stand der Zugang zu den privilegierten Handelscompagnien grundsätzlich jedem offen. Die Zeichnung von Aktien war unabhängig von Person und Nationalität, und erforderte in der Regel nur die Erbringung der Kapitaleinlage. Auf diese Weise begann eine Trennung des Vermögens der Gesellschaft von ihren Geldgebern. Befähigung und Bonität des Einzelnen waren nicht mehr Voraussetzung für eine Beteiligung an den Gesellschaften. Die Aktie verkörpert dieses neue Verhältnis von Gesellschaft zu Anteilsinhaber. Nach den untersuchten Octrois waren die Aktionäre, die anfangs noch nicht so, sondern Partizipanten genannt wurden, bereits Mitglieder der Gesellschaft. Als solche standen ihnen gewisse Rechte zu, die abhängig von der Höhe ihrer Beteiligung waren. Die Hauptpartizipanten[4] hatten als Großaktionäre erheblichen Einfluss auf die Belange der Gesellschaft. Häufig war ihre Zustimmung zu wichtigen Geschäften erforderlich, daneben kontrollierten sie in den wenigstens einmal jährlich stattfindenden Generalversammlungen die Direktoren der Gesellschaften und konnten deren nach kaufmännischen Grundsätzen erfolgende Buchhaltung überprüfen. Den einfachen Partizipanten stand meist kein Stimmrecht in den Gesellschaften zu, zum Teil konnten sie sich aber zur Abstimmung zusammenschließen und so dennoch die Mindestaktienzahl erreichen, die eine Stimme in der Generalversammlung gab. Hatten die einfachen Partizipanten kein Stimmrecht, blieb ihnen aber stets der Anspruch auf die Zahlung einer Dividende. Die Aktien ähnelten insoweit heutigen Vorzugsaktien. Anders als diese gaben sie aber keine Priorität hinsichtlich der Ausschüttung der Dividende. Die Gleichbehandlung aller Aktionäre wurde in den Octrois stets hervorgehoben.

Die Partizipanten können als Mitglieder der privilegierten Handelscompagnien betrachtet werden. Hierin weicht die aus den Octrois folgende Rechtslage von der Bewertung der Handelsgesellschaften durch die Rechtswissenschaft der Zeit ab[5]. Zeitgenössische rechtliche Untersuchungen der privilegierten Handelscompagnien sind rar. Erst spät im 18. Jahrhundert begann mit den Anfängen einer eigenständigen Handelsrechtswissenschaft auch die Auseinandersetzung mit den privilegierten Handelscompagnien. Die sehr knappen Kommentare in Lehrbüchern, Dissertationen und Lexika sahen die Aktie nicht als mitgliedschaftliches Recht. Dabei ist zu berücksichtigen, dass die Aktie durchweg unabhängig von den privilegierten Handelscompagnien dargestellt wurde. Aktie und privilegierte Handelscompagnie wurden nicht in einen Zusammenhang gebracht. Bei der Darstellung der privilegierten Handelscompagnie wurde die Aktie nicht erwähnt. Infolgedessen unterblieb an diesen Stellen die Auseinandersetzung mit den Rechtsverhältnissen zwischen Aktionär und privilegierter Handelscompagnie. Die wenigen Werke, die dagegen die Aktie untersuchten, unterschlugen ihr Auftreten im Zusammenhang mit den privilegierten Handelscompagnien, so dass auch hier keine Auseinandersetzung mit dem Verhältnis zwischen beiden stattfand.

---

4 Vgl. zu dieser Unterscheidung oben Erstes Kapitel B.III.3.c), S. 76 ff.

5 Vgl. oben Zweites Kapitel A.II.2., A.II.3., S. 146 ff., S. 150 ff.

Die Aktie wurde in der zeitgenössischen rechtswissenschaftlichen Literatur als Obligation betrachtet, die einen Anspruch auf Beteiligung am Gewinn einer Gesellschaft gab. Dieser Anspruch beruhte nach damaliger Ansicht aber nicht auf der speziellen Rechtsnatur der Aktie, war ihr also nicht immanent, sondern basierte auf individuellen vertraglichen Vereinbarungen der Gesellschaften. Übereinstimmend bezeichneten sowohl die Octrois und Satzungen der privilegierten Handelscompagnien als auch die rechtswissenschaftliche Literatur die Aktie als frei übertragbar. Die Übertragung war unabhängig von der Zustimmung der Gesellschaft. Dies basierte nach der Bewertung durch die rechtswissenschaftliche Literatur auf deren Einordnung als Obligation, die nach gemeinem Recht durch Zession übertragbar war. Die Octrois stellten stets die Übertragbarkeit fest und schufen somit ein vom Gemeinen Recht unabhängiges Sonderrecht. Sowohl Inhaber- als auch Namensaktien waren bekannt[6].

Weder im 17. noch im 18. Jahrhundert hatte sich eine einheitliche Regelung hinsichtlich des Grundkapitals der privilegierten Handelscompagnien entwickelt. Nur teilweise bestimmten die Octroi ein festes, für den Beginn der Gesellschaft nötiges Grundkapital. Selbst wenn ein solches vorab festgelegt wurde, begannen die Gesellschaften ihre Geschäfte zum Teil bereits vor der Vollzeichnung der Anteile. Stets aber war das – gegebenenfalls der Höhe nach unbestimmte – Grundkapital in gleich große Aktien zerlegt. Mit Ausnahme einer Gesellschaft war das Grundkapital auch als festes und dauerhaftes Vermögen der privilegierten Handelscompagnien ausgestaltet. Den Gesellschaften war es wie heutigen Aktiengesellschaften nach § 57 AktG untersagt, den Anteilsinhabern ihre Einlagen zurückzuerstatten. Die privilegierten Handelscompagnien Brandenburgs und Preußens waren keine Gelegenheitsgesellschaften oder Dachorganisationen für die spontanen Zusammenschlüsse ihrer Mitglieder, wie dies in England bei den *regulated companies* teils der Fall war.

Die Organverfassung der privilegierten Handelscompagnien war bereits im 17. Jahrhundert ausgebildet. Dabei ist zu berücksichtigen, dass hauptsächlich die Octrois und Satzungen hierzu Angaben enthalten. Die rechtswissenschaftliche Literatur befasste sich nur zum Teil mit diesem Komplex. Die Gesellschaften bestanden aus einem Präsidenten, den Direktoren und der Generalversammlung. Der Posten des Präsidenten entfiel im 18. Jahrhundert meistens, verschwand aber nicht völlig. Die Leitung der Gesellschaft oblag dem Kollegium der Direktoren, zu dem auch der Präsident gehörte, sofern dieses Amt vorgesehen war. Die Direktoren wurden von der Generalversammlung gewählt, teilweise auch durch den Kurfürsten oder König bestellt. Der Präsident wurde durch den Kurfürsten oder König bestellt[7]. Die Hierarchien zwischen Präsidenten und übrigen Direktoren waren nicht stets klar ausgestaltet. Teilweise ergibt sich aus den Quellen das Bild eines

---

6 Vgl. oben Erstes Kapitel B.III.3.a), S. 71.

7 So bei der Preußischen Seehandlung.

primus inter pares, in anderen Fällen war er der allein entscheidende Chef der Gesellschaft, der Aufgaben an die Direktoren delegieren konnte.

Die Generalversammlung der privilegierten Handelscompagnien war keine demokratische Vertretung der Gesamtheit der Aktionäre. Häufig waren zu ihren Sitzungen ohnehin nur die Großaktionäre, das heißt Hauptpartizipanten zugelassen. Als Gremium der Großanleger verfügte sie aber über maßgeblichen Einfluss. Wichtige Geschäfte konnten die Direktoren und der Präsident meist nicht ohne ihre Zustimmung vornehmen. Je exklusiver der Zugang zur Generalversammlung war, desto erheblicher waren ihre Einflussmöglichkeiten ausgestaltet.

Die privilegierten Handelscompagnien können nicht als juristische Person im heutigen Sinne bezeichnet werden. Die rechtswissenschaftliche Literatur behandelte sie als einfache Handelsgesellschaften, das heißt *societates*. Von den übrigen Handelsgesellschaften trennte sie nach damaliger Ansicht nur die staatliche Privilegierung, die Monopole und weitere Vergünstigungen vermittelte. Die Octrois behandelten die privilegierten Handelscompagnien als *corps,* als Corpus mit einer gewissen Selbständigkeit gegenüber den Anteilsinhabern. In der Literatur finden sich hierzu fast keine Angaben. Allgemein wurden sie aber meist als *societas,* und damit nicht als Korporation im Sinne des gemeinen Rechts angesehen[8]. Nur vereinzelt wurde aufgrund der staatlichen Privilegierung eine rechtliche Sonderstellung auch in der Frage der Verfasstheit als juristisch relevante Einheit gesehen. Hierzu zählte, dass die privilegierten Handelscompagnien als solche verklagt werden konnten. Erst im 19. Jahrhundert begann eine Debatte über die Rechtsnatur der privilegierten Handelscompagnien bzw. Aktiengesellschaft, die stärker von abstrakten Begriffen wie moralische oder juristische Person geprägt wurde.

Die Frage der begrenzten Haftung wurde von den Juristen nicht ausdrücklich angesprochen. Eine Haftungsbeschränkung zugunsten der Aktionäre ergab sich nach deren Rechtsauffassung aus der Natur der Aktie. Da diese nur eine Forderung des Aktionärs war, konnte sie diesen nicht zu einem Nachschuss im Falle der Zahlungsunfähigkeit der Gesellschaft verpflichten. Die Octrois behandeln diese Frage selten, ausdrücklich wird meist nur die Haftung der geschäftsführenden Organe für Schulden der privilegierten Handelscompagnien ausgeschlossen.

Eine allgemeine Gesetzgebung beginnt auf dem Gebiet des Gesellschaftsrechts wie im allgemeinen Zivilrecht erst spät. Die frühen Kodifikationen der Aufklärung wie das Preußische Allgemeine Landrecht erfassen die privilegierten Handelscompagnien nicht als eigenständige Rechtsform. Es enthielt aber Regelungen, die auf die privilegierten Handelscompagnien anzuwenden gewesen wären. Die privilegierten Handelscompagnien unterfielen danach den privilegierten Gesellschaften im Sinne von ALR II 6 §§ 22–25. Diese Vorschriften verwiesen vorrangig auf das sich aus den einzelnen Privilegien ergebende Recht. Subsidiär sollten Regelungslücken in denselben nach dem Recht der erlaubten Gesellschaften behandelt wer-

---

[8] Siehe oben Zweites Kapitel A.II.3.c), S. 158.

den, ALR II 6 §§ 23, 2. Die erlaubten Gesellschaften des ALR waren Personengesellschaften mit einer solidarischen und unbegrenzten Haftung ihrer Mitglieder[9].
Erst mit dem Code de Commerce kam 1807 eine eigenständige gesetzliche Regelung des Rechts der auf Aktien basierenden privilegierten Handelscompagnien
nach Deutschland. Mit dem verstärkten Auftreten von Aktiengesellschaften seit
der Erfindung der Eisenbahn begann die eigentliche Geschichte des modernen Aktienrechts. Die ersten aktienrechtlichen Regelungen finden sich nach dem Code de
Commerce in Preußen im Preußischen Eisenbahngesetz von 1838 und im Preußischen Aktiengesetz von 1843.

---

[9] Vgl. hierzu *Röh*, Die allgemeinen und besonderen Gesellschaften des Allgemeinen
Landrechts für die Preußischen Staaten von 1794, S. 20 ff.

Anhang

Brandenburgisch-Ostindische Compagnie (1647)

Gründung im März 1647 nach niederländischem Vorbild, Octroi nicht überliefert[1]. Sitz: Pillau (heute Baltijsk, Russland). Kein Interesse an Beteiligung in Deutschland und den Niederlanden, daher gescheitert; Teilnehmer wurden entschädigt[2].

Brandenburgisch-Ostindische Compagnie (1651)

Octroi vom 10. August 1651, Satzung (sog. Conditiones) vermutlich von 1652[3], blieb Entwurf mangels Beteiligung.

Brandenburgisch-Afrikanische Compagnie (1682)

7./17. März 1682 Edikt über förmliche Gründung der Brandenburgisch-Afrikanischen Compagnie, 8./18. November 1682 Octroi, Satzung am 18./28 April 1683, starke Beteiligung des Kurfürsten und des Adels sowie Benjamin Raules. Geschäftsgegenstand Dreieckshandel[4] mit Sklaven[5], Gold, Elfenbein, Kautschuk, Pfeffer, Straußenfedern[6]. Errichtung einer

---

[1] *Schück*, Kolonialpolitik I, S. 17 ff.

[2] *Schück*, Kolonialpolitik I, S. 27. Dabei erfolgte die Entschädigung nicht unmittelbar durch die brandenburgische Regierung, sondern durch den ehemaligen niederländischen Admiral Aernoult Gijsels van Lier, der im Dienste des Kurfürsten stand und der Organisator und treibende Kraft hinter der Gründung der Compagnie war, vgl. *Kirchhoff*, Wirtschaftsgeschichte, S. 139.

[3] *„Conditiones, worauf diejenigen Participanten, welche in die Churf. Brandenb. Ostindische Compagnie zu treten Willens sein, zu participiren haben"*. Diese Urkunde, die vermutlich aus dem Jahr 1652 stammt, und dessen genaue Beziehung zum Octroi nicht eindeutig festzustellen ist, widerspricht diesem an einigen Stellen. Nach Ansicht von *Schück*, Kolonialpolitik I, Fn. 105, handelt es sich dabei um einen Prospekt, der sich an das Octroi des Jahres 1651 anschloss. Durch die Überschrift wird der Bezug zur Brandenburgisch-Ostindischen Compagnie eindeutig festgestellt. Aufgrund der Unterschriften der Zeichner lässt sich der Erlasszeitpunkt auf frühestens Ende 1652 festlegen. Erst im November 1652 wurde der mitunterzeichnende Johann Moritz von Nassau-Siegen von Kaiser Ferdinand II. in den Reichsfürstenstand erhoben.

[4] *Wirz*, Vom Sklavenhandel zum kolonialen Handel; *Jones*, Brandenburg-Prussia and the Atlantic Slave Trade 1680–1700, S. 283 ff. Brandenburgischer Stützpunkt für den Sklavenhandel in der Karibik war die zu Dänemark gehörende Insel St. Thomas in den kleinen Antillen. Dort hatte die Brandenburgisch-Afrikanische Compagnie am 5. November 1685 ein Stück Land gepachtet, vgl. *Richter*, Benjamin Raule, S. 148. Dort blieben Brandenburger bis zum Ablauf des Privilegs 1716.

[5] Brandenburg war damit der einzige deutsche Staat, der eine substantielle Rolle im atlantischen Sklavenhandel spielte, vgl. *Jones*, Brandenburg-Prussia and the Atlantic Slave Trade 1680–1700, S. 284. Den Sklaven wurde dabei zur Kennzeichnung der Eigentumsverhältnisse

Festung in Großfriedrichsburg an der guineischen Goldküste[7], Besetzung der Insel Arguin vor Mauretanien[8]. 1692 Vereinigung mit der Brandenburgisch-Amerikanischen Compagnie mittels Transportkontrakt vom 27. Februar 1692 zur Verhinderung des Bankrotts.

Brandenburgisch-Amerikanische Compagnie (1688)

Octroi am 15./25. Oktober 1688, Revidiertes Octroi Januar 1690, erteilt auf Wunsch von vier englischen Kaufleuten, kam wegen Einspruchs Spaniens und Beginn des Pfälzischen Krieges nie zustande, 1692 Vereinigung mit der Brandenburgisch-Afrikanischen Compagnie durch Transportkontrakt vom 27. Februar 1692.

Brandenburgisch-Afrikanisch-Amerikanische Compagnie (1692)

Gegründet durch Vereinigung der Afrikanischen und Amerikanischen Compagnie durch Transportkontrakt vom 27. Februar 1692, neues Octroi am 14./24. September 1692 und 24. November 1694, Auflösung 1711, 1717 Verkauf der restlichen Besitztümer an die W.I.C[9].

Ostindische Compagnie, Entwurf Taverniers (1684)

Edikt am 10. Juli 1684, Unternehmer war der berühmte französische Großkaufmann und Forschungsreisende Jean Baptiste Tavernier[10]. Octroi nie erteilt, Gesellschaft kam nicht zustande.

---

ein Stempel mit den Initialen der Compagnie, C AB C (Churfürstlich Afrikanisch-Brandenburgische Compagnie) auf die Schulter gebrannt, vgl. den Reisebericht des vor Ort tätigen Arztes Oettinger, in: *Jones*, Brandenburg-Prussia and the Atlantic Slave Trade 1680–1700, S. 289. Nach Schätzungen *van der Heydens* betrug die Zahl der von der Compagnie gehandelten Sklaven ca. 30.000, Nagel vermutet eher nur 15.000 über den Atlantik transportierte Menschen. Die Arbeit von *Weindl*, Die Kurbrandenburger im Atlantischen System 1650–1720, führt ca. 19.000 Sklaven auf. Vgl. *Nagel*, Rezension von *van der Heyden:* Rote Adler an Afrikas Küste, in: sehepunkte 1 (2001), Nr. 2 [15. 12. 20001] www.sehepunkte.historicum.net/2001/02/s3933889049.html; zum Sklavenhandel und dessen rechtlicher Einordnung vgl. *Gmür,* Emder Handelscompagnien, Fn. 46.

⁶ Octroi für die Brandenburgisch-Afrikanische Compagnie von 1682. Diese wurden vermutlich zu Modezwecken importiert.

⁷ Ferner wurden drei weitere kleinere Festungen errichtet, insgesamt verteilt auf einer Länge von 50 km Küste, die zusammen pars pro toto Großfriedrichsburg genannt wurden. Vgl. hierzu *van der Heyden,* Rote Adler vor Afrikas Küste, S. 33 f., *Voigt,* Brandenburgia 20 (1911/12), 118 ff. sowie den zeitgenössischen Reisebericht des Offiziers *Otto Friedrich von der Gröben,* Orientalische Reise-Beschreibung des Brandenburgischen Edelichen Pilgers Otto Friedrich von der Gröben: nebst der Brandenburgischen Schiffahrt nach Guinea, und der Verrichtung zu Morea, Marienwerder 1694.

⁸ Kommandant der dort errichteten Festung war der Angestellte der Compagnie Cornelius Reers, ab 1693 dann dessen Sohn Johannes Reers. Von Arguin wurde mit Gummi arabicum gehandelt, das in Europa für die Pharmazie und Textilien genutzt wurde. Vgl. dazu *van der Heyden,* Rote Adler vor Afrikas Küste, S. 42; *Santos-Lopes,* Schwarze Portugiesen, S. 124 ff.

⁹ Für 10 000 Dukaten und eine unbestimmte Anzahl „jonge Negers"! Kaufvertrag von 1717.

¹⁰ Tavernier, geb. 1613 in Paris, war zu diesem Zeitpunkt bereits 71 Jahre alt. Vgl. zu Tavernier *Braudel,* Der Handel, S. 128, 160, 209, 648 sowie die Reisebeschreibung *Taverniers,* Reisen zu den Reichtümern Indiens.

Ostindische Compagnie, Entwurf Orths (1687)

Octroi für den Engländer Eduard Orth Frühjahr 1687, geplanter Sitz Emden. Compagnie kam nie zustande.

Russische Handlungscompagnie

Octroi am 21. September 1725[11], Leitung durch Berliner Bankier und Kaufmann Splitgerber[12]; Geschäftsgegenstand: Belieferung der russischen Armee mit Stoffen und Uniformen. Keine Verlängerung des Privilegs nach zwölf Jahren. Fortführung der Geschäfte bis in die 1760iger Jahre durch das Bankhaus Schweigger, später durch die Königliche Bank[13].

Entwurf einer Ostindischen Compagnie (Asperen)

Projektmacher Josias van Asperen (Niederlande) wandte sich 1729 mit Vorschlag[14] der Einrichtung einer ostindischen Handelscompagnie an Friedrich Wilhelm I., geplanter Geschäftsgegenstand: Handel mit China, erhielt nie ein Octroi wegen Differenzen mit dem König[15].

Orientalische Handlungscompagnie Peter van Kampens 1734

Entwurf einer *„Königlich Preussischen See-Compagnie"* durch Hamburger Kaufleute um Peter van Kampen im Juli 1734 an Friedrich Wilhelm I. Projekt gescheitert wegen befürchteter Gegenmaßnahmen der Niederländer und Engländer sowie Unklarheiten über den geplanten Unternehmensgegenstand.

Ostindische Compagnie (Sloyer)

Entwurf von Antwerpener Kaufleuten unter Leitung des Bankiers Pedro Sloyer vom 10. August 1744, Ablehnung des Projekts durch Friedrich II.

Ostindische Compagnie (Jogues)

Entwurf eines Octroi des Amsterdamer Kaufmanns Jerome Jogues von 1749, erhielt kein Privileg von Friedrich II. Überlieferung des Entwurfs im Emder Stadtarchiv in zwei Fassun-

---

11 Abdruck bei *Schmoller,* Die russische Kompagnie in Berlin, Beilage XV.

12 Zu Splitgerber und der Bank Splitgerber & Daum siehe *Rachel,* Das Berliner Wirtschaftsleben im Frühkapitalismus, S. 88 ff.

13 Zur Geschichte der Russischen Kompagnie vgl. *Schmoller,* Die russische Kompagnie in Berlin.

14 Memoire vom 1. Juni 1729. Nach Angaben von *Ring,* Asiatische Handlungscompagnien, S. 13 befand sich das Memoire im GStA PK, I. HA Geheimer Rat, Rep. 9 Allgemeine Verwaltung, J. J. 13. Ich habe die Quelle dort nicht gefunden. Es ist unklar, ob diese kriegsbedingt verloren gegangen ist. Alle meine Angaben stützen sich im Folgenden daher auf die Nachweise bei *Ring,* Asiatische Handlungscompagnien, S. 13 ff.

15 König an den preussischen Residenten in Hamburg, Destinon, am 12. März und 23. April 1729, GStA PK, I. HA Geheimer Rat, Rep. 9 Allgemeine Verwaltung, J. J. 13. Abdruck bei *Ring,* Asiatische Handlungscompagnien, S. 13. Borcke und Knyphausen an den König, 7. Juli 1729, GStA PK, I. HA Geheimer Rat, Rep. 9 Allgemeine Verwaltung, J. J. 13, Abdruck bei *Ring,* Asiatische Handlungscompagnien, S. 16.

gen, zum einen unvollständige französisch abgefasste Version, sowie inhaltlich i. Ü. übereinstimmende vollständige niederländische Version in 77 Artikeln[16].

Königlich-Preußisch Asiatische Handlungs-Compagnie 1750

Erteilung eines Octroi an Chevalier de la Touche am 1. September 1750, Monopol für Handel nach Asien und China; Sitz Emden. Weitere Dokumente vermutlich von den Interessenten verfasst; „Projet d'association pour les intéressés de la compagnie Prussienne" und „Articles de convention pour servir de règlement à la Compagnie"[17], Projekt scheiterte, Rückgabe des Octroi am 13. Januar 1751.

Asiatische Handlungs-Compagnie zu Emden

Privileg für den Handel von Emden nach China für den Schotten Heinrich Thomas Stuart am 4. August 1750, Ergänzung desselben durch zwei Deklarationen 1751[18]. Nach Ausbruch des Siebenjährigen Krieges Stocken der Geschäfte, Auflösung zwischen 1757 und 1764.

Bengalische Handlungs-Compagnie zu Emden

Errichtung 1753 auf Betreiben englischer Kaufleute, insbesondere Sir John Harris', Octroi am 21. Januar 1753, weitere Regelungen in Resolution selben Datums[19] und provisorischer Satzung, „règlements provisionels"[20]. Octroi ähnelte stark dem de la Touches. Wegen interner Streitigkeiten neues internes Reglement[21] durch die Direktoren, welches den Charakter der Compagnie entscheidend veränderte[22]. Entsendung einiger Schiffe nach Fernost, kein geschäftlicher Erfolg. Gesellschaft nicht förmlich beendet[23]. Schadensersatzprozess in Emden wegen eines Schiffbruchs[24].

---

[16] Stadtarchiv Emden Reg. II Nr. 57 Blatt 3 – 21; Blatt 23 – 47.

[17] Articles de Convention de la Touche.

[18] Vgl. Deklaration der Asiatischen Compagnie Stuarts 1751. In einem Avertissement Stuarts, in welchem er für den Beitritt zur Gesellschaft warb, zur ersten Generalversammlung einlud und über die Strukturen und Verhältnisse der Gesellschaft informierte, fanden sich weitere geplante Bestimmungen für deren Organisationsverfassung. *Ring,* Asiatische Handlungscompagnien, berichtet über den Inhalt dieser Druckschrift, deren einzig ermittelte Fassung der Staatsbibliothek Berlin allerdings im Zweiten Weltkrieg zerstört wurde. Deklaration Direktoren der Asiatischen Compagnie Stuarts 1751, sog. Faesch'sche Deklaration. Johann Rudolph Emanuel Faesch, ein Schweizer, war als Nachfolger Marschalls seit 1749 Leiter des Generaldirektoriums für Handel und Gewerbe, also der Handelsminister Friedrichs II; er entwarf die Deklaration.

[19] Résolution Bengalische Compagnie von 1753.

[20] Règlements provisionels der Bengalischen Compagnie von 1753.

[21] Reglement für die Bengalische Compagnie.

[22] Siehe dazu das Zweite Kapitel.

[23] Noch 1772 kommt eine Anfrage des Bürgermeisters und Rats von Stargard, *„woran es liege, dass bishero noch nichts an die Actien Innhaber ausgezahlet worden, oder ob nicht wenigsten die Interessenten ihr Capital à 500 Rthlr. in Gold wieder erhalten werden",* Magistrat von Stargard am 13. März 1772, Stadtarchiv Emden Reg. II Nr. 58 Blatt 35.

[24] Dieses führte 1764 neben einer strafrechtlichen Verurteilung der leitenden Offiziere des Schiffs zu deren Haftung wegen des Schadens, den die Compagnie erlitten hatte. Ein wei-

Asiatische Compagnie Teegels

Octroi[25] für Johann Gottfried Teegel am 21. April 1764 für den Handel nach Asien; Sitz Emden, Aufhebung des Octroi 1765 nach erfolgloser Suche nach Teilnehmern durch das Octroi für Roubaud.

Levante-Compagnie

Privileg am 17. Mai 1765 für den Handel mit der Levante, d. h. die östlichen Mittelmeerküste „bey der Küste von Morea[26] an[ge]fangen, und durch Egypten, Syrien, Candia[27], Cypern, alle Insuln des Archipelagus und alle Hafen, Städte und Plätze, welche bis an das schwarze Meer unter der Ottomannischen Pforte Gebiet liegen"[28], Geschäftsgegenstand: Handel mit „Citronen, Pommeranzen, Limonen und ähnlichen Früchten"[29] sowie Baumwolle. Bankrott nach wenigen Jahren mäßigen Erfolges, Entschädigung der Aktionäre durch die königliche Bank[30].

Ostindische Compagnie François Lazare Roubauds

Octroi für den Handel nach Ostindien am 10. Juli 1765 für den Franzosen François Lazare Roubaud, Gesellschaft kam nie zustande.

Emder Heringsfischerei-Gesellschaft

Octroi am 4. August 1769, Sitz Emden, Geschäftsgegenstand: Heringsfang in der Nordsee „auf holländische Art"[31]. Satzung vom 9. August 1769, Verlängerung des Octroi 1787, nach dessen Ablauf Fortgang der Geschäfte ohne Octroi. Auflösung auf Betreiben der Anteilsinhaber nach 1801, eventuell sogar nach 1805[32].

Emder Asiatische oder Ostindische Handlungssozietät

Aktiv zwischen 1782 bis 1788 unter Leitung des Emder Bürgers Carl Philipp Cassel[33]. Reine Gelegenheitsgesellschaft auf Aktien, verfügte aber nicht über Octroi, keine Satzung oder ähnliches überliefert.

---

teres Urteil bezifferte 1766 den Schadensersatzanspruch der Compagnie auf 1.873.319 Gulden und erklärte die solidarische Haftung aller Verurteilten, Urteil vom 2. Oktober 1766, GStA PK, I. HA Geheimer Rat, Rep. 68 Ostfriesland, Nr. 16. J. 2 Band 1 Blatt 185.

[25] Octroi der Asiatischen Compagnie Teegels 1764.

[26] So die bis 1822 gebräuchliche Bezeichnung des Peleponnes.

[27] Eine frühere (italienische), aus dem Arabischen Khandak abgeleitete Bezeichnung für Kreta.

[28] Art. 1 Octroi der Levante-Compagnie von 1765.

[29] Vgl. Index des NCCM, Band 4 (1765).

[30] *Rödenbeck*, Lebensbeschreibungen Friedrich Wilhelms I. und Friedrichs des Großen, S. 2218.

[31] Art. 1 Octroi der Heringsfischereigesellschaft von 1769. Daneben sollten auch Lachs und Kabeljau gefischt werden, Art. 1 Erneuertes Octroi der Heringsfischereigesellschaft von 1787.

[32] Vgl. die Akten GStA PK, I. HA Geheimer Rat, Rep. 68 Ostfriesland, Nr. 16 J (1799–1807) sowie Stadtarchiv Emden, Reg II 806 b bis 1819.

Assekuranz-Compagnie zu Berlin

Octroi vom 31. Januar 1765, Ergänzung im Februar 1770. Gesellschaft besteht bis heute als Feuersozietät Öffentliche Leben, Aktiengesellschaft mit Sitz in Berlin.

Brennholz-Compagnie Berlin

Octroi vom 20. Juni 1766, erneuert am 3. März 1773. Monopol zur Versorgung der Städte Berlin und Potsdam mit Brennholz, verlängert 1773 bis 1779, danach bis 1787. Octrois enthalten keinerlei Angaben zur inneren Organisation der Gesellschaften, daher nicht untersucht. Aufhebung 1785 wegen Übernahme der Holzbelieferung unmittelbar durch die staatliche Verwaltung, Gründung der Königlichen Brennholz-Administration in Berlin[34].

Getreidehandelscompagnie zu Stettin und Magdeburg

Octroi am 5. Februar 1770 für den „Kornhandel nach auswärtigen Landen"[35] auf der Elbe, Sitz Magdeburg. Octroi am 8. Februar 1770 für Kornhandel auf der Oder zugelassen, Sitz Stettin.

Seehandlungscompagnie oder Preußische Seehandlung

Octroi vom 14. Oktober 1772, Geschäftsgegenstand ursprünglich Import von Seesalz nach Preußen, Erweiterung auf andere Handelszweige wie Kaffee, Tabak, Leinwand u.ä. Verlängerung des Octroi 1794. Entwickelte sich im 19. Jahrhundert vom Handelshaus zur preußischen Staatsbank[36].

---

[33] Im Stadtarchiv Emden findet sich hierzu die Akte mit der Bezeichnung „Acta von der Ostindischen Handlungs-Gesellschaft unter der Reg. II Nr. 64 (1781–1789).

[34] Cabinetts-Ordre, an das General-Direktorium, dass das Brennholz für Berlin und Potsdam künftig für Königl. Rechnung administriert werden wird, Berlin, 18. Januar 1785, NCCM Bd. 7 (1785), S. 3021 (Nr. 6).

[35] Erlass Getreidehandlung Elbe 1770.

[36] Zur Geschichte der Preußischen Seehandlung vgl. z. B. *Radtke*, Die Preussische Seehandlung zwischen Staat und Wirtschaft in der Frühphase der Industrialisierung, Berlin 1981; *Nussbaum*, Die Preußische Seehandlung, S. 1 ff.; *Schubert*, Geschichte der Königlichen Preußischen Seehandlung; *Hellwig*, Die Preußische Staatsbank.

Quellenverzeichnis

A. Gedruckte Quellen – Octrois und Satzungen der Gesellschaften

1. / 11. April 1650
Entwurf der Conditiones, die von wegen Sr. Chr. Dl. Den Interessenten der Compagnie für-
zustellen sein möchten
(zitiert: Entwurf Conditiones für eine Brandenburgisch-Ostindische Compagnie von 1650)
Druck: Schück, Kolonialpolitik II, Nr. 6 (S. 14 ff.)

10. August 1651
Octroi für eine Brandenburgisch-Ostindische Compagnie
(zitiert: Octroi für eine Brandenburgisch-Ostindische Compagnie von 1651)
Druck: Schück, Kolonialpolitik II, Nr. 10 (S. 22 ff.)

1652
Conditiones, worauf diejenigen Participanten, welche in die Churf. Brandenb. Ostindische
Compagnie zu treten Willens sein, zu participiren haben
(zitiert: Conditiones der Brandenburgisch-Ostindischen Compagnie von 1652)
Druck: *Schück,* Kolonialpolitik II, Nr. 16 (S. 46 ff.)

7. / 17. März 1682
Edikt wegen Octroyierung der aufzurichtenden Handels-Compagnie auf denen Küsten von
Guinea
(zitiert: Edikt der Brandenburgisch-Afrikanische Compagnie von 1682)
Druck: *Schück,* Kolonialpolitik II, Nr. 63 (S. 126 ff.)

8. / 18. November 1682
Octroi für die Brandenburgisch-Afrikanische Compagnie
(zitiert: Octroi für die Brandenburgisch-Afrikanische Compagnie von 1682)
Druck: *Schück,* Kolonialpolitik II, Nr. 67 (S. 136 ff.)

18. / 28. April 1683
Reglement der Brandenburgisch-Afrikanischen Compagnie
(zitiert: Reglement der Brandenburgisch-Afrikanischen Compagnie von 1683)
Druck: *Schück,* Kolonialpolitik II, Nr. 72 (S. 169 ff.)

4. Februar 1684
Formular einer Aktie der afrikanischen Compagnie
(zitiert als Aktienformular 1684)
Druck: *Schück,* Kolonialpolitik II, Nr. 83 (S. 201 f.)

10. Juli 1684
Edikt wegen Octroyirung einer Ostindischen Compagnie (Tavernier)
(zitiert: Edikt der Ostindischen Compagnie Taverniers von 1684)
Druck: *Schück,* Kolonialpolitik II, Nr. 91 (S. 225 ff.)

31. März / 10. April 1687
Octroi für eine Ostindische Compagnie (Orth)
(zitiert: Octroi der Ostindischen Compagnie Orths von 1687)
Druck: *Schück,* Kolonialpolitik II, Nr. 117 (S. 296 ff.)

15. / 25. Oktober 1688
Octroi für die Brandenburgisch-Amerikanische Compagnie
(zitiert: Octroi für die Brandenburgisch-Amerikanische Compagnie von 1688)
Original: GStA PK I. HA Geheimer Rat, Rep. 65 Marine- und Afrikan. Kompagniesachen, 14
Druck: *Schück,* Kolonialpolitik II, Nr. 123 (S. 324 ff.)

Januar 1690
Revidiertes Octroi für die Brandenburgisch-Amerikanische Compagnie
(zitiert: Revidiertes Octroi für die Brandenburgisch-Amerikanische Compagnie von 1690)
Druck: *Schück,* Kolonialpolitik II, Nr. 127 (S. 349 ff.)

27. Januar 1690
Privileg der Stadt Emden für die Brandenburgisch-Amerikanische Compagnie
Druck: *Schück,* Kolonialpolitik II, Nr. 128 (S. 356 ff.)

27. Februar 1692
Transport-Kontrakt
(zitiert: Transportkontrakt der Brandenburgisch-Amerikanischen Compagnie von 1692)
Druck: *Schück,* Kolonialpolitik II, Nr. 135a (S. 385 ff.)

Nebenartikel zum Transport-Kontrakt
(zitiert: Nebenartikel Transportkontrakt der Brandenburgisch-Amerikanischen Compagnie
von 1692)
Druck: *Schück,* Kolonialpolitik II, Nr. 135b (S. 393 ff.)

14. / 24. September 1692
Neues Octroi für die Brandenburgisch-Afrikanisch-Amerikanische Compagnie
(zitiert: Neues Octroi der Brandenburgisch-Afrikanisch-Amerikanischen Compagnie von 1692)
Druck: Schück, Kolonialpolitik II, Nr. 139a (S. 416 ff.)

14. / 24. September 1692
Separat-Artikel
(zitiert: Separatartikel der Brandenburgisch-Afrikanisch-Amerikanischen Compagnie von
1692)
Druck: *Schück,* Kolonialpolitik II, Nr. 139b (S. 426 ff.)

24. November 1694
Nieuw Reglement van de Brandenborgsche Afrikaensche Compagnie
(zitiert: Nieuw Reglement Brandenburgisch-Afrikanisch-Amerikanische Compagnie von 1694)
Druck: *Schück,* Kolonialpolitik II, Nr. 145 (S. 444 ff.)

18. Mai 1711
Königliches Manifest, betreffend die Auflösung der Compagnie
(zitiert: Auflösungsmanifest 1711)
Original: GStA PK I. HA Geheimer Rat, Rep. 65 Marine- und Afrikan. Kompagniesachen,
32
Druck: *Schück,* Kolonialpolitik II, Nr. 171 (S. 519 ff.)

18. Dezember 1717
Kaufvertrag zwischen Sr. Maj. Dem König Friedrich Wilhelm I. von Preußen und der nieder-ländisch-westindischen Compagnie
(zitiert: Kaufvertrag 1717)
Original: GStA PK I. HA Geheimer Rat, Rep. 65 Marine- und Afrikan. Kompagniesachen, 37
Druck: *Schück,* Kolonialpolitik II, Nr. 189 (S. 570 ff.)

Juli 1734
Aus dem Plane zur Errichtung einer Orientalischen Handlungscompagnie von Peter van Kampen (zitiert: Satzung van Kampen von 1734),
Druck: *Ring,* Asiatische Handlungscompagnien, Nr. 1, S. 248 ff.

1744
Memoire touchant l'établissement d'une Compagnie de Commerce et de Banque avec privi-lège et sous la protection Roiale de Sa Majesté Prussienne
(zitiert: Memoire touchant l'établissement d'une Compagnie de Commerce 1744)
Original: GStA PK I. HA Geheimer Rat, Rep. 7. 101 E
Druck: *Berger,* Überseeische Handelsbestrebungen, S. 18 ff.

Asiatische Handlungscompagnie de la Touche
1. September 1750
Octroy d'établissement de commerce accordé par Sa Majesté au Sieur Chevalier de la Tou-che, A Berlin chez Fromery, 1. September 1750
(zitiert: Octroi Asiatische Handlungscompagnie de la Touche von 1750)
Druck: *Ring,* Asiatische Handlungscompagnien, Nr. 2, S. 254 ff.
Original: GStA PK I. HA Geheimer Rat, Rep. 68 Ostfriesland, Nr. 16 J. 1.1 Band 1 Blatt 96 ff.

September 1750
Projet d'association pour les intéressés de la compagnie Prussienne
(zitiert: Projet d'association de la Touche)
Druck: *Ring,* Asiatische Handlungscompagnien, Nr. 3, S. 258 f.
Original: GStA PK I. HA Geheimer Rat, Rep. 68 Ostfriesland, Nr. 16 J. 1.1 Band 1 Blatt 84–85

Articles de convention pour servir de règlement à la Compagnie
(zitiert: Articles de Convention de la Touche)
Druck: *Ring,* Asiatische Handlungscompagnien, Nr. 4, S. 259 f.
Original: GStA PK I. HA Geheimer Rat, Rep. 68 Ostfriesland, Nr. 16 J. 1.1 Band 1 Blatt 85–87

8. Juli 1751
Deklaration für die Asiatische Handlungscompagnie Heinrich Thomas Stuarts
(zitiert: Deklaration der Asiatischen Compagnie Stuarts 1751)
Druck: *Ring,* Asiatische Handlungscompagnien, Nr. 5, S. 262 f.
Original: GStA PK I. HA Geheimer Rat, Rep. 68 Ostfriesland, Nr. 16 J. 1 Vol. II., Copia Emder Stadtarchiv Reg. II 57 Blatt 80

19. August 1751
Deklaration für die Direktoren der Asiatischen Handlungscompagnie
(zitiert: Deklaration Direktoren der Asiatischen Compagnie Stuarts 1751)

Druck: *Ring,* Asiatische Handlungscompagnien, Nr. 6, S. 270 f.
Original: GStA PK I. HA Geheimer Rat, Rep. 68 Ostfriesland, Nr. 16 J. 1 Vol. II

21. Januar 1753
Octroi pour la Compagnie de Bengale vom 21. Januar 1753
(zitiert: Octroi der Bengalischen Compagnie von 1753)
Druck: *Ring,* Asiatische Handlungscompagnien, Nr. 13, S. 287 f.
Original: GStA PK I. HA Geheimer Rat, Rep. 68 Ostfriesland, Nr. 16 J. 2 Blatt 11 – 14 sowie
eine je eine deutsch- und französischsprachige Druckschrift in Stadtarchiv Emden, Reg. II 58

1753
Résolution pour le Sr. John Harris
(zitiert: Résolution Bengalische Compagnie von 1753)
Druck: *Ring,* Asiatische Handlungscompagnien, Nr. 14, S. 293 f.

1753
Règlements provisionels pour le dit Commerce de Bengalen
(zitiert: Règlements provisionels der Bengalischen Compagnie von 1753)
Druck: Ring, Asiatische Handlungscompagnien, Nr. 15, S. 294 f.

Reglement für die Bengalische Compagnie
(zitiert ebenso)
Druck: *Ring,* Asiatische Handlungscompagnien, Nr. 16, S. 297 f.

21. April 1764
Seiner Königlichen Majestaet in Preussen allergnädigst erneuerte Octroy über die zu errichtende retablirte Asiatische Handlungscompagnie
(zitiert: Octroi der Asiatischen Compagnie Teegels 1764)
Druck: *Berger,* Überseeische Handelsbestrebungen, S. 144 ff.
Original: GStA PK I. HA Geheimer Rat, Rep. 68 Ostfriesland, Nr. 16 J. 1 Band 3 Blatt
221 – 228; Copia Emder Stadtarchiv Reg. II 57 Blatt 148 – 157

31. Januar 1765
Octroy auf 30 Jahr für die in der Residenz Berlin sich etablirende Assekuranz-Kammer. De
Dato Berlin, den 31[st]en Januar 1765
(zitiert: Octroi der Assekuranzkammer von 1765)
Druck: NCCM Band 3 (1765) S. 575 (Nr. 9)

8. Februar 1770
Landesherrliche Erlaubnis für die Assecuranz-Compagnie zu Berlin
(zitiert: Ergänzung des Octroi der Assekuranzkammer von 1770)
Druck: NCCM Band 4 (1770), S. 3291 (Nr. 1)

10. Juli 1765
Octroi, welches Se. Majestät, der König von Preussen, zu Errichtung der Königlich-Preussi-
schen Ostindischen Compagnie zu Emden ertheilet haben, gegeben zu Berlin den 10ten Julii
1765 (zitiert: Octroi der Ostindischen Compagnie Roubauds von 1765)
Druck: *Ring,* Asiatische Handlungscompagnien, Nr. 18, S. 310 f.
Original: Stadtarchiv Emden, Reg. II Nr. 57 (Druckschrift), GStA PK I. HA Geheimer Rat,
Rep. 68 Ostfriesland, Nr. 16. J.1. Band 3 Blatt 235

4. August 1769
Octroi für eine zu Emden zu errichtende Compagnie zum Herings-Fang
(zitiert: Octroi der Heringsfischereigesellschaft von 1769)
Druck: NCCM Band 4 (1769), S. 6199 (Nr. 57)

9. August 1769
Satzung der Heringsfischereigesellschaft
(zitiert ebenso)
Druck: *Sonntag,* Der Octroy für eine in Emden zu errichtende Compagnie zum Herings-Fang
Original: Stadtarchiv Emden, Reg. II 806a, Blatt 137

28. August 1787
Erneuertes Octroi der Heringsfischereigesellschaft vom 28. August 1787
(zitiert: Erneuertes Octroi der Heringsfischereigesellschaft von 1787)
Druck: NCCM Band 8 (1787), S. 1577 (Nr. 88)

20. Juni 1766
Edict wegen des künftigen Brennholz-Verkaufs in den königlichen Residenzen Berlin und
Potsdam
(zitiert: Edikt der Brennholzcompagnie von 1766)
Druck: NCCM Band 4 (1766), S. 479 (Nr. 50)

3. März 1770
Publicandum vom 3. März 1770
(zitiert ebenso)
Druck: NCCM Band 5 (1773), S. 57 (Nr. 12)

5. Februar 1770
Landesherrliche Erlaubniß, für die Getreyde-Handlungs-Compagnie auf der Elbe
(zitiert: Erlass Getreidehandlung Elbe 1770)
Druck: NCCM Band 4 (1770), S. 6647 (Nr. 13)

8. Februar 1770
Landesherrliche Erlaubniß, für die Getreyde-Handlungs-Compagnie auf der Oder
(zitiert: Erlass Getreidehandlung Oder 1770)
Druck: NCCM Band 4 (1770), S. 6653 (Nr. 15)

14. Oktober 1772
Patent wegen Errichtung einer See-Handlungsgesellschaft
(zitiert. Octroi der Preußischen Seehandlung von 1772)
Druck: NCCM Band 5 (1772), S. 513 (Nr. 55)

1794
Verlängerung des Privilegs der Preußischen Seehandlung
(zitiert: Verlängerung des Privilegs der Preußischen Seehandlung von 1794)
Druck: NCCM Band 9 (1794), S. 2029 (Nr. 21)

4. April 1787
Die Direction des Asiatischen Handels in Emden an das Vaterländische Publicum den Handel
nach Ostindien betreffend, Druckschrift vom 4. April 1787
Original: Stadtarchiv Emden Reg. II 64 Blatt 152 ff.

B. Gedruckte Quellen – Gesetzestexte

Allgemeine Gerichtsordnung für Preußischen Staaten, Berlin 1816

Allgemeines Landrecht für die Preußischen Staaten von 1794, mit einer Einführung von Hans Hattenhauer, Frankfurt am Main und Berlin 1970

Entwurf eines allgemeinen Handels-Rechts, als Beitrag zu einem künftigen Gesetzbuche für Kaufleute, Ludwig Christoph Carl Veillodter, 2. Auflage, Frankfurt am Main, 1803

Code de Commerce 1807, Napoleons I. Kaisers der Franzosen, Königs von Italien und Protectors des Rheinbundes Handelsgesetzbuch, herausgegeben von Christian Daniel Erhard, Zweite Auflage, Dessau und Leipzig 1808

Code Napoleon, Edition seule officielle pour le Royaume de Westphalie, Strasbourg 1808

Entwurf eines Handelsgesetzbuches für das Königreich Württemberg mit Motiven, herausgegeben von Carl Hofacker, Stuttgart 1839 – 1840

Gesetz über Eisenbahn-Unternehmen vom 3. November 1838, Preußische Gesetzessammlung 1838, S. 505 – 515

Gesetz über die Aktiengesellschaften für die Königlich-Preußischen Staaten vom 9. November 1843, herausgegeben von Theodor Baums, Aalen 1981

C. Ungedruckte Quellen

10. August 1744
Entwurf eines Octroi Pedro Sloyers zur Errichtung einer Compagnie nach Ostindien, Anlage zum Schreiben Pedro Sloyers vom 10. August 1744, Antwerpen
(zitiert: Plan einer Ostindischen Compagnie Sloyers von 1744)
GStA PK I. HA Geheimer Rat, Rep. 68 Ostfriesland, Nr. 16 J. 1. Band 1 Blatt 4 – 7

1746
Ammon an den König, Dela Haye le 20. Mai 1746, GStA PK I. HA Geheimer Rat, Rep. 68 Ostfriesland, Nr. 16 J. 1. Vol. I. Band 1 Blatt 13

1748
Ammon an den König am 7. Februar 1748, Stadtarchiv Emden Reg. II Nr. 57 Blatt 1

ca. 1744 – 1749
Entwurf eines Octroi für eine Handelscompagnie nach Ostindien von Jerome Jogues
(zitiert: Entwurf des Octroi von Jogues 1744)
Stadtarchiv Emden Reg. II Nr. 57 Blatt 3 – 21 (französische Fassung ohne Art. 1 – 5), Blatt 23 – 47 (vollständige niederländische Fassung)

1760
Homfeld an den Bürgermeister von Emden, gegeben Aurich 7. Januarii 1760
Stadtarchiv Emden Reg. II Nr. 58

17. Mai 1765
Octroi einer Exclusiven Handlung nach der Levante
(zitiert: Octroi der Levante-Compagnie von 1765),
Stadtarchiv Emden (Druckfassung) Reg. II Nr. 447

1766
Schreiben Comte de Redern an den König 1766
Geheimes Staatsarchiv Preußischer Kulturbesitz, HA I Rep. 96. 423 H

1798
Declaration wie es mit dem Fang und Absatze der Heringe in sämtlichen preußischen Staaten nach Beendigung der erneuerten Octroy vom 28.sten August 1787 gehalten werden soll, de Dato Berlin den 30. September 1798
Druckschrift Stadtarchiv Emden Reg. II Nr. 806 b Blatt 23 ff.

Literaturverzeichnis

Adelung, Johann Christoph: Grammatisch-kritisches Wörterbuch der hochdeutschen Mundart, Wien 1811 (zitiert: Adelung, Wörterbuch).

Albrecht, Gustav: Aktienzinsen: Eine rechtsgeschichtliche Studie, Giessen 1913.

Allgemeine Deutsche Biographie, hrsg. durch die Historische Commission bei der Königl. Akademie der Wissenschaften, 2. unveränd. Auflage, Neudruck der 1. Aufl. von 1880, Berlin 1969.

Allgemeine Gerichtsordnung für Preußischen Staaten Erster Theil. Prozessordnung. Neue Ausgabe, Berlin 1816.

Allgemeines Landrecht für die Preußischen Staaten von 1794. Textausgabe mit einer Einführung von Hans Hattenhauer, Franfurt am Main, Berlin 1970.

Amsinck, C.: Die ersten hamburgischen Assecuranz-Compagnien und der Actienhandel im Jahre 1720, in: Zeitschrift des Vereins für hamburgische Geschichte, 9 (1894), S. 465 – 494.

Andenaes, Mads Henry: Die Rechtspersönlichkeit der Aktiengesellschaft im norwegischen Recht, in: Quaderni fiorentini per la storia del pensiero giuridico moderno, 11 / 12 (1982 / 83), S. 973 – 982.

Anonymus: Schreiben eines Englischen Negotianten an einen Kaufmann in Berlin, die Königl. Preußische Handlungscompagnie betreffend: Nebst einer Antwort, London 1750.

Arlinghaus, Franz-Josef: „Io", „noi" und „noi insieme". Transpersonale Konzepte in den Verträgen einer italienischen Handelsgesellschaft des 14. Jahrhunderts, in: Scharff, Thomas; Behrmann, Thomas (Hrsg.): Bene vivere in communitate Beiträge zum italienischen und deutschen Mittelalter – Hagen Keller zum 60. Geburtstag überreicht von seinen Schülerinnen und Schülern, Münster 1997, S. 131 – 153.

Aubin, G.: Aus der Frühzeit des deutschen Kapitalismus, in: Zeitschrift für das gesamte Handels- und Konkursrecht 84 (1921), S. 423 – 458.

Aubin, Hermann / *Zorn,* Wolfgang: Handbuch der deutschen Wirtschafts- und Sozialgeschichte, Stuttgart 1971.

Ayrer, Georg Heinrich: De Societate Mariti et Uxoris Mercatoria, Diss. iur., Göttingen 1773.

Bachoff von Echt, Johann Friedrich: De eo quod iustum est circa commercia inter gentes: ac praecipue de origine et iustitia societatum istarum mercatoriarum maiorum, quae octroyirte Compagnien adpellari solent, Jena 1730.

Bahrenfuss, Dirk: Die Entstehung des Aktiengesetzes von 1965: Unter besonderer Berücksichtigung der Bestimmungen über die Kapitalgrundlagen und die Unternehmensverfassung, Berlin 2001.

Barz, Carl Hans / *Brönner,* Herbert / *Klug,* Ulrich (Hrsg.): Großkommentar zum Aktiengesetz, 3. Auflage, Berlin 1970 (zitiert: Großkommentar, 3. Aufl.).

Bauer, Clemens: Unternehmung und Unternehmensform im Spätmittelalter und in der beginnenden Neuzeit, Jena 1936 (zitiert: Bauer, Unternehmen und Unternehmensform).

Baumbach, Adolf / *Hopt,* Klaus J. / *Merkt,* Hanno: Handelsgesetzbuch, 31. Auflage, München 2003.

Baums, Theodor: Entwurf eines allgemeinen Handelsgesetzbuches für Deutschland 1848 / 49, ZHR Beiheft 54, Heidelberg 1982.

– Gesetz über die Aktiengesellschaften für die Königlich-Preußischen Staaten vom 9. November 1843 mit einer Einleitung, Aalen 1981 (zitiert: Baums, Einleitung).

Baums-Stammberger, Brigitte: Der Versuch einer Aktiengesetzgebung in Sachsen 1836 / 37, Diss. iur., Hagen 1980.

Becher, Johann Joachim: Politischer Diskurs von den eigentlichen Ursachen deß Auff- und Abnehmens der Städt / Länder und Republicken, Unveränderter Neudruck der Ausgabe Frankfurt am Main 1688, Glashütten / Taunus 1972 (zitiert: Becher, Politischer Diskurs).

Beck: Ueber Versäumnisse und deren Entschuldigung bei Actiengesellschaften, in: Zeitschrift für Rechtspflege und Verwaltung, zunächst für das Königreich Sachsen 1 (1838), S. 1 ff.

– Über die Wirkung der restitutio in integrum gegen Versäumnisse bei Actiengesellschaften, in: Zeitschrift für Rechtspflege und Verwaltung, zunächst für das Königreich Sachsen 3 (1840), S. 1 ff.

Becke, Johann Carl von der: Von der allgemeinen Brauchbarkeit mehrerer Theile der positiven Jurisprudenz: nebst einer Anzeige seiner Sommervorlesungen und einem Plan vom Handlungs- Wechsel und See-Recht, Göttingen 1777.

Becker, Hans-Jürgen: Das Rheinische Recht und seine Bedeutung für die Rechtsentwicklung in Deutschland im 19. Jahrhundert, in: Juristische Schulung 1985, S. 338 – 345.

Beckmann, Johann: Anleitung zur Handlungswissenschaft: Vornehmlich zum Gebrauche derer, welche sich mit Policey, Cameralwissenschaft, Geschichte und Statistik beschäftigen wollen, Göttingen 1789.

Behrend, Jakob Friedrich: Lehrbuch des Handelsrechts, Band 1, Abt. 2, Berlin 1896.

Behrends, Okko / *Knütel,* Rolf / *Kupisch,* Berthold / *Seiler,* Hans Hermann: Corpus Iuris Civilis, Text und Übersetzung, auf der Grundlage der von Theodor Mommsen und Paul Krüger besorgten Textausgaben, Band 2 Digesten 1 – 10, Heidelberg 1995 (zitiert: Behrends / Knütel / Kupisch / Seiler, Corpus Iuris Civilis).

Bellinger, Bernhard: Geschichte der Betriebswirtschaftslehre, Stuttgart 1967.

Bender, Johann Heinrich: Grundsätze des deutschen Handlungs-Rechts nach den besten Hülfsmitteln und vorzüglichesten Gesetzen älterer und neuerer Zeit, Band 1: Grundsätze des engeren Handlungs-Rechts ohne Rücksicht auf das Wechselrecht, Darmstadt 1824.

Benecke, Friedrich: Die Königsberger Börse, Jena 1925.

Berger, Heinrich: Überseeische Handelsbestrebungen und koloniale Pläne unter Friedrich dem Großen, Leipzig 1899.

Bergfeld, Christoph: Der Entwurf eines Handelsgesetzbuchs für das Königreich Württemberg von 1839, in: Ius Commune VII (1978), S. 226 – 249.

– Die Bedeutung des Code de Commerce für die Rechtsvereinheitlichung in Deutschland, in: Ius Commune: Sonderhefte 15, Vorträge zur Geschichte des Privatrechts in Europa, Symposion in Krakau, 9.-12. Oktober 1979, Frankfurt am Main 1981, S. 109 – 122.

– Handelsrecht, in: Coing, Helmut (Hrsg.): Handbuch der Quellen und Literatur der neueren europäischen Privatrechtsgeschichte Band III / 3, Das 19. Jahrhundert: Gesetzgebung zu den privatrechtlichen Sondergebieten, München 1986, S. 2853 – 2966.

Berney, Arnold: Die Anfänge der Friderizianischen Seehandelspolitik. Mit 23 unveröffentlichten Briefen Friedrichs des Grossen, in: Vierteljahrschrift für Sozial- und Wirtschaftsgeschichte 22 (1929), S. 16 – 63 (zitiert: Berney, Seehandelspolitik).

Beyer, Georg: Specimen Iuris Germanici Post Facta Auctoris Editum Curante Mich. Henrico Gribnero, Halle, Magdeburg 1718.

Bitter, Rudolf von (Hrsg.): Handwörterbuch der Preussischen Verwaltung, 3. Auflage, Band 2, Berlin 1928.

Blankenheijm, Carel Marie: Geschiedenis van de Compagnie van Ostende, Rotterdam 1862.

Bley, Helmut (Hrsg.): Sklaverei in Afrika: Afrikanische Gesellschaften im Zusammenhang von europäischer und interner Sklaverei und Sklavenhandel, Pfaffenweiler 1991.

Blühm, Elger: Johann Heinrich Zedler und sein Lexikon, in: Jahrbuch der schlesischen Friedrich-Wilhelms-Universität zu Breslau, Band 7, Würzburg 1962, S. 184 – 200.

Blussé, Leonard / *Gaastra,* Femme: Companies and Trade Essays on Overseas Companies during the Ancien Regime, Leiden 1981.

Bondi, Arthur: Neue Wege des Aktienrechtes, in: Juristische Blätter 1933, S. 12 – 14.

Bonnassieux, Pierre: Les Grandes Compagnies de Commerce Etude pour servir a l'histoire de la Colonisation, Paris 1892.

Boockmann, Hartmut: Einführung in die Geschichte des Mittelalters, 6. Auflage, München 1996.

Borke, Graf von: Die Brandenburgisch-Preussische Marine und die afrikanische Kompagnie: Nach einem vom Jahre 1755 datierten, in französischer Sprache geschriebenen Manuscript, Köln 1864.

Bornier, Philippe: Conferences des Ordonnances de Louis XIV. Roy de France et de Navarre avec les anciennes Ordonnances du Royaume, le Droit ecrit & les Arrets, Tome II, Paris 1737.

Bösselmann, Kurt: Die Entwicklung des deutschen Aktienwesens im 19. Jahrhundert, Berlin 1939.

Brakel, Simon van: De Hollandsche Handelscompagnieen der Zeventiende Eeuw Hun Ontstaan – Hunne Inrichting, 's-Gravenhage 1908.

– Neuere Literatur über den Ursprung der Aktiengesellschaften, in: Vierteljahrschrift für Sozial- und Wirtschaftsgeschichte 10 (1912), S. 491 – 505.

Brandt, Peter: Preussen: Zur Sozialgeschichte eines Staates – Eine Darstellung in Quellen, Berlin 1981.

Braudel, Fernand: Sozialgeschichte des 15.-18. Jahrhunderts: Der Handel, München 1986.

Bresslau, Harry: Handbuch der Urkundenlehre für Deutschland und Italien, Band 1, Leipzig 1912.

Broicher, C.A. / *Grimm,* F.F.: Das Handelsgesetzbuch der Königlich-Preußischen Rheinprovinzen, Köln 1835.

Brübach, Nils: Seefahrt und Handel sind die fürnembsten Säulen eines Estats: Brandenburg-Preußen und der transatlantische Sklavenhandel im 17. und 18. Jahrhundert, in: Zoller, Rüdiger (Hrsg.): Amerikaner wider Willen: Beiträge zur Sklaverei in Lateinamerika, Frankfurt am Main 1994, S. 11 – 42.

Bruce, John: Annals of the Honorable East-India Company from their Establishment by the Charter of Queen Elizabeth, 1600, to the Union of the London and East-India Companies, 1707 – 1708, London 1810, Republished 1968.

Büsch, Johann Georg: Theoretisch-Praktische Darstellung der Handlung in deren mannigfaltigen Geschäften, Erster Theil, Hamburg 1792 (zitiert: Büsch, Theoretisch-praktische Darstellung der Handlung).

– Johann Georg Büsch's Sämmtliche Schriften: Der Darstellung der Handlung, 11. – 74. Zusatz, Wien 1814.

– Theoretisch-praktische Darstellung der Handlung in ihren mannigfaltigen Geschäften, Dritte, vermehrte und verbesserte Ausgabe, Hamburg 1824.

Büsch, Johann Georg / *Ebeling,* C.D.: Handlungsbibliothek, Band 1 – 3, Hamburg 1785 – 1797.

Busch, Sylvia: Die Entstehung der Allgemeinen Gerichtsordnung für die Preußischen Staaten von 1793 / 95, Frankfurt am Main, Berlin u. a. 1999.

Carr, Cecil T.: Select Charters of Trading Companies A.D. 1530 – 1707, London 1913.

Cavaciocchi, Simonetta (Hrsg.): L'Impresa, Industria, Commercio, Banca Secc. XIII-XVIII: Atti della Ventiduesima Settimana di Studi 30 Aprile – 4 Maggio 1990, Florenz 1991.

Chijs, J.A. van der (Hrsg.): Nederlandsch-Indisch Plakaatboek 1602 – 1811, Eerste Deel 1602 – 1642, Batavia 1885.

Chladenius, Ernst Martin: Incrementa Et Iura Mercaturae in Germania, Diss. iur., Univ. Wittenberg 1763, Eichsfeld 1763.

Coccejus, Samuel von (Hrsg.): Novum Corpus Constitutionum Prussico-Brandenburgensium Praecipue Marchicarum, Oder Neue Sammlung Königl. Preußl. und Churfürstl. Brandenburgischer, sonderlich in der Chur- und Marck-Brandenburg, Wie auch andern Provintzien, publicirten und ergangenen Ordnungen, Edicten, Mandaten, Rescripten Vom Anfang des Jahrs 1751 und folgenden Zeiten, Berlin 1753 – 1822.

Code Napoleon, Edition seule officielle pour le Royaume de Westphalie, Strasbourg 1808.

Codex Maximilianeus Bavaricus Civilis Oder Neu verbessert und ergänzt Chur-Bayrisches Landrecht, Nachdruck der Ausgabe München 1756, Frankfurt am Main 1985

Cohn, Georg / *Fick,* F. / *Zehntbauer,* R.: Die Aktiengesellschaft, Erster Band, Zürich 1921.

Coing, Helmut: Europäisches Privatrecht, Band 1: Älteres Gemeines Recht (1500 bis 1800), München 1985 (zitiert: Going, Privatrecht I).

– Europäisches Privatrecht, Band 2: 19. Jahrhundert (1800 bis 1914): Überblick über die Entwicklung des Privatrechts in den ehemals gemeinrechtlichen Ländern, München 1989 (zitiert: Going, Privatrecht II).

– Handbuch der Quellen und Literatur der neueren europäischen Privatrechtsgeschichte, Band I, München 1973 (zitiert: Coing, Handbuch I).

– Handbuch der Quellen und Literatur der neueren europäischen Privatrechtsgeschichte, Band II / 1, Neuere Zeit (1500 – 1800): Das Zeitalter des Gemeinen Rechts: Wissenschaft, München 1977 (zitiert: Coing, Handbuch II / 1).

– Handbuch der Quellen und Literatur der neueren Europäischen Privatrechtsgeschichte, Band II / 2, Neuere Zeit: Das Zeitalter des Gemeinen Rechts: Gesetzgebung und Rechtsprechung, München 1976 (zitiert: Coing, Handbuch II / 2).

– Handbuch der Quellen und Literatur der neueren europäischen Privatrechtsgeschichte, Band III / 3, Das 19. Jahrhundert: Gesetzgebung zu den privatrechtlichen Sondergebieten, München 1986 (zitiert: Coing, Handbuch III / 3).

Coing, Helmut / *Wilhelm,* Walter (Hrsg.): Wissenschaft und Kodifikation des Privatrechts im 19. Jahrhundert, Band I, Frankfurt am Main 1974.

– Wissenschaft und Kodifikation des Privatrechts im 19. Jahrhundert, Band IV: Eigentum und industrielle Entwicklung, Wettbewerbsordnung und Wettbewerbsrecht, Frankfurt am Main 1979.

– Wissenschaft und Kodifikation des Privatrechts im 19. Jahrhundert, Band V: Geld und Banken, Frankfurt am Main 1980.

Colenbrander, H.T.: Über das erste Auftreten des Wortes „Aktie" in den Niederlanden, in: Zeitschrift für das gesamte Handelsrecht 50 (1901), S. 383 – 387.

Conrad, Hermann: Preußen und das Französische Recht in den Rheinlanden, in: Wolffram, Josef (Hrsg.): Recht und Rechtspflege in den Rheinlanden: Festschrift zum 150jährigen Bestehen des Oberlandesgerichts Köln, Köln 1969, S. 78 – 112.

Conradi, Johannes: Das Unternehmen im Handelsrecht: Eine rechtshistorische Untersuchung vom preußischen Allgemeinen Landrecht (1794) bis zum Allgemeinen Deutschen Handelsgesetzbuch (1861), Diss. iur., Hamburg 1993.

Cordes, Albrecht: Spätmittelalterlicher Gesellschaftshandel im Hanseraum, Köln, Weimar, Wien 1998.

Cordes, Albrecht / *Lück,* Heiner / *Werkmüller,* Dieter (Hrsg.): Handwörterbuch zur deutschen Rechtsgeschichte, 2. Auflage, Berlin 2004 (zitiert: Bearbeiter, Art. in: HRG, 2. Aufl.).

Cramer, Johann Ulrich von: Wetzlarische Nebenstunden worinnen auserlesene beim Cammergericht entschiedene Rechtshaendel zur Erweiter- und Erlaeuterung der teutschen etc Rechts-Gelehrsamkeit angewendet werden, Ulm 1761 – 1767.

Daaku, Kwame Y.: Trade and Politics on the Gold Coast 1600 – 1720, Oxford 1970.

Daget, Serge (Hrsg.): De la Traite à l'Esclavage: Actes du Colloque international sur la traite des Noirs Nantes 1985, Nantes 1988.

Daniel, Andreas: Gemeines Recht : eine systematische Einordnung der Rechtsfigur und ihrer Funktion sowie die Bestimmung der inhaltlichen Probleme aus der Sicht des 18. Jahrhunderts, Berlin 2003.

Danz, Wilhelm August Friedrich: Handbuch des heutigen deutschen Privatrechts: Nach dem Systeme des Herrn Hofraths Runde, Band 1 – 6, Stuttgart 1797 – 1800.

Davies, Kenneth Gordon: The Royal African Company, London 1957.

Derday, Eckhard: Die Darstellung des Handelsrechts im „Lehrbegriff sämtlicher Kameral- und Policeyrechte" von Friedrich Christoph Jonathan Fischer, Diss. iur., Mainz 1975.

Dermigny, L: Le Fonctionnement des Compagnies des Indes, in: Mollat, Michel (Hrsg.): So- ciétés et Compagnies de Commerce en Orient et dans l'Ocean Indien: Actes du huitième colloque international d'histoire maritime (Beyrouth 5 – 10 Septembre 1966), Paris 1970, S. 443 – 451.

Dernburg, Heinrich: Pandekten, Band 1 Allgemeiner Theil und dingliche Rechte, 2. Auflage, Berlin 1888.

Deutsches Rechtswörterbuch, hrsg. von der Preußischen Akademie der Wissenschaften, Band 1, bearb. von Richard Schröder und Eberhard Freiherrn von Künßberg, Weimar 1932.

Diederichs, August: Der Kuxschein, Diss. iur., Univ. Heidelberg 1908, Stuttgart 1908.

Diesselhorst, Malte: Die Theorie der juristischen Person bei Carl Friedrich von Savigny, in: Quaderni fiorentini per la storia del pensiero giuridico moderno 11 / 12 (1982 / 83), S. 319 – 337.

Diez, Friedrich Christian: Etymologisches Wörterbuch der Romanischen Sprachen, Bonn 1853.

Dillen, Johannes Gerard van: Het oudste andeelhoudersregister van de Kamer Amsterdam der Oost-Indische Compagnie, 's-Gravenhage 1958.

– Das Kapital der niederländischen ostindischen Kompagnie, in: Vierteljahrschrift für Sozi- al- und Wirtschaftsgeschichte 50 (1963), S. 515 – 517.

Diller, Stephan: Tranquebar. Handelsplatz und Missionsstation (1620 – 1845), in: Schmitt, Eberhard; Beck, Thomas (Hrsg.): Vergleichende europäische Überseegeschichte For- schungsforum. Berichte aus der Otto-Friedrich-Universität Bamberg, Bamberg 1992, S. 43 – 54 (zitiert: Diller, Tranquebar)

Dippel, Karlheinz: Die Reform des Aktienrechts, in: Deutsche Richterzeitung 1965, S. 315 – 317.

Droysen, Gustav: Beiträge zur Beurteilung des Handelsrechtes im Allgemeinen Preußischen Landrecht, Diss. iur., Univ. Halle 1896, Halle 1896.

Eckert, Jörn (Hrsg.): Der praktische Nutzen der Rechtsgeschichte. Festschrift für Hans Hat- tenhauer, Heidelberg 2003 (zitiert: FS Hattenhauer).

Ehrenberg, Richard: Die Amsterdamer Aktienspekulation im 17. Jahrhundert in: Jahrbücher für Nationalökonomie und Statistik 3 (3. Folge) = 57. Jg. (1892), S. 809 – 826.

– Das Zeitalter der Fugger: Geldkapital und Creditverkehr im 16. Jahrhundert, Band 1: Die Geldmächte des 16. Jahrhunderts, Band 2: Die Weltbörsen und Finanzkrisen des 16. Jahr- hunderts, Jena 1912.

Ehrenberg, Victor (Hrsg.): Handbuch des gesamten Handelsrechts mit Einschluß des Wech- sel-, Scheck-, See- und Binnenschiffahrtsrechts, des Versicherungsrechts sowie des Post- und Telegraphenrechts, Leipzig 1913.

Eisenhart, Johann Friedrich: Institutiones juris Germanici privati: in usum auditorii adorna-
tae, Halle, Magdeburg 1753.

Emmer, Piet C. / *Beck,* Thomas (Hrsg.): Wirtschaft und Handel der Kolonialreiche (Dokumente zur Geschichte der europäischen Expansion, Band 4), München 1988.

Endemann, Wilhelm (Hrsg.): Handbuch des deutschen Handels-, See- und Wechselrechts,
Erster Band, Leipzig 1881.

– Die Entwicklung der Handelsgesellschaften, Berlin 1867.

– Das Deutsche Handelsrecht, Heidelberg 1868.

Engau, Johann Rudolph: De societate mercatoria, vulgo Von der Mascopey, oder Compag-
nie-Handlung, Diss. iur., Jena 1747 (zitiert: Engau, De societate mercatoria).

– Elementa juris Germanici civilis: Veteris pariter atque hodierni ex genuinis fontibus deducta et commoda auditoribus methodo adornata, Jena 1752.

– Dissertatio iuridica de societate mercatoria oder von der Compagnie Handlung, Jena 1767.

Erben, Wilhelm: Die Kaiser- und Königsurkunden des Mittelalters in Deutschland, Frankreich und Italien, München, Berlin 1807.

Erler, Adalbert; Kaufmann, Ekkehard: Handwörterbuch zur Deutschen Rechtsgeschichte
(HRG), Berlin 1971 – 1998 (zitiert: Bearbeiter, Art. in: HRG).

Escher-Weingart, Christina: Reform durch Deregulierung im Kapitalgesellschaftsrecht: Eine
Analyse der Reformmöglichkeiten unter besonderer Berücksichtigung des Gläubiger- und
Anlegerschutzes, Tübingen 2001.

Estor, Johann Georg: Bürgerliche Rechtsgelehrsamkeit der Teutschen, Marburg 1757.

– Der Teutschen Rechtsgelahrtheit andrer Teil, Marburg 1758.

Felicius, Hector: Tractatus desideretissimus de communione seu societate, deque lucro item
ac quaestu, damno itidem ac expensis, Frankfurt 1606.

Fichtenau, Heinrich: Arenga: Spätantike und Mittelalter im Spiegel von Urkundenformeln,
Graz 1957.

Fick, Heinrich: Über Begriff und Geschichte der Aktiengesellschaften, in: Zeitschrift für das
gesamte Handelsrecht 5 (1862), S. 1 – 63.

Finzel, Jan: Georg Adam Struve (1619 – 1692) als Zivilrechtler, Frankfurt am Main 2003.

Fischer, Friedrich Christoph Jonathan: Lehrbegrif sämtlicher Kameral- und Polizeyrechte
sowol von Teutschland überhaupt als insbesondere von den Preußischen Staaten, Band 3,
Frankfurt an der Oder 1785.

– Geschichte des deutschen Handels: Geschichte der Schiffahrt, Fischerei, Erfindungen,
Künste, Gewerbe, Manufakturen, der Landwirtschaft, Polizei, Leibeigenschaft, des Zoll-,
Münz- und Bergwesens, des Wechselrechts, der Stadtwirtschaft und des Luxus, Hannover
1797.

Fischermann, Thomas: Konzern mit eigener Armee: Ihre Schiffe fuhren um die Welt, auf der
Suche nach Pfeffer, Zimt und Nelken: Wie die East India Company ein globales Handels-
reich aufbaute, in: Die Zeit, Nr. 27 vom 26. 6. 2003.

Forschungsstiftung für Vergleichende Europäische Überseegeschichte (Hrsg.): Übersee. Kleine Beiträge zur europäischen Überseegeschichte, Hamburg 1997.

Fraunberger, Richard: Die Nacht, als John Cunny verschwand, in: Die Zeit, Nr. 8 vom 12. 2. 2004.

Frey, Matthias: Die spanische Aktiengesellschaft im 18. Jahrhundert und unter dem Código de Comercio von 1829, Frankfurt am Main 1999 (zitiert: Frey, Spanische Aktiengesellschaft).

Friedel, Ernst: Die Gründung preußisch-deutscher Colonien im Indischen und Großen Ocean, mit besonderer Rücksicht auf das östliche Asien, Berlin 1867.

Friedensburg, Ferdinand: Münzkunde und Geldgeschichte der Einzelstaaten des Mittelalters und der neueren Zeit (Handbuch der mittelalterlichen und neueren Geschichte, hrsg. von Georg von Below und Friedrich Meinecke), München 1926 (zitiert: Friedenburg, Münzkunde und Geldgeschichte der Einzelstaaten).

Frignet, Ernest: Histoire de l'association commerciale depuis l'antiquité jusqu'au temps actuel. Paris 1868.

Fruin, Robert (Hrsg.): De middeleeuwsche rechtsbronnen der kleine steden van het nedersticht van Utrecht, Band 2, 's-Gravenhage 1897.

Fuessel, Friedrich: Societates innominatae (Actiengesellschaften) in quantum sequuntur Romani juris de societatibus principia, Diss. iur., Leipzig 1842.

Furber, Holden: The History of East India Companies: General Problems, in: Mollat, Michel (Hrsg.): Sociétés et Compagnies de Commerce en Orient et dans l'Ocean Indien: Actes du huitième colloque international d'histoire maritime (Beyrouth 5 – 10 Septembre 1966), Paris 1970, S. 415 – 418.

– Rival Empires of Trade in the Orient 1600 – 1800, Minneapolis 1976 (zitiert: Furber, Rival Empires of Trade).

Gaastra, Femme: Die vereinigte Ostindische Compagnie der Niederlande – Ein Abriss ihrer Geschichte, in: Schmitt, Eberhard; Schleich, Thomas; Beck, Thomas (Hrsg.): Kaufleute als Kolonialherren: Die Handelswelt der Niederländer vom Kap der Guten Hoffnung bis Nagasaki, Bamberg 1988, S. 1 ff.

Gaastra, Femme S.: De geschiedenis van de VOC, Zutphen 1991.

Gaius: Gai Institutiones secundum Codicis Veronensis Apographum Studemundianum et Reliquias in Aegypto Repertas, hrsg. von David, M., Leiden 1964.

Geiger, Ludwig: Geschichte der Juden in Berlin, Nachdruck der Ausgabe von 1871 – 1890, Berlin 1988.

Gerber, Carl Friedrich Wilhelm: System des Deutschen Privatrechts, 5. Auflage, Jena 1855.

Gierke, Otto von: Das deutsche Genossenschaftsrecht: Rechtsgeschichte der deutschen Genossenschaft, Nachdruck der 1. Ausgabe 1868, Graz 1954 (zitiert: Gierke, Genossenschaftsrecht I)

Giese, Friedrich: Preußische Rechtsgeschichte: Übersicht über die Rechtsentwicklung der preussischen Monarchie und ihrer Landesteile, Berlin 1920.

Gilliodts-van Severen, Louis (Hrsg.): Cartulaire de l'ancienne estaple de Bruges. Recueil de documents concernant le commerce intérieur et martitime, Band 1, Brügge 1904.

Glamann, K.: The Danish East India Company, in: Mollat, Michel (Hrsg.): Sociétés et Compagnies de Commerce en Orient et dans l'Ocean Indien: Actes du huitième colloque international d'histoire maritime (Beyrouth 5 – 10 Septembre 1966), Paris 1970, S. 471 – 479.

Gmür, Rudolf: Die Emder Handelscompagnien des 17. und 18. Jahrhunderts, in: Hefermehl, Wolfgang / Gmür, Rudolf / Brox, Hans (Hrsg.): Festschrift für Harry Westermann, Karlsruhe 1974, S. 167 – 197 (zitiert: Gmür, Emder Handelscompagnien).

Goede, Christian August Gottlieb: Ius Germanicum Privatum In usum lectionum academicarum adumbravit, Göttingen 1806.

Goldschmidt, Levin: Universalgeschichte des Handelsrechts, Band 1, Stuttgart 1891 (zitiert: Goldschmidt, Universalgeschichte).

– Handbuch des Handelsrechts Band 1: Geschichtlich-Literarische Einleitung und Grundlehren; Neudruck der Ausgabe Stuttgart 1875, Aalen 1973.

Grimm, Jacob / *Grimm,* Wihelm: Deutsches Wörterbuch, Fotomechan. Nachdr. der Erstausg. Leipzig 1854 – 1971, München 1984.

Großfeld, Bernhard: Die rechtspolitische Beurteilung der Aktiengesellschaft im 19. Jahrhundert, in: Coing, Helmut / Wilhelm, Walter (Hrsg.): Wissenschaft und Kodifikation des Privatrechts im 19. Jahrhundert, Band IV: Eigentum und industrielle Entwicklung, Wettbewerbsordnung und Wettbewerbsrecht, Frankfurt am Main 1980, S. 236 – 254.

– Aktiengesellschaft, Unternehmenskonzentration und Kleinaktionär, Tübingen 1968.

Grotius, Hugo: Von der Freiheit des Meeres, übersetzt von Richard Boschan, Leipzig 1919.

Groot Placaet-Boeck: vervattende de placaaten, ordonnantien ende edicten van de Staaten Generaal der Vereenigde Nederlanden; en van de Staaten van Holland en Westvriesland; mitsgaders van de Staaten van Zeeland, Band 1, 's-Gravenhage 1658 (zitiert: Groot Placaet Boeck)

Gulat, Daniel: Von den Handlungsgesellschaften, Freiburg im Breisgau 1788.

Haab, Robert: Beitrag zur Geschichte und Dogmatik der Handelsfirma, Straßburg 1888 (zitiert: Haab, Handelsfirma).

Hadding, Walter / *Kießling,* Erik: Anfänge deutschen Aktienrechts: Das Preußische Aktiengesetz vom 9. November 1843, in: Eckert, Jörn (Hrsg.): Der praktische Nutzen der Rechtsgeschichte: Festschrift für Hans Hattenhauer, Heidelberg 2003, S. 159 – 190.

Hagedorn, Bernard: Betriebsformen und Einrichtungen des Emder Seehandelsverkehrs in den letzten drei Jahrzehnten des 16. Jahrhunderts, in: Hansische Geschichtsblätter 36 (1909), S. 329 – 429

Hahn, Louis: Ostfrieslands Heringsfischerei: Unter besonderer Berücksichtigung der Geschichte der Emder Heringsfischerei in fünf Jahrhunderten 1552 – 1940, Oldenburg i.O. 1941.

Hamberger, Georg Christoph / *Meusel,* Johann Georg (Hrsg.): Das gelehrte Teutschland oder Lexikon der jetzt lebenden teutschen Schrifftsteller, 5. Auflage, Band 8, Lemgo 1808.

Hamel, Joost Adriann van: Een Nederlander als de geniale organisator van Pruisische zee- en koloniale macht. Benjamin Raule (1634–1707), in: Historia Maandschrift voor Geschiedenis 2 (1936), S. 217–222.

Hamilton, Earl J.: The Role of Monopoly in the Overseas Expansion and Colonial Trade of Europe before 1800, in: The American Economic Review 38 (1948), S. 33–53.

Hartung, Wilhelm: Geschichte und Rechtsstellung der Compagnie in Europa. Eine Untersuchung am Beispiel der englischen East-India Company, der niederländischen Vereenigten Oostindischen Compagnie und der preußischen Seehandlung, Diss. iur., Bonn 2000.

Hassinger, Herbert: Johann Joachim Becher 1635–1682. Ein Beitrag zur Geschichte des Merkantilismus, Wien 1951.

Haussherr, Hans: Wirtschaftsgeschichte der Neuzeit: Vom Ende des 14. bis zur Höhe des 19. Jahrhunderts, Köln, Wien 1970.

Heckmann, Hermann (Hrsg.): Brandenburg: Historische Landeskunde Mitteldeutschlands, Würzburg 1988.

Hefermehl, Wolfgang; Gmür, Rudolf; Brox, Hans (Hrsg.): Festschrift für Harry Westermann, Karlsruhe 1974.

Heineccius, Johann Gottlieb: Elementa Iuris Germanici tum veteris tum hodierni, Tomus I, Ex genuinis principiis eruit et commoda auditoribus methodo adornavit, Halle 1736.

– Elementa Iuris Germanici tum veteris tum hodierni, Tomus I, Ex genuinis principiis eruit et commoda auditoribus methodo adornavit, Halle 1743.

Heise, Arnold: Heise's Handelsrecht: Nach dem Original-Manuscript, Frankfurt am Main 1858 (zitiert: Heise, Handelsrecht).

Hellwig, Hans: Die Preußische Staatsbank – Seehandlung 1772–1922, Berlin 1922.

Henkel, Wolfgang: Zur Theorie der Juristischen Person im 19. Jahrhundert. Geschichte und Kritik der Fiktionstheorien, Diss. iur., Göttingen 1973.

Hennig, Klaus J.: Elfenbein für Brandenburg: Der große Kurfürst und sein Plan, mithilfe des Herrn Benjamin Raule aus Holland in den Welthandel einzusteigen – und was daraus wurde, in: Die Zeit, Nr. 20 vom 10. 5. 2001.

Henning, Friedrich Wilhelm: Die Industrialisierung in Deutschland 1800–1914: Wirtschafts- und Sozialgeschichte, Band 2, Paderborn 1973.

– Das vorindustrielle Deutschland 800 bis 1800, Paderborn 1976.

Hermann, Johann Hieronymus: Allgemeines Teutsch-Juristisches Lexicon darinnen die in den Römischen, Justinianeischen, Canonischen, Lehn- und andern Rechten fürkommende Materien und Wörter, sowohl nach ihrem eigentlichen als uneigentlichen Verstand, nicht allein deutlich erkläret, sondern auch durch ihre Beschreibungen verständlich gemacht werden, Jena, Leipzig 1739.

Hessel, Friedrich: Die Zinnblechhandelsgesellschaft in Amberg und ihre Stellung in der Gesamtentwicklung der Weißblechindustrie, Diss. Erlangen 1914, Stadtamhof 1915.

Heyden, Ulrich van der: Rote Adler an Afrikas Küste: Die brandenburgisch-preußische Kolonie Großfriedrichsburg in Westafrika, Berlin 2001.

Hiersche, Rolf: Deutsches etymologisches Wörterbuch, Heidelberg 1986.

Hildebrandt, Reinhard (Hrsg.): Quellen und Regesten zu den Augsburger Handelshäusern Paler und Rehlinger 1539–1642: Wirtschaft und Politik im 16./17. Jahrhundert; Teil 2: 1624–1642, Stuttgart 2004.

Hitton, R.W. K.: The Eastland trade and the common weal in the 17th century, New York 1959.

Hofacker, Carl (Hrsg.): Entwurf eines Handelsgesetzbuches für das Königreich Württemberg mit Motiven, Teil 1 und 2, Stuttgart 1839–1840.

Hoffman-Becking, Michael (Hrsg.): Münchener Handbuch des Gesellschaftsrechts, Band 4: Aktiengesellschaft, München 1988.

Holdsworth, William: A History of English Law Volume VIII, Nachdruck der Ausgabe London 1937, Berlin 1966.

Honsell, Heinrich / *Mayer-Maly,* Theo / *Selb*, Walter: Römisches Recht, Berlin 1994.

Hopt, Klaus J.: Idelle und wirtschaftliche Grundlagen der Aktien-, Bank- und Börsenrechtsentwicklung im 19. Jahrhundert, in: Coing, Helmut; Wilhelm, Walter (Hrsg.): Wissenschaft und Kodifikation des Privatrechts im 19. Jahrhundert, Band V Geld und Banken, Frankfurt am Main 1980, S. 128–168.

Hopt, Klaus J. / *Wiedemann,* Herbert (Hrsg.): Großkommentar zum Aktiengesetz, 4. Auflage, Berlin 1992 (zitiert: Großkommentar, 4. Aufl.).

Hosfeld-Guber, Jutta: Der Merkantilismusbegriff und die Rolle des absolutistischen Staates im vorindustriellen Preußen: Volkswirtschaftliche Forschung und Entwicklung, Band 13, München 1985.

Houtman-De Smedt, Helma / *van der Wee,* Herman: Die Entstehung des modernen Geld- und Finanzwesens Europas in der Neuzeit, in: Pohl, Hans (Hrsg.): Europäische Bankengeschichte, Frankfurt am Main 1993, S. 126 ff..

Hufeland, Gottlieb: Einleitung in die Wissenschaft des heutigen Deutschen Privatrechts nebst einem Entwurfe einer vollständigen Darstellung derselben, Jena 1796.

Hüffer, Uwe: Aktiengesetz, 6. Auflage, München 2004.

Hundt, Michael: ‚Woraus nichts geworden ist‘: Brandenburg-Preußens Handel mit Persien (1668–1720), in: Forschungsstiftung für Vergleichende Europäische Überseegeschichte (Hrsg.): Übersee. Kleine Beiträge zur europäischen Überseegeschichte, Hamburg 1997 (Bd. 32), 15–27.

Ius Commune: Sonderhefte 15: Vorträge zur Geschichte des Privatrechts in Europa: Symposion in Krakau, 9.–12. Oktober 1979, Frankfurt am Main 1981.

Jahnke, Carsten: Fang und Vertrieb von Ostseehering zwischen Norwegen und Italien: 12. bis 16. Jahrhundert, Köln, Weimar, Wien 2000.

Jahr, Günther / *Völlmar,* H.F.A.: Das Aktienrecht der Niederlande, Frankfurt am Main, Berlin 1962.

Jolly, Julius: Das Recht der Aktiengesellschaften, Zeitschrift für Deutsches Recht 11 (1843), 317–422.

Jones, Adam: Brandenburg-Prussia and the Atlantic Slave Trade 1680 – 1700, in: Daget, Serge (Hrsg.): De la Traite à l' Esclavage Actes du Colloque international sur la traite des Noirs Nantes 1985, Nantes 1988, S. 283 – 293.

Justi, Johann Heinrich Gottlob von: Herrn Johann Heinrich Gottlobs von Justi Neue Wahrheiten zum Vortheil der Naturkunde und des gesellschaftlichen Lebens der Menschen, Band 1, Fünftes Stück, Leipzig 1754 (zitiert: Justi, Neue Wahrheiten).

Kalss, Susanne / *Burger*, Christina / *Eckert*, Georg: Die Entwicklung des österreichischen Aktienrechts, Geschichte und Materialien, Wien 2003.

Kaltenborn, Carl von: Grundsätze des praktischen europäischen Seerechts besonders im Privatverkehre, mit Rücksicht auf alle wichtigeren Partikularrechte, namentlich der norddeutschen Seestaaten . . . , sowie Hollands, Frankreichs, Spaniens, Berlin 1851.

Kammerer, Klaus: Das Unternehmensrecht süddeutscher Handelsgesellschaften in der Montanindustrie des 15. und 16. Jahrhunderts, Diss. iur., Tübingen 1977.

Kant, Immanuel: Die Metaphysik der Sitten Königsberg 1797, Band 7, Darmstadt 1983.

Kaser, Max: Das Römische Privatrecht: Erster Abschnitt Das altrömische, das vorklassische und klassische Recht (Handbuch der Altertumswissenschaft), München 1971 (zitiert: Kaser, Privatrecht I).

– Das Römische Privatrecht: Zweiter Abschnitt Die nachklassischen Entwicklungen (Handbuch der Altertumswissenschaft), München 1975 (zitiert: Kaser, Privatrecht II).

Kaufhold, Karl Heinrich: Der Übergang zu Fonds- und Wechselbörsen vom ausgehenden 17. Jahrhunderts bis zum ausgehenden 18. Jahrhundert, in: Pohl, Hans (Hrsg.): Deutsche Börsengeschichte, hrsg. im Auftrag des Wissenschaftlichen Beirats des Instituts für bankhistorische Forschung, Frankfurt am Main 1992, S. 77 – 132 (zitiert: Kaufhold, Der Übergang zu Fonds- und Wechselbörsen).

Kellenbenz, Hermann: Die Brandenburger auf St. Thomas, in: Jahrbuch für Geschichte von Staat, Wirtschaft und Gesellschaft Lateinamerikas 2 (1865), S. 196 – 217.

Keswani, D.G: Western Commercial Enterprises in the East Some Oriental Archival Studies, in: Mollat, Michel (Hrsg.): Sociétés et Compagnies de Commerce en Orient et dans l'Ocean Indien: Actes du huitième colloque international d'histoire maritime (Beyrouth 5 – 10 Septembre 1966), Paris 1970, S. 570 – 571.

Kiesow, Rainer Maria: Das Alphabet des Rechts, Frankfurt am Main 2004.

Kirchhoff, Friedrich-Wilhelm: Wirtschaftsgeschichte, in: Heckmann, Hermann (Hrsg.): Brandenburg: Historische Landeskunde Mitteldeutschlands, Würzburg 1988, S. 135 ff.

Klein, Fritz: Die neueren Entwicklungen in Verfassung und Recht der Aktiengesellschaft, Wien 1904.

Klemig, Roland / *Dunker*, Ulrich: Juden in Preußen: Ein Kapitel deutscher Geschichte, Dortmund 1981.

Klerk de Reus, Gerhardus Cornelius: Geschichtlicher Überblick der administrativen, rechtlichen und finanziellen Entwicklung der niederländisch-ostindischen Compagnie. Verhandelingen van het Bataviaasch Genootschap van Kunsten en Wetenschapen, 's-Gravenhage 1894.

Kluge, Friedrich / *Götze,* Alfred: Etymologisches Wörterbuch der deutschen Sprache, 15. Auflage, Berlin 1951.

Kluge, Friedrich / *Seebold,* Elmar: Etymologisches Wörterbuch der deutschen Sprache, 22. Auflage, Berlin 1989.

Köbler, Gerhard: Die Wissenschaft des gemeinen deutschen Handelsrechts, in: Coing, Helmut / Wilhelm, Walter (Hrsg.): Wissenschaft und Kodifikation des Privatrechts im 19. Jahrhundert, Band I, Frankfurt am Main 1974, S. 277 – 296.

– Etymologisches Rechtswörterbuch, Tübingen 1995.

Köbler, Gerhard (Hrsg.): Wege europäischer Rechtsgeschichte: Karl Kroeschell zum 60. Geburtstag dargelegt von Freunden, Schülern und Kollegen, Frankfurt am Main 1987.

Koch, Christian Friedrich: Lehrbuch des Preußischen Gemeinen Privatrechts, Band I, Berlin 1845.

Kohler, Josef: Niederländisches Handelsrecht in der Blütezeit des Freistaates, in: Zeitschrift für das gesamte Handelsrecht 59 (1907), S. 243 – 309.

Koninckx, Christian: The First and Second Charters of the Swedish East India Company (1731 – 1766). A Contribution to the Maritime, Economic and Social History of North-Western Europe in its Relationships with the Far East, Brüssel 1980.

Kosellek, Reinhard: Adel und exiliertes Bürgertum – Die höheren Stände in Preußen um 1800, in: Vogel, Barbara (Hrsg.): Preußische Reformen 1807 – 1820, Königstein / Taunus 1980, S. 168 – 187.

Koser, Reinhold: Der Große Kurfürst und Friedrich der Große in ihrer Stellung zu Marine und Seehandel, in: Marine-Rundschau. Monatsschrift für Seewesen 15.1 (1904), 397 – 411.

– Geschichte Friedrichs des Großen, Zweiter Band, Vierte und Fünfte, vermehrte Auflage, Stuttgart, Berlin 1913.

Krafft, Sebastian Adam: Juristisch-Praktisches Wörterbuch ganz umgearbeitet und bedeutend vermehrt nebst angehängtem Wörterbuche über rothwelsche sogenannte Jauner- oder Zigeuner- und Spitzbuben-Sprache von Johann Friedrich Carl Sommer, Erlangen 1821.

Kraft, Alfons / *Kreutz,* Peter: Gesellschaftsrecht, 11. Auflage, Neuwied, Kriftel 2000.

Kropff, Bruno / *Semler,* Johannes (Hrsg.): Münchener Kommentar zum Aktiengesetz, München 2000.

Krüger, Horst: Plans for the Foundation of an East India Company in Brandenburg-Prussia in the Second Half of the Seventeenth Century, in: Krüger, Horst; Ashraf, Kunwar Mohammad (Hrsg.): Kunwar Mohammad Ashraf, an Indian Scholar and Revolutionary, Berlin 1966, S. 75 ff.

Krünitz, Johann Georg: Oeconomische Encyclopaedie oder Allgemeines System der Land-, Haus- und Staats-Wirthschaft: in alphabetischer Ordnung; . . . auch noethigen Kupfern versehen, Berlin 1785.

Krüger, Horst / *Ashraf,* Kunwar Mohammad (Hrsg.): Kunwar Mohammad Ashraf, an Indian Scholar and Revolutionary, Berlin 1966.

Lammel, Siegbert: Die Gesetzgebung des Handelsrechts, in: Coing, Helmut (Hrsg.) (Hrsg.): Handbuch der Quellen und Literatur der neueren Europäischen Privatrechtsgeschichte, Band II / 2, Neuere Zeit: Das Zeitalter des Gemeinen Rechts: Gesetzgebung und Rechtsprechung, München 1976, S. 571 – 1083 (zitiert: Lammel in: Coing, Handbuch II / 2).

Landwehr, Götz: Johann Georg Büsch und die Entwicklung des Handelsrechts im 18. Jahrhundert, in: Loose, Hans-Dieter (Hrsg.): Gelehrte in Hamburg im 18. und 19. Jahrhundert, Hamburg 1976. S. 57 – 105 (zitiert: Landwehr, Johann Georg Büsch).

– Die Verfassung der Aktiengesellschaften. Rechtsverhältnisse in Preußen vom Anfang des 19. Jahrhunderts bis zum Jahre 1870, in: Zeitschrift der Savigny-Stiftung für Rechtsgeschichte Germanistische Abteilung 99 (1982), S. 1 – 112.

Langermann, Lucas: De iure in curia mercatorum usitato, Diss. iur., Tübingen 1655.

Lehmann, Julius: Die geschichtliche Entwicklung des Aktienrechts bis zum Code de Commerce, Berlin 1895 (zitiert: Lehmann, Geschichtliche Entwicklung des Aktienrechts).

– Das Recht der Aktiengesellschaften, Erster Band, Berlin 1898.

Leist, Friedrich: Urkundenlehre: Katechismus der Diplomatik, Palaeographie, Chronologie und Sphragistik, Leipzig 1882.

Lesser, Ludwig: Zur Geschichte der Berliner Börse und des Eisenbahnaktien-Handels, Berlin 1844.

Leuchs, Johann Michael: Allgemeine Darstellung der Handlungswissenschaft nebst einer Anzeige der damit verbundenen Kenntnisse, und einigen Gedanken über kaufmännische Erziehung, Unveränderter Neudruck der Ausgabe Nürnberg 1791, Vaduz 1979.

Lévy-Bruhl, Henri: Histoire juridique des Sociétés de Commerce en France aux XVII et XVIII siècles, Paris 1938 (zitiert: Lévy-Bruhl, Sociétés de Commerce).

Lipenius, Martin: Bibliothecae Realis Iuridicae Supplementa ac Emendationes Nachdruck der Ausgabe, Leipzig 1775.

Lipp, Martin: „Persona Moralis", „Juristische Person" und „Personenrecht" – Eine Studie zur Dogmengeschichte der „Juristischen Person" im Naturrecht und frühen 19. Jahrhundert, in: Quaderni fiorentini per la storia del pensiero giuridico moderno 11 / 12 (1982 / 83), S. 217 – 262.

Lobethan, Friedrich August Georg: Grundsätze des Handlungsrechts mit besonderer Rücksicht auf das Verlagsrecht des Buchhändlers und das Eigenthumsrecht des Schriftstellers, Leipzig 1795.

Löffelholz, Josef: Geschichte der Betriebswirtschaft und der Betriebswirtschaftslehre Altertum – Mittelalter – Neuzeit bis zu Beginn d. 19. Jahrhunderts; Diss. Univ. Frankfurt 1935, Stuttgart 1935.

Löhlein, Roland / *Seidl,* Erwin (Hrsg.): Studien zum kausalen Rechtsdenken: Eine Festgabe zum 80. Geburtstag von Rudolf Müller-Erzbach, München 1954.

Loose, Hans-Dieter (Hrsg.): Gelehrte in Hamburg im 18. und 19. Jahrhundert, Hamburg 1976.

De Luca, Giovan: Il Dottor Volgare, Nachdruck der Ausgabe Rom 1673, Parma 1988.

Ludovici, Carl Günther (Hrsg.): Eröffnete Akademie der Kaufleute oder vollständiges Kauf-mannslexikon woraus sämmtliche Handlungen und Gewerbe, mit allen ihren Vortheilen, und der Art, sie zu treiben, erlernet werden können, Band 1–5, Leipzig 1752–1756 (zi-tiert: Ludovici, Kaufmannslexikon).

– Grundriß eines vollständigen Kaufmanns-Systems, nebst den Anfangsgründen der Hand-lungswissenschaft, und angehängten kurzen Geschichte der Handlung zu Wasser und zu Lande, woraus man zugleich den gegenwärtigen Zustand der Handlung von Europa, auch bis in die andern Welttheile erkennen kann, Leipzig 1756.

Luig, Klaus: Römisches Recht, Naturrecht, nationales Recht, Goldbach 1998.

Lutz, Elmar: Die rechtliche Struktur süddeutscher Handelsgesellschaften in der Zeit der Fug-ger, Teil 1: Darstellung, Tübingen 1976.

Machiavelli, Niccolò: Opere, Florenz 1837.

Manthe, Ulrich: Institutiones. Die Institutionen des Gaius. Hrsg., übersetzt und kommentiert von U.M., Darmstadt 2004.

Mantran, Robert: Les Origines des Compagnies, in: Mollat, Michel (Hrsg.): Sociétés et Com-pagnies de Commerce en Orient et dans l'Ocean Indien: Actes du huitième colloque inter-national d'histoire maritime (Beyrouth 5–10 Septembre 1966), Paris 1970, S. 397–413.

Marbach, F.A.: Ein Wort über den Rechtscharakter der Actiengesellschaft, Leipzig 1844.

Marperger, Paul Johann: Beschreibung der Banquen, Neudruck der Ausgabe Halle, Leipzig von 1717, Frankfurt am Main 1969.

Marperger, Paul Jakob: Herrn Paul Jakob Marpergers Montes Pietatis oder Leih-Assistenz-und Hülfshäuser, Leihebanken und Lombards, ingleichen von Leibrenten, Todten-Cassen und Lotterien, Leipzig, Ulm 1760.

– Curieuses und Reales Natur- Kunst- Berg- Gewerck- und Handlungs-Lexicon: Darinne nicht nur die in der Physic, Medicin, Botanic, Chymie, ..., Leipzig 1746 (zitiert: Marper-ger, Handlungs-Lexicon).

Marquard, Johann: Tractatus politico-juridicus De jure mercatorum et commercium singulari, Frankfurt 1662.

Martens, Georg Friedrich von: Grundriß des Handelsrechts insbesondere des Wechsel- und Seerechts, Göttingen 1798 (zitiert: Martens, Grundriß).

Martens, Fritz: Die Aktiengesellschaft in der Kritik der ersten drei Viertel des 19. Jahr-hunderts und ein Beitrag zu ihrer Geschichte, Kiel 1934.

Martin, Paul Christoph: Die Entstehung des preußischen Aktiengesetzes von 1843, in: Vier-teljahrschrift für Sozial- und Wirtschaftsgeschichte 56 (1969), S. 499–542.

Materna, Ingo / *Ribbe,* Wolfgang (Hrsg.): Brandenburgische Geschichte, Berlin 1995.

Mattiesen, Otto Heinz: Die Kolonial- und Überseepolitik der Kurländischen im 17. und 18. Jahrhundert, Stuttgart 1940.

Melchers, Thorsten: Ostfriesland: Preußens atypische Provinz?, Diss. phil. Univ. Oldenburg 2002, Oldenburg 2002.

Melon, Jean Francois: Essai politique sur le commerce, Amsterdam 1735.

Mestmäcker, Ernst-Joachim: Verwaltung, Konzerngewalt und Rechte der Aktionäre, Karlsruhe 1958.

Metrà, Andrea: Il mentore perfetto de' negozianti ovvero guida sicura de' medesimi, ed istruzione, per rendere ad essi più agevoli, e meno incerte le loro speculazioni: trattato utilissimo, diviso in 5 tomi, Trieste 1797.

Meyer, Nicolaus: Von Handlungs-Gesellschaften, ihrer Auseinandersetzung, Gesellschafter und den Gesellschafter Particular-Gläubigern: Nebst einem correcten Abdruck der Frankfurter Wechsel-Ordnung, Frankfurt am Main 1825.

Micklethwait, John / *Wooldridge,* Adrian: The company: a short history of a revolutionary idea, New York 2003 (zitiert als Micklethwait / Woolridge, The Company).

Mittermaier, Karl Josef Anton: Grundsätze des gemeinen deutschen Privatrechts mit Einschluß des Handels-, Wechsel- und Seerechts, 4. Auflage, Landshut 1830.

– Grundsätze des gemeinen deutschen Privatrechts mit Einschluß des Handels- Wechsel- und See-Rechts, 7. Auflage, Regensburg 1847.

Mohnhaupt, Heinz: Untersuchungen zum Verhältnis Privileg und Kodifikation im 18. und 19. Jahrhundert, in: Ius Commune V (1975), S. 71 – 121.

– Privatrecht in Privilegien, in: Ius Commune Sonderhefte. Vorträge zur Geschichte des Privatrechts in Europa, Frankfurt am Main 1981, S. 58 – 75.

– „Jura mercatorum" durch Privilegien: Zur Entwicklung des Handelsrechts bei Johann Marquard (1610 – 1668), in: Köbler, Gerhard (Hrsg.): Wege europäischer Rechtsgeschichte: Karl Kroeschell zum 60. Geburtstag dargelegt von Freunden, Schülern und Kollegen, Frankfurt am Main 1987, S. 308 – 323.

Mollat, Michel (Hrsg.): Sociétés et Compagnies de Commerce en Orient et dans l'Ocean Indien: Actes du huitième colloque international d'histoire maritime (Beyrouth 5 – 10 Septembre 1966), Paris 1970.

Moltmann, Bodo Hans: Geschichte der deutschen Handelsschiffahrt: Bearbeitet von Walter Kresse, Hamburg 1981.

Montag, John Karl-Heinz: Die Lehrdarstellung des Handelsrechts von Georg Friedrich von Martens bis Meno Pöhls. Die Wissenschaft des Handelsrechts im ersten Drittel des 19. Jahrhunderts. Frankfurt am Main, Bern, New York 1986 (zitiert: Montag, Lehrdarstellung des Handelsrechts).

Moreau de St. Méry: Loix et constitutions des colonies françaises de l'Amerique sous le Vent, Band 1, Paris (ohne Jahr), (zitiert: Moreau de St. Méry I)

Mossa, Lorenzo: Nozione dogmatica della società per azioni nella storia, in: Löhlein, Roland; Seidl, Erwin (Hrsg.): Studien zum kausalen Rechtsdenken: Eine Festgabe zum 80. Geburtstag von Rudolf Müller-Erzbach, München 1954, S. 79 – 103.

Mukherjee, Ramkrishna: The Rise and Fall of the East India Company, 2. Auflage, Berlin 1957.

Murray, James Augustus Henry: The Oxford English dictionary, Oxford 1933.

Mylius, Christian Otto (Hrsg.): Corpus Constitutionum Marchicarum, Oder Königl. Preußis. und Churfürstl. Brandenburgische in der Chur- und Marck Brandenburg, auch incorporirten Landen publicirte und ergangene Ordnungen, Edicta, Mandata, Rescripta [et]c. Von Zeiten Friedrichs I. Churfürstens zu Brandenburg, [et]c. biß ietzo unter der Regierung Friderich Wilhelms, Königs in Preußen [et]c. ad annum 1736 inclusivè, Berlin, Halle 1737–1755.

Musäus, Johann Daniel Heinrich: Grundsätze des Handlungsrechts zum Gebrauche academischer Vorlesungen, Hamburg, Kiel 1785 (zitiert: Musäus, Grundsätze des Handlungsrechts).

– Anfangsgründe des Handlungs- und Wechselrechts, 2. Auflage, Hamburg 1799 (zitiert: Musäus, Anfangsgründe).

– Grundsätze des Handlungsrechts- und Wechsel-Rechts, 3. Auflage, Gießen 1817.

Nachod, Oskar: Die Beziehungen der Niederländischen Ostindischen Kompagnie zu Japan im siebzehnten Jahrhundert, Berlin 1897.

Nagel: Rezension von van der Heyden: Rote Adler an Afrikas Küste, in: sehepunkte 1 (2001), Nr. 2 vom 15. 12. 2001; www.sehepunkte.historicum.net/2001/02/s3933889049. html.

Neidlinger, Karl: Studien zur Geschichte der deutschen Effektenspekulation von ihren Anfängen bis zum Beginn der Eisenbahnaktienspekulation: Ein Beitrag zur Börsengeschichte, Jena 1930.

Neugebauer, Wolfgang: Brandenburg im absolutistischen Staat, in: Materna, Ingo; Ribbe, Wolfgang (Hrsg.): Brandenburgische Geschichte, Berlin 1995 S. 291.

Nicolai, Friedrich: Sämtliche Werke – Briefe – Dokumente; Kritische Ausgabe mit Kommentar, Band 8 Teil 1: Beschreibung der Königlichen Residenzstädte Berlin und Potsdam, Bern, Berlin, Frankfurt am Main 1995 (zitiert: Nicolai, Beschreibung der Königlichen Residenzstädte Berlin und Potsdam).

North, Michael (Hrsg.): Von Aktie bis Zoll: Ein historisches Lexikon des Geldes, München 1995.

Nussbaum, Arthur: Die Preußische Seehandlung, in: Annalen des Deutschen Reichs für Gesetzgebung, Verwaltung und Statistik 38 (1905), S. 1 ff.

Oberländer, Samuel: Lexicon Juridicum Romano-Teutonicum, unveränd. Nachdr. der 4. Aufl., Nürnberg, 1753, Köln 2000.

Oehm, Hans-Joachim: Die Rheinisch-Westindische Kompagnie, Neustadt an der Aisch 1968.

Ortloff, Friedrich: Grundzüge eines Systems des Teutschen Privatrechts mit Einschluß des Lehnrechts, Jena 1828.

Pardessus, Jean-Marie: Cours de droit commercial, Tome 1–3, 2. Aufl., Paris 1821.

Passow, Richard: Die Aktiengesellschaft, Jena 1922.

Pauli, Carl Friedrich: Die Vortheile derer Preussischen Staaten zum einträglichen Handel, sonderlich zur See, Halle 1751.

– De iure belli societatis mercatoriae maioris privilegiatae, vulgo einer octroyrten Handels-Compagnie, Diss. iur., Halle 1751.

Perdikas, Panayotis: Die Entstehung der Versicherung im Mittelalter Geschichtliche Grundlagen im Verhältnis zu Seedarlehen, Überseekauf, Commenda und Bodmerei, Karlsruhe, Berlin 1966.

Peters, Erwin: Die Orientpolitik Friedrichs des Großen nach dem Frieden von Teschen, Halle 1914.

Peuchet, J.: Vocabulaire des Termes de Commerce, Banque, Manufactures, Navigation marchande, Finance mercantile et Statistique, Paris 1801.

Pfeifer, Wolfgang / *Braun,* Wilhelm (Hrsg.): Etymologisches Wörterbuch des Deutschen, Berlin 1993.

Philopatrius: Der Brandenburgische Patriot, oder unpartheiische Beurtheilung der errichteten und von Sr. Königl. Majestät in Preussen octroirten Handlungsgesellschaft in zween Sendschreiben entworfen, Berlin, Potsdam 1751.

Ploetz, Carl (Hrsg.): Der große Ploetz: die Daten-Enzyklopädie der Weltgeschichte; Daten, Fakten, Zusammenhänge, 32. Auflage, Freiburg im Breisgau 1998.

Pohl, Hans (Hrsg.): Deutsche Börsengeschichte: hrsg. im Auftrag des Wissenschaftlichen Beirats des Instituts für bankhistorische Forschung, Frankfurt am Main 1992.

– Europäische Bankengeschichte, Frankfurt am Main 1993.

Pohlmann, Hansjörg: Die Quellen des Handelsrechts, in: Coing, Helmut (Hrsg.): Handbuch der Quellen und Literatur der neueren europäischen Privatrechtsgeschichte, Band I, München 1973, S. 801 – 834 (zitiert: Pohlmann in: Coing, Handbuch I).

Pöhls, Menno: Darstellung des gemeinen Deutschen und des Hamburgischen Handelsrechts für Juristen und Kaufleute, Hamburg 1828.

– Das Recht der Actiengesellschaften mit besonderer Rücksicht auf Eisenbahngesellschaften, Hamburg 1842.

Preußische Akademie der Wissenschaften (Hrsg.): Deutsches Rechtswörterbuch, Band 1, Weimar 1932 (zitiert: DRW, Art.)

Primker, Felix: Die Aktiengesellschaft Aus: Endemann, Wilhelm (Hrsg.): Handbuch des deutschen Handels-, See- und Wechselrechts, Erster Band, Leipzig 1881, S. 471 – 685.

Pütter, Johann Stephan: Elementa Iuris Germanici privati hodierni in usum auditorum, Göttingen 1748.

Rabe, Hannah: Aktienkapital und Handelsinvestitionen im Überseehandel des 17. Jahrhunderts, in: Vierteljahrschrift für Sozial- und Wirtschaftsgeschichte 49 (1962), S. 320 – 368.

Rachel, Hugo: Die Handels-, Zoll- und Akzisepolitik Brandenburg-Preußens bis 1713, Berlin 1911.

– Der Merkantilismus in Brandenburg-Preußen, in: Forschungen zur Brandenburgischen und Preußischen Geschichte 40 (1927), S. 221 – 266.

– Das Berliner Wirtschaftsleben im Zeitalter des Frühkapitalismus, Berlin 1931.

Radtke, Wolfgang: Die Preussische Seehandlung zwischen Staat und Wirtschaft in der Frühphase der Industrialisierung, Berlin 1981.

Raisch, Peter: Die Abgrenzung des Handelsrechts vom Bürgerlichen Recht als Kodifikationsproblem im 19. Jahrhundert, Stuttgart 1962.

– Geschichtliche Voraussetzungen, dogmatische Grundlagen und Sinnwandlung des Handelsrechts, Karlsruhe 1965 (zitiert: Raisch, Geschichtliche Voraussetzungen).

Rauch, Karl: Die Aktiengesellschaft in der geschichtlichen Entwicklung des Aktienrechts, in:
Zeitschrift der Savigny-Stiftung für Rechtsgeschichte Germanistische Abteilung 69 (1952),
S. 239 – 300.

Raumburger, Johann Maximilian: Justitia selecta Gentium Europaearum in Cambiis aliisque
cuasis mercantilibus tam terrestribus quam navalibus novissima & harmonica oder: Grund-
Feste des Heil. Römischen Reichs und anderer Europaeischen Königreichen und Staaten
Rechten und Gewohnheiten in Wechsel- und Commercien-Sachen, Frankfurt am Main
1723 (zitiert: Raumberger, Grund-Feste).

Rehme, Paul: Besprechung zu Lehmann, Die geschichtliche Entwicklung des Aktienrechts
bis zum Code de Commerce, in: Zeitschrift für das gesamte Handelsrecht 46 (1897),
S. 338 – 342.

– Geschichte des Handelsrechts, Band 1, in: Ehrenberg, Victor (Hrsg.): Handbuch des gesamten Handelsrechts mit Einschluß des Wechsel-, Scheck-, See- und Binnenschiffahrtsrechts, des Versicherungsrechts sowie des Post- und Telegraphenrechts, Leipzig 1913,
S. 28 – 259.

– Das rechtliche Wesen der großen Ravensburger Handelsgesellschaft, in: Zeitschrift der
Savigny-Stiftung für Rechtsgeschichte Germanistische Abteilung 47 (1927), S. 487 – 566.

Reich, Norbert: Die Entwicklung des deutschen Aktienrechtes im neunzehnten Jahrhundert,
in: Ius Commune II (1969), S. 239 – 276.

Reichelt, Harald: Die Institution des Aufsichtsrats in der deutschen Aktiengesellschaft Reform-
müberlegungen aus historischer Perspektive, Stuttgart 1998.

Reid, Claude Lestoos: Commerce and Conquest, the story of the Honourable East India Company, New York 1950.

Reinmann, Johann Friedrich: Ius mercatorum singulare, Diss. iur., Jena 1669.

Renaud, Achilles: Das Recht der Actiengesellschaften, Zweite Auflage, Leipzig 1875.

Rezasco, Giulio: Dizionario del linguaggio italiano storico ed amministrativo, Nachdruck der
Ausgabe Florenz 1881, Bologna 1966.

Ribbe, Wolfgang / *Schmädeke,* Jürgen: Kleine Berlin-Geschichte, Berlin 1988.

Riccius, Christian Gottlieb: Specimen juris Germanici Quo praescriptio Germanorum Vetus
Juxta Et Hodierna Ex Legibus Germanorum Ac Diplomatibus eruitur atque illustratur,
Frankfurt, Leipzig 1738.

– Johann Christoph Nehrings Hochfürstl. Sächsischen Hof-Advocatens zum Friedenstein
Historisch- Politisch- und Juristisches Wörter-Buch oder Lexicon in welchem nebst der Erklärung der Juristischen und bey der Kaufmannschaft gebräuchlichen, auch andere in den
Zeitungen, Schriften und überhaupt im gemeinen Leben vorkommende Reden-Ar-
ten . . . vorgetragen und erkläret werden; 10. Auflage verbessert von Christian Gottlieb Riccius, Gotha 1756 (zitiert: Riccius, Juristisches Wörter-Buch).

Richter, J.W. Otto: Benjamin Raule – der General-Marine-Direktor des Großen Kurfürsten: Ein vaterländisches Zeit- und Charakterbild aus der zweiten Hälfte des siebenzehnten Jahrhunderts, Jena, Berlin 1901.

Riebartsch, Joachim: Augsburger Handelsgesellschaften des 15. und 16. Jahrhunderts: Eine vergleichende Darstellung ihres Eigenkapitals und ihrer Verfassung, Bergisch Gladbach, Köln 1987.

Ring, Viktor: Deutsche Kolonialgesellschaften, Berlin 1888.

– Asiatische Handlungskompagnien Friedrichs des Grossen: Ein Beitrag zur Geschichte des preussischen Seehandels und Aktienwesens, Berlin 1890 (zitiert: Ring, Asiatische Handlungscompagnien).

Rittmann, Herbert: Deutsche Münz- und Geldgeschichte der Neuzeit bis 1914, Solingen 2003.

Rödenbeck, Karl Heinrich Siegfried: Beiträge zur Bereicherung und Erläuterung der Lebensbeschreibungen Friedrich Wilhelms I. und Friedrichs des Großen, Könige von Preußen, Band 1 und 2 nebst einem Anhang, enthaltend ein Tagebuch aus Friedrichs des Großen Regentenleben von 1740 – 1786, mit historischen, charakteristischen Notizen, Berichtigungen, Neudruck der Ausgabe 1838, Bad Honnef 1982 (zitiert: Rödenbeck, Lebensbeschreibungen Friedrich Wilhelms I. und Friedrichs des Großen).

Röh, Thomas: Die allgemeinen und besonderen Gesellschaften des Allgemeine Landrechts für die Preußischen Staaten von 1794 Grundlagen und Weiterentwicklung von der Gesetzesrevision (1825 – 1848) über das Allgemeine Deutsche Handelsgesetzbuch (1861) bis zum Bürgerlichen Gesetzbuch (1900), Diss. iur., Univ. Hamburg 1995, Münster 1995.

Rosin, Heinrich: Zur Lehre von der Korporation und Gesellschaft, insbesondere der erlaubten Privatgesellschaft, nach A.L.R. und heutigem preußischen Recht, in: Beiträge zur Erläuterung des deutschen Rechts 27 (1883), S. 108 – 146.

Rößig, Carl Gottlob: Die Geschichte des deutschen Privatrechts Von der Geschichte der übrigen in Deutschland geltenden Rechte abgesondert und in einem Entwurfe zu Vorlesungen dargestellt, Leipzig 1801.

Runde, Justus Friedrich: Grundsätze des allgemeinen deutschen Privatrechts, Göttingen 1791.

– Grundsätze des allgemeinen deutschen Privatrechts, 2. Auflage, Göttingen 1795.

– Grundsätze des gemeinen deutschen Privatrechts, 3. Auflage, Göttingen 1801.

Santos Lopes, Marilia dos: Schwarze Portugiesen. Die Geschichte des frühen europäischen Westafrika-Handels, in: Schmitt, Eberhard / Beck, Thomas (Hrsg.): Vergleichende europäische Überseegeschichte Forschungsforum. Berichte aus der Otto-Friedrich-Universität Bamberg, Bamberg 1992, S. 123 – 130.

Savary, Jacques: Der vollkommene Kauf- und Handelsmann: Neudruck der deutschen Übersetzung Genf 1676, Frankfurt am Main 1968.

Savary, Jacques / *Savary,* Philemon: Dictionnaire Universel De Commerce, 6. Aufl. Paris 1750.

Savigny, Friedrich Carl von: System des heutigen römischen Rechts, Band 2, Berlin 1840.

– Das Obligationenrecht als ein Theil des heutigen römischen Rechts, Band 2, Berlin 1853.

Scharff, Thomas / *Behrmann,* Thomas (Hrsg.): Bene vivere in communitate: Beiträge zum italienischen und deutschen Mittelalter – Hagen Keller zum 60. Geburtstag überreicht von seinen Schülerinnen und Schülern, Münster 1997.

Schedel, Johann Christian: Neu eröffnete Academie der Kaufleute oder encyclopädisches Kaufmannslexicon: vormals herausgegeben von Prof. Carl Günther Ludovici, Band 1 – 5 , Leipzig 1797 – 1800 (zitiert: Schedel, Kaufmannslexicon).

Schefold, Bertram: Jacques Savarys „Parfait négotiant": Die Ordnung der Märkte durch Händler und Staat, in: Schefold, Bertram (Hrsg.): Beiträge zur ökonomischen Dogmengeschichte, Düsseldorf 2004, S. 195 – 224.

Schefold, Bertram (Hrsg.): Beiträge zur ökonomischen Dogmengeschichte, Düsseldorf 2004.

Scheplitz, Joachim: Consuetudines electoratus et Marchiae Brandenburgensis: Collecte & desumpte ex literis reversalibus concessis ordinibus provinciarum & conventibus publicis, edictis & mandatis, nec non aliis Constitutionibus, Reformationibus, judiciorum, fori Ecclesiastici, & secularis, Lipsiae 1617.

Scherner, Karl Otto: Anfänge einer deutschen Handelsrechtswissenschaft im 18. Jahrhundert, in: Zeitschrift für das gesamte Handelsrecht und Wirtschaftsrecht 136 (1972), S. 465 – 489.

– Allgemeine Rechtsgrundsätze und Rechtsvergleichung im europäischen Handelsrecht des 17. und 18. Jahrhunderts, in: Ius Commune VII (118 – 135), S. 118 – 135.

– Die Wissenschaft des Handelsrechts, in: Coing, Helmut (Hrsg.) (Hrsg.): Handbuch der Quellen und Literatur der neueren Europäischen Privatrechtsgeschichte, Band II / 1, Neuere Zeit: Das Zeitalter des Gemeinen Rechts: Gesetzgebung und Rechtsprechung, München 1977, S. 797 – 998 (zitiert: Scherner in: Coing, Handbuch II / 1).

Schlegelberger, Franz / *Geßler,* Ernst: Handelsgesetzbuch, Band 1, München 1973.

Schmidt, Karsten: Gesellschaftsrecht, 4. Auflage, Köln, Berlin, Bonn 2002.

Schmitt, Eberhard: Die brandenburgischen Überseehandelskompagnien im XVII. Jahrhundert, in: Schiff und Zeit 11 (1980), S. 6 – 20.

Schmitt, Eberhard / *Beck,* Thomas (Hrsg.): Vergleichende europäische Überseegeschichte Forschungsforum. Berichte aus der Otto-Friedrich-Universität Bamberg, Bamberg 1992.

Schmitt, Eberhard / *Schleich,* Thomas / *Beck,* Thomas (Hrsg.): Kaufleute als Kolonialherren: Die Handelswelt der Niederländer vom Kap der Guten Hoffnung bis Nagasaki, Bamberg 1988.

Schmoeckel, Mathias / *Rückert,* Joachim / *Zimmermann,* Reinhard (Hrsg.): Historisch-Kritischer Kommentar zum BGB, Band 1 Allgemeiner Teil §§ 1 – 240, Tübingen 2003 (zitiert: HKK / Bearbeiter).

Schmoller, Gustav: Die Russische Kompagnie in Berlin 1724 – 1738: Ein Beitrag zur Geschichte der brandenburgischen Tuchindustrie und des preußischen Exports im 18. Jahrhundert, in: Zeitschrift für Preußische Geschichte und Landeskunde 20 (1883), S. 1 – 116.

– Studien über die wirthschaftliche Politik Friedrichs des Grossen, in: Schmollers Jahrbuch für Gesetzgebung, Verwaltung und Volkswirtschaft im Deutschen Reich 8 (1884), S. 1 – 61 (1. Heft), S. 1 – 77 (2. Heft), S. 1 – 93 (4. Heft).

– Die geschichtliche Entwicklung der Unternehmung XII: Die Handelsgesellschaften des Mittelalters und der Renaissancezeit, in: Schmollers Jahrbuch für Gesetzgebung, Verwaltung und Volkswirtschaft im Deutschen Reich 17 (1893), S. 359–391 (zitiert: Schmoller, Geschichtliche Unternehmung XII).

– Die geschichtliche Entwicklung der Unternehmung XIII: Die Handelsgesellschaften des 17.–18. Jahrhunderts, hauptsächlich die großen Kompagnien, in: Schmollers Jahrbuch für Gesetzgebung, Verwaltung und Volkswirtschaft im Deutschen Reich 17 (1893), S. 961–1018 (zitiert: Schmoller, Geschichtliche Unternehmung XIII).

Schneeloch, Norbert H.: Aktionäre der Westindischen Compagnie von 1674: Die Verschmelzung der alten Kapitalgebergruppen zu einer neuen Aktiengesellschaft, Stuttgart 1982.

Schneider, Dieter: „Freimütige, lustige und ernsthafte, jedoch vernunft- und gesetzmäßige Gedanken" (Thomasius) über die Entwicklung der Lehre vom gerechten Preis und fair value: Zweite Christian-Thomasius-Vorlesung zum Internationalen Wirtschaftsrecht am 22. Mai 2003, in: Beiträge zum Transnationalen Wirtschaftsrecht 2003, S. 4–18.

Schnorr von Carolsfeld, Ludwig: Geschichte der juristischen Person: Universitas, Corpus, Collegium im klassischen römischen Recht, München 1933.

Schott, August Ludwig: August Ludwig Schotts Kurzes juristischpraktisches Wörterbuch: Als ein besonderer Nachtrag zu seiner Vorbereitung zur juristischen Praxis, Erlangen 1784.

Schrötter, Friedrich Freiherr von (Hrsg.): Wörterbuch der Münzkunde, 2. Auflage, Berlin 1970.

Schubel, Christian: Die Rechtsfähigkeit korporativer Verbände im Wechsel der Rechtsordnungen: Die Schiffer-Compagnie Stralsund von 1488, in: Zeitschrift der Savigny-Stiftung für Rechtsgeschichte Germanistische Abteilung 116 (1999), S. 314–383.

Schubert, Paul: Zur Geschichte der Königlichen Preußischen Seehandlung, Berlin 1904.

Schubert, Werner: Das preußische Eisenbahngesetz von 1838, in: Zeitschrift der Savigny-Stiftung für Rechtsgeschichte Germanistische Abteilung 116 (1999), S. 152–203.

– Französisches Recht in Deutschland zu Beginn des 19. Jahrhunderts: Zivilrecht, Gerichtsverfassungsrecht und Zivilprozessrecht, Köln 1977 (zitiert: Schubert, Französisches Recht).

Schubert, Werner / *Hommelhoff,* Peter (Hrsg.): Hundert Jahre modernes Aktienrecht, ZGR-Sonderheft 4, Berlin 1985.

Schück, Richard: Brandenburg-Preußens Kolonial-Politik unter dem Großen Kurfürsten und seinen Nachfolgern (1647–1721), Band 1, 2, Leipzig 1889 (zitiert: Schück, Kolonialpolitik I / II).

Schultze, Johannes: Die Mark Brandenburg, Band 4, Von der Reformation bis zum Westfälischen Frieden (1535–1648), Berlin 1964.

Schulze, Hagen: Kleine deutsche Geschichte, München 1996.

Schumacher, Hermann: Die Entwicklung der inneren Organisation der Aktiengesellschaft im Deutschen Recht bis zum Allgemeinen Deutschen Handelsgesetzbuch: Abhandlungen aus dem gesamten Handelsrecht, Bürgerlichen Recht und Konkursrecht, 10. Heft, Stuttgart 1937.

Schuncken, Friedrich Wilhelm: Das Preußische Handels- und Wechselrecht oder vollständiger Handlungs-Codex des Preußischen Staates nach Anleitung der bestehenden Gesetze und Verordnungen, Elberfeld 1821.

Schwartz, Johann Christoph: Vierhundert Jahre deutscher Civilproceß-Gesetzgebung: Darstellungen und Studien zur deutschen Rechtsgeschichte, Berlin 1898.

Scott, William Robert: Constitution and Finance of English, Scottish and Irish joint stock companies to 1720 I-III, Cambridge 1910 – 1912.

Selchow, Johann Heinrich Christian von: Institutiones Iurisprudentiae Germanicae, Hannover 1757.

– Elementa Iuris Germanici privati hodierni Ex ipsis fontibus deducta, editio sexta, Göttingen 1779.

Semler, Johann Salomon: Allgemeine Geschichte der Ost- und Westindisischen Handlungsgesellschaften in Europa, aus dem Englischen übersetzt unter der Aussicht und mit einer Vorrede herausgegeben von J.S.S., Halle 1764.

Sieveking, Heinrich: Die Casa di San Giorgio: Genueser Finanzwesen mit besonderer Berücksichtigung der Casa di S. Giorgio, Freiburg i.B 1899.

– Die Glückstädter Guineafahrt im 17. Jahrhundert, in: Vierteljahresschrift für Wirtschaftsgeschichte 30 (1937), S. 69 ff.

Silberschmidt, Wilhelm: Die Commenda in ihrer frühesten Entwicklung bis zum 13. Jahrhundert ein Beitrag zur Geschichte der Commandit- und der stillen Gesellschaft, Würzburg 1884 (zitiert: Silberschmidt, Commenda).

– Kumpanie und Sendeve: Ein Beitrag zur Geschichte der Handelsgesellschaften in Deutschland, in: Archiv für bürgerliches Recht 23 (1904), S. 1 – 68.

Sintenis, Arminius Augustus: De societate quaestuaria quae dicitur: „Actien-Gesellschaft", Lipsiae 1837.

Smith, Adam: Der Wohlstand der Nationen. Eine Untersuchung seiner Natur und seiner Ursachen, München 2003.

Söhnchen, Markus: Die historische Entwickung der rechtlichen Gründungsvoraussetzungen von Handels- und Aktiengesellschaften, Berlin 2005.

Sombart, Werner: Die Entstehung der kapitalistischen Unternehmung, in: Archiv für Sozialwissenschaft und Sozialpolitik 41 (1916), 299 – 334.

– Aus der Frühzeit der modernen Gesellschaftsformen, in: Archiv für Sozialwissenschaft und Sozialpolitik 42 (1916), S. 462 – 504.

– Der moderne Kapitalismus: Historisch-Systematische Darstellung des gesamteuropäischen Wirtschaftlebens von seinen Anfängen bis zur Gegenwart, 4. Auflage, München, Leipzig 1921.

Sonntag, Johannes-Hendrik: Der Octroy für eine in Emden zu errichtende Compagnie zum Herings-Fang vom 4. August 1769 und die Convention der Societaet zum Herings-Fangst in der Stadt Emden vom 9. 8. 1769, Emden 1986.

– Die preußische Wirtschaftspolitik in Ostfriesland 1744 – 1806 / 1813 – 1815 unter besonderer Berücksichtigung der Stadt Emden und des Emsverkehrs, Diss. Univ. Münster 1985, Aurich 1987.

Sonntag, Johannes / *Sonntag,* Johannes-Hendrik: Heimathafen Emden: Die Geschichte der Emder Heringfischereigesellschaften in vier Jahrhunderten, Emden 1998.

Stein, Peter: The Mutual Agency of Partners in the Civil Law, in: Tulane Law Review 33 (1959), S. 595 – 606.

Steinitzer, Erwin: Ökonomische Theorie der Aktiengesellschaft, Leipzig 1908.

Steltzer, Hans Georg: Mit herrlichen Häfen versehen: Brandenburgisch-preussische Seefahrt vor dreihundert Jahren, Frankfurt am Main, Berlin, Wien 1981.

Stintzing, Roderich von / *Landsberg,* Ernst: Geschichte der deutschen Rechtswissenschaft, Abteilung 3, Halbband 1, München, Leipzig 1898.

Straccha, Benvenuto: Tractatus de mercatura seu mercatore, Lugduni 1558.

Strauss, Alfred: Die Aktiengesellschaft nach altem bayerischen Recht, Diss. iur. Univ. Halle 1931, München 1931.

Strieder, Jakob: Studien zur Geschichte kapitalistischer Organisationsformen, München, Leipzig 1914.

Struve, Georg Adam: Syntagma Jurisprudentiae: Secundum ordinem Pandectarum concinnatum, Quo solida Juris fundamenta traduntur, Digestorum, affines Codicis, Novellarum, ac Juris Canonici Tituli methodice explicantur, Jena 1668.

– Jurisprudenz oder Verfassung derer Land-üblichen Rechte, Fünfte Auflage, Leipzig 1732.

– Jurisprudentia Romano-Germanica Forensis Editio Quinta, Jena 1685.

Stuhr, Peter Feddersen: Die Geschichte der See- und Kolonialmacht des Großen Kurfürsten Friedrich Wilhelm von Brandenburg in der Ostsee, auf der Küste von Guinea und auf den Inseln Arguin und St. Thomas, aus archivalischen Quellen dargestellt, Berlin 1839.

Surland, Johann Julius: Erläutertes Recht der Deutschen nach Indien zu handeln nebst vielen dahin gehörigen Documenten, Kassel 1752.

Süssmilch: Der Brandenburgische Patriot oder unpartheiische Beurtheilung der errichteten und von Sr. Königl. Majestät in Preussen octroirten Handlungsgesellschaft von Philopatrius, Berlin; Potsdam 1751.

Svarez, Carl Gottlieb: Amtliche Vorträge bei der Schluß-Revision des Allgemeinen Landrechts, in: Jahrbücher für die preußische Gesetzgebung, Rechtswissenschaft und Rechtsverwaltung 41 (1833), S. 1 – 203.

Tavernier, Jean Baptiste: Reisen zu den Reichtümern Indiens: Abenteuerliche Jahre beim Grossmogul; 1641 – 1667, Stuttgart 1984.

Teller, Roman: De Divisione Lucri Et Damni Inter Socios, Diss. iur., Leipzig 1684.

Thöl, Heinrich: Das Handelsrecht: Als gemeines in Deutschland geltendes Privatrecht mit Berücksichtigung des außerdeutschen Privatrechts, Göttingen 1841.

Thomas, Frank: Die persönliche Haftung von Gesellschaftern von Personengesellschaften in der historischen Entwicklung der Neuzeit, Berlin 2003.

Tietze, Christian: Zur Theorie der juristischen Person in der deutschen Rechtswissenschaft des 19. Jahrhunderts, Göttingen 1974.

Van Brakel, Simon: De Hollandsche Handelscompagnien der zeventiende eeuw: hun onstaan – hunne inrichting, 's-Gravenhage 1908.

Van Dale, Johan H.: Van Dale Groot Woordenboek der Nederlandse Taal, 11. Auflage, Utrecht 1984.

Vega, José de la: Die Verwirrung der Verwirrungen: vier Dialoge über die Börse in Amsterdam, Nachruck der Ausgabe von 1688, Kulmbach 2000.

Veillodter, Ludwig Christoph Carl: Entwurf eines allgemeinen Handels-Rechts, als Beitrag zu einem künftigen Gesetzbuche für Kaufleute, 2. Auflage, Frankfurt am Main 1803.

Verein für Hansische Geschichte (Hrsg.): Hansisches Urkundenbuch, Band 10, München 1886.

Vogel, Barbara (Hrsg.): Preußische Reformen 1807–1820, Königstein / Taunus 1980.

– Allgemeine Gewerbefreiheit: Die Reformpolitik des preußischen Staatskanzlers Hardenberg (1810–1820), Göttingen 1983.

Voigt, C.: Reliquien und Erinnerungen aus der Zeit der kurbrandenburgischen Marine, in: Brandenburgia. Monatsblatt der Gesellschaft für Heimatkunde der Provinz Brandenburg zu Berlin 20 (1911 / 12), 105–126.

Wagner, Wolfgang: Gesellschaftsrecht, in: Coing, Helmut (Hrsg.): Handbuch der Quellen und Literatur der neueren europäischen Privatrechtsgeschichte, Band III/3, Das 19. Jahrhundert: Gesetzgebung zu den privatrechtlichen Sondergebieten, München 1986, S. 2969–3041 (zitiert: Wagner in: Coing, Handbuch III / 3).

Walter, Rolf: Geld- und Wechselbörsen vom Spätmittelalter bis zur Mitte des 17. Jahrhunderts, in: Pohl, Hans (Hrsg.): Deutsche Börsengeschichte, hrsg. im Auftrag des Wissenschaftlichen Beirats des Instituts für bankhistorische Forschung, Frankfurt am Main 1992, S. 15–76 (zitiert: Walter, Geld- und Wechselbörsen).

Weber, Henry: La Compagnie française des Indes (1604–1875), Paris 1904.

Weber, Max: Aus der Frühzeit der modernen Gesellschaftsformen, in: Archiv für Sozialwissenschaft und Sozialpolitik 42 (1916), S. 462.

– Zur Geschichte der Handelsgesellschaften im Mittelalter: nach südeuropäischen Quellen, Stuttgart 1889.

Weindl, Andrea: Die Kurbrandenburger im „atlantischen System" 1650–1720 (Arbeitspapiere zur Lateinamerikaforschung, www.uni-koelnde / phil-fak / aspla), Köln 2001.

Weinhagen, Napoleon: Das Recht der Aktiengesellschaften: Nach dem Allgemeinen Deutschen Handelsgesetzbuche und dem Preußischen Gesetze vom 15. Februar 1864, Köln 1866 (zitiert: Weinhagen, Aktiengesellschaften).

Werner, Karl: Urkundliche Geschichte der Iglauer Tuchmacher-Zunft, Leipzig 1861.

Wesel, Uwe: Geschichte des Rechts: Von den Frühformen bis zum Vertrag von Maastricht, München 1997.

Westermann, Ekkehard: Die Unternehmensform der Saigerhandelsgesellschaft und ihre Bedeutung für den oberdeutschen Frühkapitalismus: Forschungsstand und -aufgaben, in: Cavaciocchi, Simonetta (Hrsg.): L'Impresa, Industria, Commercio, Banca Secc. XIII-XVIII: Atti della Ventiduesima Settimana di Studi 30 Aprile – 4 Maggio 1990 Florenz 1991, S. 577 ff.

Westphal, Ernst Christian: Das Teutsche und Reichsständische Privatrecht in wissenschaftlichen geordneten und mit praktischen Ausarbeitungen bestärkten Abhandlungen und Anmerkungen über dessen wichtigste Gegenstände, Leipzig 1783.

Wiarda, Tileman Dothias: Ostfriesische Geschichte, Band 7, Aurich 1798.

Wieacker, Franz: Societas. Hausgemeinschaft und Erwerbsgesellschaft: Untersuchungen zur Geschichte des Römischen Gesellschaftsrechts, Erster Teil, Weimar 1936.

Wiethölter, Rudolf: Interessen und Organisation der Aktiengesellschaft im amerikanischen und deutschen Recht, Karlsruhe 1961.

Will, Georg Andreas (Hrsg.): Nürnbergisches Gelehrten-Lexicon oder Beschreibung aller nürnberg. Gelehrten beyderley Geschlechtes nach ihrem Leben, Verdiensten u. Schrifften; zur Erweiterung d. gelehrten Geschichtskunde u. Verbesserung vieler darinnen vorgefallenen Fehler aus d. besten Quellen in alphabet. Ordnung, Band 8, Nürnberg 1808.

Willan, Thomas Stuart: The Early History of the Russia Company 1553 – 1603, Manchester 1956.

Wilson, Charles: England's Apprenticeship 1603 – 1763: Social and economic history of England, London, New York 1984.

Wirz, Albert: Vom Sklavenhandel zum kolonialen Handel: Wirtschaftsräume und Wirtschaftsformen in Kamerun vor 1914, Zürich, Freiburg i.Br. 1972.

Witte, Hermann: Erörterungen zum Recht der Aktienvereine In: Zeitschrift für das gesamte Handelsrecht 8 (1865), S. 1 – 27.

Wolffram, Josef (Hrsg.): Recht und Rechtspflege in den Rheinlanden: Festschrift zum 150jährigen Bestehen des Oberlandesgerichts Köln, Köln 1969.

Wood, Alfred Cecil: A History of the Levant Company, Oxford 1953.

Zedler, Johann Heinrich: Großes vollständiges Universal-Lexicon aller Wissenschaften und Künste, Leipzig, Halle 1732 – 1754 (zitiert: Zedler, Universal-Lexicon).

Zincken, Georg Heinrich: Curieuses und Reales Natur- Zunft- Berg- Gewerck und Handlungslexicon, Leipzig 1746 (zitiert: Marperger / Zincken, Handlungs-Lexicon).

Zingarelli, Nicola: Il nuovo Zingarelli: Vocabolario della Lingua Italiana, Bologna 1988.

Zöllner, Wolfgang (Hrsg.): Kölner Kommentar zum Aktiengesetz, Köln, Berlin, Bonn u. a. 1985.

Zoller, Rüdiger (Hrsg.): Amerikaner wider Willen. Beiträge zur Sklaverei in Lateinamerika, Frankfurt am Main 1994.

Sachwortverzeichnis